国家卫生健康委员会"十四五"规划教材

全国高等中医药教育教材

供康复治疗学等专业用

言语治疗学

第 3 版

治康
療復

主　编　万　萍

副主编　张　健　谭　洁　席艳玲

编　委　（按姓氏笔画排序）

丁瑞莹（艾姆赫斯特大学）　　　　张小丽（甘肃中医药大学）

万　萍（上海中医药大学）　　　　张剑宁（上海中医药大学附属

马思维（西安交通大学口腔医院）　　　　　　岳阳中西医结合医院）

马艳苗（山西中医药大学）　　　　金　星（上海中医药大学）

王　瑶（江西中医药大学）　　　　孟照莉（四川大学华西医院）

古琨如（广州中医药大学）　　　　席艳玲（上海市浦东新区光明

边　静（长春中医药大学）　　　　　　　　　中医医院）

吕慧娟（黑龙江中医药大学）　　　黄　佳（福建中医药大学）

李　璞（四川省康复医院）　　　　谭　洁（湖南中医药大学）

张　健（天津中医药大学）

编写秘书　黄　立（上海中医药大学）

人民卫生出版社

·北京·

图书在版编目（CIP）数据

言语治疗学/万萍主编. —3 版. —北京：人民
卫生出版社，2023.9（2025.11重印）
　　ISBN 978-7-117-34889-8

　　Ⅰ.①言…　Ⅱ.①万…　Ⅲ.①语言障碍-治疗学-高
等学校-教材　Ⅳ.①H018.4②R767.92

　　中国国家版本馆 CIP 数据核字（2023）第 172862 号

人卫智网　www.ipmph.com	医学教育、学术、考试、健康，购书智慧智能综合服务平台	
人卫官网　www.pmph.com	人卫官方资讯发布平台	

言语治疗学
Yanyu Zhiliaoxue
第 3 版

主　　编：万　萍
出版发行：人民卫生出版社（中继线 010-59780011）
地　　址：北京市朝阳区潘家园南里 19 号
邮　　编：100021
E - mail：pmph @ pmph. com
购书热线：010-59787592　010-59787584　010-65264830
印　　刷：人卫印务（北京）有限公司
经　　销：新华书店
开　　本：850×1168　1/16　印张：17
字　　数：446 千字
版　　次：2012 年 6 月第 1 版　　2023 年 9 月第 3 版
印　　次：2025 年 11 月第 4 次印刷
标准书号：ISBN 978-7-117-34889-8
定　　价：69. 00 元

打击盗版举报电话：010-59787491　E-mail：WQ @ pmph. com
质量问题联系电话：010-59787234　E-mail：zhiliang @ pmph. com
数字融合服务电话：4001118166　E-mail：zengzhi @ pmph. com

数字增值服务编委会

主　编　万　萍

副主编　张　健　谭　洁　席艳玲

编　委　（按姓氏笔画排序）

丁瑞莹（艾姆赫斯特大学）

万　萍（上海中医药大学）

马思维（西安交通大学口腔医院）

马艳苗（山西中医药大学）

王　瑶（江西中医药大学）

古琨如（广州中医药大学）

史　钊（四川大学华西医院）

边　静（长春中医药大学）

吕慧娟（黑龙江中医药大学）

李　璞（四川省康复医院）

张　健（天津中医药大学）

张小丽（甘肃中医药大学）

张剑宁（上海中医药大学附属岳阳中西医结合医院）

金　星（上海中医药大学）

孟照莉（四川大学华西医院）

席艳玲（上海市浦东新区光明中医医院）

黄　佳（福建中医药大学）

谭　洁（湖南中医药大学）

◇◇◇ 修 订 说 明 ◇◇◇

为了更好地贯彻落实党的二十大精神和《"十四五"中医药发展规划》《中医药振兴发展重大工程实施方案》及《教育部 国家卫生健康委 国家中医药管理局关于深化医教协同进一步推动中医药教育改革与高质量发展的实施意见》的要求,做好第四轮全国高等中医药教育教材建设工作,人民卫生出版社在教育部、国家卫生健康委员会、国家中医药管理局的领导下,在上一轮教材建设的基础上,组织和规划了全国高等中医药教育本科国家卫生健康委员会"十四五"规划教材的编写和修订工作。

党的二十大报告指出:"加强教材建设和管理""加快建设高质量教育体系"。为做好新一轮教材的出版工作,人民卫生出版社在教育部高等学校中医学类专业教学指导委员会、中药学类专业教学指导委员会、中西医结合类专业教学指导委员会和第三届全国高等中医药教育教材建设指导委员会的大力支持下,先后成立了第四届全国高等中医药教育教材建设指导委员会和相应的教材评审委员会,以指导和组织教材的遴选、评审和修订工作,确保教材编写质量。

根据"十四五"期间高等中医药教育教学改革和高等中医药人才培养目标,在上述工作的基础上,人民卫生出版社规划、确定了中医学、针灸推拿学、中医骨伤科学、中药学、中西医临床医学、护理学、康复治疗学7个专业155种规划教材。教材主编、副主编和编委的遴选按照公开、公平、公正的原则进行。在全国60余所高等院校4 500余位专家和学者申报的基础上,3 000余位申报者经教材建设指导委员会、教材评审委员会审定批准,被聘任为主编、副主编、编委。

本套教材的主要特色如下:

1. **立德树人,思政教育** 教材以习近平新时代中国特色社会主义思想为引领,坚守"为党育人、为国育才"的初心和使命,坚持以文化人,以文载道,以德育人,以德为先。将立德树人深化到各学科、各领域,加强学生理想信念教育,厚植爱国主义情怀,把社会主义核心价值观融入教育教学全过程。根据不同专业人才培养特点和专业能力素质要求,科学合理地设计思政教育内容。教材中有机融入中医药文化元素和思想政治教育元素,形成专业课教学与思政理论教育、课程思政与专业思政紧密结合的教材建设格局。

2. **准确定位,联系实际** 教材的深度和广度符合各专业教学大纲的要求和特定学制、特定对象、特定层次的培养目标,紧扣教学活动和知识结构。以解决目前各院校教材使用中的突出问题为出发点和落脚点,对人才培养体系、课程体系、教材体系进行充分调研和论证,使之更加符合教改实际、适应中医药人才培养要求和社会需求。

3. **夯实基础,整体优化** 以科学严谨的治学态度,对教材体系进行科学设计、整体优化,体现中医药基本理论、基本知识、基本思维、基本技能;教材编写综合考虑学科的分化、交叉,既充分体现不同学科自身特点,又注意各学科之间有机衔接;确保理论体系完善,知识点结合完备,内容精练、完整,概念准确,切合教学实际。

4. **注重衔接,合理区分** 严格界定本科教材与职业教育教材、研究生教材、毕业后教育教材的知识范畴,认真总结、详细讨论现阶段中医药本科各课程的知识和理论框架,使其在教材中得以凸

显,既要相互联系,又要在编写思路、框架设计、内容取舍等方面有一定的区分度。

5. 体现传承,突出特色 本套教材是培养复合型、创新型中医药人才的重要工具,是中医药文明传承的重要载体。传统的中医药文化是国家软实力的重要体现。因此,教材必须遵循中医药传承发展规律,既要反映原汁原味的中医药知识,培养学生的中医思维,又要使学生中西医学融会贯通;既要传承经典,又要创新发挥,体现新版教材"传承精华、守正创新"的特点。

6. 与时俱进,纸数融合 本套教材新增中医抗疫知识,培养学生的探索精神、创新精神,强化中医药防疫人才培养。同时,教材编写充分体现与时代融合、与现代科技融合、与现代医学融合的特色和理念,将移动互联、网络增值、慕课、翻转课堂等新的教学理念和教学技术、学习方式融入教材建设之中。书中设有随文二维码,通过扫码,学生可对教材的数字增值服务内容进行自主学习。

7. 创新形式,提高效用 教材在形式上仍将传承上版模块化编写的设计思路,图文并茂、版式精美;内容方面注重提高效用,同时应用问题导入、案例教学、探究教学等教材编写理念,以提高学生的学习兴趣和学习效果。

8. 突出实用,注重技能 增设技能教材、实验实训内容及相关栏目,适当增加实践教学学时数,增强学生综合运用所学知识的能力和动手能力,体现医学生早临床、多临床、反复临床的特点,使学生好学、临床好用、教师好教。

9. 立足精品,树立标准 始终坚持具有中国特色的教材建设机制和模式,编委会精心编写,出版社精心审校,全程全员坚持质量控制体系,把打造精品教材作为崇高的历史使命,严把各个环节质量关,力保教材的精品属性,使精品和金课互相促进,通过教材建设推动和深化高等中医药教育教学改革,力争打造国内外高等中医药教育标准化教材。

10. 三点兼顾,有机结合 以基本知识点作为主体内容,适度增加新进展、新技术、新方法,并与相关部门制定的职业技能鉴定规范和国家执业医师(药师)资格考试有效衔接,使知识点、创新点、执业点三点结合;紧密联系临床和科研实际情况,避免理论与实践脱节、教学与临床脱节。

本轮教材的修订编写,教育部、国家卫生健康委员会、国家中医药管理局有关领导和教育部高等学校中医学类专业教学指导委员会、中药学类专业教学指导委员会、中西医结合类专业教学指导委员会等相关专家给予了大力支持和指导,得到了全国各医药卫生院校和部分医院、科研机构领导、专家和教师的积极支持和参与,在此,对有关单位和个人表示衷心的感谢!为了保持教材内容的先进性,在本版教材使用过程中,我们力争做到教材纸质版内容不断勘误,数字内容与时俱进,实时更新。希望各院校在教学使用中,以及在探索课程体系、课程标准和教材建设与改革的进程中,及时提出宝贵意见或建议,以便不断修订和完善,为下一轮教材的修订工作奠定坚实的基础。

人民卫生出版社

2023 年 3 月

前　言

随着康复医学的迅速发展,全国高等中医药院校近十年陆续开办了康复治疗学专业。为了使此类专业教材既传承中医药文明,又与国际康复教育接轨,在总结汲取上一版教材成功经验的基础上,人民卫生出版社组织开展了新一轮国家卫生健康委员会"十四五"规划教材的建设及修订工作。作为康复治疗学专业核心课程之一,言语治疗学被纳入其中。言语治疗学是康复医学的重要组成部分,是对言语障碍、语言障碍、听力障碍、吞咽障碍进行评定、诊断、治疗和科学研究的一门新兴学科。

本教材遵循医学类教材的编写规则,同时吸纳本领域国际前沿的专业知识,编排与国际言语听觉康复相关专业的课程体系保持一致,即按照"先基础、后专业",专业内容按照"言语、语言、听力、吞咽"的顺序进行编写。本教材侧重于治疗技术的编写,将评定与治疗技术有机结合,使言语-语言治疗具有针对性,且能及时地评定疗效。主要内容包括:言语、语言、听力、听觉、沟通的概念;汉语普通话声学基础;言语听觉器官的解剖与生理基础;言语语言的神经学基础;语言交流的发展及心理治疗;言语障碍、语言障碍、听力听觉障碍、吞咽障碍的病因、症状、评定诊断、中西医结合康复治疗技术等。本次教材在《言语治疗学》第2版的基础上,在文字稿相应处新增了二维码,通过扫一扫可以体验数字增值服务,包括章节PPT、复习思考题以及与规划教材配套的教学微课和案例视频,这些均有助于教师的教学工作,并提高了学生的学习效率。本次教材编写的另一大亮点在于融入思政元素,由于言语治疗学具有人文性,专业知识本身就蕴含了丰富的思政内容,因此在本次教材编写过程中,通过思政元素模块培养学生爱国主义情怀,救死扶伤、全心全意为患者服务的职业道德素养,以及敬畏生命、关爱患者的人文精神。

本教材共分为九章,每章均由具有丰富教学和康复工作经验的编委老师撰写,编委的分工如下。第一章:万萍、张健;第二章:张健;第三章:万萍、张剑宁、黄佳;第四章:席艳玲、万萍、谭洁;第五章:金星、马艳苗;第六章:万萍、黄佳、张健、马思维、张小丽、王瑶;第七章:席艳玲、吕慧娟、谭洁、丁瑞莹、金星、李璞;第八章:孟照莉、张剑宁;第九章:丁瑞莹、谭洁、万萍、边静、古琨如、李璞。本教材适用于听力与言语康复学专业、康复治疗学专业、中医康复学专业本科生、研究生等,也可供康复专科医师、言语治疗师、特殊学校教师以及临床医师(耳鼻咽喉科、神经内科、儿童保健科)、护士等阅读参考。

本教材即将付梓之际,我们一如既往地感谢本轮康复治疗学专业教材评审委员会主任委员陈立典教授,以及人民卫生出版社相关编辑的支持与厚爱。由于编者水平有限,本教材的不当之处,望相关专家同道批评指正!

编者

2023年3月

◇◇◇ 目　　录 ◇◇◇

第一章

绪　论

> **学习目标**
>
> 1. 学习言语治疗的发展史,对言语治疗学科有个初步认识;
> 2. 学习言语治疗领域的基本概念:言语、语言、听力、听觉、沟通、言语听觉链。

言语治疗学是康复医学的重要组成部分,是对各类言语语言障碍、听力听觉障碍以及沟通障碍进行评价、治疗和研究的学科。言语治疗学是一门多学科交叉的新兴学科,涉及医学、语音学、声学、语言学、心理学、特殊教育学等多学科知识。本章将介绍言语治疗学的发展历史,与交流有关的几个重要概念,如言语、语言、听力、听觉、沟通、言语听觉链。

第一节　言语治疗学的发展史

言语治疗学在不同国家和地区开始于不同时期,美国约有 120 年、日本约有 70 年、韩国约有 50 年的发展历史。在我国,香港地区的言语治疗工作开展较早,至今约有 50 年的发展历史,内地言语治疗工作取得较大发展是在 20 世纪 80 年代,至今有 40 余年的历史。

一、国际言语治疗学的发展历史

关于言语治疗学的起源,美国大多数的描述都集中在组织的成立方面,他们认为本学科起源于 1925 年,当时言语治疗领域工作的专业人员成立了自己的组织。实际上,早在 19 世纪,关于言语声学、语音学、言语生理学、言语病理学、心理学等领域的研究已对言语治疗学科的发展产生了深远的影响。1863 年,出生于柏林的 Hermann von Helmholtz 出版了言语声学和谐波理论方面的巨著《音调的生理基础》,他还解释了最重要的言语声学和物理学原则:声门处形成的空气脉冲是嗓音产生的声源,声源谐波在咽腔和口腔产生共鸣,不同的共鸣产生不同的元音。英国语言学家 Henry Sweet 开发了"可视言语(visible speech)"的语音手抄本系统,该系统是国际音标的前身。他与法国学者 Paul Passy 等合作,成立国际语音协会,创制国际音标,发行会刊《语音教师》。1877 年,他出版了《语音学手册》,1908 年又出版了《英语语音》。1861 年开展的一些关于大脑的研究,已经对言语治疗学科的发展产生了深远的影响。法国神经病学专家 Broca 发现:大脑左侧额下回病变会导致患者语言功能受损,而大脑右侧相应区域受到类似的损伤,语言功能却没有受到影响。1874 年,德国学者 Wernicke 发现了感觉性失语症,这种失语症与大脑左侧颞上回后部的损伤有关。Broca 和 Wernicke 的发现具有划时代的意义,从此形成了大脑语言优势半球的理论。

19 世纪的美国物理治疗师、作业治疗师和言语治疗师的学术组织都尚未成立,在这些领域中提供服务的是自由从业者,他们或对所从事的治疗领域非常感兴趣或有一些个人经验。在这些人员中有一些勇于实践的科学家成功地治愈了自身的语言问题或在其教学和演讲实践中取得了丰富的经验。19 世纪中下叶,这些专业人员的数量有所增加,他们开始合作并致力于言语治疗领域的专业化进程,并且这些活动在 20 世纪初期由美国的局部地区扩展到全国范围。进入 20 世纪后,言语治疗学的实践活动比 19 世纪更加广泛,此后言语治疗的发展按年代可以分为 4 个阶段,每个阶段都有其特点。

第一阶段为言语治疗学科的形成期,开始于 1900 年之前持续到第二次世界大战结束,这一时期是言语治疗科学、学术和实践的萌芽时期。

第二阶段是言语治疗学科的发展期(1945—1966 年)。这一时期大量的评价和治疗方法发展起来,用以改善沟通障碍的内在心理进程。20 世纪 40 年代,Ralph Potter 和他的同事在 Bell 实验室研制出了声谱仪(sound spectrograph)。这种仪器便于科学家分析言语的频率随时间的变化情况。后来,声谱仪发展成了现在的语谱图(spectrogram),语谱图的出现使得言语声学的信息量迅猛增长,随之带来了言语感知评价研究的发展。在语音识别方面,Haskins 实验室就言语声学参数先后做了大量的研究。

第三阶段被称为语言学时期(1967—1975 年),这一时期言语障碍和语言障碍开始分离开来,并按照语言学的本质为出发点进行治疗。

第四阶段被称为语用学时期(1976—2000 年),这一时期开始对实践进行再思考和再构造,这些实践包括会话、语言、文化及日常生活等方面。

专业协会和教育机构的成立对言语治疗学的发展起到了重要的推动作用。1925 年,美国言语矫正学会(American Academy of Speech Correction)成立,20 世纪 70 年代该学会改名为美国言语语言及听力协会(American Speech-Language-Hearing Association,ASHA),该协会在美国言语治疗的发展历史中占有重要地位。1966 年,该学会开始草拟第一个全国性普查方案——言语病理学及听力学全国考试(national examination on speech pathology and audiology,NESPA),1968 年正式实行。该学会还规定,硕士学位是取得言语病理学或听力学临床资格证书的起点学位,硕士毕业后,通过 NESPA,另需 9 个月的临床实习,才可以获得临床执业证书。目前,该学会约有会员 120 000 人,国家资格认证的言语治疗师[正式名称是言语-语言病理学家(speech-language pathologist,SLP)]98 000 余人,其中 1 300 余人具有言语-语言病理学家和听力学家国家资格认证。教育方面,目前美国有 300 多所大学中设有言语病理学专业本科教育,其中 200 多所大学开设言语病理学硕士和博士研究生教育。

加拿大、德国、澳大利亚、日本等也相继成立了言语病理学专业,而且日本、韩国已由 20 世纪 80 年代的大专教育过渡到现在的研究生教育,为社会培养言语治疗师和研究人才。近 30 年来,随着医学、心理学、教育学的发展,言语治疗学科也出现了飞速发展。

二、中国言语治疗学的发展历史

在我国,港澳台地区言语治疗工作开展较早,内地(大陆)的言语治疗学科成立于 20 世纪 80 年代。1981 年 7 月,来自 25 个省、自治区、直辖市的 100 余名从事嗓音医学、言语医学的工作者参加了在大连举办的全国首届嗓音言语医学学习班。随后,许多医院与康复研究机构,如华东师范大学、武汉同济医科大学(现华中科技大学同济医学院)、广州中山医科大学(现中山大学中山医学院)、中国康复研究中心、中国聋儿康复研究中心(现中国听力语言康复研究中心)等也陆续开展了言语治疗与研究工作。1996 年 10 月,由首都医科大学、北京同仁医院、北京市耳鼻咽喉科研究所主办,中国聋儿康复研究中心协办的中澳听力学教育计划正式实施。1997 年,华东师范大学的特殊教育专业独立成系,将教育听力学、言语听觉科学作为专业课程讲授。1998 年,中国残疾人联合会与北京联合大学联合创办了北京听力语言康复技术学院,培养具备本、专科学历及职业岗位技术证书的听力言语治疗人员。2004 年,教育部批准华东师范大学开设言语听觉科学本科专业;2008 年,华东师范大学言语听觉科学专业的硕士点和博士点获教育部批准,并于同年开始招生;2009 年,华东师范大学又成立了我国首个言语听觉康复科学系。这十几年来,华东师范大学在我国听力言语专业人才的培养方面发挥了重要的引领和推动作用。2012 年教育部更新发布了本科专业目录,在医学技术类别下,听力学专业正式变更为听力与言语康复学专业(101008T),之后浙江中医药大学、中山大学新华学院(现广州新华学院)、昆明医科大学、上海中医药大学、滨州医学院、山东中医药大学、福建中医药大学等高校也陆续成立了听力与言语康复学专业。2014 年,中国国际言语语言听力协会成立,这是我国民间发起的、第一个全国性的言语治疗协会,该协会大大推动了我国言语听觉康复与教育事业的发展。

虽然国内开设听力与言语康复学本科专业的高等院校在逐渐增加,然而我国开设"听力与言语康复学"硕博士等更高层次教学研究的院校实力与欧美等发达国家相比还是相对薄弱。随着科学技术的发展,大量新技术、新方法应用于听力与言语康复工作中,需要培养更多具有专业技能、实践能力的高层次人才,以适应未来行业对该专业人才的需要。目前我国开设听力与言语康复学专业的硕博士学位点的院校甚少,只有华东师范大学、滨州医学院等院校具备听力与言语康复学专业的硕士、博士研究生的招生资格。从 2022 年开始,上海中医药大学开展了为期两年的医学技术专业硕博士点建设工作,将听力与言语康复学作为一个亚学科方向纳入其中,这为培养该领域的高级人才,缓解社会对听力与言语康复高层次人才需求的压力提供了有力保障。

总之,通过数代人的共同努力,经过 40 多年的建设,我国言语听觉康复与教育事业已经取得了令人瞩目的成绩。然而,我们离发达国家的康复水平还存在一定差距。应该说,缺乏科学、系统的言语听觉康复教育理论,缺乏专业的言语治疗人员是制约我国言语治疗发展的重要原因。国际上,言语治疗师(或称言语语言病理学家)的需求量标准是每 10 万人口中 20 名。按国际的标准推算,我国大约需要言语治疗师 27 万名,可是目前我国从事言语治疗的专业人员尚不足这个数字的十分之一,在数量和水平上远远不能满足大量听力与言语语言障碍、吞咽障碍患者的康复需求。因此,不断壮大言语治疗人员的队伍、提高从业人员的专业水平是当前的紧要任务。听力与言语康复学专业的成立,为我国填补该领域的专业人才缺口、提升教学科研水平搭建了一个重要的平台。

思政元素

使命感和责任担当

教学的第一目标是立德树人,通过介绍国内外言语治疗学的发展史,旨在让同学们了解在言语治疗领域国内外存在的差距,包括人才培养、行业管理以及临床实践等,增强同学们的使命感和责任担当,为了祖国的兴旺和人民的健康,同学们应努力学习,勤奋仁爱,求实创新,立志将个人素养的提升和职业道德的养成同社会主义核心价值观有机地结合起来。

第二节 基 本 概 念

与人类交流能力有关的几个重要概念包括:言语和语言、听力和听觉、沟通。在言语治疗学领域,需要对这些概念有清晰的认识,才能更好地从事言语语言、听力治疗的工作。

一、言语和语言

"言语"和"语言"这两个概念首先是由现代语言学创始人——瑞士语言学家索绪尔提出来的,他认为"语言和言语是相互依附的,语言既是言语的工具,又是言语的产物"。

人们通常混用言语(speech)和语言(language)这两个词。但从言语病理学的角度,为了更好地开展言语治疗工作,言语和语言也应有相应的区分,如此才能更好地进行言语障碍和语言障碍的康复治疗,提高疗效。

言语是表达语言思维的一种方式,是音声语言(口语)形成的机械过程,是神经和肌肉组织参与的发声器官机械运动的过程,其表现为口语表达。言语是以语音为代码的,是人们最常用、最快捷、最基本的交流工具。

语言是人类特有的一种符号系统,是以语音为物质外壳、以语义为内容的词汇材料和语法组织规律的体系。语言是思维的外壳,是人类社会中约定俗成的符号系统,人们通过应用这些符号达到交流的目的。其表现包括符号的运用(如说和写)和接受(如聆听和阅读)。符号包括口语、书面语、姿势语言(手势、表情及手语)等。不同国家、地区、民族的语言不同,应用的符号系统和符号组合的规则也不相同。

二、听力和听觉

人类在交流的过程中需要理解对方要表达的意思,这时候听力和听觉起着极其重要的作用,听力与听觉水平的高低直接影响着整体交流水平的提高与发展;而且听力损失越大,听觉剥夺效应的发生率也越高,或者说言语识别率下降的程度也越大。

听力和听觉在通常的语言情境下是混用的,但是为了给听力障碍患者提供更专业的治疗服务,需要对听力与听觉两个概念进行必要的区分。听力是人们听到声音的能力,人们听到的声音具有四个属性,即音长、音强、音高和音色;听觉则是人们听清、听懂声音的能力,是人们对听到的声音,进行理解、记忆、选择后,形成声音概念的能力。听力主要依赖完整的听力传导通路,外界声波通过介质传到外耳道,再传到鼓膜,鼓膜振动,通过听小骨放大之后传到内耳,刺激耳蜗内的纤毛细胞(也称听感受器)而产生神经冲动,由听神经向听觉中枢传导;对于人类来说,音高、音强、音长等声音特征的辨别似乎是在听觉中枢的低级水平上进行;而听觉是在具备听音能力的基础上,协调运用多种感觉功能、认知心理功能等,在大脑皮质高级中枢的参与下对声音进行综合处理的过程。大脑听觉高级皮层的功能很可能是存储和分析那些比音高更为复杂的语音因素,如言语、音乐旋律的时间序列等。

总之,听力是先天具有的,而听觉需要后天的发育及学习,才能不断地成熟和完善。在语言发育和交流的过程中,听力是听觉的基础和前提,只有听到声音,才能进一步听清、听懂声音,特别是言语声,以此来进行有效的交流。

三、沟通

沟通(communication)是一种使用共通信号系统来交换信息、交流情感和思想的过程。沟通是一个需要传送信息者发出信息,接收信息者接收信息的循环往复的过程。而要产生个体之间真正的沟通,需符合两个条件:①传送信息者要有沟通意图;②接收信息者要有回应。在这个过程中,传送信息的个体需编码与构建信息,接收信息的个体则需要解码和理解信息,信息的编码与解码必须应用共通的媒介方能达成沟通的功能。沟通这个概念的引入,引起了本学科重要的观念改变。人们不再局限在言语或语言的视角来看待语言障碍及其康复,而从沟通这个更广泛的视角入手,带来了从评估到治疗、从理论到实践的各个领域的大转变。康复的目标不再局限于语言能力上的提升,而是关注沟通功能的改善,社会活动参与度的增强以及生活质量的提高,这对整个言语治疗行业的发展都有着重要的推动作用。

第三节 言语的产生与感知——言语听觉链

交流沟通包括从语音表征到发出语音、听到语音、感知和理解语音的全过程。在言语的产生和感知过程中,连接说话人大脑和听话人大脑的、依次发生的一系列心理学、生理学、物理学事件,连接这一系列事件的链条,称为言语听觉链(speech and hearing chain)。在言语听觉链中,依次发生言语编码、言语产生、言语传递、语音感知和言语解码几个过程。为了便于理解,我们将言语听觉链分为三个水平(图 1-1)。

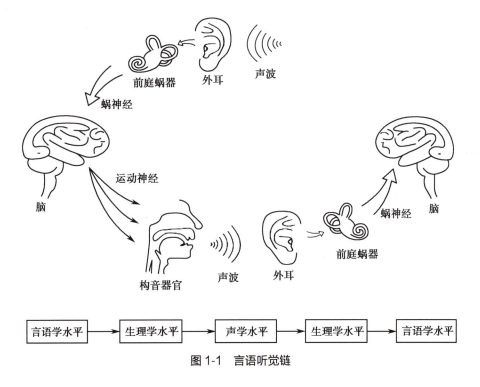

图 1-1 言语听觉链

一、言语学水平

言语学水平是在大脑内完成的。说话人基于一定的交流目的,首先产生一种交流的愿望和表达的意识,然后利用大脑语言库中储存的信号进行编码,形成要说的内容,即内部语言。人脑的语言库中储存有两种信息,一种是音义结合的语言实体,即作为客观事物存在的符号——字、词等语言单位;一种是把这些语言实体组织成使用单位的规则,表现为一些具体的手段、方式。在进行语言编码时,人脑利用具体的手段、方式把一个个语言符号组织起来,以表达自己的想法。听话人将听觉神经传入的生物电化学信号,不断地传到大脑的听觉语言中枢,听觉语言中枢把传来的语言信号进行解码,形成声音概念,于是便理解了说话人表达的内容。

二、生理学水平

言语者的听觉语言中枢进行语言编码后,形成内部语言。听觉语言中枢又将这些内部语言信号传给运动中枢,运动中枢发出神经冲动,沿着运动神经传向呼吸、发声、共鸣构音等器官,通过这些器官的协调运动,内部语言便物化成有规律的语音流,即外部语言。内部语言在大脑中是带有意义的声音的心理印象,外部语言则是把这些声音的心理印象转换为可以听见的声音——振动的空气波。振动的空气波在空间传播后,通过听话人的外耳、中耳、内耳、听神经传到听话人的初级听觉中枢,同时也通过同样途径传到说话人的听觉中枢,说话人由此调节和控制自己说话的音调和音量。换句话说,说话人发出的声音,不仅听话人在听,同时说话人也在自我监听。在监听时,他不断地将实际发出的声音与他想要发出的声音作比较,并随时做出必要的调整,使说话的效果符合自己的意图。

三、声学水平

通过说话人发音器官的协调运动,内部语言便物化成了有规律的外部语言,我们称之为语音。语音以振动的空气波为载体在空间传播,传到听话人和说话人的耳朵里,这个过程就是言语的声学水平。

关于言语听觉链,有两点需要说明。

1. 在交流中,言语听觉链的形式是循环往复的。听话人接受语音并对语音进行解码后,产生一种冲动,触发其表达和交流的愿望,于是听话人变成了说话人,在大脑里开始编码语言,经过下一个言语听觉链传到原先说话人或其他听话人的听觉语言中枢进行解码。这个过程有规律、有节奏地循环往复下去,交流在其间不断地进行着。当然,这种循环只是言语听觉链各个环节的循环,言语的内容多是不重复的。

2. 一个单词与特定语音之间的关系,以及与特定的肌肉活动或神经冲动之间的关系,并不是一一对应的。不同的人说同一个单词时,往往产生不同特性的语音。同一个人在说不同的单词时,又可能产生相似的语音。这种现象在实验中已经得到了证实。实验内容是让一组人听同一语音,该语音代表一个词,而这个词被分列于三个不同的句子中。结果听话人把这个实验词分别听成"bit"或"bet"或"bat"。以上实验结果表明:听话的环境(上下文关系)会影响听话人的听辨结果。我们把一个特定的言语声波听成这个或那个单词,是要依赖上下文关系的。

因此,在言语交流中,当言语者在不同时间里说同一个词时,并不总是产生完全相同的语音。听话人在识别言语时,也并不仅仅依靠他所接收到的言语声波信息,还依赖于他对受制于语言法则的复杂交流系统的认识,同时也依赖所谈论的话题和说话人身份所提供的信息等。当我们认识到这一点,就会发现确实没有其他方式能够代替人类的言语。即使测声的仪器比人耳更为精密和灵敏,但我们仍未能制造出一台像人脑一样来识别言语的机器。

言语听觉链中每一个水平都很复杂,任何一个水平出现问题,都可能导致言语、听力和/或语言障碍,如常见的言语障碍包括发声障碍、构音障碍、口吃等;语言障碍主要包括失语症、儿童语言障碍等,具体详见后续章节(第六章、第七章)。

知识链接

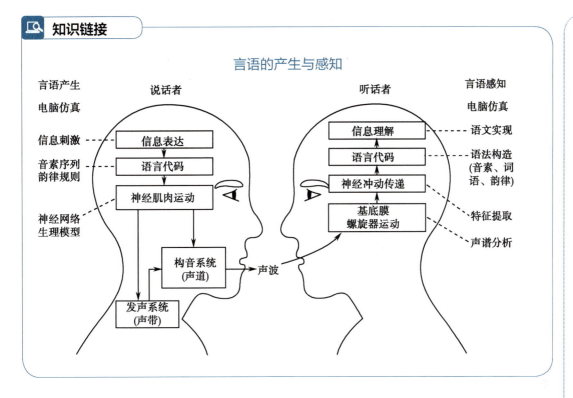

言语的产生与感知

（万萍 张健）

复习思考题

1. 谈谈你对言语与语言的认识。
2. 简述听力和听觉的区别和联系。
3. 试述言语的产生与感知的过程。

◆◆◆　　第二章　　◆◆◆

汉语语音的声学基础

学习目标

通过本章节的学习，掌握汉语语音的基本知识，能够辨别声母的发音部位和发音方法，具有初步语音分析的能力。

1. 语音四要素、音素与音位、音段音位与超音段音位；
2. 普通话音节的组成、声母和韵母的分类；
3. 调值和调类、普通话声调、音变。

语音是语言的物质外壳。言语的交际作用是通过代表一定意义的声音来实现的，这种代表一定意义的声音就是语音。

第一节　汉语普通话的语音特征

一、语音四要素

语音是一种由人的发音器官发出来的、携带着语言信息的声波。语音同其他声音一样，具有音高、音强、音长、音质四种声学性质。

（一）音高

音高是人们对声音高低的感知，音高的大小取决于发音体振动的频率。语音的发音体是声带，因此在单位时间内声带振动次数多，频率就高，声音也就高，反之则低。人类语音的高低与声带的长短、厚薄、松紧等有关。一般而言，成年男性声带长而厚，所以声音低（60～200Hz）；成年女性和儿童声带短而薄，所以声音高（成年女性150～300Hz，儿童200～350Hz）。老年人声带和喉的肌肉都变得松弛，无论男女，声音都要比成年时期更粗更低一些。同一个人的声音高低不同，与人类控制声带松紧和声带振动范围的能力有关。

（二）音强

音强是人们对声音强弱的感知，音强的大小取决于发音体振动幅度的大小。一般来说，语音的强弱是由发音时气流冲击声带力量的强弱来决定的：发音时用力大、气流强，则发出的声音听起来也强，反之则听起来弱。

（三）音长

音长是指声音的长短，音长取决于发音体振动时间的长短。振动时间长，声音就长，反之则短。语音的长短是由声带振动时间的长短来决定的。

（四）音质

音质也称为"音色"，指的是声音的特色，即一种声音区别于其他声音的个性或特征，它是声音的本质特征。造成音质不同的原因主要有三类:发音体不同、发音方法不同、发音时共鸣器形状不同。这三个方面只要有一个不同,就会产生不同音质的声音。语音的音质也是由这三者决定的,人可以主动控制自己的声带松紧、气流大小和唇舌位置,从而发出各种不同的语音。音质是一个音区别于其他音的基本特征。

任何声音都是音高、音强、音长、音质的统一体,语音也不例外。但是,在不同语言中,语音各要素被利用的情况并不完全相同。然而,无论何种语言,音质无疑都是用作区别意义的最重要的要素,而其他要素的作用在不同语言中是不完全一样的。在汉语普通话语音中,音高特别重要,声调主要由音高构成。音强和音长在语调和轻声中起重要作用。

二、语音的划分

(一) 音素

音素是从音质角度划分出来的最小的语音单位。也就是说,从音质的角度对语音连续进行切分,直到不能再切分为止所得到的最小的语音单位就是音素。

音素可以分为元音和辅音两大类。元音是指发音时气流振动声带,在口腔、咽不受阻碍而形成的音,又叫母音,如[ɑ]、[o]、[e]、[i]、[u]等。辅音是指发音时气流在口腔或咽受到阻碍而形成的音,又叫子音。不同的阻塞部位和阻塞方式可形成不同的辅音,如[p]、[m]、[d]、[h]、[t]等。元音和辅音的主要区别有以下几个方面。

1. 发元音时,声门以上的发音器官不形成任何阻碍,呼出的气流可以畅通无阻地通过咽腔、口腔或鼻腔。发辅音时,发音器官的某一部位形成阻碍,气流必须克服阻碍才能通过。

2. 发元音时,发音器官的各部位均衡地保持紧张。发辅音时,只有形成阻碍的部位紧张,其他部位不紧张。

3. 发元音时,由于呼出的气流畅通无阻,因而气流较弱。发辅音时,呼出的气流必须克服某种阻碍才能通过咽腔、口腔或鼻腔,所以气流较强。

4. 发元音时,声门关闭,气流从声门的缝隙中挤出,振动声带。发辅音时,有时振动声带,有时不振动声带。

(二) 音位

音位是一个语言系统中能够区别词义的最小的语音单位。音位是依据语音的社会属性划分出来的语音类别。语音单位有不同的层次,小到音素,大到音节、音段。音位必须是最小的语音单位,即不能再切分的单位,如:他[tʰA]和贪[tʰan](送气的声母会在音标右上角加一个"h"来表示),有[A]和[an]的不同,[A]不能再切分,而[an]可切分为[ɑ]和[n],只有如此切分并确定不能再切分时,[A]、[ɑ]属于一个音位,而[n]是一个独立的音位。音位是可以"区别词义"的,是指音位的社会功能,凡是能够区别意义的声音类型,都属于不同的音位。如bā(八)pā(趴)dā(搭)tā(她)四个不同的意义,就是靠/b/、/p/、/d/、/t/四个不同的音位来区别的。音位能否"区别词义"取决于语言的社会习惯,而与实际音质无关。如汉语的送气音与不送气音有区别词义的作用。在汉语普通话里,"饱"和"跑","倒"和"讨"这四个词的意义不同,因此,/b/、/p/、/d/、/t/是四个音位。而在英语里,辅音送气和不送气没有区别意义的作用,即使把不送气音读成了送气音,在意义上也不会有什么差错。如英语"student"是"学生"之意,如果将其中的[t]读成[tʰ],也不会引起误解。可见,在英语中[t]和[tʰ]属于同一音位。不同的语言或方言所出现的音素以及这些音素在区别意义方面的作用都不一样,这就决定了每种语言所具有的音位不一样。音位总是某个具体语音系统的成员,不存在跨语言或跨方言的音位。一种语言的不同地域方言,都有着独具特色的语音系统。每一种语言或方言的音位系统,包括音位的数目、每个音位的具体内容以及每个音位在区别意义方面的作用是各不相同的。

因此,音素记录的是实际的发音,音位则是对音素的归纳;从音位的角度来看音素,可以把音素看作音位变体。

(三)音段音位

每一个语音都有音质(音色)、音高、音强和音长四个声学特征,这些特征都有区别词的语音形式和意义的作用。从音质角度分析归纳出来的音位叫作音质音位。音质音位在语流中总是按照出现时间的先后,一段一段地排成线性序列,占有一个时段,所以也叫音段音位。在汉语普通话里,通常指声母或韵母这样的音段。

(四)超音段音位

根据音高、音强、音长的特征归纳出来的音位叫作非音质音位。非音质音位总是附着在语流中的某一音段(包括音节、音素等)上面,在语音线性序列中不占有一个时段,所以也叫超音段音位。超音段音位包括调位、重位和时位。

1. 调位 主要由音高特征构成的音位叫调位,又叫声调。在汉语普通话里,调位是音节结构的组成部分。同一个音节,只要声调不同,语音形式和意义就不同。因此,汉语的调位同元音、辅音一样重要。在不同的语言里,调位的多少并不一样。汉语普通话里有阴平、阳平、上声、去声四个调位,其他方言里则有三个、五个、九个调位不等。

2. 重位 主要由音强特征构成的音位叫重位。构成重位的非音质特征常常不是单一的,而是综合的,以某一特征为主,兼有其他特征,而且不同语言里的情况也不一样。重音在汉藏语系里不是很重要,但在英语、俄语等语系里却是一种区别词的语音形式和意义的重要手段。

3. 时位 主要由音长特征构成的音位叫时位。长短音的区别主要表现在元音上,在我国广州话和许多少数民族语言里,时位都有区别词的语音形式和意义的作用。

轻音也叫轻声,它在普通话里有区别词的语音形式和意义的作用,也是一个独立的音位。普通话轻声主要取决于音强和音长,轻声音节的实际读音比其他音节短,读音较轻。它的音高随前面音节的声调而定。

(五)音节

音节是指在听觉上最容易分辨的最小语音单位。汉语普通话的音节由声母、韵母和声调三部分组成。声母是音节开头的辅音,韵母是音节中声母后面的部分,分为韵头、韵腹和韵尾三部分。韵腹指一个音节中发音响度最响的主要元音,每一个韵母都必须有韵腹。韵腹前面的称为韵头,介于声母和韵腹之间,韵腹后面的称为韵尾。声母和韵母由音段音位构成,而声调由超音段音位构成,包括阴平、阳平、上声和去声,指贯穿整个音节的音高变化,具有区别意义的作用。传统音韵学的普通话音节结构如图 2-1 所示。

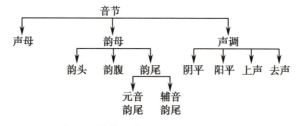

图 2-1 传统音韵学的普通话音节结构

第二节 汉语普通话的音节特征

汉语普通话的音节由声母、韵母、声调组合而成。

一、声母

音节开头的辅音称为"声母",如"包/bɑo/"中的"/b/";如果音节开头没有辅音,这些音节则称为零声母音节。零声母音节由韵母构成,如 ou(欧)。汉语普通话有 21 个声母(不包括两个零声母/w/和/y/),21 个声母都是辅音,主要按照发音部位和发音方法进行分类,见表 2-1。

表 2-1 普通话声母构音表

发音方式			发音部位						
			唇音		舌尖音			舌面音	舌根音
			双唇音	唇齿音	舌尖前音	舌尖中音	舌尖后音		
鼻音	清音								
	浊音		m			n			(ng)
爆发音	清音	不送气	b			d			g
		送气	p			t			k
	浊音								
塞擦音	清音	不送气			z		zh	j	
		送气			c		ch	q	
	浊音								
擦音	清音			f	s		sh	x	h
	浊音						r		
边音	清音								
	浊音					l			

(一)发音部位

发辅音时,对气流能够形成阻碍的发音器官就是主要的发音部位。阻碍多是由声腔中的活动部分和固定部分接触或靠近形成的,即包括主动活动部位和被动接触部位。按照主动活动部位的不同,普通话 21 个声母可以分成双唇音、唇齿音、舌尖前音、舌尖中音、舌尖后音、舌面音和舌根音 7 类,如表 2-1 所示。如舌尖中音/d/、/t/等虽然只标出为"舌尖中音",但实际上它是舌尖与上齿龈共同对气流形成阻碍,其中上齿龈是被动参与构音的。

(二)发音方法

辅音的发音方法,可以从形成阻碍和解除阻碍的方式、气流强弱、声带振动三个方面来观察。

1. 根据形成阻碍和解除阻碍的方式不同,普通话声母可以分为 5 类。

(1)爆发音:也叫"塞音""闭塞音"或"破裂音"。发音时,成阻部位完全闭合,持续并突然除阻,气流冲破阻碍形成爆发音。普通话声母中有 6 个爆发音:b、p、d、t、g、k。

(2)擦音:也叫"摩擦音"。成阻部位靠近,形成缝隙,气流从缝隙中挤出形成摩擦音。普通话声母中有 6 个擦音:f、h、x、sh、s、r。

(3)塞擦音:发音时以"爆发音"开始,以"擦音"结束,是"爆发音"和"擦音"的紧密结合。成阻部位开始时完全闭合,当发音时,成阻部位立刻微微打开一条窄缝,让气流从缝隙中挤出摩擦成音。普通话声母中有 6 个塞擦音:j、q、zh、ch、z、c。

（4）鼻音：成阻部位完全闭合堵住气流，发音时，软腭下垂，鼻腔通路打开，从肺里呼出的气流振动声带到达口腔，因受到阻碍，只好从鼻腔流出而成音。由于鼻腔是不可调节的固定的发音器官，不同音质的鼻音是口腔不同部位的阻碍造成不同的口腔共鸣状态，最终由口腔和鼻腔双重共鸣而形成的。普通话声母中鼻音有 2 个：m、n。

（5）边音：舌尖抬起和上齿龈接触形成阻碍，阻塞气流。发音时，软腭上升阻塞鼻腔的通路，声带振动，气流从舌两边的缝隙通过而成音。普通话声母中只有 1 个边音：l。

2. 根据除阻时气流强弱的不同，普通话声母可以分为送气音和不送气音两类。送气与不送气是相对而言的，不送气音比送气音气流相对弱一些、短一些，但比元音要强。

（1）送气音：发音时气流较强。普通话声母中送气音有 6 个：p、t、k、q、ch、c。

（2）不送气音：发音时气流较弱。普通话声母中不送气音有 6 个：b、d、g、j、zh、z。

3. 根据发音时声带是否振动，普通话声母可以分为清音和浊音两类。

（1）清音：发音时声带不振动的音为清音。普通话声母中清音有 17 个：b、p、f、d、t、g、k、h、j、q、x、zh、ch、sh、z、c、s。

（2）浊音：发音时声带振动的音为浊音。普通话声母中浊音有 4 个：m、n、l、r。

二、韵母

音节中声母后面的部分称为"韵母"，韵母可由一个、两个、三个元音组成，有的韵母中也有辅音成分。汉语普通话的韵母共有 37 个，按照两个维度进行分类，见表 2-2。

表 2-2　普通话韵母构音表

		开口呼	齐齿呼	合口呼	撮口呼
单韵母（8个）	单韵母	-i a o e er	i	u	ü
复韵母（13个）	前响韵母	ai ei ao ou			
	后响韵母		ia ie	ua uo	üe
	中响韵母		iao iou（iu）	uai uei（ui）	
鼻韵母（16个）	前鼻音韵母	an en	in ian	uan uen	ün üan
	后鼻音韵母	ang eng ong	ing iong iang	uang ueng	

（一）第一个维度

韵母主要由元音构成，有的韵母由一个元音构成，叫单韵母；有的由两个或三个元音复合而成，叫复韵母；还有的韵母由元音加上鼻辅音（/n/ 或 /ng/）构成，叫鼻韵母。

1. 单韵母　由单元音构成的韵母叫单韵母，又叫单元音韵母。单韵母发音的特点是：

发音时舌位和口形始终保持不变。普通话中的单韵母共有 8 个,见表 2-2。

2. 复韵母 由复元音构成的韵母叫复韵母,又叫复元音韵母。复韵母由两个或三个元音构成。复韵母的发音有两个特点:第一,整体性。复韵母的发音不是两三个元音的简单相加,元音之间没有明显的界限,整个过程是从一个元音滑向另一个元音,舌位、唇形要逐渐变动,自然连贯,形成整体。第二,不平等性。发复韵母时,几个元音的地位是不平等的,其中只有一个元音最响,其他元音发音轻短或含混模糊。根据韵腹位置的不同,可把复韵母分为三类:前响复韵母、中响复韵母和后响复韵母。普通话中的复韵母共有 13 个,表 2-2。

3. 鼻韵母 由元音和鼻辅音一起构成的韵母叫鼻韵母,又叫鼻音韵母。鼻韵母的发音特点是:由口音逐渐转化成鼻音,由发元音的舌位逐渐转化成鼻辅音状态。充当鼻韵母韵尾的鼻辅音有两个:n 和 ng,n 是舌尖鼻音,ng 是舌根鼻音,由于 n 比 ng 位置靠前,又叫前鼻音,后者叫后鼻音。以舌尖鼻音 n 作韵尾的为前鼻韵母,以舌根鼻音 ng 作韵尾的为后鼻韵母。普通话中的鼻韵母有 16 个,见表 2-2。

(二)第二个维度

根据韵母开头元音发音时口形的特点,韵母又可分为开口呼、齐齿呼、合口呼、撮口呼,简称"四呼",见表 2-2。

1. 开口呼 发音时,下颌不同程度地打开,包括 a、o、e 本身以及以它们开头的韵母;
2. 齐齿呼 发音时,舌尖与牙齿平齐,包括 i 以及以 i 开头的韵母;
3. 合口呼 发音时,下颌向上,唇呈圆形,包括 u 以及以 u 开头的韵母;
4. 撮口呼 发音时,嘴唇圆起,包括 ü 以及以 ü 开头的韵母。

三、普通话声韵配合

假如任何一个声母可以跟任何韵母相拼,可能构成的基本音节数目应该有 850 个左右(不包括声调),但是实际能够拼出的音节只有 410 个左右,可见声母和韵母的配合是有限制的,这种限制就体现在声母和韵母的配合关系上。

普通话声母和韵母的组合关系主要表现在声母的发音部位和韵母四呼的关系上。如果声母的发音部位相同,韵母的四呼(开口呼、齐齿呼、合口呼、撮口呼)也相同,他们的配合关系一般也相同。普通话声母和韵母的配合关系可以列成《普通话声韵配合简表》(零声母的音标符号用 Φ 表示),见表 2-3。通过此表可以帮助我们了解哪些声母能和哪些韵母相拼,不能和哪些韵母相拼,该表揭示了普通话声韵配合的一些规律。

表 2-3 普通话声韵配合简表

声母		韵母			
		开口呼	齐齿呼	合口呼	撮口呼
双唇音	b、p、m	能	能	只跟 u 相拼	否
唇齿音	f	能	否	只跟 u 相拼	否
舌尖中音	d、t	能	能	能	否
	n、l				能
舌面音	j、q、x	否	能	否	能
舌根音	g、k、h	能	否	能	否
舌尖后音	zh、ch、sh、r	能	否	能	否
舌尖前音	z、c、s	能	否	能	否
零声母	Φ	能	能	能	能

四、声调

声调是汉语区别于其他语言的重要特征之一,声调最主要的作用是区别语音的意义。如果不考虑声调,只有声母和韵母组成的音节 ma,就很难确定它究竟代表什么意义。但是加上不同声调,如 mā(妈)má(麻)mǎ(马)mà(骂),四种不同的声调区别了四个字的不同含义,这种能区别音节意义的音高的变化就是声调。每个汉字都是一个有声调的音节,故声调又称"字调"。

(一)调值和调类

声调包括调值和调类,汉语的声调可以从调值和调类两个方面来分析。

1. 调值　调值是指声调高低、升降、曲直的变化形式,是声调的实际读法。调值的语音特点有两个:第一,调值主要由音高构成。声调是指相对音高,不是绝对音高。音乐中的音高属于绝对音高,在音乐里,如 C 调的 1,不管谁来唱,也不管用什么乐器来演奏,音高都是一样的,绝对音高在语音里没有区分意义的作用。声调的音高则是相对的,小孩和成年人都读一个音"去"(qù),成年人由他的最高音降到最低音,小孩也是由他的最高音降到最低音。但小孩的最低音可能比成年人的最高音还要高,但是两个人都是由高音降为低音的,音高的变化形式和升降幅度大体相同。这种音高变化形式和升降幅度就构成调值的相对音高。第二,构成调值的相对音高在读音上是连续的、渐变的、中间没有停顿的,没有跳跃。

为了把调值描述得简单有效,一般采用赵元任创制的"五度标记法"来标记声调。五度标记法是用五度竖标来标记调值相对音高的一种方法。五度标记法把调域分为五度,用一条四等分的竖线代表,共五个点。竖线的高低分为"低、半低、中、半高、高"五度,用 1、2、3、4、5 表示。根据这种标调法,每种语言的调值就可以用数字来表示。普通话声调的调值有四种类型,如图 2-2。

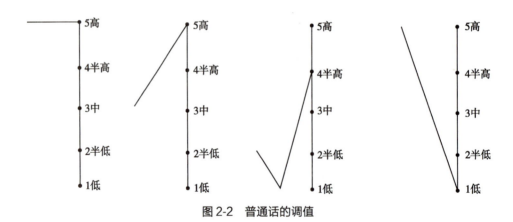

图 2-2　普通话的调值

2. 调类　调类是指声调的种类,是按照声调的实际读法归纳出来的类别。一种语言或方言中,有几种基本调值,就可以归纳成几种调类。例如,汉语普通话的"以、小、矮、吵"调值相同,发音从 2 度降到 1 度再升到 4 度,就属于同一个调类。普通话有四种基本的调值,因而有四个调类,即阴平、阳平、上声、去声,也叫一声、二声、三声、四声,简称为"四声"。

(二)普通话声调

汉语普通话包括四个声调:阴平、阳平、上声、去声。

1. 阴平　声调高而平,没有升降变化,起点、终点都在最高 5 度上,调值标为 55,又称为高平调或 55 调。例如:"空、山、高、天"等的声调。

2. 阳平　声调由中向高扬起,起点在 3 度,终点在 5 度,调值标为 35,又叫中升调或 35

笔记栏

调。例如:"人、民、团、结"等的声调。

3. 上声 声调由次低降到最低,再升到次高。这个调型是前半段低降,后半段升高的曲折调。起点是 2 度,降到 1 度,又升到 4 度,调值标为 214,又叫降升调或 214 调。例如:"普、五、有、好"等的声调。

4. 去声 声调由最高降到最低,中间没有曲折。起点是 5 度,终点是 1 度,调值标为51,又叫全降调或 51 调。例如:"建、设、胜、利"等的声调。

(三)音变

我们在进行口语表达的过程中,不是孤立地发出每一个音节,而是根据语意的需要将一连串的音节连续发出,形成语流。语流内的一连串音紧密连接,发音部位和发音方法不断改变,有时难免相互影响,连续的音素、音节或声调有时会发生变化,这种变化就叫音变。在普通话中,音变的现象很多,这里我们只列举几种常见的音变,即变调、轻声、儿化。

1. 变调

(1)上声的变调:在普通话里,上声调值是 214,一般在单读或处在词语、句子末尾时,上声读原调,在其他位置时会发生变调。

1)两个上声相连,前一个上声调值变 35,这叫逆行异化;例如:"水果、了解、演讲",前一个上声调值变 35。

在原来是上声,后来改轻声的字音前,有两种不同的变调,有的变 35,有的变 21。例如:"捧起、等等、讲讲、想起",前一个上声调值变 35。"嫂子、姐姐、毯子、奶奶",前一个上声调值变 21。

2)三个上声相连,根据词语内部层次的不同,前两个音节有两种不同的变调。一种是第一音节调值变 21,第二音节调值变 35,例如:"很勇敢、小老虎";另一种是前两个音节调值都变 35,例如:"展览馆、管理组"。

3)如果相连的上声字不止三个,则可以根据词语含义进行分组,再根据上述方法变调。快读时,也可以只保留最后一个字音读 214,前面的一律变为 35。例如:"彼此友好、很有好感、种马场养有五百匹好母马"。

4)在非上声(阴平、阳平、去声)音节的前面,调值由 214 变 21。在原来为非上声,后来改轻声的字音前,变调也相同。

在阴平前,例如:"首都、北京、火车、雪山";

在阳平前,例如:"祖国、海洋、语言、检查";

在去声前,例如:"解放、土地、巩固、保密";

在轻声前,例如:"尾巴、起来、宝贝、里头"。

(2)去声的变调:两个去声相连,前一个如果不是重读音节,由 51 变为 53。例如:"信念、变化、办事、快速"等。

2. 轻声 在普通话里,"轻声"没有一个固定的调值,并不是四声调之外的第五种声调,而是一种特殊音变。轻声在一定条件下可以失去原来的声调,读得又短又轻。大部分轻声音节是不标调号的,比如"窗户"chuāng hu、"朋友"péng you。普通话轻声词语很多,有一定的规律性。

(1)结构助词"的、地、得"和语气词"吧、吗、呢、啊"。例如:

领路的、愉快地、学得好

算了吧、干吗呢、他呢、谁啊

(2)部分单纯词中的叠音词和合成词中重叠式的后一音节。例如:

醒醒、妈妈、娃娃、弟弟、姑姑

坐坐、劝劝、看看、催催

（3）构词后缀"子、头"和表示全体"们"等。例如：

鸽子、燕子、辫子、石头、拳头、馒头

我们、你们、他们

（4）名词、代词后面表示方位的词。例如：

马路上、脸上、山上、村子里、前边、外面

（5）还有一些常用的双音节词，第二个音节习惯上要读轻声。例如：

云彩、蘑菇、护士、事情、伶俐、萝卜、哆嗦、疙瘩、动静、行李、稀罕、石榴、买卖、便宜、先生、客气、关系、包袱、应付、消息、招呼

3. 儿化　儿化指的是一个音节中，韵母带上卷舌色彩的一种特殊音变现象。例如"花儿"，这个"儿"字不是独立音节，也不是音素，而是一个形容性的符号。只表示读到"花"这个字音的末尾时，随即加上一个卷舌动作，使韵母带上卷舌音"儿"的音色。用汉语拼音字母拼写儿化音节，只需在原来的音节之后加上"r"（表卷舌作用）就可以了。例如：

芽儿 yár、大伙儿 dà huǒr、路口儿 lù kǒur、主角儿 zhǔ juér、荷包儿 hé bāor、浪花儿 làng huār、哪儿 nǎr

第三节　汉语拼音字母与国际音标对照

国际音标，又称国际语音字母（International Phonetic Alphabet，简称 IPA），是记录语音的一种符号体系。国际音标以人类发音器官能发出的语音为生理基础，以拉丁字母为符号，设计出来作为口语声音的标准化标示方法。其源于 1888 年，由国际语音学协会制定。国际音标遵循"一音一符"的严格标准，最初用于为西方语言、非洲语言等进行标音。经过多年发展，在中国语言学者赵元任等人的努力下，国际音标逐渐完善，已可为汉语等东方语言注音。

一、国际音标标记法

国际音标标记法有严式标音法和宽式标音法两种。

（一）严式标音法

所谓"严"，是指发音有微小的差别也要用不同的符号来记录，语音学上称这些不同的发音为"音素"。严式标音法要求只要一个音素有区别就要使用不同的符号，实际上记录的是音素，也叫作"音素标音法"，同一音位中的各个变体都要使用单独的符号记录。例如：普通话里的元音 a，在不同环境里并不都记录为[a]，"贪"tan 里的 a 记录为[a]，"他"ta 里的 a 记录为[A]，"天"tian 里的 a 记录为[æ]，"汤"tang 里的 a 记录为[ɑ]，这是因为元音 a 受到前后音的影响而发生了变化。用严式标音，普通话里的元音 a 必须分别记录为[a]、[ɑ]、[A]、[æ]等各种具体形态。严式标音法用来记录"音素"，音标写在方括号[ ]之间。

（二）宽式标音法

所谓"宽"，是指只要发音的差别不起辨义的作用，就用一个符号来记录，语音学上称不起辨义作用的音素集合为"音位"。宽式标音法对于没有意义区别的几个音素使用一个符号记录，实际上记录的是音位，也叫作"音位标音法"，属于同一个音位的几个不同音素，只使用一个符号记录。上面所举的例子，普通话里的元音 a，可记录为[a]、[ɑ]、[A]、[æ]四种形态。但是在实际应用时，没有研究过语音学的人，在听觉上听不出来这四个音素有什么区别。换句话说，这几个音素在普通话里不起区别意义的作用。因此，宽式标音法，可以用[a]代表[a]、 [ɑ]、[A]、[æ]四个音素。用宽式标音,可以把音标数目限制在有限范围之内,因而能把一种语言或方言的音系反映得简明清晰。宽式标音法用来记录"音位",音标写在两斜杠/ /之间。

二、汉语拼音的国际音标

（一）汉语拼音字母与国际音标对照

汉语拼音字母只能表现普通话的音位系统,还不足以把在不同语言环境中的音变完全表现出来。要研究普通话,找出它与方言的细微差别,以及因语言环境和情绪的不同而引起的语音、语调方面的细微变化,仅靠汉语拼音字母是不够的。为了对某种语言做进一步的研究,观察各种因素引起的语音变化,必须依靠国际音标。汉语拼音字母与国际音标存在较大区别,如汉语拼音字母与国际音标出现同一个字母,它们所表示的音往往是不同的。例如汉语拼音字母 b 和国际音标的[b],写法是一样的,但代表的音却是不同的,英语 book、boy 等的第一个音素都是[b],而北京话里的"伴"ban 中的 b 并不是国际音标中的[b]这个音,如果使用国际音标来表示,应该用[p]。无论是汉语、英语,还是其他语言,它们都是语言,都有共性,也有不同。汉语拼音字母与国际音标对照,具体见表 2-4 和表 2-5 所示。

表 2-4　汉语拼音字母与国际音标声母对照表

拼音字母	国际音标	拼音字母	国际音标	拼音字母	国际音标
b	[p]	g	[k]	s	[s]
p	[pʰ]	k	[kʰ]	zh	[tʂ]
m	[m]	h	[x]	ch	[tʂʰ]
f	[f]	j	[tɕ]	sh	[ʂ]
d	[t]	q	[tɕʰ]	r	[ʐ]
t	[tʰ]	x	[ɕ]	y	[j]
n	[n]	z	[ts]	w	[w]
l	[l]	c	[tsʰ]	v	[v]
ng	[ŋ]				

表 2-5　汉语拼音字母与国际音标韵母对照表

拼音字母	国际音标	拼音字母	国际音标	拼音字母	国际音标
a	[A]	uai	[uai]	ie	[iɛ]
o	[o]	ui（uei）	[uei]	iong	[yŋ]
ai	[ai]	uan	[uan]	iou	[iou]
ei	[ei]	ou	[ou]	ua	[uA]
ao	[au]	an	[an]	uo	[uo]
e	[ɤ]	en	[ən]	uang	[uaŋ]
i	[i]	in	[in]	un（uen）	[uən]
ing	[iŋ]	ang	[aŋ]	ueng	[uəŋ]
ia	[iA]	eng	[əŋ]	üe	[yɛ]
iao	[iau]	ong	[uŋ]	üan	[yan]
u	[u]	ian	[iɛn]	ün	[yn]
ü	[y]	iang	[iaŋ]	er	[əʵ]

（二）注意事项

1. 中文的爆发音与塞擦音中并没有"浊音"，而只是根据送气与否来决定，所以拼音的"b"对应音标[p]，而拼音"p"对应音标[pʰ]，送气的声母会在音标右上角加一个"h"来表示。

2. 汉语拼音有一些缩写形式，在转换时应特别引起注意，应恢复成完整形式。如：ui 是 uei 的缩写，un 是 uen 的缩写，ü 在 j、q、x 和 y 后写作 u。

3. ü(或在 j、q、x、y 后作 u)后如果出现其他韵母，那么此时 ü 发的就是[y]。

4. 儿化标记：ɻ，写在音节末尾，调值之前。

5. 元音严式音标标记方法(只换其中对应的拼音字母)。

（1）a 的同一音位有 5 种。用[a]：ai，an；用[A]：跟在辅音后或者单独使用；用[ɑ]：ang、iang、uang、ao、iao；用[æ]：yan/ian，yuan/uan；用[ɐ]：儿化。

（2）e 的同一音位有 5 种。用[ɤ]：跟在辅音后、在[u]前或者单独使用；用[e]：ei、ui；用[ɛ]：ie、üe(在 j、q、x、y 后作 ue)；用[ə]：en、eng、un、ueng、er。

（3）i 的同一音位有 3 种。用[ɿ]：跟在 z、c、s 后；用[ʅ]：跟在 zh、ch、sh、r 后；用[i]：跟在其他辅音后。

（张 健）

复习思考题

1. 试述音素与音位的区别并举例说明。
2. 试述辅音的发音部位并举例说明。
3. 试述辅音的发音方法并举例说明。
4. 试述五度标记法。

PPT 课件

第三章

言语听觉器官的解剖与生理

📝 **学习目标**

通过对本章的学习,掌握言语、听觉、吞咽器官的解剖生理学基础,能够描述言语、听觉、吞咽器官在言语产生和吞咽过程中的作用,具有初步分析言语、听力、吞咽障碍的能力。学习要点如下:

1. 言语器官(呼吸、发声、共鸣构音器官)的解剖与功能;
2. 听觉器官(外耳、中耳、内耳)的解剖与功能,听觉的产生;
3. 吞咽器官(口腔、咽腔、喉、食管)的解剖与功能,正常的吞咽生理过程,吞咽的神经机制。

第一节　言语器官的解剖与生理

言语的产生通过呼吸系统、发声(嗓音)系统和共鸣构音系统的协调活动来实现。贮存在肺、气管与支气管内的气体有规律地随呼气运动排出,形成气流;到达声门处,转变成一系列脉冲信号(声门波);然后通过声道的共鸣作用,形成具有适当形态的声波,最终由口和鼻发出言语声波信号,如图 3-1 所示。

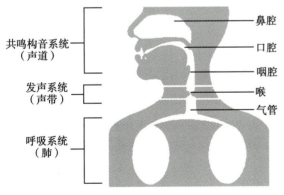

共鸣构音系统（声道）
发声系统（声带）
呼吸系统（肺）

鼻腔
口腔
咽腔
喉
气管

图 3-1　言语三大系统

一、呼吸系统

呼吸系统由两部分运动系统组成,分别是胸腹壁和肺部系统。胸腹壁由胸廓肋骨、膈肌、胸腹部的多组肌肉群组成。被称为呼吸泵的呼吸动力是由胸腹壁和肺部系统的协调运动所提供的,如图 3-2 所示。

（一）胸廓

胸廓是骨-软骨性结构,呈圆锥筒状,胸廓内部为胸腔,胸腔骨架由 12 对肋骨组成,它们向后分别连在 12 块胸椎骨上。在前面,10 对肋骨借助于软骨直接或间接地连在胸骨上。最下方的两对肋骨前端并没有附在胸骨上,称为浮肋。肋骨的运动由胸肌和腹肌带动,以此增加或减小胸腔的体积。因此,当肋骨向上抬起时,它们向外两侧运动。

（二）肺和胸膜

肺部呈两个锥形结构,几乎占据整个胸腔。左肺分两叶,右肺分三叶。气管上段直通喉

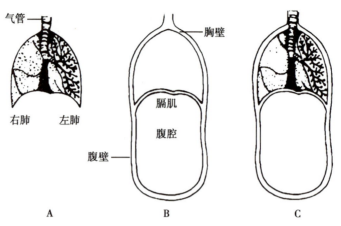

（A）肺部系统；（B）胸腹壁系统；（C）肺部和胸腹壁系统的组合

图 3-2 呼吸泵

部,下段在胸腔内分叉,形成左右支气管,经多次分支后,形成无数的细支气管,肺泡位于每根细支气管的终末分支(肺泡管)末端。肺表面覆盖着一层弹性纤维(脏胸膜),通过该弹性纤维与胸廓肋骨相连(壁胸膜),使肺在呼吸时既能直接受到来自胸壁的压力,又能活动自如,不产生摩擦和不适感。当胸腔扩张时,肺部被牵动扩张,内部压力降低,低于外界的大气压,使空气进入肺内。当肺部充满空气后,其中被拉长的弹性纤维产生呼气所需的弹性回缩力,该力连同施加于胸壁的肌张力和其他压力促使胸廓缩小,导致胸腔内的压力增加,气体从肺内排出。

（三）呼吸肌群

呼吸肌群分为吸气肌群和呼气肌群两组。吸气肌群收缩后能扩张胸腔容积以吸入空气;呼气肌群收缩会缩小胸腔容积排出气体。

吸气肌群由膈肌和肋间外肌所组成。膈肌是肌肉-腱膜结构,呈扁平状,与胸廓肋骨部的下缘相连,松弛时形似一只倒置的碗。膈肌收缩时,其隆起部分向四周拉平,使胸腔在垂直方向上进行扩张,并使下部肋骨上提并向外移。肋间外肌起于上肋骨下缘,止于下肋骨上缘。共有 11 对肋间外肌覆盖于 12 对肋骨外面,它们向第一肋骨方向做整体提升运动。呼气肌群主要由肋间内肌所组成。从胸骨缘到肋膈角,肋间内肌起自 11 对肋骨的下缘,止于相邻的上一肋骨。其作用是使肋骨下降,缩小胸腔容积。

（四）呼吸运动

呼吸运动主要分为平静呼吸和言语状态下的呼吸运动。

1. 平静呼吸 平静呼吸的特点是呼吸运动较为平稳均匀,每分钟呼吸频率约为 12~18 次。吸气是主动的,主要由膈肌收缩引起;呼气是被动的,由吸气肌舒张产生。吸气时,自呼吸中枢——延髓发出神经冲动,经脊髓到达相关的胸腔肌肉,通过颈段脊髓的运动神经元分支加入而组成的膈神经,将神经冲动传至膈肌,使膈肌收缩,膈肌隆起的中心部分下移,从而增大了胸腔的上下径,胸腔和肺容积增大,腹腔内的器官因受压迫而使腹壁突出,腹腔容积的变化量等同于膈肌收缩时胸腔增加的容积。与此同时,膈肌协助肋骨上提,促进了肋间外肌上抬肋骨的作用。膈肌舒张时,腹腔内脏恢复原位。由膈肌舒缩引起呼吸运动伴以腹壁的起伏,这种呼吸称为腹式呼吸(diaphragmatic respiration),如图 3-3 所示。

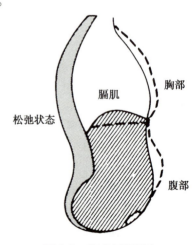

图 3-3 腹式呼吸运动

由于胸椎位置固定,而胸骨可以上下移动,所以当肋间外肌收缩时,肋骨和胸骨都向上提,从而增大了胸腔的前后径和左右径。由肋间肌舒缩使肋骨和胸骨运动所产生的呼吸运动,称为胸式呼吸(thoracic respiration)。腹式呼吸和胸式呼吸同时存在,称为胸-腹式呼吸(thoracic-abdominal respiration)。相比较而言,腹式呼吸是一种轻松自然、经济有效的呼吸方式,在言语过程中应学会腹式呼吸发音法。

2. 言语呼吸 人体在言语和安静两种状态下,其呼吸表现有所不同,具体表现在以下几点。

(1) 呼吸量:安静状态的呼吸量约为 500ml,压力变化仅为 1 ~ 2cmH$_2$O(1cmH$_2$O = 0.098kPa)。吸气是一个主动过程,呼气是依靠弹性作用的被动过程。言语状态下的呼吸量增加 35% ~ 60%,以便有足够的气流量来支持持续的言语活动。

(2) 吸气与呼气时间比:平静呼吸时,吸气和呼气时间占总呼吸时间的 40% 和 60%。言语时,吸气变得迅速、短促,呼气时间延长,呼气期的长短随着句长和语意发生变化。虽然因说话内容不同,呼气期会有所变化,但吸气和呼气时间约占呼吸时间的 10% 和 90%。

(3) 呼吸的规律性:安静状态下,成年人每分钟呼吸 12 ~ 15 次,呼吸较有规律;言语状态下,单位时间内的呼吸次数减少且不规则。

(4) 呼吸肌群的运动:发音时,呼吸肌群不仅为喉部运动提供了驱动力,更重要的是控制气流量,还要抵抗呼气所产生的弹性回缩力。吸气时腹壁的前凸表明内部肌肉是拉长的,具有弹性回缩力以抵抗所受的外力,随时恢复原状。当膈肌舒张时,弹性回缩力使腹部脏器和膈肌恢复到原位。膈肌和胸腹部呼吸肌群的松弛对于平静呼气来说已足够。然而要维持充分的发音时长,腹部肌群需要主动收缩,以抵抗腹肌的弹性回缩力,使气流有控制地平稳呼出。换言之,言语状态下的呼气运动也是主动的过程,所需腹部肌群收缩力量的大小取决于:言语产生时所需的肺容量、响度水平、发声长短、张力和语调种类等。

(5) 言语时呼吸的条件:①呼气时要有一定的压力;②呼气压要能维持一定的时间;③能适当控制呼气压水平。为了适应说话时所需要的呼吸,在神经的支配下,呼气肌和吸气肌协调运动,来维持必要的肺容量和压力。当呼气压比目的压高时,吸气肌收缩使呼气压降至目的压水平。当呼气压比目的压低时,呼气肌收缩使呼气压上升至目的压水平。最大吸气后持续发声时间,成人男性平均 30 秒,女性平均 20 秒。

二、发声系统

喉(larynx)有四种主要的解剖结构:软骨、关节、喉部肌群、喉黏膜层。

(一) 喉软骨

喉由五块软骨、肌肉和韧带相互连接所组成。喉位于舌骨之下、胸骨之上。环状软骨(cricoid cartilage)是第一气管环,也是气管中唯一的封闭环,其他软骨都与之相连,构成气管的其他软骨都呈半环形。甲状软骨(thyroid cartilage)是最大的一块喉软骨,甲状软骨切迹亦称为喉结,男性尤为突出。杓状软骨(arytenoid cartilage)骑跨在环状软骨板的上缘外侧,左右各一块,形似三角锥体。杓状软骨有两种运动:转动和滑动,有时同时发生。基底部有两个突起:一个向前,称为声带突,声带后端附着于此;一个向后外方,称为肌突,部分控制声带开闭的肌肉附着于此。会厌软骨(epiglottic cartilage)位于喉入口的前方,舌骨之后。

(二) 喉关节

喉软骨形成两对关节,即环杓关节和环甲关节,声带的运动主要通过这两对关节的活动来完成。

环杓关节(cricoarytenoid joint)是个鞍形关节,能够进行摇摆运动和轻微的滑动运动。

通过环杓后肌和环杓侧肌的作用,使双侧声带分开和关闭,即声带的外展和内收。声带外展时,杓状软骨的运动使声带突向外上方翻转;声带内收时,使声带突向内下方翻转。

环甲关节(cricothyroid joint)是甲状软骨和环状软骨间的两个车轴关节,甲状软骨下角末端的内侧面有一圆形小关节面与环状软骨的关节面相连接,使两块软骨之间产生前后旋转运动。其作用是通过改变声带的长度和张力来调节音调。

(三)喉部肌群

喉部肌群可分为喉外肌群和喉内肌群。喉外肌群可以抬高或降低喉腔。这种运动的结果是改变了软骨之间的角度和距离,也改变了喉内肌的自然长度。喉内肌群均附着在喉软骨上。喉内肌群的作用包括:①开闭声门;②改变喉软骨的相对位置;③改变声带的物理特性(长度、紧张度、每单位长度的质量、顺应性、弹性);④改变声带间的空间大小,克服声门间的阻力。喉内肌群可分为声门开肌、声门关肌以及声门张肌三部分。

1. 声门开肌 环杓后肌(posterior cricoarytenoid)呈扁平状,起于环状软骨后壁,止于杓状软骨肌突。假设只有这两块肌肉收缩,肌突则向后下方移动,导致环杓关节出现翻转与滑动,它们使两侧杓状软骨向两外侧翻转与滑动,因此是主要的声门开肌。

2. 声门关肌 主要包括杓间肌与环杓侧肌。

(1)杓间肌(interarytenoid muscle):包括杓横肌和杓斜肌。杓横肌水平地延伸于两块杓状软骨之间,这块肌肉收缩将杓状软骨互相拉近;杓斜肌起于杓状软骨的肌突,止于相邻杓状软骨的顶端,杓斜肌的收缩将杓状软骨的顶端互相拉拢。

(2)环杓侧肌(lateral cricoarytenoid):起于环状软骨的两侧边缘,止于杓状软骨肌突,它使杓状软骨靠拢。

3. 声门张肌 主要包括环甲肌与甲杓肌。

(1)环甲肌(cricothyroid):起于环状软骨弓,止于甲状软骨的下缘。收缩时,将这两块软骨拉近,因此可拉长声带,增加声带张力,调控音调。

(2)甲杓肌(thyroarytenoid):包括甲杓内肌和甲杓外肌,其中甲杓内肌[也称声带肌(vocalis)]是声带的振动部分。这对肌肉收缩时,将附着于声带突的部分拉向甲状软骨的切迹,使声带拉直,增加声带张力,并使声门关闭。

图3-4左栏显示每对喉内肌单独运动时喉软骨和声带边缘的位置,箭头显示外力的方向;中间栏显示喉剖面的上面观;右栏显示声带结构中间层冠状剖面的轮廓图。虚线表示当喉内肌没有运动时声带的参考位置。尽管前文分别描述了喉内肌群的收缩运动,但切记喉部肌群作为一个整体在进行运动,不能孤立地看待它们之间的协调运动。

(四)声带

声带是分层振动体,在声带额位切面图上可以观察到声带的不同结构层(图3-5):声带表面是既薄又滑的上皮层;下面依次是固有层的浅层、中层和深层;再下面是甲杓内肌,即声带肌。每一层都具有各自的物理学特性,结合在一起能产生平滑的剪切运动,这是声带振动的基础。

上皮层是由非角化上皮组成的黏膜上皮层,厚0.05~0.1mm。固有层浅层又叫Reinke间隙,为疏松结缔组织,是可分离层,最厚处为0.3~0.5mm(膜性声带的中部),向前、后两端逐渐变薄;中层由弹性纤维组成,深层主要由胶原纤维组成。声带最深部为甲杓肌,构成声带的肌层,其在声带中部的厚度为7~8mm。

为了便于研究声带的振动模式,根据声带层状结构的生物力学特点,将声带分为3个功能解剖层:一是包膜层,又称为被覆层(cover),由黏膜上皮层与固有层浅层构成,移动度最大;二是结合部或过渡层(transition),由固有层中层与深层构成,即通常所说的声韧带(vocal

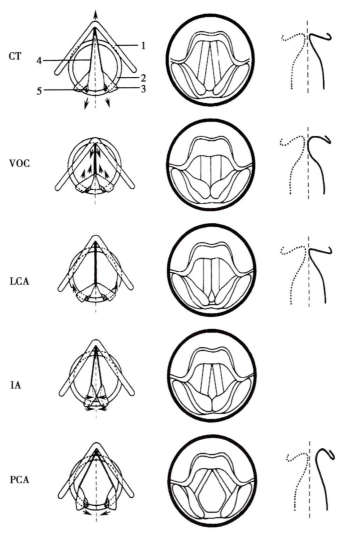

图 3-4　喉内肌群及相关运动

1＝CT：环甲肌；2＝LCA：环杓侧肌；3＝PCA：环杓后肌；4＝VOC：甲杓内肌；5＝IA：杓间肌。

ligament），移动度较小，能纵向稳定声带的振动；三是体层（body），由甲杓肌构成，移动度最小，主要是保持声带在振动时的稳定。声带振动时包膜层最容易损伤，充血、水肿或出血等病理改变主要发生在此层。

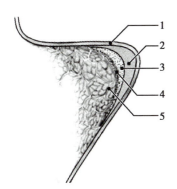

图 3-5　声带的层状结构

1—黏膜上皮层；2—固有层浅层（Reinke 间隙）；3—固有层中层；4—固有层深层；5—肌层。

（五）喉腔

喉软骨围成一个形状不规则的管腔称为喉腔（laryngeal cavity），它分为声门上区（supraglottal，SG），声门区（glottal，G），声门下区（infraglottal，IG）。声门区最为狭窄，因为声带与前庭襞（vestibular fold）或称假声带（false vocal folds）突向喉腔中央。

喉腔上皮组织的下方，弹性纤维组织（方形膜与弹性圆锥）由肌肉活动所带动，被动地从相邻组织中拉伸出来，或受到空气动力学的外力作用，重建了喉腔空间。喉腔的黏膜或黏膜层由喉上神经的感觉神经所支配（第十对脑神经即迷走神经的分支）。而且喉黏膜内也具有对气流方向和速率、疼痛和触觉刺激敏感的感受器。

（六）喉的神经支配

迷走神经的重要分支分别支配喉内肌和喉部感受器。其中迷走神经分支——咽支支配软腭的感觉与运动；喉上神经（superior laryngeal nerve）外支支配环甲肌的运动，其内支则是支配喉黏膜的感觉支。喉返神经（recurrent laryngeal nerve）从迷走神经分出之后，向上走行，控制着其他喉内肌的运动，并且传递来自机械感受器（位于喉肌和黏膜内）所感受的信息。这些感受器通常围绕在喉肌的肌腱处，对肌肉的拉伸运动特别敏感，能够主动控制和调整肌肉的活动。

（七）声带振动机制

声带振动的过程包括前发声阶段和发声阶段。一些常见的声门状态如图 3-6 所示，图中包括在深吸气、正常吸气、发耳语声、清辅音发声、正常发声和用力发声时声门的典型状态。

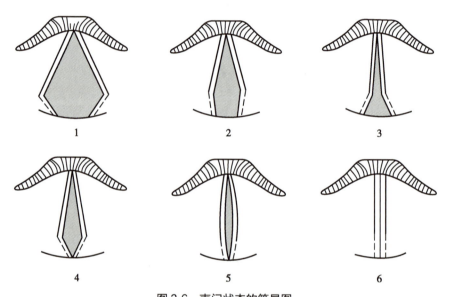

图 3-6 声门状态的简易图
1—深吸气；2—正常吸气；3—发耳语声；4—清辅音发声；5—正常发声；6—用力发声。

1. 前发声阶段 在声带开始振动之前，必须做以下三项重要的调整工作。

（1）声带肌收缩：起初两侧声带是适度张开的，就像平静呼吸状态中吸气时一样。成年男性在平静呼吸时，声带的最大张开度平均为 13mm，在深吸气时可增加到 25mm。前发声阶段所需要的时间主要取决于说话方式和语言环境，其平均值在 350~450ms。在这一时间段内，两侧声带逐渐向中线靠近，它们之间的距离大约从 13mm 缩短至 2~3mm。

（2）气流开始呼出：声带只有在气流速度和喉下压力适当时才能产生振动。在声门靠拢至发音位置的过程中，如果喉下压力太高，嗓音中将出现一种可听见的声门擦音 /h/，被称作气息声。如果喉下压力太低，嗓音将出现吱嘎声，或声带几乎不产生振动。因此，最有效的起音运动要求前发声阶段呼气运动（喉下压力与气流速度）和声带闭合运动（位置和肌张力）保持平衡，呼气运动适度。

发声至少需要 $2cmH_2O$ 的喉下压力和接近 100ml/s 的气流速度。正常发声在 $6cmH_2O$ 的喉下压力时需要 150ml/s 的气流速度（气流速度指单位时间内通过声门的空气体积值，它等于声门间的气压差除以气流阻力。因此，通过声门的气流速度与声门上下的气压差成正比,与声门阻尼值成反比)。

然而,言语过程需要足够的语气变化(如音调变化、语调变化、响度变化等),呼气肌群需要在更大的喉下压力范围内进行调整,这一范围约为 $2\sim30cmH_2O$,同时呼气肌群使气流速度达到1 000ml/s以上,呼吸运动应该在较舒适的状态下实现上述必要条件。据文献研究记载,男高音歌唱家喉下压力的上限值大约为 $70cmH_2O$,训练有素的歌唱家的气流速度大于11 000ml/s。

(3) 声门闭合与气流呼出的协调:声门关闭与呼气开始之间的时间协调十分重要,这两者之间的关系可以分成三种情况。

第一种情况:在声门完全关闭之前气流已经呼出,那么起音就是送气声,如/h/。这种发声情况可描述为气息声,或称软起音。气息声/h/声带向中线靠拢的过程中逐渐加重,而在声门完全关闭时停止。习惯性的气息音或软起音被认为是病理性的,特别是当气息声出现在元音的前面时,它使元音的强度减弱,声音质量明显下降。

第二种情况:当两侧声带刚达到完全闭合时,呼气运动正好开始,这是最佳的起音状态,这种起音方式被称为正常起音。声带黏膜的运动首先发生在中层,气流速度越快,声带中层的运动就越明显(该运动在声门闭合过程中进行了叠加)。

第三种情况:如果声门在呼气运动开始之前就已关闭,那么起音是突然的,即呈爆破式(explosive)。在声带正式振动之前,声门下的高压必须克服声带的抵抗作用,这种起音方式通常被称为硬起音(hard glottal attack)或声门颤动(glottal shock)。由于硬起音给声带增加了多余的负担,因此当声带处于病理状态(如慢性喉炎或血管隆起)时,则可能受到损伤。当一个单词的起始音为元音时,硬起音现象非常普遍,常常出现于声带运动亢进性的发声困难。严重时将导致声带水肿、声带小结、声带边缘息肉或引起肌张力的过度代偿。

2. 发声阶段　声带振动是一种复杂的三维运动,既有轻微的开闭运动,又有垂直和水平方向的黏膜波动(mucosal movement)。声带的振动机制目前以 Van den Berg 阐述的肌弹力-气流动力学理论(myoelastic-aerodynamic theory)最具有说服力,能部分解释声带的振动机制。

ER-3-2

声带振动
机制

这一学说的基本理论是:声带振动是在呼出气流作用下的一种被动运动。当两侧声带向中线靠近至2~3mm时,根据伯努利效应(Bernoulli effect),通过声门的气流加速,在声门区形成瞬间负压,声带自下而上依次被吸向中线位置,闭合相开始,黏膜自下而上向中线移动至双侧声带相互接触时,直至声门完全闭合;当声门完全闭合时,喉下压力增加,当压力达到一定程度后,声门自下而上依次被冲开,气流通过声门,在声门被冲开的瞬间,声门下开始有黏膜移动,似波浪状,向上、向外移动,绕到声带上面,此为声门的开放相。声门完全开放后,由于声带肌的弹性回缩力,使被冲开的两侧声带再次向中线靠近至2~3mm时,再次启动伯努利效应,声门因此逐渐闭合再逐渐开放,如此循环往复,形成了声带的振动。通过声带振动将呼出气流转化为振动能量,从而产生喉基音(glottal tone)。

三、共鸣构音系统

喉音(声门波)自声带产生后,向上进入声道(共鸣腔),通过声道大小形状的改变和构音器官的活动,对气体分子进行压缩和稀释,声道的共鸣性质(即声道共鸣曲线)发生变化,声音频谱中的一些频率得到了共振加强,而另一些则被削弱减幅,这些被加强的共振频率称为共振峰,共振峰直接由共鸣腔的体积来决定。

(一) 共鸣腔

共鸣腔包括胸腔、喉腔、咽腔、口唇腔、鼻腔和鼻窦。其中胸腔、喉腔和咽腔主要起低音共鸣作用,口唇腔系统主要对中音产生共鸣,头腔(包括鼻腔、鼻窦等)是对高音部分产生共鸣的共鸣腔。

1.咽腔　咽腔作为肌腱性管道,其长度大约为12cm,位于颅底部,并向下延伸,包括鼻咽、口咽与喉咽三部分。环绕咽腔的三块咽缩肌(咽上缩肌、咽中缩肌、咽下缩肌)对咽腔的调整起着决定性的作用。咽腔的横截面积随咽缩肌的收缩而减小。如果咽下缩肌收缩,喉咽部分的宽度将减小,这种情况多见于发开元音时。发食管音时,咽下缩肌底部也发生收缩运动。咽中缩肌的起点位于舌骨上,它在言语过程中进行上下运动。这块缩肌如能自动放松,舌骨的运动将不会改变咽腔的大小和体积。咽上缩肌在言语过程中也较为活跃,鼻咽通道关闭时,它与软腭一起协同工作。根据发音的内容,鼻咽和口咽之间的鼻咽通道形状发生相应的变化:发鼻音时完全开放;发开元音时,该通道处于半开放状态;发闭元音和辅音时,该通道处于关闭状态。

2.口唇腔　口腔在两侧以脸颊为界,上为腭部,下为口腔底部,前方经口裂与外界相通,后方以咽峡与咽腔相连。整个口腔由上下齿列分隔为固有口腔和口腔前庭。前面是口腔前庭,后面是固有口腔。通过舌外部肌群的运动,舌可以到达三个极点位置:前上方(如i)、后上方(如u)、后下方(如ɑ)。另外,舌内肌群也可使舌尖抬高或降低、左移或右移,由此改变口腔的形状,从而改变第二共振峰值。唇腔是指牙列与嘴唇之间的气腔。

3.鼻　在鼻腔共鸣方面起主要作用的是鼻腔和鼻窦。

(1)鼻腔:鼻腔由鼻中隔分为左右对称的两部分。前鼻孔与外界相通,后鼻孔通向鼻咽腔。鼻腔被覆黏膜,并有丰富的血管构成鼻甲海绵体丛。在各种刺激或心理因素的影响下,该海绵体丛因充血而肿胀,使鼻腔变窄,影响说话时声音的共鸣效果。

(2)鼻窦:鼻窦系鼻腔周围的骨内含气空腔,分为额窦、筛窦、上颌窦及蝶窦。鼻腔与鼻窦因有固定不变的体积,其共鸣作用主要是由软腭来进行调控。当音调升高时,软腭与腭垂(又称悬雍垂)逐步向上提高,以隔开鼻腔与口腔,改变共鸣方式,声音经骨壁传导至鼻腔和鼻窦,使声音增强。所以鼻腔或鼻窦中的病变均有可能导致鼻音功能异常。

4.声道　声带上方的共鸣腔(咽腔、口腔和鼻腔)连接在一起,成为发声时呼出气流经过的管道,构成了声道(呈喇叭状)。成年男性声道的长度从声带至口唇部大约17cm,成年女性声道的长度略短。通过二腹肌后腹、茎突舌骨肌和下颌舌骨肌的收缩使舌骨向上牵拉,声道变长。当舌骨受到胸骨舌骨肌、甲状舌骨肌和肩胛舌骨肌的牵拉向下运动,或当喉腔由于受到腭咽肌和茎突咽肌的牵拉向上提起时,声道的长度由此变短。

(二)构音器官

舌、唇、下颌以及软腭这些可活动器官的运动一方面直接影响声道共鸣的效应,另一方面也是产生构音运动的解剖基础。

1.下颌　下颌是一块致密、坚硬的U形骨,主要由下颌骨体和两个下颌支组成,并在颞骨两侧通过一关节(颞颌关节)与颅骨相联结,参与构音运动。下颌骨体用于容纳下排牙齿,并作为舌部肌群的附着点,而两侧下颌支则是两组下颌肌群的附着点。下颌肌群包括下颌提肌和下颌牵肌。

下颌提肌共有四块:颞肌,宽的扇形肌,起点位于颞骨,止点附着在下颌前支上;翼外肌,自下颌支向颅骨前基底部的起始处做水平向前或两侧运动;翼内肌,起点在上齿内侧颅骨前下部位,并产生向下向后的收缩运动,止于下颌支之间的凹面;咬肌,厚的扁平肌,覆盖在下颌支的侧表面。

下颌牵肌也有四块:下颌舌骨肌,构成口腔底部,起于下颌骨两侧,止于中缝和舌骨体;颏舌骨肌,位于下颌舌骨肌上方,自下颌骨的中线内表面向后延伸,止于舌骨的上表面;二腹肌前腹起于下颌骨的中线内表面,通过舌骨小角处的腱环,延续为二腹肌后腹(附着于颞骨的乳突);胸骨舌骨肌,起于舌骨,止于胸骨,当舌骨位置固定,胸骨舌骨肌收缩向下拉动下颌。

2. 唇　嘴唇的生理功能是防止食物和唾液流出,并参与面部表情的形成和构音运动。唇部最重要的一块肌肉是口轮匝肌,它环绕在口腔周围。在收缩期间,它使分开的嘴唇关闭,并使唇部皱缩。拮抗这种闭合运动的有三组唇外肌:唇横肌将唇角向两侧外拉,因此将唇部抵在齿背上;唇角肌将上唇向上提,将下唇向外下方牵拉;唇直肌使嘴角收缩。从发音的角度上看唇部运动:圆唇(rounded)和不圆唇(unrounded)。当唇为圆形时,声道共鸣腔的频率则下降。也就是说,当唇为圆形时,第二共振峰和第三共振峰同时下降,当唇部为非圆形时,第二共振峰与第三共振峰的频率增加。

3. 舌　舌是最重要的构音器官,由大量的肌束所构成。舌体能够向口腔的任意方向移动,并且能够灵活地改变形状和大小,能以较快的速度四周转动。它的生理功能是发音、咀嚼和吞咽。舌部肌群可分为成对的舌内肌群和舌外肌群,舌内肌群改变舌部的形状和大小,舌外肌群移动舌部,改变舌部与声道或颅骨的相对位置。舌内肌群位于相互垂直的三个平面上。舌上纵肌能够将舌尖向上拉伸,而舌下纵肌则将舌尖拉向下方。这两组肌群协同收缩使舌体缩短。舌横肌收缩时,使舌体两侧向中间收缩,从而使舌体拉长;当舌垂直肌收缩时,舌体则变薄。

元音构音中最为重要的是舌前后运动。颏舌肌的收缩使舌部向前运动,拮抗肌即茎突舌肌的收缩使舌部向后和向上拉向软腭。当构建前元音和腭/齿辅音时,舌面向上抬起抵住硬腭。舌面的抬升运动主要通过舌上纵肌的收缩来实现,并使舌尖向上举起,此时舌横肌也有轻微的收缩,导致舌部狭窄、拉长。颏舌肌收缩则主要将舌体向前拉伸。当舌骨舌肌、咽中缩肌和咽下缩肌收缩时,舌体向后拉伸,咽腔容积变小。发开元音时,可以见到这种构音方式,它们均有较小的咽腔。腭舌肌(也称舌腭肌)的收缩使舌背抬高形成拱沟。

4. 软腭　软腭位于口腔和鼻腔之间,像瓣膜组织,使鼻腔和口咽腔的声学耦合得到调整。在元音产生的过程中,鼻咽通道关闭,这样元音听起来就不带鼻音(图 3-7A)。软腭的上提通过腭帆提肌来完成,这块肌肉起于颞骨,中线向下,止于软腭。腭垂肌,纵向贯穿于软腭之中,提起腭垂,使腭垂缩短。腭咽肌和腭舌肌用来降低软腭的位置,使鼻咽通道开放,可以发鼻音(图 3-7B);腭咽肌起自软腭,自两侧穿过腭咽弓,止于咽腔。腭舌肌从舌体两侧,穿过两侧腭舌弓,上达软腭,并在软腭处汇合。当它们将舌和咽壁与软腭相连时,如果这些

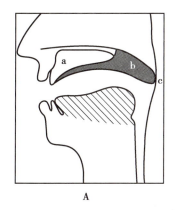
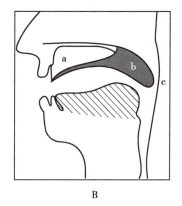

图 3-7　鼻咽机制示意图
A. 鼻咽通道关闭;B. 鼻咽通道开放
a—硬腭;b—软腭;c—咽后壁。

肌群是固定的,或者过于紧张,结果会导致很多鼻音发成非鼻音。

总之,人类共鸣构音器官的显著特点是共鸣腔的形状和横截面积是可以变化的,它通过可活动构音器官的运动来实现。因此,通过调节声道不同的形状,人的言语声也表现出不同的声音色彩。

第二节　听觉器官的解剖与生理

听觉器官是人体最复杂的感觉器官之一,负责接收、传导、感知和处理外界声信号,产生听觉,这一复杂过程是人类形成正常言语语言功能的关键环节之一。完整的听觉器官包括外耳、中耳和内耳,听觉器官产生的听觉信号经听神经和各级听觉传导通路,上传至听觉中枢,整合产生听觉。因此,正常听觉的产生有赖于正常听觉器官解剖和生理功能的完整性。

一、外耳

外耳包括耳郭和外耳道,是空气振动(声波)传入内部听觉器官的通道。人类耳郭有一定收集声波的功能,对声压有增益效应。其中,外耳道长约 2.5cm,略呈 S 形,通过共振效应能将传入声波的声压提高 10~15dB。人耳位于头颅两侧,声波到达两耳存在强度和时间差,对定位声源和空间听觉有重要意义。外耳道有丰富的神经末梢和耵聍腺,有保护内部中耳结构的功能。

二、中耳

中耳介于外耳和内耳之间,是位于颞骨内不规则的含气腔和通道,包括鼓室、咽鼓管、鼓窦和乳突。鼓室是中耳的中心部分,前方通过咽鼓管与鼻咽部相通,后方经鼓窦入口与鼓窦及乳突气房相通。声波通过鼓膜、听骨链,经前庭窗以机械振动的方式传入内耳。

1. 鼓室六壁　以鼓膜紧张部上下缘为界,鼓室可分为上、中、下三部分。鼓室内壁覆盖黏膜,解剖上大致分为六壁。①外壁:为鼓膜,与外耳道相邻。②内壁:为内耳外壁,其中央较大的膨隆称岬(promontory),系耳蜗底周所在。岬后上方有一小凹,称前庭窗龛,底部称前庭窗(fenestra vestibuli),又称卵圆窗(oval window),为镫骨足板及镫骨环状韧带所封闭,内侧为内耳的前庭。岬后下方的小凹称蜗窗龛,其底部偏上方有蜗窗(fenestra cochleae),又称圆窗(round window),向内通耳蜗的鼓阶,为蜗窗膜封闭。③上壁:为鼓室盖和鼓窦盖,与颅底相邻。④下壁:与颈静脉球相邻。⑤前壁:上方为鼓膜张肌半管的开口及咽鼓管鼓室口,下方与颈内动脉相邻。⑥后壁:上方有鼓窦入口,向后经鼓窦与乳突气房相通。相当于鼓膜后缘后方的鼓室腔称后鼓室,内有鼓室窦(tympanic sinus)和面神经隐窝(facial recess),是重要的手术解剖区域。

2. 听骨链　鼓室内包含一组重要的解剖结构——听骨链,从外向内依次由锤骨、砧骨和镫骨连接构成,这三块听小骨是人体最小的一组小骨。听骨链连接鼓膜和内耳外壁的前庭窗,负责将外耳的声波以机械振动的方式传送至内耳,是听觉传导过程中的重要环节之一。中耳通过两种途径有效实现声波从空气传入液体(内耳淋巴液),从而避免能量损失:①鼓膜的增压效应。鼓膜有效振动面积是镫骨足板面积的 17 倍,声压自鼓膜传至镫骨足板可获得 17 倍增益。②听骨链的杠杆作用。由于锤骨柄与砧骨长突之比为 1.3:1,声波传至前庭窗时,借助听骨链杠杆作用可使声压增加 1.3 倍。因此,声压经鼓膜到镫骨足板时,通过以上途径可提高 1.3×17=22.1 倍,相当于 27dB 声压级,基本补偿了声能从空气到内耳淋巴液约 30dB 的衰减,如图 3-8。

3. 中耳肌肉 主要包括鼓膜张肌(tensor tympani)和镫骨肌(stapedius)。鼓膜张肌附着于锤骨颈下方,由三叉神经下颌支的分支支配,在受到突发强声刺激时收缩,鼓膜向内运动,张力增加,有保护鼓膜和内耳的作用。镫骨肌起自鼓室后壁的锥隆起,其肌腱附着于镫骨颈后方,由面神经的镫骨肌支支配。镫骨肌收缩时镫骨足板前部翘起,离开前庭窗,对内耳起保护作用,这种外界声刺激诱发镫骨肌收缩的反应,称镫骨肌反射。镫骨肌反射阈值一般在听阈上 60dB,该阈值降低提示响度重振现象存在,是耳蜗病变的特征性表现。镫骨肌反射的强度在声刺激后 10 秒内通常不会发生明显衰减,镫骨肌反射持续时间缩短提示耳蜗后病变可能。

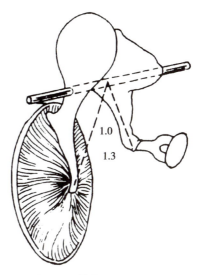

图 3-8 鼓膜、听小骨力轴

4. 咽鼓管 是连接中耳与鼻咽部的通道,鼓室口位于鼓室前壁上部,咽口位于鼻咽侧壁,下鼻甲后端后下方。咽鼓管全长约 35mm,外 1/3 为骨部,内 2/3 为软骨部。当静止状态时,软骨部闭合成一裂隙,当张口、吞咽和打哈欠时,因腭帆张肌、腭帆提肌和咽鼓管咽肌收缩,咽鼓管咽口开放,空气自咽口进入鼓室,从而保持鼓膜内外压力的平衡。咽鼓管的生理功能有:①维持中耳压力平衡;②引流作用;③防声作用;④防止逆行感染。咽鼓管功能不良包括咽鼓管的异常开放和关闭,或纤毛运动功能障碍,将直接影响咽鼓管执行正常生理功能。咽鼓管功能障碍最常见的后果是导致鼓室内负压和中耳积液,在疾病初期表现为传导性听力损失,逐渐发展为混合性或感觉神经性耳聋。由于儿童免疫功能尚不完善,咽鼓管和鼻咽部黏膜下组织松弛,易发生炎性肿胀;且咽鼓管接近水平,管腔短,管径宽,咽部感染易经此径路传入鼓室,导致分泌性中耳炎。儿童分泌性中耳炎病情隐匿,早期常无特殊表现,常因发现较迟而致听力损失难以逆转,成为导致儿童听力及言语功能障碍的重要原因之一。

三、内耳

内耳(internal ear)位于颞骨内,含听觉和前庭器官,由前庭、半规管和耳蜗三部分组成,由于结构复杂,亦称迷路(labyrinth),是听觉产生过程中将机械能转化为听神经冲动的重要结构,如图 3-9 所示。内耳从组织学上分为骨迷路和膜迷路两部分。膜迷路位于骨迷路内,含内淋巴液,有听觉和位置觉感受器;膜迷路和骨迷路间充满外淋巴液。

(一)骨迷路

由致密的骨质构成,包括前庭、骨半规管和耳蜗三部分。

1. 前庭(vestibule) 位于耳蜗和半规管之间,容纳椭圆囊和球囊,前方与蜗管的前庭阶相通,后方与骨半规管的 5 个开口相通。其外壁为前庭窗和蜗窗,前庭窗为镫骨足板封闭,蜗窗则由膜性结构(圆窗膜)封闭。前庭内壁有球囊隐窝和椭圆囊隐窝,分别容纳球囊和椭圆囊;椭圆囊隐窝下方有前庭水管内口,内淋巴管通过前庭水管通向内淋巴囊。前庭水管扩大是大前庭水管综合征(enlarged vestibular aqueduct,EVA)的主要病理表现,也是儿童先天性耳聋的常见原因之一。

2. 骨半规管(bony semicircular canal) 位于前庭后上,由三个互成直角的半规管构成,即外(水平)、前(上)和后半规管。半规管均开口于前庭,其一端膨大称为壶腹。由于前半规管内端与后半规管上端合成一总脚,故半规管通过 5 孔与前庭相通。

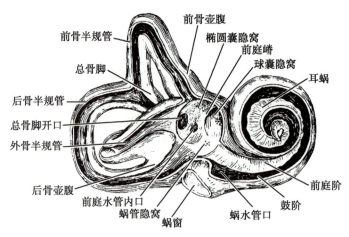

图 3-9 内耳的解剖结构

3. 耳蜗（cochlea） 位于前庭的前面，形似蜗牛壳，由中央的蜗轴和周围的骨蜗管构成，骨蜗管围绕蜗轴旋转 $2\frac{1}{2} \sim 2\frac{3}{4}$ 周，底周构成鼓室内壁。自蜗轴伸出骨螺旋板在骨蜗管中旋绕。由骨螺旋板及其向外延伸至骨蜗管外壁的基底膜将蜗管分为上下 2 腔，而前庭膜又将上腔分为 2 腔，故骨蜗管共有 3 个腔：上方为前庭阶，与后方的前庭相通；中间为中阶；下方为鼓阶。前庭阶和鼓阶的外淋巴通过蜗轴顶端的蜗孔相通，鼓阶的外淋巴经蜗水管与蛛网膜下腔相通。

（二）膜迷路

由椭圆囊、球囊、膜半规管和耳蜗管组成。

1. 椭圆囊 位于前庭内壁的椭圆囊隐窝中，内有椭圆囊斑，前庭神经椭圆囊支分布于椭圆囊斑，感受位置觉。椭圆囊后壁经 5 孔与 3 个半规管相通。

2. 球囊 位于前庭的球囊隐窝中，内有球囊斑，前庭神经球囊支的纤维分布于球囊斑，感受位置觉。球囊经连合管与耳蜗管相通。

3. 膜半规管 位于骨半规管的外侧壁，在骨壶腹部位扩大为膜壶腹，内有镰状突起，称为壶腹嵴。壶腹嵴由支持细胞、毛细胞以及上方的嵴帽构成，毛细胞顶端的纤毛插入嵴帽中。壶腹嵴由前庭神经分支支配，感受角加速度刺激。

4. 耳蜗管 即中阶，位于前庭阶和鼓阶之间，是充满内淋巴的膜性盲管。其上壁为前庭膜，起自骨螺旋板，止于骨蜗管外侧壁；外壁为螺旋韧带；下壁由螺旋缘和基底膜构成。基底膜起自骨螺旋板游离缘，止于骨蜗管外壁。基底膜上有螺旋器，又称科蒂器（organ of Corti），是听觉感受器的主要部分。基底膜纤维在蜗顶较蜗底长，即基底膜的宽度由蜗底向蜗顶逐渐增宽，与基底膜不同部位对应不同固有频率有关：低频声主要引起蜗顶的基底膜振动，而高频声主要引起蜗底的基底膜振动。

科蒂器由内外毛细胞、支持细胞和盖膜等组成。科蒂器通常包含 1 排内毛细胞和 3 排外毛细胞，细胞总数约 15 000 个，其中内毛细胞约 3 000 个，外毛细胞约 12 000 个，两者被三角形的 Corti 隧道所分隔。Corti 隧道内充满 Corti 淋巴，其离子成分与外淋巴相似，膜迷路内其他部分则充满内淋巴。内外淋巴液正常的离子成分和理化状态对于维持毛细胞正常生理功能具有重要意义，很多遗传性聋与基因缺陷改变了内外淋巴液的理化性质有关。

毛细胞与螺旋神经节的周围突构成突触联系。螺旋神经节细胞的胞体位于蜗轴内，分为两型。Ⅰ型神经元约占神经节细胞总数的 95%，为双极神经元，周围突与内毛细胞构成突触联系；Ⅱ型神经元约占 5%，为假单极神经元，周围突与外毛细胞构成突触联系。一个Ⅰ型神经节细胞末梢只与一个内毛细胞形成突触联系,而一个Ⅱ型神经节细胞支配约10个外毛细胞。Ⅰ型和Ⅱ型螺旋神经节细胞的中枢突构成耳蜗神经。耳蜗神经约由30 000根神经纤维组成,其外层和内层的纤维分别来自耳蜗底周和顶周,并分别传输高频声和低频声的冲动。上述解剖特点是人工耳蜗工作的基础。

内耳血供主要来自迷路动脉。迷路动脉是基底动脉和小脑前下动脉的分支,其分出耳蜗总动脉和前庭动脉供应耳蜗、前庭和半规管。由于迷路动脉是终末支,没有侧支循环,当发生痉挛或阻塞时,不能通过其他动脉恢复血供,极易造成内耳的缺氧损伤。

四、听觉的产生

声波经外耳、中耳传入内耳后,机械能转化为电能是在科蒂器中实现的。由于外毛细胞最高的一排静纤毛顶端插入盖膜中,当振动经前庭窗传至外淋巴后,引起基底膜向上或向下的移位,盖膜则会沿着与基底膜不同的轴移动,造成盖膜与网状板之间产生剪切运动。剪切运动使毛细胞的纤毛发生弯曲和偏转,毛细胞兴奋,导致其顶部K^+通道开放,内淋巴液的K^+流入毛细胞内产生去极化,经过一系列复杂的换能过程,将机械能转变为生物电能。与此同时,毛细胞内Ca^{2+}通道开放,Ca^{2+}流入细胞内,毛细胞释放神经递质,使其底部的耳蜗神经末梢产生神经冲动,兴奋耳蜗神经并上传至中枢听觉皮层,产生听觉,如图3-10所示。

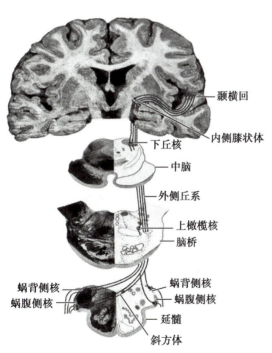

图3-10 听觉的神经传导通路

颞横回
内侧膝状体
下丘核
中脑
外侧丘系
上橄榄核
脑桥
蜗背侧核
蜗背侧核
蜗腹侧核
蜗腹侧核
延髓
斜方体

(一)Bekesy 行波学说

基底膜纤维在蜗底较短,在蜗顶较长,即基底膜自蜗底到蜗顶,宽度逐渐增加。因此,基底膜越靠近耳蜗底部,共振频率越高,而越靠近耳蜗顶部,共振频率越低。基于Bekesy行波学说,声音刺激镫骨引起基底膜位移产生行波;声波振动自耳蜗底部向蜗顶部传播时,基底膜振幅逐渐增大,当在相应频率区达到最大振幅后,振幅随即迅速衰减。因此,低频声沿基底膜向耳蜗顶部传播,可引起耳蜗底部至蜗顶部的基底膜振动,最大振幅在耳蜗顶部;而高频声在耳蜗内传播距离较短,引起基底膜的振动主要局限在耳蜗底部。

(二)耳蜗的主动换能作用

研究发现,耳蜗不仅能接受外界声刺激产生动作电位,还存在主动的释能活动,即将生物电能转换为机械能,这一过程能被从外耳道检测到的耳声发射所证实。耳声发射(otoacoustic emission,OAE)是源于耳蜗而在外耳道记录到的声能,可能来源于科蒂器外毛细胞的主动运动。与OAE密切相关的外毛细胞运动,可能调节基底膜的机械特性,使传入声信号得到增益,从而增强耳蜗对声信号的敏感性,提高频率分辨率和听敏度。耳声发射的应用使得临床新生儿听力筛查更加便捷。

(三)耳蜗生物电现象

耳蜗是复杂的换能装置,除细胞内电位外,耳蜗尚可以引导出如下四种电位:耳蜗内电位、耳蜗微音器电位、总和电位、听神经动作电位。

1. 耳蜗内电位（endocochlear potential, EP）　又称内淋巴电位,是从蜗管内淋巴中记录到的+50～+80mV 的静息电位,系蜗管内淋巴与鼓阶内淋巴之间的电位差所致,起源于蜗管外壁的血管纹细胞。内耳缺氧或代谢障碍,能使 EP 迅速下降。

2. 耳蜗微音器电位（cochlear microphonic potential, CM）　系耳蜗对声音刺激所产生的一种交流性质的电位。当毛细胞纤毛交替性来回弯曲时,其表皮板两边形成一个交流性质的电压输出,即 CM。CM 被认为产生于外毛细胞。

3. 总和电位（summating potential, SP）　在中等或较强声波刺激时,由毛细胞产生的一种直流性质的电位变化。SP 产生于内毛细胞,当膜迷路积水时,SP 幅值增加。

4. 听神经动作电位（action potential, AP）　是耳蜗对声音刺激产生的一系列反应中的最后一个反应,是耳蜗换能后产生的电信号,其作用是向中枢传递声音信息。

（四）蜗神经传导路径

螺旋神经节的中枢突形成耳蜗神经,经内耳门入颅,终止于同侧的耳蜗神经背核和腹核。自蜗神经背核和腹核的二级神经元发出的纤维至双侧上橄榄核复合体,部分进入外侧丘系,终止于外侧丘系核或下丘核。三级神经元自上橄榄核发出的纤维沿外侧丘系上行,终止于外侧丘系核或下丘;自外侧丘系核发出的纤维至下丘;自下丘核发出的纤维至内侧膝状体核。自下丘核和内侧膝状体核发出的纤维经内囊终止于大脑听觉皮质。人类大脑初级听觉皮质主要位于颞横回的 Brodmann 41 区、42 区,感受听觉信号的初级传入。由于延髓耳蜗神经核以上的各级听觉中枢都接收双侧听觉信号的传入,因此一侧听觉中枢的损伤通常不会造成严重的听力损失。

上传至初级听觉皮质的听觉信号,会继续传入韦尼克区（Wernicke's area）。韦尼克区位于颞上回、颞中回后部、缘上回和角回区域,是听觉和视觉言语中枢。韦尼克区的损伤将导致感觉性失语,患者可以听到声音,但无法理解语言。因此,在言语和语言形成过程中,完整的听觉功能仅是一系列复杂过程的起始阶段之一。

第三节　吞咽器官的解剖与生理

吞咽功能是人体的一项重要生理功能,以满足人体营养摄入的需要,吞咽功能的实现有赖于正常的吞咽器官解剖与神经支配。

一、吞咽器官的解剖

参与吞咽过程的器官包括口腔、咽腔、喉腔以及食管。

（一）口腔

口腔是吞咽器官的起始部分,前部为上下唇,以其围成的口裂与外界相通,后部经咽峡与咽部相通,两侧为颊,上壁为腭,下壁为口腔底。在口腔内有两个重要的沟槽:一个位于上下齿与唇部肌肉组织之间,称为前方沟槽;另一个位于颊部肌肉组织与上下齿之间,称为侧方沟槽。出现口腔吞咽困难时,此沟槽容易滞留食物(图3-11)。

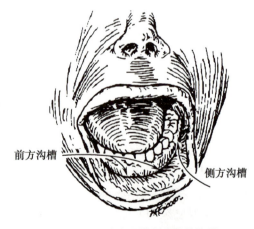

前方沟槽

侧方沟槽

图 3-11　口腔内易滞留食物的沟槽

腭分为前2/3的硬腭和后1/3的软腭,软腭后缘斜向下称为腭帆,腭帆后缘游离,中部有乳头状突起垂向下,称腭垂。自腭帆向两侧各有两条弓状皱襞,前方称腭舌弓,后方称腭咽弓。腭帆后缘、两侧腭舌弓及舌根共同围成的狭窄部,称咽峡,是口腔与咽的分界处。软腭肌包括腭帆张肌、腭帆提肌、腭垂肌、腭舌肌和腭咽肌,各肌协调运动。吸气时腭帆下降,接近舌根,暂时阻断口腔与咽腔的通道,空气由鼻腔经咽入喉;吞咽时腭帆上升,其后缘接触咽后壁,阻断口咽与鼻咽的通道,食物经口、咽入食管。

舌位于口腔底,舌肌包括舌内肌和舌外肌。前者起止均在舌内,收缩可改变舌形,包括上纵肌、下纵肌、舌横肌和舌垂直肌。后者起于舌内、止于舌外,包括颏舌肌、舌骨舌肌、茎突舌肌、腭舌肌,收缩可改变舌的位置。舌具有协助咀嚼、搅拌、吞咽食物及感受味觉的功能。

舌骨为一U形骨,位于舌与喉之间。舌骨上肌群在舌骨与下颌骨和颅底之间,包括二腹肌、下颌舌骨肌、茎突舌骨肌、颏舌骨肌,其作用为上提舌骨,并可使舌升高,因而能协助推进食团入咽。舌骨下肌群位于颈前部,包括胸骨舌骨肌、肩胛舌骨肌、胸骨甲状肌、甲状舌骨肌,其作用为下降舌骨和喉。舌骨上肌群和甲状舌骨肌在吞咽时可提喉使其靠近舌骨(表3-1)。

表3-1 口面部肌肉在吞咽中的作用及神经支配

肌肉分类	肌肉名称	肌肉作用	神经支配
面部肌肉	口轮匝肌	闭合口唇	面神经
	颊肌	闭合口唇,向外拉口角	
	咬肌	上提下颌	三叉神经
	颞肌	下颌前后运动	
	翼内肌	双侧同时运动时上提下颌,一侧运动时下颌偏向对侧	
	翼外肌	双侧同时运动时上提和前突下颌,一侧运动时下颌偏向对侧	
腭肌	腭帆张肌	收紧软腭,扩张口峡	三叉神经
	腭帆提肌	抬高软腭,扩张口峡	舌咽、迷走神经
	腭垂肌	抬高并收紧软腭,扩张口峡	
	腭舌肌	下降腭帆,缩窄口峡	
	腭咽肌		
舌肌	舌内肌	改变舌的形态	舌下神经
	舌外肌	改变舌的位置	
舌骨肌	舌骨上肌	提高舌骨	三叉神经、面神经、舌下神经
	舌骨下肌	降低舌骨	舌下神经、下颌神经

(二)咽腔

咽腔是一个上宽下窄,前后略扁的漏斗状肌性管道,成人咽部长度约为11~14cm。以软腭和会厌上缘为界,可分为鼻咽、口咽、喉咽三部分,分别与鼻腔、口腔和喉腔相通。口咽与喉咽是消化道和呼吸道的共同通道,与吞咽关系密切。

咽隐窝:舌根后部正中有一矢状位黏膜皱襞连至会厌,称舌会厌正中襞,其两侧的凹陷称会厌谷,为吞咽时食物易停留处。在喉入口两侧各有一深窝,称梨状隐窝,亦为吞咽时食物易滞留处(图3-12)。

咽壁的肌层由咽缩肌和咽提肌相互交织而成。咽缩肌包括咽上、中、下缩肌,呈叠瓦状

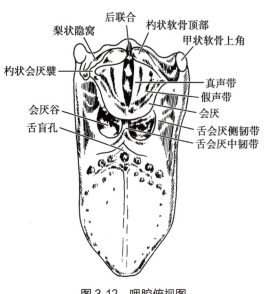

图 3-12 咽腔俯视图

排列,吞咽时各咽缩肌自上而下依次收缩将食团推入食管。在咽与食管的交界处,有横行的肌纤维,其两端附着于环状软骨,称为环咽肌。有学者将环咽肌纤维视作咽下缩肌的一部分,它也是食管上括约肌的主要肌肉成分。咽提肌位于咽缩肌深部,肌纤维纵行排列,包括腭咽肌、咽鼓管咽肌和茎突咽肌。咽提肌收缩时,上提咽、喉,舌根后压,会厌封闭喉入口,食团越过会厌进入食管。

(三)喉

喉腔与气管通过带状肌群悬挂于舌骨与胸骨之间。喉前庭由会厌、杓状会厌襞、杓状软骨以及假声带的上表面所围成。咽腔通向喉腔入口处有三层瓣膜结构:会厌与杓状会厌襞;杓状软骨、会厌基部以及假声带;声带。吞咽时喉由下至上关闭,即声带和假声带内收,随后杓状会厌襞内收。喉向前的动作使声门离开口咽与喉咽之间的直线,导致喉咽和食管上部相对张开。杓状会厌襞的内收和舌根推动会厌后移,每边各形成一条沟,将食团引向梨状隐窝。喉返神经麻痹引起的误咽一般发生于咽部,多由于喉关闭不全所致(图 3-13,表 3-2)。

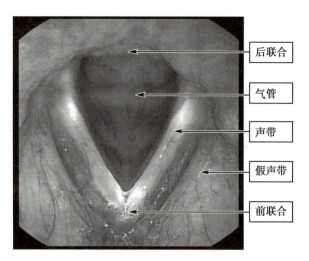

图 3-13 喉部俯视图

表 3-2 咽部肌肉在吞咽中的作用及神经支配

肌肉分类	肌肉名称	肌肉作用	神经支配
咽缩肌	咽上缩肌 咽中缩肌 咽下缩肌	依次收缩,挤压食团进入食管。 咽下缩肌的环咽肌平时处于收缩状态,食团到达时开放,进入食管后则关闭,避免食团进入气管	迷走神经
咽提肌	腭咽肌	上提咽喉	迷走神经
	咽鼓管咽肌	提高上咽侧壁	舌咽神经
	茎突咽肌	抬高并扩张咽部	

笔记栏

（四）食管

食管是一扁狭肌性长管状器官,长23~25cm,上端与咽相连,下端经贲门与胃相连,可分为颈段、胸段、腹段三部分。食管有三处生理性狭窄,一为咽与食管相连处,二为左主支气管跨越食管左前方处,三为食管穿过膈肌处。这三个生理性狭窄是食管最容易受伤和异物易滞留的部位。食管上、下两端各有一个括约肌,食管上括约肌与咽相连,呈慢性收缩,以防止人体在呼吸时将气体吸入食管,同时也阻止食物的咽反流。食管下括约肌是一种肌瓣组织,其功能是将食物及胃酸稳定在胃中,括约肌处升高的压力可以防止胃内容物反流进入食管。

二、正常的吞咽生理过程

吞咽过程包括口准备期、口期、咽期以及食管期。

（一）口准备期

将食物置于口腔内,唇、齿、舌、颊将其磨碎形成食团,准备吞咽。口轮匝肌使双唇维持闭合,防止食物从口中漏出,颊肌收缩避免食物滞留于齿龈与面颊的沟槽之间。颞肌、咬肌、翼内外肌等周围其他肌肉收缩,使固体食物通过下颌的咀嚼运动,并与舌和颊的运动相配合,将食团粉碎、搅拌、混合唾液,使其利于吞咽。腭舌肌收缩使得舌根部抬起与软腭接触,关闭口腔后部以避免食团提早进入咽部(图3-14-A)。

（二）口期

舌将制备好的食团向咽部推送,到达舌根部。此时唇封闭,颊肌收缩,同时舌尖上抬,舌与腭的接触面积扩大,将食团挤压向后推送。软腭随之上升,与向内前方突出的咽后壁相接,将鼻咽和口咽的间隙封闭,形成鼻咽腔的闭锁。此期约用时1~1.5秒,食团黏稠度增加则时间随之延长(图3-14-B)。

（三）咽期

从咽期激发至食团尾部到达环咽肌入口处,用时约1秒。其中咽期激发时间可以用咽起始时间进行衡量,即口期结束与咽期开始之间的时间差,正常吞咽时该值为0,即口期结束时间点应是咽期开始时间点。咽期激发后,将带动一系列的生理反射。

1. 软腭上抬与后缩,抵咽后壁,关闭口咽与鼻咽通道,防止食物反流入鼻腔。

2. 舌背与硬腭紧贴,腭被封闭,腭咽闭锁可增加咽的压力。通过舌根下降和后缩与前突的后咽壁接触,闭锁上咽腔,增加咽推动食团的动力,食团被舌、软腭和咽壁包围,出现向下的咽蠕动波,防止食物重新进入口中。

3. 喉上提,喉口紧贴会厌,喉入口关闭,防止食物误吸入喉。舌骨最大限度地移至前上方,喉部接近舌骨,会厌反转,覆盖喉前庭。舌骨和喉部的上抬和前移还有助于食管上括约肌的打开。

4. 咽部收缩到达中咽,软腭下拉,封闭口峡。咽缩肌继续按顺序收缩,向下挤压食团或液体,食团到达环咽肌入口处。

5. 环咽肌开放,有利于食团进入食管。在生理状态下,环咽肌保持连续张力性收缩,旨在关闭食管入口,防止食物由食管反流入咽。三个因素影响其开放:①迷走神经支配;②喉部的上抬以及前移;③咽缩肌收缩,形成咽缩窄压力挤压食团而被动开放(图3-14-C)。

（四）食管期

食管期,即食物通过食管下行进入胃的过程。此期是反射性的,属于不随意运动,由中枢控制的一系列发射调节完成。食团进入食管后,引发食管平滑肌收缩产生蠕动波,推动食团或液体下行,食管下端的食管下括约肌放松,食物进入胃。食管蠕动波分为三种:原发蠕动波、继发蠕动波和第三蠕动波。原发蠕动伴随吞咽动作开始,是影响食物推进的主要动

笔记栏

力;继发蠕动是食物进入后使食管扩张,对食管感受器产生刺激引起;第三蠕动是食管下端环状肌的局限性不规则收缩运动所形成。此外,食管下端括约肌压力的增加有助于防止食物反流,吞咽时放松,使食物可顺利抵达胃部。食管期食物通过时间最长,约用时 8~20 秒(图 3-14-D)。

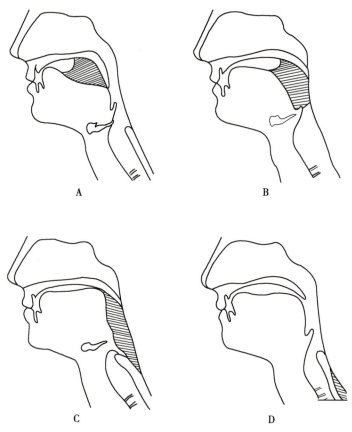

图 3-14 吞咽的过程(阴影部分为食物)

三、吞咽的神经机制

吞咽过程中的随意运动由皮质、皮质下中枢控制,吞咽反射中枢位于延髓,大脑皮质吞咽相关中枢参与了吞咽的启动、规划和执行。由咽部和声门上结构的感觉刺激诱发一次吞咽动作。

(一)吞咽过程中主要脑神经的作用

与吞咽功能紧密相关的脑神经有三叉神经、面神经、舌咽神经、迷走神经和舌下神经。

1. 三叉神经 含有运动纤维和感觉纤维。运动纤维支配咀嚼肌,主司咀嚼运动和张口运动,同时还支配舌下肌群的运动,吞咽时使舌收缩。感觉纤维传导面部的皮肤、口腔、鼻腔、牙齿的痛、温、触觉及咀嚼肌的本体感觉。

2. 面神经 为混合神经,其特殊内脏运动纤维主要支配面部表情肌(额肌、眼轮匝肌、颧肌、颊肌、口轮匝肌等)的运动。一般内脏运动纤维支配下颌下腺、舌下腺等腺体的分泌。特殊内脏感觉纤维(味觉纤维)管理舌前 2/3 的味觉。

3. 舌咽神经 一般内脏感觉纤维分布于咽、扁桃体、舌后 1/3、咽鼓管等处黏膜。特殊内脏感觉纤维(味觉纤维)管理舌后 1/3 的味觉。一般内脏运动纤维支配腮腺分泌。特殊内脏运动纤维支配茎突咽肌和咽缩肌,其功能为提高咽穹窿。

4. 迷走神经 一般内脏感觉纤维分布于咽、喉、食管、气管,接受黏膜感觉。运动纤维支配软腭、咽及食管肌肉。

5. 舌下神经 主要由躯体运动纤维组成,支配全部舌内肌和舌外肌。

(二)吞咽各期的神经通路

1. 口期吞咽的神经通路 口期吞咽时,口内黏膜、牙龈等组织的触觉、痛温觉及咀嚼肌的本体感觉由三叉神经传导,软腭感觉由舌咽神经传导,味觉由面神经与舌咽神经传导,各神经传入纤维到达脑干相应核团,并上传至脑皮质中枢。在高级中枢控制下,脑神经核团产生运动输出,面神经与舌咽神经支配唾液腺的分泌,三叉神经与面神经支配面部肌肉运动,舌咽神经、迷走神经、舌下神经兴奋舌基底部和口腔底部肌肉,支配舌的运动,相互配合咀嚼、混合、挤压食物,并使舌向上顶住硬腭向后推移,把食团挤入咽部(图3-15)。

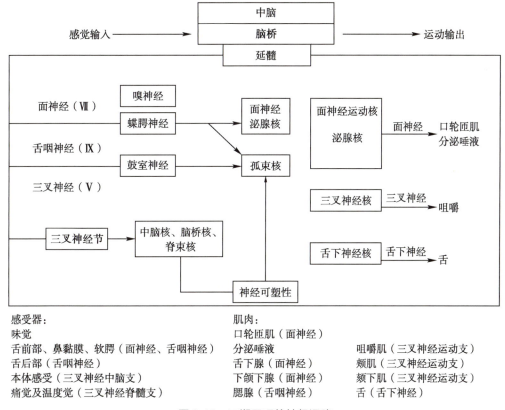

图 3-15 口期吞咽的神经通路

2. 咽期吞咽的神经通路 咽期吞咽基本由反射性的不随意运动构成,以延髓的吞咽中枢为中心。舌根、软腭、咽、喉的黏膜感觉由舌咽神经、迷走神经传入,到达孤束核,由位于延髓网状结构的吞咽中枢启动吞咽运动程序。由舌咽神经、迷走神经、副神经、舌下神经支配吞咽相关肌肉运动:使软腭上抬与鼻咽壁接触,防止食物反流进入鼻腔;使声带和会厌关闭喉前庭以防止食物进入气道;使食管上括约肌松弛,咽肌收缩,食团被挤入食管(图3-16)。

3. 食管期吞咽的神经通路 此期为非自主性活动。食团刺激食管壁神经末梢,由迷走神经传入,延髓及其下部吞咽中枢发出冲动,由迷走神经传出支配肌间神经丛,腭咽闭合、食管蠕动把食团推送至贲门,食管下括约肌松弛,食团进入胃部。

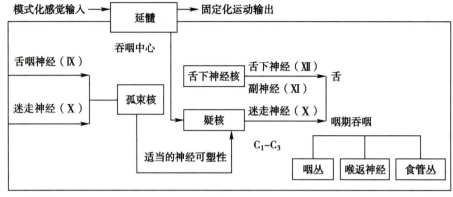

图 3-16　咽期吞咽的神经通路

（万　萍　张剑宁　黄　佳）

ER-3-3

扫一扫
测一测

复习思考题

1. 试述平静腹式呼吸与言语腹式呼吸的差异。

2. 从喉部关节、肌肉角度分析音调是如何进行调节的。

3. 简述听觉产生的过程。

4. 哪些结构保证了吞咽过程中食物的正常行进方向,防止反流或误吸,它们在吞咽过程中的功能如何?

第四章

言语语言的神经学基础

笔记栏

ER-4-1

PPT 课件

学习目标

通过学习言语语言的神经学基础知识，为学生今后进行临床言语语言治疗奠定理论基础。具体的学习内容包括：

1. 言语听觉功能的皮质中枢和皮质下中枢；
2. 与言语、语言功能相关的运动传导纤维束和脑神经支配；
3. 听、说、读、写四大重要组成部分的神经传递过程。

语言交流和思维活动是人类所特有的能力，人类的言语听觉功能是长期进化的结果。本章将介绍支配言语听觉功能的神经系统，包括中枢神经系统（如大脑皮质、脑干传导束等）和周围神经系统（与言语功能相关的 8 对脑神经），同时介绍言语听觉功能的神经传导通路。

第一节　言语听觉中枢

机体各种功能活动的最高中枢在大脑皮质上具有定位关系，形成许多重要中枢，其中言语听觉功能直接受到相关功能区的控制，同时也受到皮质下各神经中枢的调控。

一、言语听觉功能的皮质中枢

大脑半球表面的一层灰质称为大脑皮质，由各种神经元、神经纤维及神经胶质细胞构成，按照 Brodmann 分区法，将大脑皮质分为 52 个区（图 4-1、图 4-2）。大脑皮质是脑的最重要部分，是高级神经活动的物质基础。语言中枢是人类大脑皮质所特有的，通常存在于优势半球，并且涉及大脑皮质的广泛部位。

1. 听觉中枢　听觉中枢位于颞叶的颞横回（41 区、42 区），是听觉的最高中枢，也是初级听觉区，接收和分析听觉信息。每侧听觉中枢都接受来自双耳的冲动，因此一侧听觉中枢受损，不致引起全聋。

2. 听觉性语言中枢（听话中枢）　听觉性语言中枢位于颞上回后部（22 区），也称听觉联合区，它能分析来自听觉中枢的传入信号，将这些信号与贮存在记忆库中的信息进行匹配，并解码翻译，调整自己的语言和理解他人的语言。此中枢受损时，患者听力无障碍，也能说话，但不能理解别人说话的意思，不能正确回答问题，临床上称之为感觉性失语症。

3. 视觉性语言中枢（阅读中枢）　视觉性语言中枢位于顶叶的角回（39 区），该区储存以视觉为基础的语言记忆痕迹，是识别文字的基本结构。此中枢受损害时，患者视觉没有障碍，但看不懂已认识的文字，不能理解句意，因而不能阅读，称失读症。

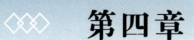

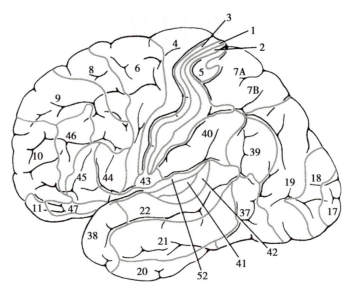

图 4-1　大脑皮质分区（外侧面）

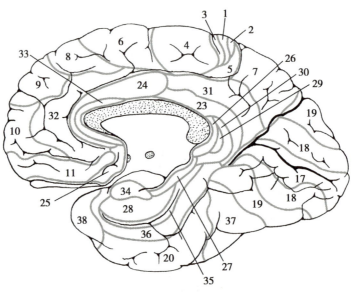

图 4-2　大脑皮质分区（内侧面）

4. 视运动性语言中枢（书写中枢）　视运动性语言中枢位于额中回后部（8区），紧靠中央前回的上肢代表区，特别是手的运动区。储存对侧手书写文字的记忆痕迹，此中枢受损时，患者写字、绘画等精细运动发生障碍，但上肢的其他运动功能仍然保存，临床上称为失写症。

5. 韦尼克区　韦尼克（Wernicke）区位于颞上回后部（41区、42区）以及部分邻近的22区；听觉性语言中枢和视觉性语言中枢之间没有明显界限，有学者将它们统称为韦尼克区，该区包括颞上回、颞中回后部、缘上回以及角回。它主司语言的听觉功能，其中储存大量的听语记忆痕迹，该区的损害主要表现为语言的听理解障碍。

6. 运动性语言中枢（说话中枢）　运动性语言中枢位于额下回后部（44区、45区），即三角部的后部及岛盖部，又称布洛卡（Broca）区。布洛卡区将来自韦尼克区的信息处理成相应的言语运动程序，然后传到与头面部运动有关的皮质（初级运动中枢），启动唇、舌、喉肌的运动而形成言语。布洛卡区不仅负责说话，还控制书写和其他动作语言的产生。此中枢受损时,患者丧失说话能力,但可以听懂他人的语言,称运动性失语症。

布洛卡区司言语运动功能,又称前语言区或第一语言区;韦尼克区司语言感觉功能,又称后语言区。这两个区共同构成言语中枢的主要部分。Wernicke 在此基础上又提出,语言的生成和接受过程包含有分离的运动程序和感知程序,这些程序分别由不同的脑区所控制,因而一种行为的不同组成成分是由脑的不同部位处理的,即大脑以一种分布加工的方式进行语言信息处理(图4-3)。

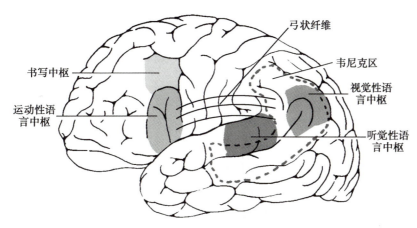

图4-3 左侧大脑半球的语言中枢

7. 初级运动区 初级运动区位于中央前回和中央旁小叶的前部(4 区和 6 区),功能是将从布洛卡区传来的信息转变成言语运动。顶叶运动区(4 区)和运动前区(6 区)涉及所有言语相关器官(口、唇、舌、软腭及手)的运动。

8. 视觉中枢 视觉中枢位于枕叶内侧面距状沟上、下的皮质,即上方的楔叶和下方的舌回(17 区),为初级视觉区,接受来自外侧膝状体的视辐射纤维。此区为第一视觉中枢,又称纹区。局部定位关系为:距状沟上方的视皮质接受上部视网膜传来的冲动;下方的视皮质接受下部视网膜传来的冲动;距状沟后 1/3 上、下方接受黄斑区传来的冲动。一侧视觉中枢接受同侧视网膜颞侧半和对侧视网膜鼻侧半的视觉冲动,损伤一侧视觉中枢可引起双眼对侧视野同向性偏盲。

9. 视觉联合区 视觉联合区位于视觉中枢前,枕叶和顶叶的 18 区、19 区,初级视觉区(17 区)、视觉联合区(18 区、19 区)产生不完善的视觉,并对初级视觉信号进行分析。

10. 弓状纤维 弓状纤维属于联系同侧半球内各部分皮质的纤维,即联络纤维,弓状纤维是联络纤维中的白色短纤维,它连接布洛卡区和韦尼克区等相邻脑回,并将信息从韦尼克区传向布洛卡区(图4-3)。此部位损伤易产生传导性失语,表现为口语为流利型,听理解相对保留,复述不成比例等特点。

11. 外侧裂周区 外侧裂周区为环绕外侧裂周围的区域,包括布洛卡区、弓状纤维和韦尼克区。

12. 分水岭区或交界区 分水岭区或交界区为大脑前动脉与大脑中动脉分布交界区,或者大脑中动脉与大脑后动脉分布交界区,此区受损可以引起经皮质失语症。

13. 联络区 大脑皮质除上述特定功能中枢外,还存在着广泛的脑区,这些脑区不局限于某种特定功能,而是对各种信息进行加工、整合,来完成更加复杂和高级的神经精神活动,称联络区。联络区在高等动物显著增加。

在大脑皮质广泛的联络区中,额叶的功能与躯体运动、发音、语言及高级思维活动有关;

颞叶与听觉、语言和记忆功能有关;顶叶的功能与躯体感觉、味觉、语言等有关;枕叶与视觉信息的整合有关;边缘叶与内脏活动有关。

14. 第二联合区　第二联合区位于优势半球顶下小叶,包括角回和缘上回(39 区和 40 区),由于位于视觉、听觉、躯体感觉区联合皮层之间,并接受邻近联合区的大量纤维,所以是联合区的联合区,故称为第二联合区。它是人类某些特有高级中枢功能的整合中枢,使得各种感觉之间的联系更为密切,上升为完整的知觉。

15. 胼胝体　胼胝体位于大脑纵裂底,是大脑半球的连合纤维,由连接左右半球新皮质的纤维构成,在正中矢状切面上呈钩形,由前向后可分为嘴、膝、干和压部四部分,其纤维向两半球内部前、后、左、右辐射,广泛联系额、顶、颞、枕叶。

二、言语听觉功能的皮质下中枢

大脑皮质与大脑皮质下的脑结构有紧密联系,大脑皮质下的言语区虽然不如大脑皮质的言语区重要,但作为言语活动脑机制的组成部分,都有协同大脑皮质调节言语的功能。大脑皮质下的言语区主要包括丘脑、后丘脑、下丘脑、基底核、脑干和小脑。

1. 丘脑　丘脑是一对卵圆形的灰质团,又称背侧丘脑,位于大脑半球内侧,间脑的最背侧,其外侧紧贴内囊。丘脑(主司感觉功能)与两侧的基底核(主司运动功能)合为大脑感觉与运动功能联络的主要区域,从前至后依次为运动功能区域和感觉功能区域,而丘脑也具有前(受感觉影响的运动)与后(纯感觉)的分区。

目前认为丘脑与语言功能有关的是腹外侧核、腹前核及丘脑枕。腹外侧核、腹前核和布洛卡区、运动区及辅助运动区有丰富的双向联系,丘脑枕与颞叶、大脑后部皮质间密切相连,丘脑虽然不是言语发生的部位,但它将来自身体各部分的感觉信息投射到大脑皮质的相应区域,从而影响语言功能。丘脑性失语临床上常以音量小、语调低、表情淡漠、不主动讲话、找词困难,听理解及阅读理解轻度障碍,复述可正常,轻度命名障碍等为主要表现。

2. 后丘脑　后丘脑是位于丘脑的后外下方的一对小隆起,分别称内侧膝状体和外侧膝状体,它们分别是听觉和视觉传导通路的中继站。通过内侧膝状体从听神经束中接受神经冲动,然后自内侧膝状体发出纤维,组成听辐射,向上止于颞横回的听觉中枢(41 区、42 区)。同样,视觉纤维进入后丘脑的外侧膝状体,进行中央"整合",然后由外侧膝状体核发出纤维组成视辐射,直接投射至枕叶视觉中枢(17 区)。

3. 下丘脑　下丘脑位于丘脑的前下方,被第三脑室分隔为左右两半。内侧面组成第三脑室侧壁的下半和底壁。下丘脑的纤维联系极为复杂,和中枢许多部分存在着广泛联系,通过复杂的纤维网络分别与边缘系统(隔区、乳头体、杏仁核)、脑干和脊髓、丘脑以及垂体相联系。下丘脑是皮质下内脏活动高级中枢,有"内脏脑"之称。

下丘脑作为控制情绪及多种行为动机的神经中枢,与言语活动所必需的紧张状态有关,其损伤可导致器质性缄默症,患者言语行为动机缺失,不愿意说话,言语迟缓,发音困难。

4. 基底核　基底核也称基底神经节,是大脑底部白质内的灰质核团,包括尾状核、豆状核和杏仁核等。尾状核与豆状核均发出纤维支配平滑肌与骨骼肌。基底核接纳来自丘脑的多重连续的感觉信息,有参与控制运动的功能(包括发音活动)。其损害可导致语言功能障碍,称为基底核性失语,表现为自发性言语受限,且音量小、语调低。

5. 脑干　脑干位于颅后窝的斜坡上,自下而上由延髓、脑桥和中脑三部分组成。延髓下部在平枕骨大孔处与脊髓相续,中脑上部紧接间脑。延髓和脑桥的背面与小脑相连,之间的腔室为第四脑室。第四脑室向上经中脑导水管与第三脑室相通,向下与延髓及脊髓的中央管相续。在延髓的上方、锥体交叉正下方的疑核对嗓音而言尤为重要。脑干内部的结构主要由灰质(脑神经核、非脑神经核)、白质(多是脊髓纤维束的延续)和网状结构构成。

脑干中的白质主要由长的上行纤维束(主要为内侧丘系、脊髓丘脑束、外侧丘系、三叉丘脑束和内侧纵束等)、长的下行纤维束(主要为锥体束及红核脊髓、顶盖脊髓束、前庭脊髓束、网状脊髓束等)和出入小脑的纤维组成。

6. 小脑 小脑是重要的运动调节中枢,位于颅后窝,在大脑半球枕叶的下方、脑桥与延髓的后方。小脑借上、中、下三对小脑脚与脑干相连:小脑上脚与中脑相连;小脑中脚与脑桥相连;小脑下脚与延髓相连。小脑脚均由出入小脑的纤维束组成。小脑主要调节锥体外系的功能,使传入的感觉信息(本体感觉、运动觉、触觉、听觉以及视觉)与运动反应达成精确协调。小脑损伤所引起的言语失调称为运动失调构音障碍,表现为说话缓慢、踌躇、构音困难、发音含糊、口齿不清等。同时,言语韵律也受影响。

三、运动传导通路

运动传导通路是指从大脑皮质至躯体运动效应器的神经联系(含与嗓音言语、书写功能有关的运动传导纤维束),包括锥体系和锥体外系。锥体系通常称为直接兴奋通路,锥体外系称为间接兴奋通路。

(一)直接兴奋通路

锥体系是控制骨骼肌随意运动的复合下行纤维束。自大脑皮质发出后,经过中脑的大脑脚和脑桥,至延髓上部的腹侧中线两旁聚为锥体——其中部分纤维到达脊髓,直接或间接连于前角运动细胞,称为皮质脊髓束,它与人体精巧运动有关;另一部分连于脑神经躯体运动核,称为皮质核束,它是大脑皮质管理头面部肌群随意运动的传导通路(图4-4)。每侧大脑半球的皮质核束和皮质脊髓束聚合成一个扇形的纤维团,称为放射冠,从皮质向脑干汇聚。在基底节和丘脑附近,放射冠纤维汇聚成一个紧凑的带状结构,称为内囊。内囊包含所有和大脑皮质联络的传入和传出纤维。内囊中的传入纤维主要来自丘脑,并通过丘脑-皮质联结投射到大脑皮质的几乎所有区域。

内囊的水平切面显示三个主要部分:前肢位于尾状核和壳核之间,包含丘脑前辐射、额桥纤维和投射到下丘脑的、来自眶皮层的纤维;后肢两侧是丘脑和苍白球,包含皮质脊髓纤维、额桥纤维、丘脑上辐射(携带一般躯体感觉信息传递到中央后回),以及一些皮质顶盖束、皮质红核束和皮质网状纤维。膝部位于前肢和后肢之间,包含了皮质延髓纤维和皮质网状纤维。由于丘脑皮质、皮质延髓和皮质脊髓纤维占据了内囊中较为紧凑的区域,即使是小的内囊病变也能产生广泛的运动障碍。内囊膝部和后肢的病变对言语运动的影响更大。

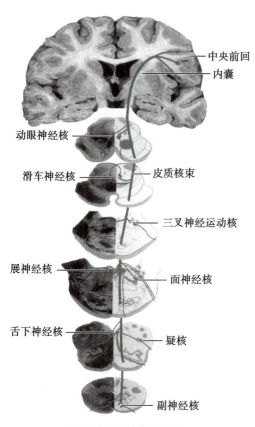

图4-4 直接兴奋通路

中央前回
内囊
动眼神经核
滑车神经核
皮质核束
三叉神经运动核
展神经核
面神经核
舌下神经核
疑核
副神经核

支配言语运动的直接兴奋通路的轴突在皮质核束和皮质脊髓束中并行。第Ⅴ、Ⅶ、Ⅸ、Ⅹ、Ⅺ和Ⅻ对脑神经核的核上纤维并行于皮质核束中;支配呼吸肌运动的脊髓前角运动神经核的核上纤维在皮质脊髓束中并行。

1. 通路的终止点 每侧大脑半球的上运动神经元(upper motor neuron,UMN)主要支配身体对侧的下运动神经元(lower motor neuron,LMN),UMN通路中的下行纤维在脑桥和延髓连接处交叉至对侧。然而,大部分的UMN是通过双侧支配言语运动,尽管不一定对称(表4-1)。这些例外包括下面部(第Ⅶ对脑神经)和舌部(第Ⅻ对脑神经),它们的神经支配主要来自对侧皮质核纤维,但程度有所不同。

表4-1 与言语运动相关脑神经的 UMN 支配

脑神经		UMN 神经支配
三叉神经(Ⅴ)		双侧
面神经(Ⅶ)	上面部	双侧
	下面部	主要是对侧
舌咽神经(Ⅸ)		双侧
迷走神经[(Ⅹ),所有分支]		双侧
副神经(Ⅺ)		双侧
舌下神经(Ⅻ)		对侧支配 > 双侧支配

右侧和左侧脑神经接收来自右侧和左侧大脑半球的 UMN 的输入,尽管不完全对称。例如,对侧半球向三叉神经输入的兴奋性 UMN 相对较大。左右脑神经接收的输入大多来自对侧大脑半球的 UMN 纤维。UMN 支配可能是双侧的,但对侧大脑半球的支配占优势,这可能会因人而异。支配言语运动的皮质核通路并不是从皮质都直接投射到脑神经运动核。

许多皮质延髓纤维实际上是皮质网状纤维,通过网状结构中的突触对脑神经核施加影响,严格来说,这使它们成为间接兴奋系统的一部分。皮质核系统是一个发育上较新的系统,主要是精准协调各类运动(如言语运动)。另外,直接兴奋通路的复杂性还在于皮质核束和皮质脊髓束不是纯运动的,它们还包括在中间神经元上形成突触的纤维,这些纤维影响上行感觉通路中的局部反射弧。在脑干中,这些感觉神经核主要包括三叉神经感觉核和孤束核,两者都与言语和其他口腔运动活动有关。

2. 通路的功能 直接兴奋通路对随意运动活动至关重要,尤其是有意识控制的、熟练、独立、迅速的随意运动,言语则属于通过直接兴奋通路介导的运动类型。然而,通过直接兴奋通路介导的运动可以由特定的感觉刺激触发,且属于随意模式,非反射模式。运动也是由认知活动产生的,可能涉及复杂的运动计划。

3. 受损的结果 损伤导致运动减弱和运动不能,或是熟练动作的丧失或减少,尽管运动减弱通常不如 LMN 损伤严重。当 UMN 病是单侧时,运动减弱表现在身体的对侧。因为 LMN 或者最终共同路径(final common pathway,FCP)和外周感觉不是直接兴奋通路的一部分,所以正常的反射得以保留。由于双侧 UMN 主要支配第Ⅴ、Ⅸ、Ⅹ和Ⅺ对脑神经,单侧 UMN 损伤对下颌运动和腭咽闭合、喉和言语呼吸功能的影响通常较小。舌下神经的 UMN 支配似乎在双侧的程度上有所不同,单侧 UMN 病变通常导致病变对侧的舌肌无力,或者对侧下面瘫可能相当突出。单侧 UMN 损伤会产生轻度的构音障碍,这通常表现为精细运动的减弱。影响言语的双侧 UMN 损伤可对言语产生较显著的影响,它们通常表现为直接和间接兴奋通路功能障碍的综合效应,由此产生的言语障碍表现为双侧无力,并伴有精细运动的丧失,以及间接兴奋通路受损导致的肌张力增加(痉挛)。

(二)间接兴奋通路

间接兴奋通路是复杂的,其解剖结构和活动很难与基底节和小脑控制回路完全分离。然而,间接激活通路是支配下运动神经元的来源,但控制回路不是。此外,将控制回路与间接兴奋通路分离是有临床价值的,因为一些构音障碍与控制回路病变有关,而另一些构音障碍则与间接兴奋通路部分的病理相关。

之所以被称为"间接"通路,主要是因为在大脑皮质与 FCP 之间存在多个突触,多数位于脑干。从某种意义上说,它遵循的是"局部"路线,在到达 FCP 的途中有"停靠",与直接兴奋通路所遵循的"快速"且连续的路线形成对比。

1. 通路的终止点　间接兴奋通路由众多的短路径和相互连接的结构组成,其起点在大脑皮质,最终与脑神经核和脊髓前角细胞相互作用(图 4-5)。

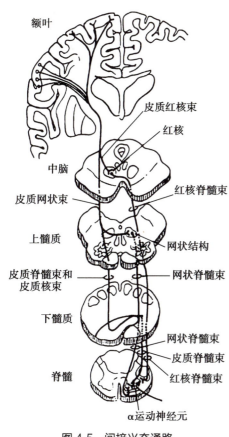

图 4-5　间接兴奋通路

皮质网状束是从运动皮层、前运动皮层和感觉皮层投射到网状结构的纤维束,它们与直接兴奋通路混合在一起。它们向下进入中脑、髓质和脑桥的网状结构,纤维分布在双侧,但以对侧为主。接受这些纤维的网状结构有上行区域和下行区域,此外也会投射到小脑和脑神经核。间接兴奋通路也通过皮质红核束将纤维发送到红核,这是从皮层到 LMN 或 FCP 的另一条通路。

网状结构是位于延髓、脑桥和中脑的细胞体与纤维混杂的细胞核团,被认为是意识的神经生理学基础,它传导上行感觉信息,在感觉运动整合中起着至关重要的作用,并对 LMN 有复杂的影响。通过网状结构的促进和抑制作用对肌张力进行调节。网状结构的侧支纤维投射到脑神经核上,而髓质网状结构外侧区与多个吞咽和呕吐相关的脑神经核的协调反射有关。对网状结构的刺激可以促进和抑制皮层导致的自主运动,影响阶段性呼吸活动,并可促进和抑制上行的感觉信息,从而影响言语运动。

前庭核位于脑桥和延髓中的第四脑室底部,接受来自内耳前庭器官、颈部肌肉本体感受器和小脑的感觉输入。它们投射到脑干、小脑和脊髓。前庭神经核的上行和下行脑干投射位于内侧纵束内,它们调节眼部和颈部肌肉的活动。

红核是中脑内的椭圆形细胞团,通过皮质红核束接受皮层投射并作为小脑通路的中继站,到达丘脑腹外侧核,最终到达皮层。来自小脑和基底节的输入也可以改变红核的下行活动。红核脊髓束抑制伸肌 α 和 γ 运动神经元,但其主要影响的是四肢屈肌。红核对与言语相关的运动神经核的影响尚不清楚,推测它与影响言语运动的某些疾病(如腭咽肌阵挛)有关。

间接兴奋通路同时影响 FCP 的 γ 和 α 运动神经元的活动,γ 运动神经元的反应阈值低于 α 运动神经元,因此它们对间接运动通路的输入更敏感,更容易做出反应。

2. 通路的功能　间接兴奋通路有助于调节反射,维持姿势、语调和相关活动,为直接兴奋通路完成精细且互不关联的动作提供保证。它的功能是潜在的,通常需要整合许多相关肌肉的活动,以确保特定的言语动作不受其速度、范围和方向的干扰。

3. 受损的结果　一般而言,间接兴奋通路的损伤会影响肌张力和反射。当皮质丧失控制能力时,失去抑制的网状结构会使某些肌肉过度兴奋,这种情况在临床上表现为肌张力增加或痉挛。肌肉痉挛的程度取决于病变程度,而且通常对近端肌肉(靠近身体中心)的影响更加显著。

大脑半球的运动通路病变很常见,通常被称为上运动神经元综合征(upper motor neuron syndrome,UMNS),病变往往影响直接和间接兴奋通路。因此临床表现可能包括痉挛、牵张反射亢进,这是间接通路损伤的结果,以及由于直接兴奋通路损伤而导致的精细动作丧失。

UMN 病变的临床表现可能会发生变化。当中枢神经系统到 α 和 γ 神经元的下行通路被破坏时,最初的运动被减弱,即肌张力和反射减弱。因为 α 和 γ 运动神经元可能受到其他输入的影响(如外周感觉输入),最终可能会恢复功能,甚至变得亢进。因此,即使自发活动可能减少,但反射会变得亢进,因为丧失了来自中枢神经通路的影响。

痉挛对言语的影响是使言语运动变慢,在发声时引起声带过度内收。当 UMN 病变为单侧时,这些影响似乎很轻微;但当病变为双侧时,这些影响可能从轻度发展至重度。双侧 UMN 病变常伴有过度亢进的反射、病理性反射、吞咽困难和情绪障碍。间接兴奋通路导致的构音障碍通常与直接通路导致的构音障碍同时发生,包括双侧病变时的痉挛性构音障碍,以及单侧病变时的单侧 UMN 构音障碍。

第二节　脑神经支配

脑神经为与脑相连的周围神经,共 12 对。脑神经与言语听觉活动密切相关,其中有 8 对脑神经与言语听觉功能有着直接或间接的联系,即视神经、三叉神经、面神经、前庭蜗神经、舌咽神经、迷走神经、副神经、舌下神经。

一、视神经

视神经为第 Ⅱ 对脑神经,为特殊的躯体感觉神经,是由视网膜神经节细胞的轴突聚集而成,主要传导视觉冲动。起于眼球视网膜,由眶内经视神经管入颅中窝,续于视交叉。视觉径路在脑内经过的路线是前后贯穿全脑的,视觉径路的不同部位损害,可产生不同程度的视力障碍及不同类型的视野缺损(图 4-6)。一般在视交叉以前的病变可引起单侧或双侧视神经麻痹,视交叉受损多引起双颞侧偏盲,视束病变多引起两眼对侧视野的偏盲(同侧偏盲)。视神经在阅读理解、朗读等方面发挥重要的作用。

二、三叉神经

三叉神经为第 Ⅴ 对脑神经,为混合性神经,含有一般躯体感觉和特殊内脏运动两种神经纤维。感觉神经司面部、口腔及头顶部的感觉,运动神经支配咀嚼肌的运动。三叉神经感觉神经纤维第 1 级神经元位于三叉神经半月节,与脊髓后根神经节相似,含假单极神经元,其周围突分为眼神经、上颌神经和下颌神经三个分支,分布于头皮前部和面部的皮肤及眼、鼻、口腔内黏膜,分别经眶上裂、圆孔及卵圆孔入颅。三叉神经运动纤维起自脑桥三叉神经运动核,发出纤维在脑桥的外侧出脑,经卵圆孔出颅,走行于下颌神经内,支配咀嚼肌(颞肌、咬

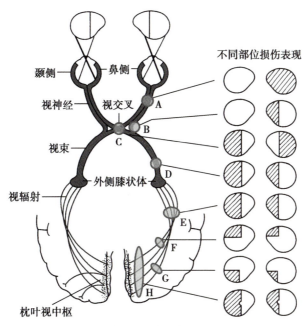

图 4-6　视觉传导通路及各部位损伤表现
A—视神经损害；B—视交叉外侧部损害；C—视交叉正中部损害；D—视束损害；E—视辐射全部损害；F—视辐射下部损害；G—视辐射上部损害；H—视中枢损害。

肌、翼内肌、翼外肌)和鼓膜张肌等，三叉神经运动核受双侧皮质核束支配(图 4-7)。翼内、外肌的功能是将下颌推向前下，故一侧神经麻痹，张口时下颌向患侧偏斜。三叉神经可支配咀嚼肌、张口、中耳鼓膜运动，同时支配头面部的皮肤及眼、鼻、口腔内黏膜的感觉，与构音运动、嗓音及听觉的形成有关。

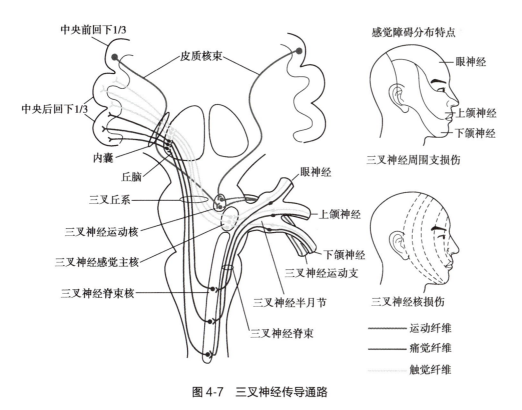

图 4-7　三叉神经传导通路

三、面神经

面神经为第Ⅶ对脑神经,为混合性神经。其主要成分是运动神经,运动纤维发自位于脑桥下部被盖腹外侧的面神经运动核,司面部的表情运动。次要成分为中间神经,含有内脏运动纤维、特殊内脏感觉纤维和躯体感觉纤维,司味觉和腺体(泪腺及唾液腺)的分泌,以及内耳、外耳道等处的皮肤感觉。其中,味觉纤维是感觉纤维中最主要的部分,味觉的第 1 级神经元在膝状神经节,终止于舌前 2/3 味蕾,司舌前 2/3 味觉;一般躯体感觉纤维感觉细胞也位于膝状神经节内,接受来自鼓膜、内耳、外耳及外耳道皮肤的感觉冲动(图 4-8)。面神经病损伤可影响唇音和唇齿音发音,在双侧病变时更为明显。

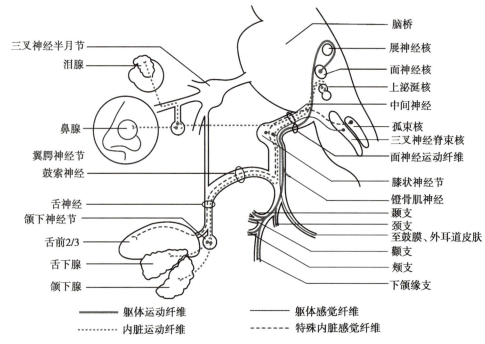

图 4-8 面神经分支及分布

四、前庭蜗神经

前庭蜗神经为第Ⅷ对脑神经,又称位听神经,是特殊躯体感觉性神经,由蜗神经和前庭神经组成。蜗神经起自内耳螺旋神经节(蜗神经节)的双极神经元(1 级神经元),终止于脑桥尾端的蜗神经前后核(2 级神经元),发出的纤维一部分经斜方体至对侧,一部分在同侧上行,形成外侧丘系,终止于四叠体的下丘(听反射中枢)及内侧膝状体(3 级神经元),内侧膝状体发出纤维经内囊后肢形成听辐射,终止于颞横回皮质听觉中枢(图 4-9)。蜗神经主要传导听觉。

五、舌咽神经、迷走神经

舌咽神经和迷走神经均为混合性神经,两者有共同的神经核(疑核和孤束核)、共同的走行和共同的分布特点。疑核发出的纤维随舌咽神经和迷走神经支配软腭、咽、喉和食管上部的横纹肌,舌咽神经和迷走神经的一般内脏感觉纤维的中枢突终止于孤束核。

1. 舌咽神经 第Ⅸ对脑神经,源自延髓两侧,通过颈静脉孔,穿行于颈内动脉与颈外静脉之间,发出许多分支支配不同的部位。其感觉神经传导舌后 1/3 黏膜和味蕾的一般感觉

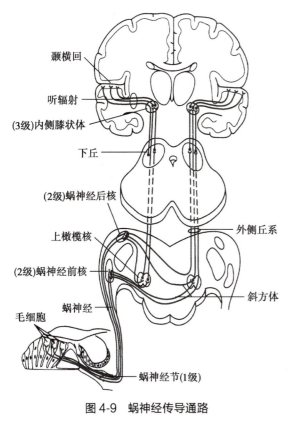

图 4-9 蜗神经传导通路

和味觉,以及咽峡、扁桃体、咽腔及软腭的感觉功能;分布于颈动脉窦和颈动脉小球的感觉纤维(窦神经)与呼吸、血压和脉搏的调节有关。其运动支主要支配咽上缩肌和茎突咽肌的收缩运动(图 4-10)。舌咽神经损害时可引起软腭麻痹,造成声音共鸣障碍。

2. 迷走神经 第Ⅹ对脑神经,迷走神经起自延髓的疑核,由两侧发出后沿途连续分支,分别支配咽腔至腹腔脏器之间的各个部位(图 4-11)。除了胸腔及腹腔脏器自主神经控制的多项功能之外,迷走神经还有两个重要的分支支配喉腔,即喉上神经与喉返神经。

(1) 喉上神经:分为内支和外支。内支是感觉支,支配声门上方咽部的感觉;外支在咽下缩肌侧面与甲状腺上血管伴行至甲状腺上极,支配环甲肌,使声带紧张。

(2) 喉返神经:迷走神经进入胸腔后分出,左右两侧路径不同,右侧在锁骨下动脉之前离开迷走神经,绕经该动脉下后方,再折向上行,沿气管和食管间所成之沟,直到环甲

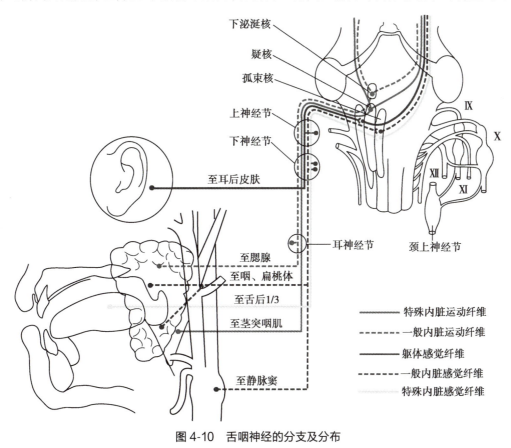

图 4-10 舌咽神经的分支及分布

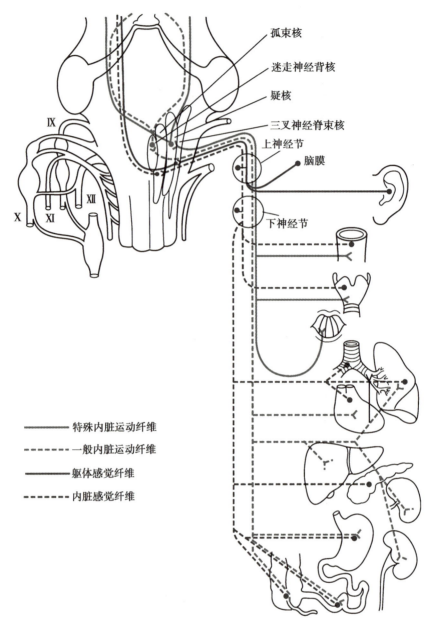

图 4-11　迷走神经的分支及分布

肌的后方进入喉内。左侧的径路较长,在迷走神经经过主动脉后离开迷走神经,绕主动脉弓的下后上行,沿与右侧相似的途径进入喉内,喉返神经主要是运动神经,支配环甲肌以外的喉内各肌。

迷走神经咽支是主要的咽部运动神经,分布在咽缩肌、腭帆提肌、咽鼓管咽肌、腭咽肌、腭舌肌,与言语产生密切相关。迷走神经喉返支单侧损害时表现为声音嘶哑和复音现象,双侧病变时无明显发音障碍,但可影响气道通畅而造成呼吸障碍。

六、副神经

副神经为第XI对脑神经,为运动神经,由延髓支和脊髓支两部分组成。延髓支起自延髓疑核,颅内部分在颈静脉孔处与脊髓部分相分离,加入迷走神经,构成喉返神经,支配声带运动;脊髓支起自颈髓第1~5节段前角腹外侧细胞柱,其纤维经枕骨大孔入颅,与延髓支汇合,再经颈静脉孔出颅,支配重要的呼吸辅助肌群——胸锁乳突肌和斜方肌(图4-12)。副神经损伤将导致颈部的呼吸辅助肌群瘫痪,可引起较明显的言语共鸣障碍。

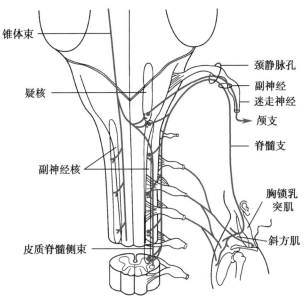

图 4-12 副神经的分支及分布

七、舌下神经

舌下神经为第Ⅻ对脑神经,为躯体运动神经,支配舌肌运动。位于延髓第四脑室底舌下神经三角深处的舌下神经核发出轴突在橄榄体与锥体之间出脑,经舌下神经管出颅,分布于同侧舌肌。舌下神经只受对侧皮质核束支配。它所支配的肌群包括:肩胛舌骨肌、胸骨甲状肌、茎突舌骨肌、舌骨舌肌、颏舌肌、颏舌骨肌、胸骨舌骨肌以及所有的舌内部肌群(图4-13)。

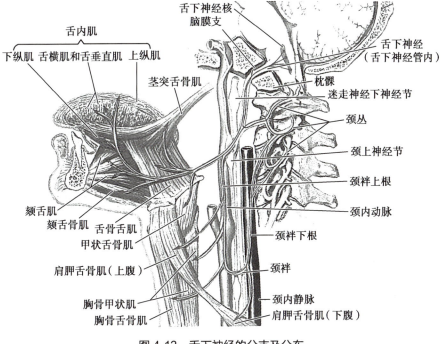

图 4-13 舌下神经的分支及分布

舌下神经主要负责喉腔的位置运动,如整个喉部位置的下降与抬高,并且有助于舌部的所有内部运动。其对构音运动非常重要,对嗓音造成的影响主要表现在共振与音质的效应方面。舌下神经损伤可引起舌肌运动障碍,表现为舌音不清、言语含糊,伴有舌肌萎缩和舌肌震颤。

第三节　言语听觉传导通路

与言语功能有关的各脑区之间在解剖上并非完全独立,在功能上也是相互联系、相互协同的。相对于交际中的言语活动来说,大脑中的言语机制实际上是大脑内部的言语活动,这种活动表现为复杂的神经传递过程,也可以说是人体内的一种信息处理过程。现将与之相关的听、说、读、写四大重要组成部分的神经传递过程介绍如下:

一、听觉传导通路（听）

声波传入内耳的听觉感觉器,刺激毛细胞转化为神经冲动,经蜗神经传入脑干,止于蜗腹侧核和蜗背侧核,发出纤维至上橄榄核外侧形成外侧丘系,经中脑被盖的背外侧部、下丘、内侧膝状体,发出纤维组成听辐射,经内囊后肢,止于大脑皮质颞横回(41区、42区)的听觉中枢,产生听觉。听觉信息再通过胼胝体到达双侧大脑皮质的感觉性语言中枢,由听觉中枢传入韦尼克区的颞上回后部(22区),进行译释,进一步理解为有意义的词句。

二、言语传导通路（说）

来自韦尼克区的信息通过弓状纤维传入布罗卡区(运动性语言中枢)——说话中枢,处理成相应的言语运动程序后,再传到与头面部运动有关的大脑皮质运动区——初级运动区(4区和6区),通过锥体系、锥体外系启动唇、舌、喉肌的运动而形成口语。

三、视读传导通路（阅读、朗读、跟读）

1. 视觉传导通路　视网膜神经部最外层的视杆细胞和视锥细胞为光感觉器细胞,感觉光刺激后,将冲动传到视网膜神经部中层的双极细胞、神经节细胞,集合成视神经,经两侧视神经管入颅腔,形成视束,视束绕过大脑脚后,经内囊后肢投射到枕叶距状沟上、下皮质的视觉中枢,产生视觉。

2. 阅读理解、有声阅读(阅读、朗读)　书面文字符号转换为时空构型的冲动频率,经过视觉传导通路在大脑皮质的视觉性语言中枢(阅读中枢)、视觉中枢和视觉联络区,由能对几何图形做出特异反应的神经元,使视觉图像得到初步重建。然后把重建的信息传入韦尼克区中的角回,并转换为文字形象,进行初步译释,进一步理解为有意义的词句即可完成阅读理解;这种信息若再通过弓状纤维传入布罗卡区(运动性语言中枢)——说话中枢,处理成相应的言语运动程序后,再传到与头面部运动有关的大脑皮质运动区——初级运动区(4区和6区),通过锥体系、锥体外系启动唇、舌、喉肌的运动即可完成有声阅读(图4-14)。

3. 跟读(复读)　语音信号通过听觉传导通路在大脑皮质的感觉性语言中枢(初级听觉区)传入韦尼克区中的听觉性语言中枢(22区)进行译释,理解为有意义的词句;然后通过弓状纤维传入布罗卡区(运动性语言中枢)——说话中枢,处理成相应的言语运动程序后,再传到与头面部运动有关的大脑皮质运动区——初级运动区(4区和6区),通过锥体系、锥体外系启动唇、舌、喉肌的运动形成口语;也可以手势、表情以及姿势来协助口语表达(图4-14)。

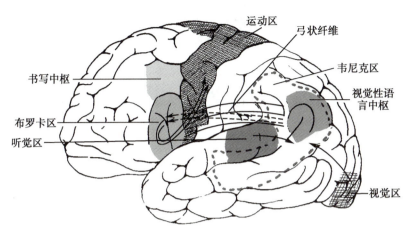

图 4-14 跟读与有声阅读的神经传递过程

四、书写传导通路（写）

声波信号通过听觉传导通路传入韦尼克区中的听觉性语言中枢（22 区），进行译释，理解为有意义的词句；视觉信号则通过视觉传导通路到达韦尼克区的角回及缘上回，形成视觉忆痕；二者信息传到额中回后部的视运动性语言中枢——书写中枢（8 区），再通过锥体系及锥体外系，支配手部等小肌肉群，完成书写功能。

（席艳玲　万　萍　谭　洁）

ER-4-2

扫一扫
测一测

复习思考题

1. 试述听、说、读、写四大语言中枢在大脑皮质的功能定位。
2. 参与言语听觉功能的脑神经有哪些？它们是如何支配言语听觉活动的？
3. 试述有声阅读（朗读）的神经传导途径。

◆◆◆ 第五章 ◆◆◆

语言沟通的发展及心理语言行为治疗

📝 学习目标

通过学习儿童语言的发展、心理语言学等相关知识，为今后学习言语障碍、语言障碍、听力障碍等的评定与康复治疗奠定认知心理学基础。学习要点如下：
1. 掌握健康儿童的语言发育过程及影响语言发展的因素；
2. 熟悉沟通障碍可能伴随的心理异常行为，学习心理语言治疗方法。

第一节 儿童语言的发展

一、语言的组成要素

根据 Bloom 与 Lahey（1978 年）的理论，语言是由形式、内容及使用三个维度交集所形成的（图 5-1）。在形式方面包括音系、语法（包括词法和句法）；在内容方面则为语义；而在语言使用层面则为语用。

图 5-1 语言模型

1. 音系 音系主要指语言中的语音规则层面，包括在语言系统中应用的所有单个音素、词汇发音的基本规则、语音结合排序成词汇的规则，亦即声母与韵母结合的规则。不同的音素结合形成不同的词汇，如"包 bao、抛 pao、刀 dao"等。另外，音系也包括四声或重音等超音段因素，如"狮子、柿子、石子"，对词汇的意义也起着决定性的作用。

2. 语法 语法是各种语言要素按照一定的结构关系表达有意义信息时形成的规则，它常以词为界分为词法和句法两个方面。词以下的规则叫词法，主要指词汇组成的规则。如"工人"由两个词素"工""人"组成，前者对后者起修饰作用。词以上的规则叫句法，主要指词汇与词汇结合形成有意义的短语、句子的词序安排规则。如"小明打我"和"我打小明"由于词汇顺序的不同而表达了不同的意义。

3. 语义 语义主要指语言系统中的意义，包括词汇及句子的意义，事物、事件的概念以及经验和知识等。

4. 语用 语用主要指为了社会性的目的，在一定的环境中使用语言的能力。包括在不同沟通情景中语言使用的社会规则，即如何以约定俗成的方式使用语言与人对话、交谈、沟通。

二、正常儿童语言发育的阶段

根据这些年来学者们的研究成果,现将汉语儿童的语言发展情况简述如下。

（一）构音音系能力的发展

1. 构音能力的发展

（1）早期发声阶段（0~3个月）:哭泣阶段,婴儿从出生到1个月左右,唯一能发出的声音是哭泣,之后哭泣逐渐减少。咕哝声阶段,随着年龄的增加,进入咕哝声(cooing)阶段,一般在6~8周,自发性,像延长的韵母声。

（2）喃语及连续发音阶段（4~8个月）:从3~4个月开始,婴儿逐渐发出一些类元音和类辅音,并且开始出现音调变化。最早出现的牙牙学语声为/i/、/ɑ/等,然后开始出现声音玩耍的行为,他们会模仿大人或自发发出各种不同的声音或音调,开始发出类音节或音节串。

（3）学话萌芽阶段（9~12个月）:一般而言,婴儿在9~12个月期间,开始发出第一个词汇,且常与牙牙学语声混在一起,这些词汇通常是发音部位在最前面与最后面的语音的组合,如"爸爸""妈妈"等。

（4）单词发音阶段（13~18个月）:从婴儿习得第一个真正有意义的词汇后,开始进入单词发音阶段,其口语词汇慢慢增加至50个左右,并且词汇的习得和构音同时发展。在此阶段,婴儿可以用语言表达其想法、需求、感觉,但清晰度较差。

（5）说话声音系统化习得阶段（19~50个月）:词汇增加到50个以后,幼儿会经历词汇爆炸期而快速地积累词汇。但这个阶段,幼儿的语音清晰度不高,还会出现发展性不流畅现象,但85%会在数月内恢复正常的说话方式。

（6）构音技能的稳定阶段（51~80个月）:儿童5岁左右几乎能正确发出所有声母韵母,但/r/、/c/、/sh/、/zh/、/ch/要到6岁半左右才能完全习得,此时其具有很高的清晰度。

2. 音系历程的发展　音系历程是幼儿在语言发展过程中,因尚未完全掌握某些语音,构音动作尚不协调或尚未自动化,而出现的语音错误现象,这些错误常发生在发音位置相近或发音方法相同的语音群上,且常遵循某种规则有规律地发生。汉语儿童的音系历程包括:舌前置化(狗狗→抖抖)、舌根音化、爆发音化、送气化、不卷舌化、鼻音省略、边音化、音位转换、音位替代及省略、塞擦音化、摩擦音化、有声化、无声化、h-舌根音化等。随着年龄的发展,4岁半时仍会有10%的儿童还保留舌前置化、舌根音化、h-舌根音化、爆发音化、不送气化、送气化等历程。总体来讲,最常见的音系历程为舌根音化、舌前置化、爆发音化。

3. 语音辨识能力的发展　对英语的研究结果如表5-1所示。

表5-1　英语语音辨识能力的发展

年龄/胎龄	语音辨识能力
怀孕20周	耳蜗对声音的强度、频率有反应
子宫内最后6周	可分辨听到的声音的声调、语调
出生后4天	可区分自己母亲的声音和其他女人的声音 可分辨自己的母语与不同国家陌生的语言
出生后20~30天	可分辨自己母亲的声音与陌生人的声音
出生后1个月	可分辨一些对比音,如/p/与/b/、/d/与/g/,韵母,如/ɑ/和/i/、/u/和/i/。
出生后2个月	对自己的声音有反应
出生后3个月	开始增加对环境中各项声音的知觉
出生后4个半月	相对于与自己名字相似的重音类型的词汇,更喜欢听自己名字的声音
出生后5个月	可知觉语调变化所代表的粗浅含义

4. 声调能力的发展　幼儿在 2 岁以前即可正确掌握四声。一声在 12 个月发展出,四声在 14 个月习得,二声在 18 个月时稳定出现,三声在 20 个月时发展出。幼儿在熟练声调四声的过程中,会出现二声、三声都说成二声,四声说成一声的错误。

(二) 语义能力的发展

在儿童语义发展方面,最常被探讨的是词汇、词汇所表征的概念、词汇定义、象征性或比喻性语言、语义网络、语句意义、篇章含义等。下面主要介绍关于词汇发展的一些内容。

1. 单词期的词汇发展

(1) 第 1 个词汇:婴幼儿最早出现词汇的年龄为 8 个月。平均来看,约在 11 个月大时出现第一个有意义的表达性词汇。这些词汇中指定人物或名字的词汇数量最多,包括妈妈、爸爸、宝宝等。

(2) 前 50 个词汇:婴幼儿出现第一个词汇后,开始缓慢习得更多的词汇,约在 18 个月会达到 50 个词左右,然后就进入词汇爆炸期。自此到 6 岁,英语儿童平均每天要学习 9 个新单词,几乎在醒着的时间里每小时学会一个新单词。前 50 个词汇出现的顺序依次为:生活中所接触的人的称呼、名字;表达动作的词汇;指认动物的词汇;指认食物、饮料的词汇;例行活动中的常用词或问候语;指认身体器官的词汇;指认衣物的词汇;指认玩具、游戏的词汇;形容词或修饰词;指认交通工具的词汇;指认个人用品的词汇;指认家庭用品的词汇;指认屋外东西的词汇;指认地方名称的词汇;主词、代名词;量词;问句词汇。

2. 双词期或语句阶段的语义发展　幼儿进入词汇爆炸期后所习得的词汇已涵盖周围世界的方方面面,甚至包括从故事中学得的词汇。学前阶段的语义发展中常被提及的内容有以下几方面。

(1) 词汇意义的习得:包括转换词、对应关系词、空间方位词、亲属关系词、颜色词、时间词、量词等。

(2) 词汇与语句的语义关系:动作者+动作(妈妈抱);动词+名词(开车、拿球);名词+动词(小狗跑);实体+状态、经验等(苹果甜甜的);表示所有权关系的语句(娃娃的鞋);引介或说明语句(这个球);与处所有关的语句(球那边);特质+实体(好妈妈、新鞋鞋)。

3. 词汇定义的发展　词汇定义是指使用其他词汇或语句去描述某个目标词汇。学前儿童及幼儿主要以物品的外表或功能来定义词汇,或是使用一个或两个词汇来解释。例如:他们会说"椅子是可以坐在上面的""球会跳"等。5~6 岁时,倾向于使用"……有……"的结构,如"桌子有四条腿"。7 岁时会用"……是……"的结构加上类别,如"苹果是(一种)水果"。一般来说,定义实词的表现较虚词优异,年龄较小的儿童在定义词汇时会以功能来描述,而年龄较大的儿童使用类别来定义。

(三) 语法能力的发展

1. 双词期或词汇结合始现期的语法发展　一般而言,在 1 岁半至 2 岁左右,幼儿能说出 50 个左右的词汇时,他们会把熟悉的词放在一起。词汇结合的出现象征着语法发展的开始。

(1) 词或句(单词过渡期):有些幼儿在单词期与词汇结合期之间或在词汇结合期内,会出现一些模糊的音节与真正词汇的结合现象,近似词汇结合形式,这些现象被界定为"词汇+胡言乱语",即儿童会在胡言乱语中加上已会使用的词汇。

(2) 双词的结合:这一时期儿童的语言特征是电报语,即其句子中只有实词,没有虚词。汉语儿童双词句中,包括 8 种语义关系类型:动作者+动作(妈妈抱);动词+名词(喝水、拿球);名词+动词(鞋鞋丢掉);实体+状态/经验(哥哥好);表示所有权关系的语句(娃娃的衣服);引介或说明语句(这个球);与处所有关的语句(球那边);特质+实体(好妈妈、新鞋鞋)。其中,以动作者+动作、动词+名词为最多。

在这个过程中,幼儿所出现的简单语法结构包括主词+动词、动词+名词、要+动词/名词、不要+动词/名词、有+动词/名词、形容词+名词等。

2. 简单句及复句发展期

（1）简单句的发展:幼儿简单句句型以"动作者+动作+物品"最多。例如爸爸开车、爸爸拿球等(主语+谓语+宾语)。

（2）否定句的发展:在单词期,幼儿就会使用"不要""没有"来表达拒绝或消失的概念;在双词结合期,与名词或动词合并;到了多词结合或简单句时期,幼儿会使用"主词(人名)+不要/没有+动作""物品+不要/没有+动作"句型,或是否定词+动词+名词。

（3）疑问句的发展:在双词结合期时,会将句尾的语调提高并拉长;在句尾加上疑问语气词"呢""吗"等;在句尾加上"好吗""是吗"形成否定疑问句。

（4）复句的发展:幼儿在2岁开始已有简单的复句出现,但结构松散,缺少连词,仅由简单句并列组成;3岁开始,幼儿开始使用少数的连接词;随着年龄增加,到6岁时,使用连接词的句子仍然不多。而在3~4岁时,幼儿所使用的连词中,以"还""也""又""以后"等出现较多;到了5~6岁,则使用"因为""为了""结果""要不然""如果"等。

3. 量词的发展　儿童最早发展出来的量词是"个",量词的习得顺序依次为:①在2~3岁,出现"个""本""块"等量词;②在3~4岁阶段,发展出"种""张""件""碗""枝"等量词;③4~5岁的儿童可习得"条""朵""支""班""把""部""包"等量词;④5~6岁则出现"层""顶""样""头""堆""首""架""辆""杯""位""艘"等量词。

（四）语用能力的发展

语用能力包括沟通意图、交谈技能、语用前设能力,其中交谈技能又包括轮替技能、话题的发起与维持、交谈的修补以及话题的结束等。下面重点介绍前两个方面的发展。

1. 沟通意图的发展　婴儿从9个月大时开始使用手势、身体动作或发出声音来表达各种沟通意图。前语言阶段的沟通意图包括:寻求他人注意、要求、问候、转变/变化、抗议/拒绝、回应、提供信息。在单词期阶段,婴幼儿开始采用简单的词汇表达沟通意图。在双词期或多词期阶段,幼儿采用语言表达的沟通意图包括:要求获得信息、要求动作或行为、回应别人的要求、陈述或表达己见、调整交谈行为。

2. 交谈技能的发展

（1）轮替技能:轮替即信息发送与接收的一来一往的过程。在4个月左右,婴儿会与照顾者发生目光相互接触的互动,或者变换目光接触的对象,如妈妈看着奶瓶说"宝宝要喝牛奶了",婴儿也看着奶瓶,并且婴儿也开始以牙牙语来回应大人的话语。然后,随着幼儿语言能力的发展,他们开始使用话语来回应别人的话语,3岁半左右才能理解停顿可作为交谈轮替的线索。而3岁儿童对话的轮替次数仍然很少,要到5岁时才会有约50%的儿童可以维持话题达到12轮。

（2）话题的发起:1个月大时,婴儿即会使用一些非语言的形式去引起沟通对象的注意,如微笑和发出声音。在6个月大时,会通过摆弄物品来引起大人注意。12个月大时,可使用手势或动作来发起沟通互动。2岁多的幼儿会常常发起新话题,但仅能维持2轮左右,因此常出现话题转换太快,沟通对象难以理解的状况。随着年龄的增长,话题也由环绕自身发展到环境中的事物,再到环境中没有的事物。到了学龄阶段,儿童已能适当地发起新话题,并维持很多轮才结束或转换至新话题。

（3）话题的维持:1岁以前幼儿建立的话题常常只有1~2个轮替,且2岁以前,幼儿通常等大人说话后才回应。3~5岁幼儿的话题转换很快,只有少部分时候能根据对方的回应将话题维持下去。4岁儿童能维持熟悉的话题。此后,儿童维持话题的能力会越来越好。

（4）交谈的修补：在交谈时，有时会出现信息不清楚的现象，这时信息接收者会要求说话者澄清，而说话者则依据请求重新修正话语，这就是交谈的修补，它可能包括重复、替换词汇、添加信息、提供背景线索等。12~26个月的幼儿倾向于改变词汇的语音形式；27~30个月的幼儿倾向于简化原来的话语；31~34个月大的幼儿则既有简化又有替换词汇的策略；3~5岁的幼儿会倾向于重复；6岁时会在重复时增加更细节的信息；9岁儿童则会提供背景线索，帮助对方理解。对汉语的研究则发现，8~10岁是儿童习得适当交谈修补技巧的关键阶段。

（五）沟通相关能力的发展

除了上述语言能力的发展外，一些沟通相关能力的发展也对儿童语言的发展有着重要影响，例如共同注意和模仿能力。

1. 共同注意（joint attention）　共同注意是指个体需要借助手势、眼睛目光朝向、语言等方式发起或回应信息，以便与他人共同关注某一事物，即与沟通对象产生共同注意。一般而言，共同注意分成两种方式，即"回应式共同注意"和"主动发起式共同注意"。

婴儿共同注意发展的特点为：早期以"回应式共同注意"为主，后期逐渐具有"主动发起式共同注意"的能力，婴儿9个月时能看向别人正在关注的物体。因此，很多学者将9个月作为婴儿共同注意的发生期；12个月时，婴儿开始看向成人所指示的方向或物体，然后回头看向成人，并且目光在物体和成人的眼神间来回交替，以确定和成人所注意的是一个焦点，还会很快加入"da"这样一些简单的声音；到12个月时，婴儿的共同注意趋于稳定，18个月时共同注意发展成熟。

2. 模仿　模仿指个体观察到另一个人的行为时，自愿以对方为榜样所产生的相似或相同的行为。通常模仿行为发生于诸多领域，如操作物品模仿、手势模仿、面部模仿、声音模仿等，对前语言阶段的儿童而言，模仿技能帮助个体分享生理、社交、情感体验，更好地理解他人的行为，并为其言语能力的发展奠定基础。儿童早期的模仿行为以被动模仿为主，后逐渐发展出主动模仿的能力，有意识地主动对动作和声音进行模仿，而对语音的模仿就意味着儿童即将要发展出有意义的口语能力。

（1）动作模仿（action imitation）：是指儿童对他人的动作进行视觉感知并复制该动作的行为。低年龄期儿童以简单动作模仿为主，大年龄儿童则以高级的社会模仿为主，在这一过程中儿童的语言理解能力得到了快速发展。一般来说，儿童在8月龄时开始出现动作模仿，例如"再见"的手势等；在10月龄时依次模仿出"举高手要抱抱""伸手指或手臂指向一些有趣的事情或物体""当有人离开时，做再见的手势"等动作；11个月时能模仿玩弄手机或者遥控器，把电话放在耳边；12个月时能模仿"唱歌""跳舞""虫虫飞""用杯子喝东西""用梳子梳自己的头发""用勺子吃东西"；14个月时能模仿"抱拳表示谢谢""把手中的玩具给人"；15个月时能伸展手臂，显示手中的东西等。在15个月后，儿童能逐步学会模仿"用嘴巴吹烫的食物""用抹布擦桌子""用扫把扫地""用牙刷刷牙""闻花儿的香味""闭上眼睛装睡"等动作。

（2）声音模仿（voice imitation）：是指儿童对物体和人的声音进行听觉感知并复制的行为。新生儿早期自发的啼哭是一种与生俱来的本能，不是模仿，真正有意识的声音模仿开始于3个月时，婴儿开始"咕咕咕"发声，这时成人会反复逗弄他们并发出"咕咕咕"的声音，儿童慢慢开始模仿。在此过程中，儿童学会了模仿"咕咕咕"的声音，这种模仿才开始具有社交含义。

儿童往往在成人的逗引下以"咕噜咕噜"或"咯咯咯"的笑声来回应成人，越回应，成人越逗他们，在此良性循环的大力促进之下，儿童学会了对语音的模仿；到6个月时儿童就能"咿咿呀呀"地发出更多语音，与前一阶段相同，成人会学着儿童的样子来发"哦哦哦""呀呀呀"的声音与儿童开展互动，这个过程中成人会改变一些语气、音调和语音内容，儿童也慢慢跟着模仿，在这种互动中儿童得以"牙牙学语"；到大约1岁时儿童就能模仿出少量的简单词语了，特别是对拟声词的模仿和简单的如"ma""ba"这种有意义词的模仿。虽然还说不好,但这一阶段的儿童变得更加主动,非常愿意去模仿成人的发音,总是在不断练习。通过不断模仿和互动,儿童在 15 个月左右时基本都能说出真正有意义的词语,之后逐渐发展出口语沟通的能力。

思政元素

发展观和唯实求真精神

　　发展观是唯物辩证法的一个总特征。唯物辩证法认为无论是自然界、人类社会还是人的思维都是在不断地运动、变化和发展的,事物的发展具有普遍性和客观性。发展的实质就是事物的前进、上升,是新事物代替旧事物。儿童语言的发展过程,也符合这一规律,教师应引导学生从儿童语言的发展过程去体会这种发展观。

　　唯实求真是科学精神中的必要一环。学习儿童的语言发展,要善于尊重事实、发现事实、总结事实。可通过让学生分析真实的儿童语言发展案例来培养其唯实求真精神。

三、儿童语言发展的基础

（一）神经生理基础

　　语言或语言的理解涉及很多生理功能的合作与交互运作,包括听觉器官、呼吸系统、发生构音器官以及神经系统等。儿童语言能力的发展需要植根于健康完整的生理功能,而很多语言障碍的问题也都是源自这些生理功能的缺陷。其中听觉系统、言语系统、神经系统的解剖与生理内容请参照本书第三、四章,此处侧重介绍儿童大脑神经网络的建立。

　　1. 神经元连结/胞突结合　胞突结合指神经元或神经元群的树突伸展出去与其他神经元连结的过程。出生后 2 年内是胞突结合的全盛期。动作反射、感官能力(听觉、视觉)在出生时已发展得很好,并且在出生后半年内快速成熟。听觉与视觉皮质区的胞突结合,在出生后 3 个月时达到最高峰。负责口语的胞突结合,会继续增生到 1 周岁时。

　　2. 髓鞘化历程　即让神经细胞上面覆盖一层脂肪被覆,加速神经传导,尤其是大脑至脊髓间的神经传导。一些基本的以及与生存攸关的认知结构,在出生后几年会先经历髓鞘化历程,例如,当脊髓内神经通道的神经元渐渐髓鞘化后,幼儿就开始发展出行走能力。但一些执行功能的结构则是要到了青春期或 17、18 岁时才会出现髓鞘化历程。

　　3. 胞突结合过量与修剪　早期,大脑会产生过量的胞突结合,但从儿童期到青少年阶段,一些不曾使用或接受刺激的胞突结合则会慢慢地被修剪掉,这会重新组织大脑神经网络连接线路。听觉、视觉皮质区的胞突结合,在出生后 3 个月达到顶峰后,开始出现修剪历程。负责语言的胞突结合,则在 1 岁时开始出现修剪历程。这也解释了婴儿缘何从出生时的"世界语专家"变成了只精通母语。

（二）认知基础

　　认知的发育是儿童心智发展和变化的过程,包括由儿童到成人过程中个体注意、记忆、问题解决、决策制订等的发生和发展。按照皮亚杰理论,儿童的认知发展分为 4 个连续阶段:感知运动阶段(从出生到 18 或 24 月龄)、前运算阶段(18 或 24 月龄到 7 岁)、具体运算阶段(7~12 岁)、形式运算阶段(青春期到成人),每个阶段的表现各有特点。如在前运算阶段儿童通过象征性游戏(symbolic play)来获取知识,如看见爸爸打电话,自己拿起一根香蕉放在耳朵边也开始讲话,说明儿童开始对"打电话"这一动作和"电话"这一物件已经理解,并且用自己现阶段可以表达的"符号"——象征性游戏在进行交流。实际上虽然儿童无法口头描述出具体的信息,但是已经能够理解周围的很多事物了。

语言能力与认知能力密切相关。听、说、阅读、书写等均要建立在对语言理解的基础上。要获得语言,学会按照社会的习惯使用语言,就必须对语言所表达的客观世界和人类社会有一定了解,而要掌握这些因素,需要一定的认知能力。相反,如果儿童对语言中所描绘的事物全无概念,又不理解词义,当他人说出一些物体的名称或描述一物体的形状时,他便难以理解其语言内容。同样,他也不能用语言或文字去描述这些事物。

(三)社会互动基础

儿童的语言发展是需要与生活中所接触的重要他人互动方能发展出来。Nelson 在 1985年曾指出,语言学习是在社会互动的架构中产生,而互动类型则决定幼儿所习得的语言功能与使用情境。同时,幼儿也从中学习语言的片段,如语音、音节、词汇、短语等,之后再习得如何组合或分割这些片段。简而言之,儿童语言的发展是源自其与他人沟通去建立社会接触的动机。

婴幼儿早期的社会互动经验会塑造之后的语言发展。研究已经证实,婴幼儿早期会展现出社会推论、共同注意、情绪调控与注意到他人社会意图等能力,这些能力让婴幼儿可以注意到周围环境的重要他人所提供的沟通信息,进而调整自己的动机状态,来配合大人所架构的沟通互动情境,从中接收语言信息,发展出语言及沟通能力。

婴儿从出生开始,照顾者就与他们建立了很多复杂的社会互动活动,包括喂食、洗澡、换尿布、穿衣、哄睡等例行活动。在进行这些活动时,照顾者会与婴幼儿对看、说话、唱歌等,在日复一日的例行活动中,婴儿形成了一个有利于语言发展的互动方式,这也是成人间的日常互动方式。值得注意的是,照顾者考虑到婴儿有限的能力,一般会采用一种特殊的互动方式,也就是"妈妈语(motherese)"。奇妙的是,全世界的妈妈语都表现出相同的一些特点,如句子较短,语义、语法简单;使用少数核心词汇,常常以物品为中心;沟通的主题限制在当下情景;夸张的脸部表情和手势动作;常常提出问题与称赞;将婴儿的行为视为有意义的沟通;调整说话的音调、音量、语调、语速等。研究表明,这样的妈妈语有助于婴儿习得语言,包括帮助他们切割词汇、分辨句子、学习新词汇等。

儿童语言的发展是一个奇妙且复杂的过程,在短短几年间,儿童从只会哇哇大哭的婴儿,变成了口齿清晰、语言流畅、能顺利与他人沟通的幼儿。这个过程看似水到渠成,其实充满艰难险阻。儿童的神经生理、认知、成长环境中的任何不利因素,都可能影响到儿童的发展,严重者甚至出现各种心理问题或语言障碍,而大部分的语言障碍儿童也常常伴随各种情绪、行为问题。临床上,许多语言障碍儿童,随着年龄增长,其语言愈发不能满足其表达需求,导致长期无法与人沟通,这使得他们的情绪变得非常暴躁,继而出现各种行为问题,例如攻击行为、自伤行为等。而作为言语治疗师,如何利用自己的专业知识,帮助家长去避免和解决这些问题,都是我们在未来工作中需要综合考虑的问题。

思政元素

整 体 观

整体观是指从全局考虑问题的观念。整体观,首先是指自然界本身是一个整体,人和其他的生命、生物都是其中的一部分。如果这个整体或某一部分受到损害,那么其他方面也将受到影响,整体则因之破坏。儿童语言发展的各个基础,就很好地体现了整体观。教师可引导学生去体会,为后续进行基于整体发展的高质量的康复打下基础。

第二节 沟通障碍的心理语言行为治疗

交流沟通过程常伴随着复杂的心理状态,语言为人们的思想沟通提供了一个独特的心理窗口。沟通障碍与心理障碍错综复杂地交织在一起,相互影响,相互促进。因此,在言语治疗的过程中,要充分重视患者可能存在的心理障碍,并给予及时的干预,这样才能使言语治疗取得事半功倍的效果。

一、语言沟通交流的心理影响因素

影响沟通交流的心理因素包括沟通角色关系、沟通循环系统、沟通欲望、沟通者的地位、沟通者的心态、沟通环境等,对这些因素的探讨可以促进对语言沟通的心理认识。

1. 沟通角色关系 在语言沟通中,沟通双方的信息传递随着听、说角色关系的不断变换而改变。说话不是为了给自己听,"说"与"听"是语言沟通中的两个相互依存的角色,纵然有"自言自语"的现象,但是自言自语不会产生沟通的效果。就如收看电视,电视台发送信息并不是目的,它的目的是要别人收看节目——接收电视信号。只有电视台发送的信号是清晰、可辨的,电视观众才有可能有效地接收。如果电视台发出的信号是模糊的,家中电视的接收效果一定不会清晰。语言沟通的目的也是输出必要的信息,向沟通对象表达一定的思想与情感——只有说者输出的信息是清晰可辨的,听者才可能听得懂说话人的意思。

2. 沟通循环系统 语言沟通双方的内部心理活动和外部语言传递过程是一个互为条件、相互联系、相互作用的运动过程,是一个信息加工、处理与发送、接收的互动系统。语言生成可理解为其信息加工与发送过程,而语言理解则是其信息接收与处理的过程。所传递的信息是以语言生成的话语为形式的,同时它又是语言理解的对象。在语言沟通中,因为沟通双方信息传递的方向随着听、说角色关系的不断变换而改变,所以语言沟通过程是一个循环系统。在此过程中,除了以听说角色变换、内部语言与外部语言交替为线索的主要循环过程之外,还存在着运行于记忆与编码、解码、内部语言之间的三个支持性循环过程,这种内在的模式就被称为沟通循环系统。

3. 沟通欲望 一方所生成的话语常常激发对方的表述动机,从而引起一系列复杂的内部心理活动,如赞同、反对、感叹等,从而触动其沟通的欲望。沟通欲望影响双方的语言表达及外部情感。

4. 沟通者的地位 在一般情况下,语言沟通过程中人们是轮流说话的,沟通双方的角色关系往往不断变换,两者是平等关系。但语言沟通中受社会地位等影响,如上级领导对下级的语言沟通过程往往是支配与被支配的关系,这会影响被支配者的沟通欲望,出现不平衡的特殊沟通形式。

5. 沟通者的心态 一个人的生活经历及人生态度会影响个体的言行,从而影响沟通者的态度,反映在沟通心态中。

6. 沟通环境 沟通环境主要分为两种,一种是外部沟通环境,指沟通的场合、声音环境、第三者干扰等。如在很吵闹的环境中沟通,说者必须提高音量,听者必须集中精力倾听,需要每一位沟通者更大的体力付出,从而影响沟通心态及沟通欲望。另一种是沟通者的内部环境,指沟通双方的心理环境,如沟通者心事重重、疲乏、瞌睡等,会极大地影响沟通质量。

二、沟通障碍伴随的心理行为问题

沟通障碍患者由于不能进行有效的交流,通常会产生焦虑、抑郁、孤独等不良心理反应;

有些患者则由于脑功能障碍,常引起注意力、记忆力等认知心理障碍,导致异常行为(如多动),继而出现言语沟通困难;引发触觉感知功能障碍,注意困难,导致抽象推理、解决问题、情感感知及社会沟通的局限性等。具体的心理行为异常表现有以下几种:

1. 焦虑心理　是患者对无明确客观对象产生的严重和长时间的恐惧、焦急和忧虑等情绪和情感异常。常伴有头晕、胸闷、呼吸困难、口干、尿频、尿急、出汗、震颤和运动不安等。言语语言障碍患者由于疾病带来的痛苦,对疾病诊治过程感到麻烦,担心疾病预后,容易产生焦虑不安、紧张、害怕、过分担心,对自身疾病思虑过度,导致社交互动、沟通受限,行为重复。

2. 抑郁心理　是一种对不良外界刺激产生的长期沮丧等情绪改变。抑郁的发生可以是躯体疾病的后果,如脑血管意外、各种癌症、高血压、冠心病、糖尿病等;也可发生在躯体疾病之前,即生活事件的应激,如亲人病故、心理受挫折、工作压力太大等。言语语言障碍患者由于语言沟通障碍,易产生低落情绪,对疾病的预后丧失信心,对生活无兴趣,感到无望与无助,不积极配合治疗,严重时拒绝治疗和检查,甚至产生轻生观念、自杀企图或行为。随着疾病症状的转归和变化,抑郁情绪也会发生相应的变化。抑郁情绪与患者本人性格、周围人的支持与否以及环境有密切关系。

3. 孤独心理　患者因语言障碍,自己的想法和要求不能通过语言与别人沟通而产生孤独感。

4. 依赖心理　患者因为沟通障碍,尤其害怕别人取笑自己,特别容易对家属及信任的人产生过度依赖心理。一旦患者需求得不到重视,自尊心就容易受到挫折而变得心情沮丧,影响治疗效果。

5. 自我防御心理增强　患者因为沟通障碍,会产生明显猜疑。特别是对医务人员、周围人、子女以及照料者的猜疑,认为他们不重视、不关心自己,严重者甚至认为医师不给自己好好治疗,甚至会不接受治疗等,并可能进一步引起恐惧。

6. 认知心理障碍　由于脑功能障碍易导致患者注意力或记忆力障碍,儿童患者易出现注意缺陷多动障碍等病理行为,继而出现言语语言沟通障碍。

三、预防及干预措施

心理治疗(psychotherapy)指由经过专门训练的专业人员运用心理学的相关理论和技术,改善、矫正或消除患者的不正确认知活动、情绪障碍、异常行为和由此引起的各种躯体症状的治疗过程。以下介绍针对沟通障碍常用的心理治疗方法。

(一)支持性心理治疗

通过治疗者对患者的指导、劝解、鼓励、安慰和疏导的方法来支持和协助患者处理问题,适应所面对的现实,度过心理危机的方法。支持性心理治疗是临床上最基本的心理治疗模式,特别是当脑卒中等患者由于不能进行言语表达,或因听不明白而出现较明显的消极情绪(焦虑或抑郁)时,心理医师或治疗师应设身处地地站在患者的角度,给予鼓励、安慰和疏导,帮助患者逐渐建立自信,充分调动患者内在的康复动机,鼓励其通过自己的努力改善功能。

(二)行为疗法

其理论基础是行为主义理论中的学习学说、巴甫洛夫的经典条件反射原理及斯金纳的操作性条件反射学说。基于此,行为疗法认为人的心理病态和各种躯体症状都是一种适应不良或异常的行为,是在以往的日常生活经历中,通过学习并经条件反射固定下来的。既然可以通过学习获得异常行为,那么也可以通过再学习、条件反射或强化手段,消除或纠正病态行为,建立正常而健康的行为。

言语语言障碍可以被视为一种异常或病态行为,因此可以采用行为治疗的方法加以纠正,在言语语言治疗中常采用系统脱敏疗法、操作性条件技术、放松疗法、生物反馈疗法等。

1. 系统脱敏疗法　该方法可以通过列表法将易引起患者紧张或焦虑等消极情绪的情境场合按由轻至重的顺序进行排列,然后采用心理放松技术,依次缓解这种消极情绪,从而达到逐渐消除不良情绪的目的。实施心理治疗时,应从引起个体最低程度的焦虑或恐惧反应的刺激物开始进行治疗,并给予渐进松弛训练,使个体轻度的焦虑或恐惧反应消失;然后治疗者可向处于松弛状态下的个体呈现另一个比前一刺激略强一点的刺激;循序渐进,最终接受最强的刺激。如果一个刺激所引起的焦虑或恐惧状态在个体所能忍受的范围之内,经过反复呈现,个体的焦虑或恐惧反应就会消失。该方法通常用于那些在特定场合易引起交流障碍的患者,如口吃等。

2. 操作性条件技术　指应用各种手段以增加某些适应性行为,减弱或消除某些不良行为的心理治疗方法。强化疗法基于操作学习的理论基础。治疗者可通过行为干预来增加适应性行为,减少或消除不良行为,从而达到治疗目的。言语语言治疗通常采用这种行为疗法技术,如图 5-2 所示。

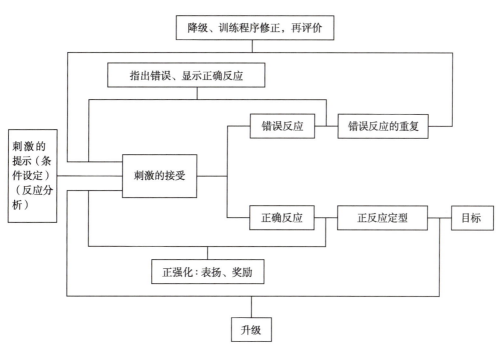

图 5-2　语言行为治疗法

3. 放松疗法　指通过一定的肌肉松弛训练程序,有意识地控制自身的心理生理活动,降低唤醒水平,改善躯体及心理功能紊乱状态,达到治疗疾病的目的。该疗法是源于古代的一种自我心身保健方法,我国的气功、印度的瑜伽、日本的禅道等都是以放松为目的的身心保健方法。由于言语语言障碍患者均存在不同程度的身体相关肌肉紧张及心理焦虑,因此身心的放松治疗尤其重要。

4. 生物反馈疗法　是利用现代电子仪器,使人们无法觉察到的内脏生理功能(如血压、心率、呼吸、语音、生物电活动等)转换成个体能觉察到的声、光等反馈信号显示出来,以帮助个体自我控制和调节这些活动,从而达到治疗目的。如听力障碍儿童在言语训练中会充分利用视觉功能,通过"看"来调节自己发出的声音,以弥补其听力的不足。

（三）家庭治疗

家庭治疗是将家庭作为一个整体而进行心理治疗的方法,属于人际关系方面的治疗。治疗者通过与家庭中所有成员有规律的接触、交谈,使家庭内部发生某些变化,并使家庭中患病者的临床症状逐渐减轻或消失。家庭治疗专家认为,心理障碍的发生与发展除了受生物或心理社会因素的制约外,还与不良的家庭内情感及观念、沟通模式有关,这些模式的改善将对患者病情产生有益的影响。如针对孤独症、注意缺陷多动障碍儿童进行言语语言干预时,也需要干预其异常行为,进行家庭环境的调整或人际关系的优化,这样将有助于此类儿童的行为及言语语言功能的改善。

（四）集体治疗

集体治疗又称团体心理治疗,是相对个别心理治疗而言,指由 1~2 位治疗者主持的、以集体为对象的心理治疗。治疗者运用各种技术,并利用集体成员间的相互影响,以达到消除患者症状并改善其人格与行为的目的。

（五）工娱疗法

工娱疗法是工作疗法和娱乐治疗的简称。凡以工作或劳动作为促进康复的手段,称为工作疗法;凡以文化、娱乐及体育活动作为促进康复的手段,称为娱乐治疗;实际工作中两者常相互结合。该方法有助于建立轻松愉快的情境,促进患者情绪稳定,注意力集中,从而有效缓解言语语言症状。

（六）游戏治疗

游戏治疗是近代心理学中的专用术语,主要是基于心理分析学派的理论发展而来。该理论指出,儿童主要是通过游戏将内在的焦虑外显化,并通过与治疗师的互动,增加对自我行为和情绪的认识,促进个人发展,增强自我面对困难时的信心和能力。游戏治疗可广泛地用于各类儿童心理与行为异常,进而治疗患儿的言语语言障碍。

（七）音乐治疗

音乐治疗是一个系统的干预过程,是指在治疗师的帮助下使用音乐维持、恢复和促进身体、情感和精神健康。发育中的孩子更有可能在共享音乐体验后与另一个孩子一起玩,联合音乐互动可以增强儿童的情感、同理心、亲社会性的纽带。神经影像学研究表明,参与音乐活动有助于构建听觉、运动、情感、愉悦和记忆的大脑区域的多模态网络。

（金 星 马艳茴）

ER-5-2

扫一扫
测一测

复习思考题

1. 社会互动基础如何影响儿童的语言发展?
2. 简述影响语言沟通的心理学因素。
3. 简述沟通障碍伴随的心理行为问题。

第六章

言语障碍的评定与康复治疗

学习目标

通过本章节的教学活动,旨在帮助学生对言语障碍的评定与治疗有全面的认识,并对临床常见疾病导致的言语障碍具备初步的康复实践技能。重点内容包括:

1. 言语障碍的定义、病因、分类,言语障碍的一般治疗流程;

2. 言语障碍的评定方法;

3. 按言语的功能分类,重点学习言语各子模块(呼吸、发声、共鸣、构音、音韵)障碍的评定与康复治疗技术;

4. 对声带息肉、声带麻痹、唇腭裂、脑卒中运动性构音障碍、口吃、功能性构音障碍等临床常见言语障碍的康复实践有一定的认识。

言语是语言的口头表达。尽管言语不是表达语言思维的唯一工具(例如身体姿势、手势、图片以及书面符号均可表达语言思维),然而言语是最快捷有效的交流工具。言语声是由五个相对独立但又相互关联的模块所产生:呼吸(呼吸为言语提供动力支持)、发声(发声系统是言语产生的振动源,主要器官是声带。呼出的气流作用于声带,声带产生振动,从而发出声音)、共鸣(共鸣系统是言语产生的共鸣腔,主要包括咽腔、口腔和鼻腔。声带振动产生的声波通过共鸣腔会产生不同的共鸣效应)、构音和音韵(通过构音器官如下颌、舌、嘴唇以及软腭构建具体可识别的语音——音位、音节等)。

第一节 概 述

在介绍言语障碍的评定与康复治疗之前,首先要了解言语障碍的定义、分类,以及一般治疗流程(言语治疗专家决策系统)。

一、言语障碍的定义

言语障碍的定义有广义与狭义之分,广义的言语障碍是指当言语异常达到一定程度,引起充分重视,使交流受到干扰,使听者或说者感到沮丧。该定义中不限定何种病因,即包括器质性、功能性和神经运动性病变。狭义的言语障碍定义通常指运动性构音障碍,主要是由于神经病变,导致与言语有关的肌肉麻痹、收缩力减弱或运动不协调,其病理基础是运动障碍,该障碍可以单独发生,也可以与其他语言障碍同时存在,如失语症伴构音障碍。这两种言语障碍的定义均强调呼吸、发声、共鸣和构音音韵方面的言语运动改变。

二、言语障碍的分类

言语障碍的分类可以有三种标准:病因分类、临床分类和功能分类。每种分类标准均具有一定的临床意义,可以为言语治疗提供一些参考。

(一) 病因分类

从病因的角度看,可以分为器质性、功能性以及神经运动性言语障碍三大类。器质性言语障碍是指言语器官因肿瘤、先天性结构缺损、炎性粘连等原因致发音功能受限,此类言语障碍的治疗策略应首选手术治疗,然后再进行言语功能训练;神经运动性言语障碍则主要是因中枢和/或周围神经系统疾病所致,言语功能训练的同时应结合神经肌肉本身的促通训练;功能性言语障碍,指无明显器质性和神经运动性损伤,在言语治疗策略方面,可单纯考虑言语功能训练。因此,采用病因分类的方法,有助于确定言语障碍康复的整体方向。

(二) 临床分类

从临床的角度看,言语障碍主要分成四大类:发声障碍、构音障碍、口吃和听力障碍。

1. 发声障碍　发声(phonation)是指由喉部声门发出声波,通过喉以上的共鸣腔产生声音,这里所指的"声"是嗓音(voice)。多数情况下,发声障碍是由于呼吸系统及喉存在器质性(organic)、功能性(functional)或神经性(neurogenic)异常引起的。常见于喉和声带炎症、新生物以及神经损伤等的功能失调,发声异常作为喉部疾病的表现之一,在临床上具有重要意义。

2. 构音障碍　临床上构音障碍(dysarthria)的病因也可分为器质性、功能性以及神经运动性三大类。神经运动性构音障碍根据中枢神经症状可分为痉挛型、弛缓型、运动失调型、运动过多型、运动不及型、混合型构音障碍等。构音障碍的病情取决于神经病学状态和进展情况,双侧皮质下和脑干损伤、退行性疾病如肌萎缩侧索硬化等预后最差;脑性瘫痪患者如有频繁的吞咽困难和构音障碍,预后亦较差;儿童患者比成人有更多的康复机会;单纯构音障碍的患者比构音障碍合并失语症、智力障碍的患者预后好。

3. 口吃　口吃(stuttering)是言语流畅性障碍(fluency disorder)。口吃的确切原因目前还不十分清楚,部分儿童是在言语发育过程中不慎学习了口吃,或与遗传以及心理障碍等因素有关。口吃可表现为重复、停顿、拖音等。部分儿童可随着成长而自愈;没有自愈的口吃常常伴随其至成年或终生,通过训练大多数可以得到改善。

4. 听力障碍　听力障碍分为获得言语前的听力障碍和获得言语后的听力障碍。儿童一般在 7 岁左右言语发育完成,这时可以称之为获得言语。对于获得言语后的听力障碍的处理只是进行听力补偿;获得言语前,特别是婴幼儿时期的中度以上听力障碍所导致的言语障碍(hearing-impaired speech disorder)需要尽早接受听力言语干预和康复训练。

(三) 功能分类

言语主要涉及呼吸、发声、共鸣、构音、音韵五个子功能模块,根据言语障碍患者主要功能障碍模块的不同,具体可以分为呼吸障碍、发声障碍、共鸣障碍、构音障碍、音韵障碍。任何一种类型的言语障碍(病因分类、临床分类)都可以归为一种或几种言语子功能障碍的组合。言语障碍的功能分类有助于细化言语治疗技术,因此,本书将按功能分类的线索介绍言语治疗技术。

三、言语障碍的一般治疗流程

在言语治疗实践中,我们构建了"言语治疗专家决策系统"。该系统包括定量评估、数据分析、诊断决策与疗效监控等,即言语障碍的一般治疗流程,具有良好的可操作性(图 6-1)。

(一) 个人病史信息

该模块主要收集患者的一般信息,包括年龄、性别、是否接受言语训练以及训练的时间、

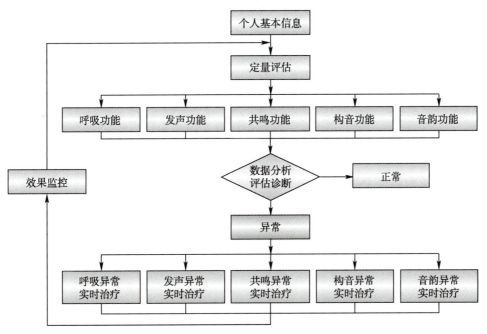

图 6-1 言语治疗专家决策系统

有无其他疾病史、主要言语症状等。

（二）言语功能的感知与量化评估

针对患者所表现出的言语症状（听觉感知评估），进行相应参数的定量测量，获得较客观的数据。

（三）数据分析与决策

将测得的言语参数值与同年龄同性别健康人群相应的参数标准值进行比较，以确定该参数是否落在正常值的范围内，以及偏离正常值多少。

（四）言语功能障碍的类型与程度

测得的言语参数偏离了正常范围，同时结合言语症状，可以判断言语障碍的性质以及严重程度。例如，通过最长声时等与言语呼吸有关的参数测量，可以判断言语呼吸疾病的性质以及严重程度。

（五）言语障碍的实时治疗与监控

根据言语异常的类型制订言语治疗方案。整个言语治疗过程遵循评估→治疗→评估→治疗→评估的科学程序，在尽可能短的时间内使患者的言语异常症状得到缓解或消失。在言语治疗过程中采用相应的参数作为监控指标，即用测得的参数与参考标准值之间的距离变化来判断疗效，通常以距离缩小作为治疗有效的标志。

综上所述，言语治疗专家决策系统将言语功能的定量评定、实时反馈治疗以及康复全程监控三大功能融为一体，言语评定和治疗是一个循环往复的过程，需要进行多次的阶段性评估，以监控言语治疗的效果。

第二节　言语障碍常用的评定方法

言语障碍主要表现为言语生理、心理以及语音方面的异常，因此，针对言语障碍的评定主要包含 4 个方面：自然交谈观察患者的言语行为、言语器官检查、言语量表评定以及语音声学测量。

笔记栏

一、自然交谈观察

首次与患者在自然情境下进行交谈,可以获得较重要的言语障碍线索,包括患者的首发病症,如脑卒中、脑性瘫痪、听力障碍或腭裂等,在言语时是否发声功能亢进(嗓音听起来单薄、过于吃力);是否发声功能低下(嗓音听起来气息声明显、暗沉);是否呼吸支持不足,呈吐字状;是否口腔运动受限,声音听起来含糊不清等。因此,作为一名有经验的医师或言语治疗师通过这种交谈式的观察评定方法,能够对患者的言语障碍有初步的认识,并为进一步的言语评定指明方向。

二、言语器官的检查

有些言语障碍是解剖结构异常所致,因此有必要进行言语器官的常规检查,如喉内镜检查以排除喉及声带的肿瘤、瘢痕等病变;鼻咽部检查排除儿童腺样体增生;口腔内镜检查排除腭裂、舌系带过短等。这些检查通常可以邀请耳鼻咽喉科医生或口腔科医生会诊完成,并给出相应的检查报告。一旦检查出有相应的解剖结构异常,通常先接受手术治疗给予矫正,然后再进行术后的言语康复训练。

三、言语量表评定法

言语量表侧重于评定言语器官的生理运动功能以及言语运动能力。目前临床常用的言语评定量表有 Frenchay 评定法、黄昭鸣言语评定法、运动性言语评定量表,现就这些评定方法进行介绍。

(一)Frenchay 评定法

Frenchay 构音障碍评定方法的检查内容包括反射、呼吸、唇、颌、软腭、喉、舌、言语 8 项,每项又分为 2~5 个细项,共 28 细项,具体如表 6-1 所示。

表 6-1 Frenchay 评定量表

项目	分测验
反射	1. 咳嗽；2. 吞咽；3. 流涎
呼吸	1. 静止状态；2. 言语时
唇的运动	1. 静止状态；2. 唇角外展；3. 闭唇鼓腮；4. 交替动作；5. 言语时
颌的运动	1. 静止状态；2. 言语时
软腭的运动	1. 反流；2. 软腭抬高；3. 言语时
喉的运动	1. 发声时间；2. 音高；3. 音量；4. 言语时
舌的运动	1. 静止状态；2. 伸舌；3. 抬高；4. 两侧交替运动；5. 言语时
言语	1. 读字；2. 读句子；3. 会话；4. 速度

注:量表每细项按严重程度分为 a 至 e 五级:a 正常,b 轻度异常,c 中度异常,d 明显异常,e 严重异常。评定指标:a 项数/总项数。根据这个指标来评定构音障碍的严重程度。评定级别的判定标准(满分 28 分):正常:28~27;轻度障碍:26~18;中度障碍:17~14;重度障碍:13~7;极重度障碍:6~0。这说明 Frenchay 评定方法侧重于评定患者构音障碍的严重程度,而非性质。

(二)黄昭鸣言语评定法

华东师范大学黄昭鸣教授根据多年的嗓音与构音研究成果,研制了黄昭鸣言语评定法,根据正常的发音生理过程,科学地编制了言语评定与治疗的流程,即依照呼吸→发声→共鸣→构音语音的顺序进行评定。此部分继承了 Frenchay 评定的精髓部分(言语器官运动检查),且在言语发音方面不仅采用了国际先进的构音评价手段——最小音位对比,而且融入了现代言语测量技术,较好地避免了因临床单一医师或治疗师评定言语障碍时存在的主观偏差,使评定相对客观、准确。更重要的一点是,将言语评定与言语治疗有机地结合起来,真正体现了评定在治疗中的动态监控作用,这种作用将在后面的章节中完整地体现出来。

(三)运动性言语评定量表

运动性言语评定量表是针对运动性言语障碍的评定工具,主要评定的内容包括:背景资料与疾病医疗史(病史、可能的病灶部位、疾病目前的发展状况);脸部与下颌、唇、舌、软腭以及咽喉部的肌肉强度/力量、运动速度、运动范围、动作的准确度、稳定度和肌张力的评定;运动性言语机制的听感知评估和仪器测量评定;运动性言语机制的压力性测验、非口语性口腔失用症和言语失用症的评定;以及连续性言语的评定分析。这套言语功能的评估量表可以让言语治疗师对患者的言语产出能力做出完整的描述,并由此解答任何有关患者异常的问题,从而做出正确的运动性言语障碍的功能诊断。

四、言语相关的声学测量

言语声学测量的意义在于通过测量具有生理病理学意义的声学参数,发现患者言语功能障碍的具体方面(呼吸、发声、共鸣、构音等),并判定其严重程度,为制订治疗方案以及疗效监控提供客观依据。

例如针对言语呼吸障碍进行功能评定时,可采用最长声时(maximum phonation time, MPT)进行衡量;发声功能障碍评定可采用嗓音基频(F_0)、基频微扰(jitter)、振幅微扰(shimmer)、标准化声门噪声能量(normalized noise energy, NNE)等参数进行衡量;共鸣功能障碍可采用第1共振峰、第2共振峰、鼻流量等参数进行衡量;构音功能障碍可采用口腔轮替运动速率等参数进行衡量,等等。这些参数在言语障碍评定与治疗中的应用详见各分章节。

总之,在言语障碍的评定工作中应尽可能综合使用以上四种评定方法,以使评定结果更加准确客观,并为后继的治疗起到效果监控的作用。

第三节　言语呼吸障碍的评定与康复治疗

呼吸系统是言语产生的动力源。言语时,需要瞬间吸入大量的气体,然后平稳、缓慢地呼气发声,这个过程需要吸气与呼气发声之间的高度协调。言语呼吸障碍表现为吸气肌群和呼气肌群的运动方式不当,以及与发声肌群间的运动不协调等症状。

一、言语呼吸障碍的分类

临床上,一般将言语呼吸障碍(下文简称为呼吸障碍)分为三类:呼吸方式异常、呼吸支持不足、呼吸与发声不协调。

1. 呼吸方式异常　言语时最轻松省力的呼吸方式是腹式呼吸,主要表现为吸气时腹部主动隆起和呼气时腹部被动回缩(膈肌运动所致)。这种呼吸方式能保证发音时颈部的稳定与放松,通过控制腹部的收缩与隆起来调节呼吸,为发音提供稳定可控的动力。如果患者言语时的呼吸方式为胸式呼吸或胸腹联动,会被视为呼吸方式异常。

2. 呼吸支持不足　指用来维持言语发音的呼气量过少。临床表现为说话时气短、气促、词句短、说长句时需多次停顿换气,还可能出现言语响度低等症状。

3. 呼吸与发声不协调　指言语时呼吸与发声的运动不协调,主要表现为硬起音、软起音或说话一字一顿、说话漏气、言语响度忽大忽小等症状。

二、言语呼吸功能的评定

呼吸功能的评定包括主观评估和客观测量两部分。体格检查、听感知评估和客观测量相结合,可以判断呼吸功能是否异常,并明确呼吸障碍的类型和程度,为制订针对性的治疗方案提供依据。

(一)呼吸功能的感知评估

治疗师可以观察或用自己的双手分别接触患者的胸壁和腹壁,来检查患者平静时及言语时的呼吸方式和程度。如果吸气时,胸腔隆起,腹部凹进,表示为胸式呼吸;如果胸腔隆起不明显,而是腹部隆起,则表示为腹式呼吸;吸气时,胸腹腔均表现为明显的隆起运动,则显示为胸腹联动式呼吸。

(二)呼吸功能的客观测量

1. 最长声时(MPT)　是指一个人在深吸气后,平稳舒适地发/ɑ/音的最长时间,发音时要求音调、响度适中。它反映了人在深吸气后的最大发声能力,是衡量言语呼吸能力的最佳指标之一。最长声时受性别、年龄、健康状况、身高、体重、肺活量,以及呼吸方式等因素的影响。

(1)最长声时的测量:如果仅需获得粗略的测量结果,可以用一块秒表或手表进行。如想获得精确的测量结果,可采用声学软件进行测量,测量要求是:①发声时间尽可能长;②声音均匀;③音调响度均匀适中;④呼气结束声音停止。图6-2是通过声学设备测量声波的最

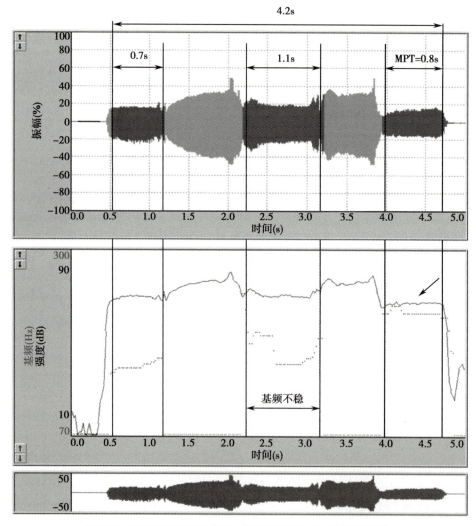

图6-2　测量最长声时的声波、强度和基频曲线(基频异常)

长声时,取其中一段强度和基频均匀一致、且相对长的声波红柱进行起止端定位,获得最长声时数据0.8秒,而非总发声时间的4.2秒。

（2）最长声时的临床意义:黄昭鸣等(2006)制订了中国人的"最长声时参考标准",如果患者的最长声时没有达到参考标准值,则可能存在:①呼吸支持不足,如肺活量下降等;②呼吸方式异常,如胸式呼吸。

2. 最大数数能力(maximum counting ability,MCA) 是指一个人在深吸气后,采用啭音的方式连续发"1"或"5"音的最长时间。最大数数能力主要反映呼吸和发声之间的协调性、言语呼吸控制能力等。

（1）最大数数能力的测量:可使用声学软件进行精确测量(图6-3),其测量要求为:①一口气连续数数;②基频和强度变化连贯;③数数时间尽可能长;④呼气结束声音停止。

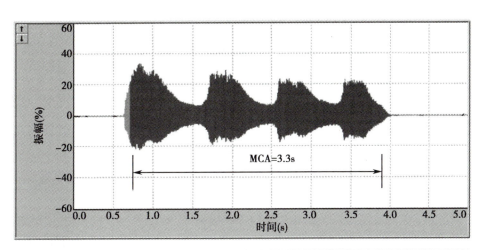

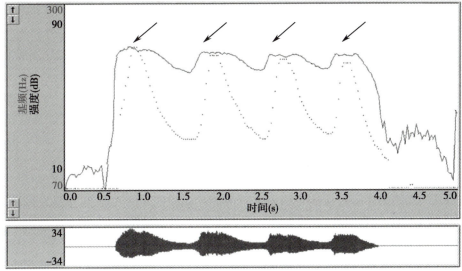

图6-3 最大数数能力测量

（2）最大数数能力的临床意义:黄昭鸣等(2006)制订了中国人的"最大数数能力参考标准",如果患者的最大数数能力没有达到参考标准值范围,则提示患者可能存在呼吸和发声功能不协调。

三、言语呼吸障碍的康复治疗

呼吸障碍的治疗主要根据呼吸障碍的类型,遵循先基础训练进行放松,后对症治疗的思路。

(一)基础训练

呼吸系统的基础训练即呼吸放松训练,它将节律的呼吸与放松运动相结合,通过手臂和肩部的运动带动肋间肌群和肩部肌群运动,使全身得到放松。嘱直立位,双脚微开,双臂自然下垂,训练步骤为:

1. 双臂交替上举运动 吸气时,身体重心缓慢移向左侧,同时左手臂尽力向外伸直上举,呼气时,左手臂回到原位;同样方法,吸气时,身体重心移向右侧,同时右手臂尽力上举,呼气时,右手臂回到原位。各重复五次。

2. 单臂画圈运动 吸气时,左臂向前、上、后、下做画圈运动;呼气时,左臂回到准备动作,如此重复五次。同样方法,吸气时,右臂向前、上、后、下做画圈运动;呼气时,右臂回到准备动作,重复五次。

3. 双臂画圈运动 吸气时,双侧手臂同时向前、上、后、下做画圈运动;呼气时,双侧手臂回到准备动作,重复五次。同样方法换个方向,吸气时,双侧手臂向后、上、前、下做画圈运动;呼气时,双侧手臂回到准备动作,重复五次。

4. 双肩耸立运动 吸气时,迅速耸双肩,维持数秒,然后慢慢放松;呼气时回到准备动作。重复五次。

5. 双臂晃动运动 双臂自然垂直落于双腿两侧,轻松晃动双侧手臂。重复五次。

(二)对症训练

1. 纠正异常的呼吸方式 先采用生理腹式呼吸训练,然后采用"嗯哼"法、拟声法、数数法等,让患者将获得的生理腹式呼吸运动应用于言语过程中,建立正确的言语腹式呼吸。

(1)生理腹式呼吸训练:通过不同的体位让患者体验"呼气"和"吸气"的过程,帮助患者建立正确、自然、舒适的生理腹式呼吸方式。该方法共分四节:第一节为仰位训练,让患者通过触觉感知,该体位最为放松,易将呼吸方式调整为腹式呼吸;第二、三、四节分别为侧位、坐位、站位训练,让患者通过不同体位的呼吸训练,将腹式呼吸逐渐变为习惯。

(2)"嗯哼"法:指通过有节奏地移动步伐来控制呼吸,并在呼气时发出"嗯哼"的声音,从而促进生理腹式呼吸到言语腹式呼吸的过渡;其训练方法为:站立位,吸气的同时后退一步,然后向前走,每走一步都发一个"嗯哼"。训练时所有发声均在一口气内完成,"嗯哼"的个数可逐渐增多。

(3)拟声法或数数法:是指在生理腹式呼吸的基础之上,通过模拟简单有趣的声音,来帮助患者从生理腹式呼吸过渡到言语腹式呼吸。其模拟的声音可根据患者的兴趣进行选择,如火车、汽车声,动物叫声,数数等,训练时应保持音调和响度平稳适中。

2. 呼吸支持不足的训练方法 首先采用快速用力呼气法来提高患者的瞬间呼气量,然后用缓慢平稳呼气法来提高患者的呼吸控制能力,通过最长声时训练来提高患者整体的言语呼吸支持能力,最后使用逐字增加句长法来提高患者在言语状态下的呼吸支持及控制能力。

(1)快速用力呼气法:首先尽量用鼻深吸气,然后用力快速地将气流从口腔呼出,从而增加肺活量,提高言语呼吸支持能力。训练时可将呼气与发音结合训练,根据患者情况选择合适的元音或送气音,如/p/、/t/、/k/及以此开头的单、双音节词。

(2)缓慢平稳呼气法:指让患者深吸气后,平稳持续地发音,来提高患者言语时对呼气的控制能力。训练时可将呼气与发音结合训练,根据患者情况选择合适的元音或擦音,如/f/、/h/、/x/、/s/、/sh/及以此开头的单、双音节词。发元音时注意呼气缓慢平稳;发擦音时尽量延长发音的时间。训练时可让患者结合吹蜡烛等游戏进行,使蜡烛的火苗不断闪动但不灭。

(3) 最长声时训练:训练时可根据患者最长声时的基线数据,设置合适的训练目标,并逐步增长。训练过程中要注意保持患者声音平稳以及采用腹式呼吸方式。对于儿童,可采用专业的声控游戏,以增加训练的趣味性。

(4) 逐字增加句长法:指通过让患者一口气连贯地朗读词句,并循序渐进地增加句长,来增强患者的言语呼吸支持能力,提高其呼吸与发声的协调性。训练时可让患者先跟读句子,然后自己朗读,并视情况逐渐加快速度。注意一个句子要一口气读完,换气和朗读要协调自然。训练材料如下:

宝宝。

大宝宝。

大宝宝笑。

大宝宝爱笑。

大宝宝爱大笑。

3. 呼吸与发声不协调的训练方法　主要包括唱音法和哼音法。

(1) 唱音法:通过让患者连续地发长音、短音,或者交替发长音和短音,促进患者呼吸与发声的协调,提高其言语时灵活控制气流的能力。训练步骤如下:①长音训练。让患者深吸气后持续发长音,如:/a---　ya---　da---/,可让患者逐渐延长一口气的发音时间。②短音训练。要求患者深吸气后连续发几个短音,如:/aaaaa/,可逐渐增加发音个数,提高发音速度。③长短音结合训练。当患者能够顺利地发长音和短音后,让其深吸气后发长短交替的音,如:/ya---　ya---　ya　ya/。训练时需注意发长音时保持声音平稳及声时的稳定性,发短音时起音要正确,发音过程中不要换气、漏气。

(2) 哼音法:通过发旋转音,使音调和响度持续地起伏变化,促进患者呼吸与发声的协调,提高其言语时声带的控制能力,进而打破其固有的错误发声模式,建立新的、舒适的发声模式,改善其音质。其训练步骤为:①快速哼音训练。教患者用较快的速度发哼音,可选择元音和辅音,如/i ⌒/、/ma ⌒/等,然后从哼音过渡到正常发音,如/ma ⌒/—妈。②慢速哼音训练。教患者用较慢的速度发哼音,可选择元音和辅音,如/u ⌒/、/na ⌒/等,然后从哼音过渡到正常发音,如/na ⌒/—拿。③快慢交替哼音练习。教患者时快时慢地发哼音,同样可选择元音和辅音,如/e ⌒/、/ma ⌒/等,然后从哼音过渡到正常发音,/ma ⌒/—妈。

第四节　发声障碍的评定与康复治疗

发声障碍(dysphonia)又称为嗓音障碍,是日常生活中常见的发音障碍。发声障碍的分类方法很多,目前并没有统一标准,根据其病因可分为器质性发声障碍、功能性发声障碍和神经运动性发声障碍三类。器质性发声障碍是指各种疾病、外伤或先天发育原因导致的声带及其相关肌肉组织出现形态和组织病理结构的改变,常见的有声带息肉、喉炎、喉蹼、声带沟、声带肿瘤术后等;功能性发声障碍主要是因嗓音的滥用与误用所致,开始并没有声带的结构改变,如果这种不良的发声行为得不到及时纠正,将引起声带形态和振动的改变,如声带小结、息肉等,另外,某些心理障碍也可能引起功能性发声障碍,如癔症等;神经运动性发声障碍主要是由于中枢或外周神经系统疾病导致发声肌群肌张力或收缩肌力发生改变,进而导致发声运动障碍,常见的有痉挛性发声障碍、声带麻痹(中枢性或外周性)等。本章节重点介绍发声障碍的临床评定与康复治疗技术。

一、发声障碍的评定

针对发声障碍的评定主要包括专业人员的听感知评定、声学参数测量、发声障碍患者的自我评定。

(一)嗓音的听觉感知评定

发声异常是患者就诊于嗓音门诊的主要原因,听觉感知判断嗓音质量是临床上用于诊断嗓音疾病和判断治疗效果的最普遍方法。影响听感知评估结果的主要因素如下:

1. 发声障碍的评估量表 嗓音质量是一个抽象概念,评估量表是对发声障碍程度的数值描述,即将评估结果数量化。在嗓音医学领域,对发声障碍的评估主要采用两种量表。

(1)等量分级量表(equal appearing interval,EAI):是指将发声障碍程度分为不同的等级,每一级的级差相同,通过级数来确定某一个参数或一些参数在嗓音中的比例,最常采用的是 4 级量表。EAI 是将不同程度的异常嗓音综合为有限的几个等级,从而减小了听评委之间的差异性以及评委自身的不稳定性。然而,等量分级量表不能对发声障碍程度进行精细的区分,因为供选择的级数是有限的。相对于人耳听觉对声音敏感性来说,等级量表过于粗糙。

(2)视觉模拟量表(visual analogical scale,VAS):是一种半开放的评估量表,能够以看得见的量化方式来评估嗓音质量。听评委将评估结果标记在一条 10cm(精度 1mm)长的水平轴线上,0 表示嗓音完全正常,10cm 表示嗓音嘶哑度或障碍程度达到极限。根据发声障碍程度,听评委可以选择 0~10cm 之间的任何数值。VAS 能够对发声障碍程度进行更精确的区分和更准确的评估,但同时增加了听评委评估的差异性和不稳定性。

2. 嗓音样本的选择 样本选择的原则是既能反映出声音质量,又要有统一的标准。最常采用的嗓音样本有两类:一类是话语声;另一类是持续长元音。

不同类型的嗓音片段均可以作为嗓音质量评估的嗓音样本。然而,事实上研究者选择持续长元音比选择话语声的情况多,其主要原因是采用持续长元音容易被检查者控制和标准化。尤其是在嗓音的客观参数测试中,由于技术上的限制,目前只能对相对平稳的持续长元音进行分析。

在嗓音的听感知分析中,话语声最能代表嗓音质量。因为患者通常是以说话声音出现问题作为就诊的原因,临床医生也习惯于根据患者的嗓音情况来判定是否存在问题。话语声可以是自然谈话声,但最常用的是符合音素平衡的一段文字,系统规范地使用统一的声音材料是进行资料间对比分析的保证。

3. 听评委评估结果的不一致性 听评委的不一致性表现在两方面:①听评委之间的差异性。指在同一次评估中,不同评委对同一个声音评估结果的不一致。②评委自身的稳定性。指同一评委在不同的评估中,对同一个声音给出不同的结果。为了获得具有代表性、稳定的评估结果,评委的选择应该考虑到不同的影响因素:评委的临床经验;对声音的把握能力;对声音诸多知识如物理声学、心理声学、音乐声学等方面的素养;评委的评估策略,以及评委组成人员之间的均质性等。有经验的、经过专业培训的评委比没有经验的评委获得的评估结果更可靠、更稳定。因此,理想的评委应该由有经验的、从事嗓音医学工作的耳鼻喉科医生、嗓音学家或嗓音治疗师等专业人员组成。

4. 听感知评估的标准化研究 嗓音的听感知分析作为发声障碍评估的基础,一直是嗓音医学研究的热点问题。Hirano 提出了发声障碍的 GRBAS 评估系统。GRBAS 评估包括 5 个描述参数:总嘶哑度(grade,G)、粗糙声(rough,R)、气息声(breathy,B)、无力嗓音(asthenic,A)和紧张嗓音(strained,S)。采用 4 级评估量表:0 正常;1 轻度障碍;2 中度障碍;3 重度障碍。嗓音样本为谈话声。为了统一评估标准和控制评估结果的差异性和变化性,为此开发了 GRBAS 评估方法的培训磁带,使评委在评估参数和评估量表方面有共同的参考。与其他嗓音主观评估方法相比,GRBAS 方法简单易行,适合于日常临床工作,是目前国际上最常被采用的听感知评估方法。

此外,CAPE-V(consensus auditory-perceptual evaluation of voice)评价法是美国言语语言及听力协会提出的一种新的嗓音音质评价方法。该方法对 GRBAS 进行了修订,共包括六个测量参数:嗓音总体严重程度、粗糙程度、气息程度、紧张程度、音调和响度。每个参数均标出一条长 100mm 的直线,作为可视的模拟标尺,用来表示异常程度。CAPE-V 还包括各种语音任务和上下文,可以在患者执行不同的语音行为时检查其嗓音质量。

(二)声学测量

随着电子技术的发展,应用计算机声学测试技术进行嗓音信号的测试分析,已成为一种客观评价嗓音质量的检查方法。嗓音声学参数可以从声学角度揭示声带病理改变的程度及性质,为发声功能损害程度的评价提供客观指标。

1. 基频 基频(fundamental frequency,F_0)是声带做周期性振动的频率,即一秒钟声带振动的次数,单位是赫兹(Hz)。F_0 是嗓音分析的基本参数,能够反映出声带的发育、成熟及老化的生理过程。F_0 除与声带本身的基本特性(长度、质量、张力等)有关外,还受环甲肌、甲杓肌及喉下压力的调节。正常男性的基频在 110~130Hz 范围,正常女性在 220~250Hz 范围,正常儿童在 340Hz 左右。F_0 将随着年龄发生变化,女性随着年龄增加(60 岁以后),F_0 有降低的趋势;男性(70 岁以后)F_0 则轻微升高。音调是基频的听觉心理感知量。

2. 声音强度 声音强度(intensity)是反映嗓音动力学的测试指标,与声带振动幅度有关,用分贝(dB)表示。当增加肺通气量时,通过呼气压(喉下压力)推动声带振动的气流量增加,可获得声带振动波幅的增大。因此喉下压力越高,声音强度也越强。由于男女性在生理解剖上的差异性,男性的声音强度通常比女性高。如果经常或长时间过度、过强发声,将会破坏发声器官之间的平衡,导致声带发生病理性改变,如出现声带小结、声带息肉,或慢性喉炎。响度是声音强度的听觉心理感知量。

3. 微扰 微扰(perturbation)指在发声过程中声信号出现微小、快速的变化。这些变化是由于声带的质量、张力和生物力学特性有轻度差异以及神经支配的轻度改变所致。当声带发生病变导致这种微扰达到一定程度时,就会出现嗓音粗糙或嘶哑。通常用基频微扰和振幅微扰来度量声带振动的稳定性或不规则性。基频微扰(jitter)是声带振动周期间在时间上差异的度量(基音频率的变化率);振幅微扰(shimmer)是声带振动周期间在声强上差异的度量(声波振幅的变化率)。

4. 标准化声门噪声能量 标准化声门噪声能量(normalized noise energy,NNE)指在发音过程中声门漏气所产生的扰动噪声的程度。噪声能量的单位是 dB,正常值小于 -10dB。噪声能量是指总的声音能量减去谐波能量,计算公式如下:

$$NNE = 10 * \log \frac{\sum_n w(n)^2}{\sum_n x(n)^2} + BL \qquad (dB)$$

$w(n)$ 代表噪声成分,$x(n)$ 代表声学信号,BL 为一常数,用于补偿滤波器中去除的噪声能量。

5. 频谱分析-谐噪比　语音信号是一种复杂的、非正弦波的周期性现象。它除了与声带的振动特性有关外,还与声道的特性有关。通过数学上的傅里叶变换将声信号分解为一系列简单的正弦波,类似于语图分析方法,对嗓音音质进行评价称为频谱分析。在频谱上,基频标记为 F_0,不同的共振峰标记为 F_1、F_2、F_3 等,这样就能够分别测量出 F_0 及各谐波的能量,从而计算出谐噪比(noise-to-harmonic ratio,NHR)。NHR 是描述嗓音质量的一个重要声学参数,与嘶哑程度有高度的相关性,和电声门图、平均气流率及喉下压力一同用于空气动力学的测试指标(主要用于研究)。

6. 平均气流率　平均气流率(mean flow rate,MFR)是指发声时每秒钟通过声门空气流量的一个指标。呼气流是喉发声的动力,用气流速度描记仪测试单位时间内流经声门的气体量可反映声门关闭功能的状态。MFR 的正常值有很大的个体差异性,但许多学者的研究都指出平均气流率是评价病理性嗓音的重要参数。MFR 升高,表示声门闭合不良,其升高的程度与声门闭合不良的情况呈正相关。

7. 喉下压力　喉下压力(subglottal pressure,SGP)是指肺气压到达声门下的压力,呼气量控制喉下压力。SGP 与音强呈正相关,是音质的重要因素,频率对喉下压力的影响较小。发声障碍患者通常都存在由声带病变引起的声门关闭不全导致气体经声门漏出,为了补偿漏出的气体,患者将通过增加喉下压力来实现。因此,大多数嗓音病变都伴有不同程度的喉下压力增高,喉下压力的增高与声带的病理类型没有直接关系,而与过度用力发声的程度有关。

8. 音域图　音域图(voice range profile)是音调所能达到的上下界限,即发声高低上下的频率范围,可以用赫兹(Hz)或半音(semitone)表示。音域通常分为真声音域和假声音域。真声音域是指真声最低音与真声最高音的差值;假声音域是指假声最低音与假声最高音的差值。在病变早期听觉尚未感知到嗓音异常时,就可出现假声音域降低(假声最高音下降)。尽管音域有很大的个体差异性,许多学者认为音域检查特别是假声音域的检查是早期评估嗓音疾病的重要客观指标。

(三)发声障碍患者的自我评估

以上的嗓音检查或评估方法均不能反映患者自己感知的发声障碍程度,不能判断患者在工作、社会生活中使用嗓音时受损伤的程度,不能反映发声障碍对患者心理、社会生活的影响。因此,近年来提出了以患者主观感受为中心的发声障碍评估,这是嗓音疾病评估的重要组成部分,也是临床检查和声学测试的重要补充。目前,在国际上最常采用的患者自我评估方法是发声障碍指数,其中文版本的信度和效度已得到检验。

1. 嗓音障碍指数　嗓音障碍指数(voice handicap index,VHI)由 Jacobson 于 1997 年提出,由功能(F)、生理(P)和情感(E)三个范畴(维度)的 30 个条目(问题)组成,每一范畴包括 10 个条目。功能范畴描述了患者日常生活中使用嗓音的障碍情况;生理范畴描述了患者喉部不适的感受和发出声音的变化;情感范畴反映嗓音疾病引起患者的情感反应。用从 0 到 4,共 5 个级别(分数),代表本条目情况发生的频繁(或严重)程度,0 代表从未出现,1 代表偶尔出现,2 代表有时出现,3 代表经常出现,4 代表总是出现。由患者根据自己的感受选择分数。每一范畴的分数就是 10 个条目分数的总和,从 0(无影响)到 40(严重影响)。总分(TVH)是三个范畴分数的总和,从 0(无影响)到 120(严重影响)。某一范畴的分数高,说明发声障碍对患者在这一方面的影响大。

2. 嗓音自我评估　自我评估是以患者为中心,反映患者对疾病和治疗过程的主观感受,为嗓音学家提供其他检查所不能提供的信息,帮助医师考虑到患者生理功能的恢复和社

ER-6-2

嗓音障碍
指数(VHI)

会适应能力,使临床治疗目标与患者的主观感受和生活要求相一致。

随着嗓音疾病治疗方法的改进和提高,人们对嗓音质量的要求也越来越高。这就要求发声障碍的各种评估或分析方法能够为嗓音疾病的诊断、疗效评价、预后和病情监测发挥出更重要的作用。嗓音是一种多维现象,不可能靠一种测试方法或单一的测试参数对发声功能作出评价,应同时结合病史、喉镜检查及其他检查方法进行综合分析。欧洲喉科学会(European Laryngological Society,ELS)嗓音医学委员会制订了嗓音治疗(包括手术、发声训练以及两者结合)效果的评价标准,该标准由五方面组成。①听感知分析:采用 GRBAS 评估系统的总嘶哑度(G)、气息声(B)和粗糙声(R);②声学测试:发舒适长元音[æ],用计算机软件分析测试 jitter、shimmer 及 F_0 范围;③动态喉镜评价:声门的闭合程度,声带振动的规律性、对称性及声带黏膜波动情况;④发音商:肺活量除以最长发声时间;⑤患者的自我评估:生活质量、障碍指数。

> **思政元素**
>
> ### 求 真 精 神
>
> 从针对发声障碍的评定包括专业人员的听感知评定、声学测量、患者的自我评定等多维度评定的角度,反思我们作为一名未来的言语治疗师,务必在临床和研究的过程中坚持求真精神。发声障碍的临床表象往往是复杂而多变的,只有具备求真精神,才有可能在思考和研究中尽力排除人为或主观因素的影响,并以尽可能精准的手段与方法,逐步揭示出其本来面目,从而保障评估结果的可信度和实用性,达到正确反映临床客观现实,指导临床康复训练的目的。

二、发声障碍的康复治疗

发声障碍的治疗应首先考虑病因治疗,然后进行嗓音的功能康复训练,并倡导机构与家庭康复相结合,让患者掌握一套科学的发声方法和嗓音保健方法,能够灵活应用于日常生活和工作的用嗓活动中。

(一)病因治疗

经过多方面检查,如发现患者存在明显的结构病变,如喉蹼、声带息肉、声带肿瘤等,应首选嗓音外科治疗,切除病变的同时尽可能保护声带正常的黏膜组织,使嗓音音质恢复正常;如果声带呈现急慢性炎症表现(充血、水肿),则首选药物控制炎症等;神经运动性发声障碍(声带麻痹)应积极治疗原发病变,如脑卒中、脑外伤等中枢神经疾病或喉返神经等外周神经损伤(如甲状腺术后)或压迫(肺癌)等,在原发疾病治疗的同时或后期可考虑嗓音康复训练;功能性发声障碍应首先克服嗓音的滥用等问题。

(二)嗓音康复训练

嗓音康复训练有两个主要目标:一个是帮助患者纠正错误的发音习惯,建立轻松自然的发音方式;另一个是当发声障碍出现不可逆的变化时,帮助患者建立一种有效的发音代偿方法,克服言语交流障碍。嗓音康复训练包括嗓音基本训练、对症治疗或功能代偿训练(无喉发声康复)。

1. 嗓音基本训练　嗓音基本训练包括四部分:颈喉部推拿、肩颈及发声器官放松训练、生理和言语腹式呼吸训练,以及嗓音重读节奏训练。嗓音基本训练的部分内容详见呼吸治

ER-6-3

颈喉部推拿按摩

笔记栏

疗章节,如肩部放松、生理及言语腹式呼吸训练,此处重点介绍颈喉部推拿、颈部及发声器官放松训练、嗓音重读节奏训练。

(1) 颈喉部推拿:主要通过对喉部进行推拿,使喉部位置下降,喉内外肌群获得较大程度的放松。

1) 患者仰卧于按摩床,治疗师坐在患者头部后方,以右手拇指和食指置于甲状软骨两侧后缘,以拿法和揉法进行纵向地旋转按摩。

2) 治疗师用双手拇指由舌骨中间向两侧分推,直到触及舌骨大角。在舌骨大角处(即舌骨末端),分别点揉50次。

3) 治疗师用两手拇指分别点揉患者颈前部两侧的"人迎穴"50次,然后点揉两侧的"水突穴"50次。

4) 治疗师以双手拇指和食指分别拿患者两侧胸锁乳突肌各50次。

5) 治疗师以双手拇指分别在患者颈前部第一侧线(喉结旁开一分处直下)、第二侧线(第一、三侧线中间直下)和第三侧线(喉结旁开一寸半直下)进行自上而下的推拿。

6) 让患者在每次按摩结束后延长元音的发声,并记下音质和音调的变化情况。清晰音质和音调的降低预示着患者喉部位置降低,喉部的紧张程度得到缓解。

(2) 颈部放松训练:头部直立,①头部随重力迅速向前低下,下颌触及胸部,感觉颈后部肌肉被拉直;②头部随重力迅速向后倾,下颌上抬,感觉颈前部肌肉被拉直;③头部随重力迅速倒向左侧,感觉颈右侧肌肉被拉直;④头部随重力迅速倒向右侧,感觉颈左侧肌肉被拉直;然后头部缓慢抬起,恢复直立位。上述4个方位各做5遍。

(3) 发声器官放松训练:深吸气后,紧闭双唇,气流由肺部发出,双唇振动并带动声带振动,①平调持续发"嘟"音;②平调伴头部旋转持续发"嘟"音;③音调向上变化,持续发"嘟"音;④音调向下变化,持续发"嘟"音;⑤音调向上旋转,持续发"嘟"音;⑥音调向下旋转,持续发"嘟"音。以上6个动作各做5遍。

(4) 嗓音重读节奏训练:该训练是一种整体性的治疗方法,可促使嗓音三大系统协调运动,以维持舒适的发音。它主要由慢板节奏训练、行板节奏训练和快板节奏训练三部分组成。临床上主要采用慢板节奏二和行板节奏一进行训练,并采用气息式的发音方法发高元音/i、u、ü/。

1) 慢板节奏二:慢板节奏二中的每一个小节有三拍,包括一个非重读的元音和一个紧接其后的重读元音。训练期间,每个元音的发音都伴随着音乐节奏,开始时以低强度发音,中间以高强度发音,结束时回到低强度的发音,例如[i-l-i]。

2) 行板节奏一:行板节奏是每一小节四拍。训练由快速吸气开始,紧接着一弱拍和三强拍。发音结束后,接下来整四拍一小节停顿。行板节奏一的训练应确保:呼吸主动、迅速,吸入的空气要充足;弱拍为非重音拍;三个重音拍等长等强;最后一重音发完之后腹肌迅速放松,而腹壁在放松期间部分的向外运动导致同步的吸气,例如[i-l-l-l]。

2. 嗓音对症治疗 通过上述嗓音基本训练之后,发声障碍未得到全面缓解,接下来可以根据嗓音听觉感知评定以及声学测量的结果,采用针对性的治疗方法,如音调治疗、响度治疗以及音质治疗。

(1) 音调治疗:音调治疗分为3个步骤,第一步先做热身运动,如哈欠-叹息法、咀嚼法等;第二步进行变调训练(降调或升调),变调训练的目的是通过评定找出患者的习惯音调,使其改变并接近自然音调;第三步进行转调训练,其训练目的在于使患者恢复正常的语调变化。

1) 寻找自然目标音调:通过检查发现患者音调偏高,则进行放松练习,由于"嗯哼"音接近患者的自然音调,因此可通过让患者在放松状态下发"嗯哼"音来寻找目标音调。先发"嗯哼"音,然后朗读以下词并录音,反复训练,直至前后两种音调一致。

"嗯哼"　娃娃娃娃娃娃
"嗯哼"　1、2、3、4、5

2）升调训练

①从患者的习惯音调(那个较低的音调)开始,逐步提高音调发"1、1、1",并判断患者的音调能否逐步提高,例如:

"1"

"1＊＊＊"

"1"

②仔细听第二个音(标注"＊＊＊")。这可能就是目标音调。用这种目标音调训练说一些词语。

3）增加音调变化的训练

①使用"不是""什么时候"和"是的"等用语,进行音调变化的训练,一个上升的音调紧跟着一个降调发声。

不是　　　什么时候?　　　是的

②嘱患者大声朗读下面的句子,并且应用给定的语调进行训练。

我有一只绿色的乌龟,不见了。

（2）响度治疗:响度异常分为响度过强、响度过弱以及响度单一,具体治疗如下。

1）降低响度的训练:①患者按下面的组合方式从1数到5:耳语声—轻声—交谈声—大声,轻声—交谈声—大声—耳语声;②由强到弱进行训练:

A A A ɑ ɑ---DA　DA dɑ dɑ dɑ---

2）增加响度的训练。此部分训练包括4项策略:减少周围环境的噪声;增加呼吸深度;减少一次吸气后连续说出的字数,有助于增加声音响度;嘱患者坐在椅子上,双手放于椅子下方,数1至10的同时,尽可能将椅子抬离地面。

3）增加响度变化的训练:让患者将其双臂置于身体正前方,两臂之间的距离与肩部等宽。发以下音时,伴随肢体动作,音量增加时,双臂向身体两侧水平展开;音量降低时,双臂回收至身体正前方。

NA NA NA NA　nɑ nɑ nɑ nɑ　NA NA NA NA　nɑ nɑ nɑ nɑ

（3）音质治疗:通过嗓音的基本训练之后,再次进行嗓音的听感知测量和声学测试,发现患者仍存在较明显的粗糙声或气息声,则治疗如下。

1）粗糙声的治疗:这种嗓音听起来非常紧,首先应消除紧张源,有效的治疗策略包括:气息声起音,先张嘴呼出一点气后,由气流于两片声带之间流动以带动声带振动;在聆听、朗读或看电视时练习张嘴运动,只要求嘴唇略微分开,下颌放松;将音调降低一个音符,通常使嗓音听起来较为柔和;使头部略微低下,并做头部旋转运动,以使颈部得到放松;可尝试发一些以/s,sh,x,h/开头的音节,避免声门闭合过紧。

ER-6-4

半吞咽法

2）气息声的治疗：气息声通常由声门闭合不全所致，首先进行病因治疗，然后通过以下方法缓解气息音症状：用一种硬起音的方式进行发音训练（可配合甩臂后推法、半吞咽法等），即于吸气后马上用力闭合声带呼气发音；减少每次呼吸说出的单词量；尽量说响一些；将音调提高一个音符；针对单侧声带麻痹，将头部转向患侧，以缩小两侧声带距离，使声门闭合时间增加。

除了掌握嗓音康复训练的基本方法，也要考虑到嗓音康复训练是高度个性化的治疗，应根据患者发声障碍不同的病因及表现症状，采用针对性强的嗓音治疗方法，且考虑到嗓音治疗的复杂性，当一种方法无效时，应酌情换用另一种方法进行尝试，直至起效为止。

3. 无喉发声康复训练　无喉者是指由于喉部肿瘤和喉外伤的情况，为了挽救生命必须接受全喉切除术的人群。患者由于术后失去了通过喉正常发声的能力，交流能力及生活质量受到极大的影响，因此对无喉者进行言语康复训练具有十分重要的意义。针对无喉患者采用的嗓音康复方法主要包括食管发音法、气管食管发音法、电子人工发声器。

（1）食管发音法：包括挤推法和吸气法。这两种食管发音法均将口咽部的空气进行压缩，然后将这种稠密的气体挤推至空气相对稀薄的食管。一旦空气进入食管，外力则将其中的空气挤出去（类似于"呼气"）。通过食管的挤压使咽食管部产生振动，患者会出现打嗝或"发音"的现象。

1）挤推法：特定的声母在诱导良好的食管发音时能起到辅助效果。挤推法的具体步骤如下：①让患者发送气声母音/p/，注意发音时唇部有着较稳的收缩力度，避免出现缝隙噪声，建议患者屏气，然后通过唇部的迅速闭合来挤压空气，以产生/p/音。②如果患者能正确产生送气爆发音时，这时让患者发送气声母加单韵母/a/的音节，如果发音成功，接着再发/po/、/pi/、/pu/等，然后再发/t/、/k/。③令患者发"爬坡"，"葡萄"等音，每次发一个音节，每发完一次，便更换食管气流。患者音节发音成功之后，可进行其他声母/b/、/d/、/g/、/s/、/sh/、/z/、/zh/、/c/、/ch/的构音训练。④患者掌握了声母的发音技巧之后，需提高发音的速度及音质。

另外，流利的食管发音还需要进行基本的控制训练，具体操作如下：①迅速的食管发音(1.5秒或更少)能改善反应能力，如果要求患者发十次/a/音，患者须产生十次发音；②维持一个音调2.5~3秒，或更长；③能够将该音调发音分成3或4个片段；④能够按要求在第1个或第2个音节上产生重音（如第一个音节重音词"萝卜"，第二个音节重音词"一样"）。

2）吸气法：食管吸气法遵循了自然呼吸的规律，即吸气之后紧接着呼气发音。食管吸气法最好与挤推法结合使用。①向患者解释食管呼吸的生理过程。首先向患者解释当喉切除术后患者胸腔扩张时，食管也伴随着扩张，空气有机会进入食管。当胸腔缩小时，肺内气体呼出，食管内的气体同样也被排出。②尝试进行肺吸气的同时将空气吸入食管。指导患者以一种迅速的方式闭上嘴巴，通过鼻腔用力闻。这种动作通常伴随食管的膨胀（一般人在闻的同时进行吞咽动作）。在用力闻的基础上，建议患者深吸一口气（通过气管颈部造口）。当患者的肺部扩张到一半时，在呼气的同时说"蹦"。反复进行训练，直到患者成功地发出声音。③如果以上步骤无效，可尝试另一种变通训练法：要求患者深吸一口气，并且在吸气时将颈部造口堵住。当胸腔进行持续扩张时，食管也得到相应的扩张，可使空气进入食管。对于那些可以成功地将空气吸入食管，但不能从食管呼出气流发音的患者而言，建议他呼气时也堵住气孔。当胸腔体积缩小时，食管的外在压力增加，可使食管气流呼出和发音。④如果成功获得食管发音，患者从"蹦"的发音逐渐过渡到由送气声母构成的单音节发音。反复练习,直至患者能够控制自己的响度、音质以及构音清晰度。

（2）气管食管发音法:由于食管发声较正常发声语速慢,发声需要停顿,并且发声的气流量小、音量单一、发声清晰度较差,因此临床上也有利用气管食管嗓音重建手术,从气管后壁制造一个开口或穿孔,延伸穿过食管前壁,在气管食管造口处安装发声瓣,使肺内气流在说话时引进入食管,造成食管上括约肌和周围组织产生振动,提高发声的音量和连续性,获得清晰的语音,称之为气管食管发音。气管食管发音较好地解决了食管发声的不足,但由于食管气管形成瘘管,发音不合适时易发生误吸,而且发音管不易清洗,易引起感染等问题。

（3）电子人工发声器:此类方法通过一个放置在喉部或口腔外部的仪器,发出说话所需要的声音。通常会在患者接受全喉切除术后的头几天、几个星期或者几个月内建议他们使用。

（三）预防与嗓音保健

自然的嗓音需要维护与保养。以下是一些常用的保健方法,可将这些保健方法做成便条贴在随处可见的地方,这样患者在生活中可坚持做到以下几点。

1. 避免抽烟和过多地饮酒,清淡饮食,避免辛辣刺激的食物。

2. 多饮水,保持喉腔的湿润程度,同时将生活和工作环境的湿度控制在 20%~70% 之间。

3. 多用淡盐水漱口,克服不良的清嗓习惯(尽可能减少清嗓和咳嗽的次数,做到轻声清嗓)。

4. 避免不间断说话、大喊大叫、挤紧咽喉说话的不良习惯、硬起音等,避免在嘈杂环境中说话。

5. 通过频繁地停顿进行呼吸换气,然后再发音。

6. 说话时多使用低音调,做哈欠—叹息的动作,使声道开放。

第五节　共鸣障碍的评定与康复治疗

正常言语要求声道共鸣达到最佳状态,就像拍摄清晰的照片需要良好的聚焦一样。因此,一般采用共鸣聚焦来描述声道共鸣的状态。正确的言语聚焦位于水平线 Z 与垂直线 Y 的交点 X 处(舌面中央),它表明言语产生于口腔的中央,即舌面正上方,如图 6-4 所示。

共鸣障碍就是指在言语形成的过程中,由于下颌、舌、唇、软腭等共鸣器官的运动异常,使咽腔、口腔、鼻腔及其附属器官构成的共鸣腔体积异常,导致言语聚焦点出现偏差,影响言语共鸣效果的状况。

一、共鸣障碍的分类

共鸣障碍可分为口咽腔共鸣障碍和鼻腔共鸣障碍,前者包括前位聚焦、后位聚焦、喉位聚焦,后者包括鼻音功能亢进和鼻音功能低下。

（一）口咽腔共鸣障碍

口咽腔共鸣障碍的病因主要分为器质性和功能

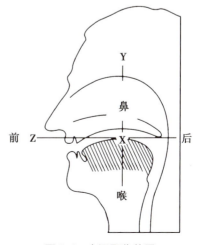

图 6-4　言语聚焦位置

性两类。前者为任何导致舌、下颌等共鸣构音器官运动受限的结构异常或疾病,例如:舌系带过短、颌部畸形等;后者为下颌、舌等的功能性运动障碍等,其中以听力障碍导致的舌功能性运动障碍较为常见。

前位聚焦指说话时舌部过度向前伸展,使言语聚焦形成于水平线 Z 上 X 点的前方,其言语表现为微弱和单薄,如图 6-5A 所示。

后位聚焦指说话时舌位过于靠后,使言语聚焦形成于水平线 Z 上 X 点的后方,其言语表现为压抑和单调,如图 6-5B 所示。

喉位聚焦指说话时舌位过度靠下,使言语聚焦形成于垂直线 Y 上 X 点下方,其声音听起来像被牢牢地锁在喉部。

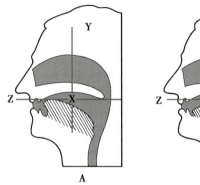

图 6-5　异常言语聚焦
A:前位聚焦;B:后位聚焦

(二)鼻腔共鸣障碍

鼻腔共鸣障碍主要有鼻音功能亢进和鼻音功能低下。鼻音功能亢进患者发音时表现为鼻音重,出现鼻漏气现象,一些韵母甚至声母也会出现不同程度的鼻音化扭曲;鼻音功能低下患者无法发鼻音/m、n、ng/。

导致鼻腔共鸣障碍的原因也分为器质性和功能性两类。鼻音功能亢进的器质性原因为软腭短小、腭裂等;功能性原因可能为腭肌张力低下、软腭肌群收缩与舒张运动紊乱等,如迟缓型或痉挛型神经性言语障碍的患者往往会出现软腭上抬无力,导致鼻音功能亢进。鼻音功能低下的器质性原因为鼻咽部位腺样体增生或扁桃体肥大等,功能性原因也可能是软腭肌群肌张力以及肌力异常等。

二、共鸣功能的评定

共鸣功能的评定包括口咽腔共鸣功能的评定和鼻腔共鸣功能的评定,分别又包括主观评估与客观测量两种方式。

(一)口咽腔共鸣功能的评估

1. 主观评估　也称鼻腔共鸣功能的听觉感知评估。/i、a、u/是三个核心单韵母,它们是最具有代表性的韵母,分别处于口腔中的三个极点位置(前上、中下、后上)。发这三个单韵母时,要求构音肌群协调舒缩的程度最大,因此对这三个音进行听觉感知的评估,就可以大致了解患者的口腔共鸣功能,判断其是否存在口腔聚焦异常及其类型。如图 6-6 所示,/i/的舌位最高、最靠前,若发这个音的时候,仍能感觉舌位靠后,说明患者可能存在后位聚焦问题;/u/的舌位也是最高的,但其最靠后,若发这个音的时候,仍能感觉舌位靠前、声音单薄,说明患者可能存在前位聚焦问题;而/a/的舌位最低,处于水平轴的中央位置,若发音时感觉舌位过于靠下,声音像埋在喉咙里,则说明患者可能存在喉位聚焦问题。

让患者用舒适的方式分别发这三个核心韵母(或模仿发音),然后由言语治疗师对

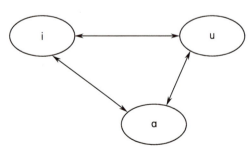

图 6-6　核心韵母示意图

其发音进行听觉感知评估,判断聚焦类型和聚焦等级。其中 0 代表正常,即不存在相应的聚焦问题;1 代表轻度聚焦异常;2 代表中度聚焦异常;3 代表重度聚焦异常。

2. 客观测量 指采用专业的声学分析设备"实时言语测量仪"对汉语核心韵母/ɑ/、/i/、/u/的第一共振峰 F_1、第二共振峰 F_2 的频率和幅值进行测量(简称 F_1-F_2 测量),并由此判断患者是否存在聚焦问题。测试时,要求患者发音尽量放松舒适。

共振峰值的临床意义是: F_1 反映咽腔的大小和共鸣状态,受下颌运动的影响。当下颌向下运动时,口腔体积增大,咽腔体积减小,则 F_1 增加;当下颌向上运动时,口腔体积减小,咽腔体积增大,则 F_1 减小。 F_2 反映口腔的大小和共鸣状态,主要反映舌的前后运动情况。当舌向前运动时,咽腔体积增大,口腔体积减小, F_2 增加;当舌向后运动时,咽腔体积减小,口腔体积增大, F_2 减少。黄昭鸣等(2006)曾研究得出了我国各年龄段儿童三个核心韵母共振峰的参考标准,将测得的 F_1 和 F_2 值与对应年龄及性别的参考标准值进行比较,有助于判断聚焦问题。①若共振峰值在正常区域内,则基本不存在聚焦问题;②若/ɑ/的 F_1 值大于参考标准值的上限(m+2σ),即为喉位聚焦;③若/u/的 F_2 值大于参考标准值的上限(m+2σ),即为前位聚焦;④若/i/的 F_2 值小于参考标准值的下限(m-2σ),即为后位聚焦。

(二)鼻腔共鸣功能的评定

1. 鼻腔阻塞物检查 深吸气,闭上嘴,用手指交替按住左或右侧鼻孔,让气体缓慢从鼻腔释放,观察气体是否从对侧鼻孔顺利呼出。如果鼻腔内存在阻塞物,那么从单或双侧鼻孔呼出的气体将减少。

2. 软腭结构及功能检查 软腭结构及功能的检查包括:软腭的结构是否正常,软腭上抬及下降运动的位置、幅度是否正常等。

3. 听觉感知评估 让患者大声朗读两遍特定的评估材料并录音,第二遍读到第二个句子时进行捏鼻朗读,然后进行听觉感知评估。

(1)鼻音功能亢进的评估材料:"一大早,六个月大的宝宝起来了,开始左顾右瞧。这时阿姨走过来,抱起他说:'乖宝宝!'宝宝朝阿姨笑一笑,嘴里咿咿呀呀的,可爱极了。"如果捏鼻后,患者的声音听起来无明显变化,则不存在鼻音功能亢进;如果出现明显变化,则存在鼻音功能亢进。

(2)鼻音功能低下的评估材料:"尼尼很喜欢将饭含在口中,妈妈骂尼尼,尼尼生气了;明明向尼尼借橡皮泥玩,尼尼拿起橡皮泥就走;妈妈接尼尼晚了,尼尼生气地往前奔。这样的尼尼受人欢迎吗?"如果在不捏鼻朗读时听起来鼻音很多,而在捏鼻朗读时,声音音质发生明显变化,说明鼻腔共鸣正常;如果捏鼻与不捏鼻时,声音音质不存在明显的差异,说明存在鼻音功能低下。

4. 客观测量 鼻腔共鸣功能的客观测量参数主要为鼻流量。鼻流量是指鼻腔声压级(n)和输出声压级[口腔声压级(o)和鼻腔声压级(n)之和]的比值,其公式表达为:鼻流量=n/(n+o)×100%。测试时,让患者佩戴专业制作的头套和隔板(隔板分隔鼻腔和口腔两个通道),然后朗读标准测试材料(如"妈妈你忙吗?""我和妈妈喝热牛奶""我和爸爸吃西瓜"),获得患者的鼻流量值,将该值与黄昭鸣等(2006)制订的中国人鼻流量参考标准比较,可客观判断患者鼻腔共鸣异常的性质及严重程度。

三、共鸣障碍的康复治疗

如果是器质性病因导致的共鸣障碍,则需先进行手术等治疗,然后再进行功能恢复训

笔记栏

练;如果是功能性共鸣障碍,则直接进行共鸣训练。共鸣障碍的治疗遵循基础训练→针对训练的思路,先对患者紧张的共鸣器官进行放松,然后针对其障碍类型进行治疗,提高其言语共鸣的整体效果。

(一) 基础训练

首先进行放松训练,通过完成一些夸张的动作(咀嚼、舌洗外牙面)或发一些特定的音(鼻音+非鼻音),使共鸣肌群进行紧张与松弛的交替运动,从而促进共鸣肌群之间的协调与平衡,为形成良好的共鸣奠定基础。主要包括口腔放松训练和鼻腔放松训练,分别对患者的下颌、唇、舌、软腭进行放松。

(二) 针对训练

1. 口腔共鸣异常的治疗　如果患者存在前位聚焦,则采用后位音法,如果效果欠佳,可降低一个音阶再次进行训练。如果患者存在后位聚焦,则采用前位音法,如果矫治效果欠佳,可升高一个音阶再次进行训练,最终获得疗效。如果患者存在喉位聚焦,则应将升调训练与伸舌法结合起来进行训练。

(1) 后位音法:通过发一些舌根音如"姑""哭"等来体会发音时舌位靠后的感觉,帮助减少发音时舌位靠前的现象,从而达到治疗前位聚焦的目的。

(2) 前位音法:指通过发一些舌尖前音如"皮""鼻""踢"等来体会发音时舌位靠前的感觉,帮助减少发音时舌位靠后的现象,从而达到治疗后位聚焦的目的。

(3) 伸舌法:通过将舌伸出口外用高音调发前位音,如/i/、/mi/等,扩张口咽腔,体会发音时口咽腔放松的感觉,从而治疗因咽腔和喉部过于紧张而导致的喉位聚焦和后位聚焦。

2. 鼻腔共鸣异常的治疗　包括鼻音功能亢进和鼻音功能低下的矫治。鼻音功能亢进患者的软腭与腭垂可能存在一定的功能障碍,因此治疗时主要进行减少鼻音训练,并用口腔共鸣法来增强其口腔共鸣效果。鼻音功能低下的患者主要不能发/m、n、ng/等鼻音,其言语缺少必要的鼻腔共鸣成分,非鼻音的清晰度也不高,治疗时主要进行增加鼻音训练及采用鼻腔共鸣法来增强其鼻腔共鸣效果。

(1) 减少鼻音的训练:如降低音调、响度说话;说话时增加口腔的运动幅度;利用镜子/内视镜,增加视觉反馈,发鼻音和非鼻音时,通过视觉反馈体会和观察软腭的运动等;采用鼻音计,使用后借助视觉反馈,降低鼻音指数,减少鼻腔的声学能量输出;也可以进行一些非鼻音材料的朗读练习,直到建立平衡的口鼻共鸣。

(2) 口腔共鸣法:指在咽腔打开、放松,同时舌放松,舌尖抵住下切牙的状态下,发/ha/音;在咽腔缩紧,舌收缩成束状,下颌张开度减小的状态下,发/hu/音;或者发一些包含不同舌位变化的词语和短句,帮助患者体会口腔共鸣的感觉,从而建立有效的口腔共鸣,提高口腔共鸣能力。在进行共鸣训练时可做简单的吹气、吸气运动,或鼓腮训练,以促进腭咽闭合运动。

(3) 增加鼻音的训练:首先可进行鼻音与非鼻音的听辨训练,以增加患者对鼻音的感知;接着,可练习用稍高一些的音调或增加声音的响度说话;另外还可进行哼音训练,即在发/a--/音的同时闭上嘴唇,这样也可让声音从鼻腔发出。

(4) 鼻腔共鸣法:指通过发鼻音,帮助患者体会鼻腔共鸣的感觉,从而建立有效的鼻腔共鸣,提高鼻腔共鸣能力。这种方法主要适用于鼻音功能低下者。

3. 综合训练　在进行针对性的训练后,患者的共鸣状况得到了较好的改善,最后还需要进行以改善其言语整体共鸣效果为目的的综合训练。通过胸腔共鸣法和头腔共鸣法改善患者的共鸣效果,再通过鼻音/边音刺激和 U 声道法促进患者对各共鸣腔共鸣的转换和控制能力,最终得到良好的共鸣效果。

（1）胸腔共鸣法:指通过以低音调持续发音,如元音、词语、短语等,使声波在胸腔产生共鸣,帮助患者体会胸腔共鸣的感觉,从而建立有效的胸腔共鸣。

（2）头腔共鸣法:指通过以高音调持续发鼻音,使声波在头腔产生共鸣,帮助患者体会头腔共鸣的感觉,从而建立有效的头腔共鸣。训练材料如/m/、/n/、/m+韵母/或/n+韵母/、/m---猫/、/n---鸭/、/m---妈妈/、/n---音乐/等。

（3）鼻音/边音刺激法:通过交替发鼻音和边音,来促进鼻腔和喉腔间共鸣的转换,以帮助患者获得良好的共鸣音质。训练时要求采用咏叹调的形式朗读含鼻音和边音的材料,如/蚂蚁啊蚂蚁,蚂蚁/、/龙啊龙啊龙,龙/、/龙啊牛啊龙/等。

（4）U 声道法:指通过用胸音、头音、胸音转换到头音发/u/,使整个声道通畅,同时体会胸音向头音转换的过程中不同共鸣腔振动情况的变化,使共鸣的转换控制能力增强,最终获得良好的共鸣效果。

4. 持续气道正压通气（continuous positive airway pressure,CPAP）　持续气道正压通气疗法原是用于阻塞性睡眠呼吸暂停的常见治疗方法,CPAP 装置使用连接到面罩或者鼻罩的软管来提供恒定的气压,持续将气流引入鼻腔通道中。软腭为了抵抗外来的压力,会产生自然上抬的阻抗动作,以此强化患者的软腭肌力,改善腭咽闭合情况,减轻说话时鼻音过重的问题。

5. 共鸣代偿　当有严重的鼻音过重情况,特别是弛缓型神经性言语障碍,并且严重影响说话的清晰度时,可以请牙科医师采取装置腭盖的方式,在需要说话时放置于口腔上腭部位,帮助挡住腭咽阀门,使言语气流保留于口腔,避免从鼻腔散逸,形成比较固定的腭咽闭合情形,改善说话时鼻音过重的情况。此外,咽瓣手术治疗也是用于改善鼻音过重的方法,但是手术存在风险,通常是当鼻音过重问题严重影响沟通情况之下的选择。

第六节　构音障碍的评定与康复治疗

当各个构音器官的运动在时间上同步、在位置上精确,才能形成准确的构音。由于构音器官的运动异常或未理解目标音位的发音特征等原因,易致声韵调异常,它是导致言语清晰度下降的主要原因。同时,构音障碍也可能伴随着呼吸障碍、发声障碍以及共鸣障碍。

一、构音障碍的临床表现

构音障碍的临床表现包括韵母音位构音异常、声母音位构音异常和声调异常三个方面。

1. 韵母音位构音异常　①韵母鼻音化:在发元音时存在明显的鼻音化现象,如发/i/、/u/时有鼻音;②韵母中位化:发元音时,下颌、唇、舌的运动不明显,如发/i/时舌位靠后,而发/u/时舌位靠前;③韵母遗漏:发某些复韵母时,其中的某个音位丢失,如/iao/→/ia/,多由构音器官运动不协调或运动不能保持较长时间所引起;④韵母替代:目标韵母音位被发成其他韵母音位,如/e/→/a/,多由构音器官运动异常或听觉识别发生混淆所引起。

2. 声母音位构音异常　①声母遗漏:声母被省略,只发出韵母,如/gu/→/u/。②声母歪曲:声母的发音被扭曲,听起来并不只有韵母的发音,但又无法用某个声母来描述这个扭曲的音。③声母替代:是声母音位构音异常最主要的错误走向之一,又包括部位替代和方式替代,常见的部位替代如双唇替代唇齿,如/fei/→/bei/;舌尖替代舌面、舌后部,如/qi/→/ti/、/ga/→/da/;常见的方式替代有爆发音替代擦音、擦音替代塞擦音、不送气音替代送气音等,如/fa/→/ba/、/ji/→/xi/、/pao/→/bao/。

3. 声调异常　常见一声调、二声调、三声调和四声调之间的发音混淆。此部分与嗓音治疗中的音调治疗部分有所重叠,故在这里不予重复。

二、构音功能的评定

构音功能的评定包括口部运动功能评定和构音语音能力评定两部分,前者对下颌、唇、舌的运动功能(软腭功能的评定见鼻腔共鸣章节)进行主观分级评定,并采用口腔轮替速率进行客观测量,后者主要对汉语音位的习得进行主观听感知评估。

(一)口部运动功能评定

1. 主观评估　口部运动功能的主观评估主要评价下颌、唇、舌在自然状态下,模仿口部运动状态下的感知觉、肌力及运动功能(运动速度、运动幅度和运动控制能力)是否正常,并判断异常的类型及成因。根据障碍程度的不同,每个评估项目都分为由重度至轻度,共5级。

(1)下颌:在自然状态下,观察患者下颌的结构、位置,观察其口腔开合度,以此来判断颞颌关节的紧张程度、咬肌的肌张力、下颌的控制能力等;在模仿口部运动状态下,需评定8个项目,包括咬肌肌力,下颌向下、向上、向左、向右、前伸、上下连续及左右连续运动。

(2)唇:在自然状态下,观察患者唇的结构、位置和形状,并判断唇和面部的肌张力情况以及唇的运动控制能力;在模仿口部运动状态下,需评定6个项目,包括唇面部肌力、展唇、圆唇、唇闭合、圆展交替及唇齿接触运动。

(3)舌:在自然状态下,观察患者舌的结构、位置和形状,并判断舌的肌张力及舌的控制能力情况;在模仿口部运动状态下,需评定15个项目,包括舌肌肌力、舌尖前伸、舌尖下舔颌、舌尖上舔唇、舌尖上舔齿龈,舌尖左、右舔嘴角,舌尖上舔硬腭,舌尖前后、左右、上下交替运动,马蹄形上抬,舌两侧缘、舌前部、舌后部上抬运动。

2. 客观测量　目前常用的检测构音器官交替运动灵活性的参数是口腔轮替运动速率,即每4秒钟最多能发出特定音节的总数。口腔轮替运动速率反映了舌的运动状态、口部肌群运动的协调水平,是衡量言语清晰度的一个重要指标。例如:每4秒钟最多能发出/pa/音节的总数就是口腔轮替运动/pa/的速率,记为DR(pa)。口腔轮替运动速率包括7个具体指标:DR(pa)、DR(ta)、DR(ka)、DR(pataka)、DR(pata)、DR(paka)以及DR(kata),测试时可以使用专业的言语声学分析设备进行精确测量。将患者的DR值与中国人群的参考标准值比较,即可判定其构音器官的运动灵活性及协调性。

(二)构音语音能力评定

构音语音能力评定主要考察患者音位的构音情况,采用《构音语音能力评估词表》进行,见表6-2。该词表包括50个单音节词,可以评估声母、韵母音位的习得情况,汉语的18项音位的对比情况(包括声母音位对比9项,韵母音位对比6项,声调对比3项)和构音清晰度得分(表6-3),音位对比链如图6-7所示。

表6-2　汉语构音语音能力评估词表（黄昭鸣-韩知娟词表）

序号	词	目标音	序号	词	目标音	序号	词	目标音	序号	词	目标音
S1	桌	zh	12	鸡	J	25	菇	g	38	拔	a
	zhuō	√		jī			gū			bá	
S2	象	iang	13	七	q	26	哭	k	39	鹅	e
	xiàng			qī			kū			é	
1	包	b	14	吸	x	27	壳	k	40	一	i
	bāo			xī			ké			yī	
2	抛	p	15	猪	zh	28	纸	zh	41	家	ia
	pāo			zhū			zhǐ			jiā	
3	猫	m	16	出	ch	29	室	sh	42	浇	iao
	māo			chū			shì			jiāo	
4	飞	f	17	书	sh	30	字	z	43	乌	u
	fēi			shū			zì			wū	
5	刀	d	18	肉	r	31	刺	c	44	雨	ü
	dāo			ròu			cì			yǔ	
6	套	t	19	紫	z	32	蓝	an	45	椅	i
	tào			zǐ			lán			yǐ	
7	闹	n	20	粗	c	33	狼	ang	46	鼻	i
	nào			cū			láng			bí	
8	鹿	l	21	四	s	34	心	in	47	蛙	1
	lù			sì			xīn			wā	
9	高	g	22	杯	b	35	星	ing	48	娃	2
	gāo			bēi			xīng			wá	
10	铐	k	23	泡	p	36	船	uan	49	瓦	3
	kào			pào			chuán			wǎ	
11	河	h	24	稻	d	37	床	uang	50	袜	4
	hé			dào			chuáng			wà	

　　测试时，诱导患者发出目标语音，评定者通过听觉感知来判断患者构音的正误，记录3次发音中较为稳定的听觉感知结果。记录方法：正确"√"、歪曲"⊗"、遗漏"⊖"、替代（记录实际发音）。

表6-3　构音清晰度记录表

声母音位对比		韵母音位对比		声调音位对比	
语音对序号	得分	语音对序号	得分	语音对序号	得分
1. 爆发音：不送气与送气	/3 对	10. 前鼻韵母与后鼻韵母	/3 对	16. 一声与二声	/1 对
2. 塞擦音：送气与不送气	/3 对	11. 鼻韵母与无鼻韵母	/2 对	17. 一声与三声	/1 对
3. 爆发音与擦音	/2 对	12. 三元音、双元音与单元音	/2 对	18. 一声与四声	/1 对
4. 塞擦音与擦音	/3 对	13. 前元音与后元音	/1 对		
5. 爆发音与鼻音	/2 对	14. 闭元音与开元音	/1 对		
6. 擦音与无擦音	/1 对	15. 圆唇元音与不圆唇元音	/1 对		
7. 不同构音部位送气爆发音	/3 对				
8. 不同构音部位不送气爆发音	/3 对				
9. 舌尖前音与舌尖后音	/3 对				
合计	/23 对		/10 对		/3 对

注：构音清晰度（%）＝最小音位对比正确得分/36 对 ×100%。

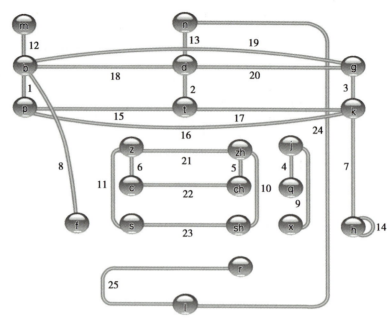

图 6-7　声母音位对比链

三、构音障碍的康复治疗

构音障碍的治疗包括口部运动治疗、构音运动治疗和构音语音训练三部分,其中口部运动治疗是构音障碍矫治的生理基础。治疗时,应以构音语音训练为主线,根据患者情况进行必要的口部运动治疗和构音运动治疗,最终使患者掌握目标音位。

（一）口部运动治疗

口部运动治疗包括下颌、唇、舌的治疗,遵循增强感知觉→改善肌张力和肌力→针对性治疗的治疗思路。

1. 下颌运动治疗　首先,可让患者进行主动或被动的下颌开闭运动,同时让患者用手感知这种运动及其颞颌关节的运动。然后,可让患者咬紧牙关,治疗师用手指指腹深压、敲打或拉伸咬肌,也可用振动器振动按摩咬肌。对肌张力过高的患者,可先降低肌张力再提高肌力;对肌张力过低的患者,可先提高肌张力再提高肌力。最后,需要对患者不同的下颌运动障碍进行针对性治疗。常见的下颌异常运动模式主要有下颌运动受限、下颌运动过度和下颌运动转换障碍等,治疗方法主要为抵抗法,即治疗师控制患者的下颌做某种运动,让患者用力抵抗。治疗时要根据运动障碍的类型进行不同位置和方向的抵抗,如下颌张开受限采用高位抵抗和高低位交替抵抗,下颌运动过度治疗采用低位抵抗,下颌运动转换障碍需先稳定患者下颌的高位、低位运动能力,然后进行高低位转换抵抗运动。

2. 唇运动治疗　首先,可用手指深压患者唇部,或用振动器对唇部进行按摩,还可让患者吸吮酸奶、冰块等,增强患者唇部的感知觉。然后,针对唇肌张力过高的患者,可按摩唇部以降低唇肌张力;针对唇肌张力过低的患者,可对捏唇部,拉伸唇、面部,以及让患者做唇部抵抗运动等来增强唇肌肌力。最后,需要对患者不同的唇运动障碍进行针对性治疗。常见的唇异常运动模式包括:①圆唇运动障碍,让患者吹哨管、吹泡泡、用吸管喝水等,还可将系有细线的大纽扣放在患者的牙齿和双唇之间,用适当的力度拉纽扣,要求患者尽量含住纽扣,另外也可使用一些特制的口腔运动训练器进行训练,如唇运动训练器等;②展唇运动障碍,治疗时可让患者模仿大笑、咧开嘴角、用杯子喝水、发/i/等;③唇闭合运动障碍,可进行

笔记栏

一些唇部按摩，另外可让患者发咂唇音、出声吻、夹住压舌板、用勺子进食等；④唇齿接触运动障碍，让患者用唇齿夹饼干、舔果酱、发唇齿音/f/等；⑤圆展交替运动障碍，让患者交替做亲吻和微笑、噘嘴和微笑的动作，或交替发/i、u/音等。

3. 舌运动治疗　首先，可采用按摩牙刷从各个方向刷患者的舌尖、舌面及舌侧缘来增强舌的感知觉。然后，可采用压舌板或专用的口腔训练器从各个方向进行舌体、舌尖的抵抗运动，如侧推舌尖、下压舌尖、上推舌体、侧推舌体、下压舌体、左右两半上抬等，以提高舌肌肌力。最后，需要对患者不同的舌运动障碍进行针对性治疗。常见的舌异常运动模式包括：①舌向前运动障碍，让患者做舌向前、向下、向上及左右方向的运动，还可用舌尖洗牙面、顶脸颊等；②舌向后运动障碍，用压舌板深压舌后部，或向后推舌体，也可让患者发/u/、/ou/等后位音；③舌尖上抬运动障碍，先用压舌板、按摩牙刷等刺激患者舌尖，然后辅助患者做舌尖的上抬运动，如用小汤匙底压舌中部、用按摩牙刷敲击舌中部等，最后可让患者发舌尖音/d/、/t/等；④舌根上抬运动障碍，用压舌板、按摩牙刷等刺激舌根部，也可采用舌后位运动训练器帮助患者舌根上抬，最后可让患者发舌根音/g/、/k/等；⑤舌前后转换运动障碍，让患者进行舌前伸、后缩的交替运动，或尝试交替发/i/、/u/等音。

（二）构音运动治疗

在口部运动治疗的基础上，进一步进行构音运动治疗，包括单一运动模式和转换运动模式。单一运动模式治疗旨在提高构音过程中下颌、唇、舌位置的准确性，对应单韵母的构音运动训练。转换运动模式治疗旨在提高两种构音运动模式之间的过渡能力和切换能力，如/ɑi/，为/ɑ/和/i/两点之间的过渡运动，“阿姨”为/ɑ/和/i/两点之间的切换运动。

治疗时，按下颌、唇、舌的顺序进行，一般先进行单一构音运动训练，再进行转换构音运动训练。训练采用重读训练中的慢板节奏二和行板节奏一结合相应的单、双、三音节词来进行。针对下颌构音运动主要有下颌上位、下位、半开位和下颌转换运动的训练，如：[ɑ-A-ɑ]，爬；[ɑ-A-A-A]，爬；[i-A-i]，理发；[i-A-I-A]，理发。针对唇构音运动主要包括圆唇、展唇、圆展交替、唇闭合和唇齿接触运动的训练，如：[u-U-u]，乌；[u-U-U-U]，乌；[ü-I-ü]，雨衣；[ü-I-Ü-I]，雨衣。针对舌构音运动主要包括舌前位、舌后位、舌前后转换，以及各种舌声母构音运动训练，如：[ü-U-ü]，雨；[ü-U-U-U]，雨；[i-U-u]，衣物；[i-U-I-U]，衣物。

（三）构音语音训练

1. 韵母音位治疗　韵母音位构音异常的治疗遵循单元音/ɑ/→/u/→/i/、/ü/→/e/、/o/→复元音后响韵母→前响韵母→中响韵母→前鼻韵母→后鼻韵母的原则。训练时应遵循发音认识→口部运动治疗→构音运动治疗的流程。以/i/的构音训练为例：首先，治疗师须让患者体会发/i/的方式，即下颌处于上位但不紧闭、展唇、舌前伸、舌位为高位，声带振动；然后进行/i/的口部运动治疗，包括软腭运动治疗和促进舌体前伸治疗；最后，通过含/i/的单音节词和双音节词的构音重读治疗，进一步巩固/i/的构音运动模式，如衣、椅、鼻、臂、弟弟、一米、秘密等。

2. 声母音位治疗　训练时须先进行声母音位的构音错误分析（包括发音方式和发音部位的错误），然后按照音位诱导→音位习得→音位对比→音位强化的流程进行训练。

（1）构音错误分析：若患者将/g/发为/d/，说明其发音部位错误（/g/为舌根音，/d/为舌尖中音）；若患者将/b/发为/m/，则是发音方式错误（发/b/音时，双唇突然释放，气流从口腔释放；发/m/音时，双唇闭合，气流从鼻腔逸出）；若患者将/p/发为/b/，则其发音部位正确，但未掌握送气特征。

（2）音位诱导训练：其目的为帮助患者诱导出本被遗漏、替代或者歪曲的目标声母音位，是声母构音训练中最重要的一个阶段。首先应强化对目标音位的感知和分辨，让患者感知该音位的发音部位和发音方式,然后尝试着建立正确的发音。如患者将/g/发为/d/,则首先让其认识到正确的发音部位;若患者将/b/发为/m/,则需让其认识并建立/b/的正确发音方式;若患者将/p/发为/b/,则需让其掌握送气特征。

（3）音位习得训练:通过大量的练习材料来巩固发音,使患者能够发出正确的声韵组合音。这些声韵组合包括:/目标音位+单韵母/（如爸/bà/）,/目标音位+复韵母/（如白/bái/）,和/目标音位+鼻韵母/（如冰/bīng/）。训练时还应变换目标音位在声韵组合中的位置,如:双音节（前）、双音节（后）、三音节（前）、三音节（中）和三音节（后）,以/p/为例:瓢虫（piáo chóng）、照片（zhào piàn）、平底鞋（píng dǐ xié）、踢皮球（tī pí qiú）、耍大牌（shuǎ dà pái）。

（4）音位对比训练:针对容易混淆的声母对进行强化训练,以进一步巩固新习得的声母音位。汉语声母共有 25 对音位对,每组音位对的两个声母只存在发音方式或发音部位中一个维度上的差异,如音位对/g/和/k/,发音部位为舌根,发音方式虽均为爆发音,但/g/是不送气爆发音,/k/是送气爆发音。音位对比的训练材料是成对的单音节词,分别以音位对中的两个声母开头,韵母和声调相同,如“菇、哭”。

（5）音位强化训练:最后,患者还需对刚习得的构音能力进行迁移,以加强其对该音位的灵活运用。训练时可根据患者日常生活情况,设计一些主题进行句子、对话等的训练,如食品、常用物品等。

第七节　音韵障碍的评定与康复治疗

任何语言的应用者能够清晰地意识到言语是由一些句子、单词、音节、语素以及音素所组成,并且明白这些元素都是彼此独立且频繁使用的。个体能够有意识地分析语音结构的能力,我们称之为音韵意识（phonological awareness）,它是人类从幼儿期发展而来的。当幼儿能够掌握韵律、辨识单词的首音节,以及划分每个单词的独立音位时,他们的音韵意识则完全展示出来。人类的母语所特有的音韵学规则决定了其音韵意识发展的特点。有些学者认为音韵意识是个体将口语里的单词及音节划分成一个个彼此独立音段的能力,并且这些音段的划分是音素水平上的。从狭义上来说,如果对语言的音韵结构无法做到准确清晰的意识,这种意识能力就称不上“音韵意识”（如:仅仅可以意识单词中的音节和韵母等单位）;而从广义上来说,“音韵意识”则包括了由浅至深的一系列连续递进的意识能力。

构音（articulation）一般指单一音位发音动作的建构;音韵（phonology）则映射了语音在个体头脑中储存的方式、个体实际产生语音的方式和连接这两个过程的规则。20 世纪 30 年代起,语音治疗师采用传统的构音行为练习,以改变错误的构音动作为目标,专注于对单一发音动作的纠正;70 年代后,错误的语音被认为是患者还没有学会正确的音节组合原则,强调从认知层面分析构音障碍。此后,以建立正确的语音组合规则为治疗模式——“音韵过程”（phonological progress）被广泛地运用到构音音韵的评估与治疗中。简单地说,“音韵过程”的治疗就是以改变对一类音或者一组音的认知为目标,学习正确的发音规则,并以此规则作为建立一种新的发音行为的指南,触类旁通,类化到整个语音系统。

从言语发展的角度看,音韵意识在构音能力获得的基础上进一步发展到语言认知层面,儿童音韵意识的发展与阅读的学习有很大部分的重叠。阅读技巧的发展需要音韵意识达到一个特定水平,但是音韵意识与阅读能力随后的发展是相辅相成的（图 6-8）。

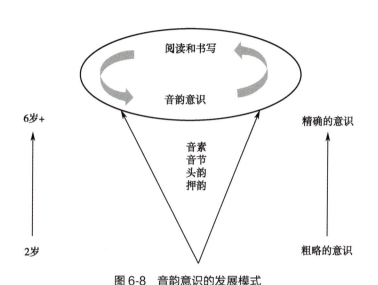

图 6-8 音韵意识的发展模式

一、音韵障碍

神经认知方面的研究支持正常儿童言语生成障碍和音韵意识之间存在着联系,表明阅读中枢是在学龄前期开始发展,便于言语的产生。因此,这些音韵障碍儿童会因音韵意识困难,进一步加重阅读和拼写困难。但并非所有音韵障碍儿童都会有读写困难。缺乏音位规则的言语生成困难儿童最容易存在音韵意识困难和阅读困难,我们称这些儿童存在音韵障碍(phonological disorder,PD)。音韵障碍儿童经常存在多个言语声音错误和语音可懂度低。他们可能伴随着其他领域的语言困难(例如词汇和语法)。音韵障碍儿童的言语产生困难可能比声音的扭曲或替代等构音障碍儿童更加趋于显著;音韵障碍通常倾向于语言认知障碍而非构音肌群运动障碍。音韵发展困难的同时影响表达(言语生成障碍)和接受(音韵意识障碍)。学前言语障碍儿童的音韵意识薄弱与他们是否有语言障碍无明显关系,遗传风险和社会经济地位低也是增加这些儿童患阅读困难风险的因素。学龄前言语障碍儿童的音韵意识困难与决定他们阅读能力的重要认知变量存在交互作用。

PD 儿童的音韵意识障碍归因于他们不具备掌握语音系统的能力,此类儿童在感知音位时尤为困难,比如在音韵基础中的音节,他们很难感知到,所以不能把音节分解为音位。音韵障碍儿童通常有以下几种表现。

1. 音韵障碍儿童和同年龄音韵意识正常的儿童相比,他们在阅读方面的水平相近,但是他们言语产出水平仅处于初级阶段,这限制了他们音韵意识的发展。

2. 音韵障碍并伴随着其他语言困难的孩子,要比单纯音韵障碍的儿童更难进行干预。

3. 音韵障碍儿童在获得音韵意识时会出现问题,但这些问题并不代表他们在早期建立读写能力时会很困难。因为这些孩子可能会运用自己在视觉记忆、语义或句法方面的优势来弥补音韵的不足,以完成阅读的任务。然而,在课程中需要解读无效词汇的时候,这些孩子便会感到很困难。音韵意识缺陷会直接影响他们的拼写能力,尤其对于三年级及更大的儿童。

二、音韵障碍的临床表现

"音韵过程"是指语言中的音节或者音素发生变化,这种改变以一种规则的方式呈现在一组音节或者相同构音位置的音上。通常以"音韵过程"描述音韵障碍的临床表现。

音韵过程的分类

音韵过程通常主要分为省略过程（deletion process）、替代过程（substitution process）、同化过程（assimilation process）和其他过程（other process）。

1. 省略过程　指一个音节中的声母或者韵母部分缺失，是以音节结构的简化为特征的音韵障碍。从音韵规则的角度上看，普通话的音节结构除了部分韵母和介音可自成音节外（如啊/ɑ/、安/an/、有/you/），多为声母（声母）+韵母（韵母）的结构（CV），声母包括21个，普通话韵母（韵母）结构复杂，包括韵头、韵腹和韵尾，可由不同韵母或者韵母加上声母组合而成。比如韵母/ɑ/和/o/组成韵母/ao/，韵母/i/和声母/n/组合成/in/。省略过程在学龄期儿童多见。

按照音节结构的不同，省略过程可分为：声母省略、介音省略或复合韵母简化（表6-4）。

表6-4　省略过程

过程	语音情境	说明
声母省略	西红柿/xi hong shi/—衣翁衣/i ong i/	声母缺失 CV—V
介音省略	漂亮/piao liang/—盼浪/pan lang/	介音缺失 CVV—CV
复合韵母简化	太阳/tai yang/—踏阳/ta yang/	复合韵母—单韵母

（1）声母省略：指音节结构中声母部分缺失，仅保留韵母部分，由于汉语音节中没有CVC这样的多声母结构，因此声母省略一般都表现为音节开头的声母缺失，音节模型CV变为V。这种是最常见的音韵错误，严重影响语音的可理解度和清晰度。根据声母的构音特点，声母省略还可按照构音方法和构音位置分类。

（2）介音省略：汉语音节的构成中，部分声母与韵母需要介音连接，比如舌面音/j/，/q/、/x/与韵母/ao/组合，必须借助介音/i/才能组成音节/jiao/、/qiao/、/xiao/；/z/、/s/、/zh/必须借助/u/才能与/an/组合出/zuan/、/suan/、/zhuan/。

（3）复合韵母简化：临床上以/ao/、/ai/、/iu/多见，复合韵母简化为单韵母以及介音省略，这在正常的学龄前儿童中也很常见。

2. 替代过程　此过程包括方法替代和位置替代。方法替代指用某一种发音方法的声母替代另一种发音方法的声母。例如，用爆发音代替擦音，鼻音代替爆发音，等等（表6-5）。位置替代指用舌部某一构音区域内的声母代替另一区域内的声母，例如，舌前音替代舌后音等。

表6-5　替代过程

过程	举例	说明
爆发音替代	方/fang/—帮/bang/	用爆发音替代擦音、塞擦音等
塞擦音替代	身/shen/—针/zhen/	用塞擦音替代擦音、爆发音等
擦音替代	家/jia/—虾/xia/	用擦音替代爆发音、塞擦音等
送气音替代	大/da/—踏/ta/	用送气音替代不送气塞擦音和爆发音
不送气音替代	涕/ti/—地/di/	用不送气音替代擦音和送气音等
去鼻音	你/ni/—李/li/	用非鼻声母替代鼻声母
鼻音化	爸/ba/—骂/ma/	用鼻声母替代压力性声母
唇齿音替代	很/hen/—粉/fen/	用唇齿音替代擦音、爆发音、塞擦音等

笔记栏

3. 同化过程　在音韵过程里，指在一定的语境里，某个音受邻近音的影响，变成相同的音。同化过程根据构音方法和位置分为唇音同化、齿槽音同化、鼻音同化等，根据构音位置分为前音同化和后音同化。例如，葡萄/pu tao/变成/pu pao/就是前音同化，/pu tao/变成/tu tao/就是后音同化。同化在儿童早期语音中较为常见。

4. 其他过程　主要包括赘加和扭曲。赘加指在音节中添加多余的音素，可以赘加声母，也可以赘加韵母。例如，爸爸/ba ba/变成了/bga　bga/。

三、音韵障碍的评定

标准化音韵意识的评定目标是为了确定儿童的音韵意识在一个特定的范围内，治疗师可以自行设计音韵意识评定工具来达到筛查和诊断的目的。一些非正式的评估测量可以用来筛查那些与所设定标准存在较大差距的儿童，描述儿童当前的行为水平（优势与需求），设立干预目标，记录治疗进展，以及决定何时中止干预。

音韵反映整个音系的组织规则，所以评估工具需要包含该音系中可能的全部音节组合。以汉语普通话为例，应涵盖 23 个声母（包括 2 个零声母）、单韵母和复合韵母，按照音韵规则可能组合的全部音节。在组成上，评估工具应包括单字、词组和短句，以便能独立评估和分析不同语音层面的音韵规则的发展状况。注意对于年龄较小的患者，需要配备与测试材料对应的图片，以增加趣味性。

首先判断患者的语音是正确还是错误。正确的用"√"标示，对错误的需要用相应的符号准确记录。例如，对于替代过程，需要采用国际音标（IPA）标注出患者实际发出的音素或者音节；对于省略过程，考虑到临床实用和效率，可用简便的标示方法，在省略的部位用"O"标注；赘加型需要标示出赘加的位置。除了此类静态的音韵障碍检查方法之外，为了更加精准地评估音韵障碍，获得更多的有助于治疗的信息，此时需要融入动态评估的方法。

动态评估提供了言语治疗师了解儿童潜能以及学习新技能潜力的途径。这样做的目的是判定需要多少以及何种类型的帮助来鼓励孩子有更高水平的表现。通过动态评估获得的信息可以判定出儿童的潜能以及他们短期和长期的变化趋势。动态评估结合静态检查方法有助于提高早期儿童音韵意识和阅读困难的诊断精确度。

表 6-6 是有关该动态测试流程的描述。对于每一个要求儿童分割的词，治疗师会以第一个提示开始进行。如果这名儿童并未成功作出反馈，则后续的提示（2~7）会被给予，直到他成功为止，或者所有提示均已给出，却仍未成功。治疗师记录下儿童成功划分每个单词时需要给出的提示等级。儿童对于各种提示的反应将为教学策略的制订以及治疗提供参考，动态评估因此可以结合更多的静态评估策略去应用，以获得与儿童音韵意识发展有关的更加精细敏感的资料，并且去制订相关的治疗策略。

表6-6　动态评估测试

提示1	当我缓慢地念这个单词的时候仔细地听。 示范者缓慢发音。 现在你能告诉我每一个发音吗？
提示2	这个单词中你听到的第一个发音是什么？ 如果第一个发音正确：现在你能把接下来的每一个发音都告诉我吗？ 如果错误或者未答复：尝试着把这个词一点点地告诉我。 如果儿童仍然未发出第一个音，跳过提示3和4，直接采取提示5。
提示3	如果儿童成功地发出第一个发音，但未能继续发出第二个发音： 词中的第一个发音。 接下来是哪个音？ 现在你能依次告诉我之后的每一个发音吗？

续表

提示4	这个词中有2（3）个音节，他们分别是什么？
提示5	看着我。 示范者分割单词：对于每一个发音用一个方形标记划分。 然后，完整地复述该单词，演示后做以下陈述：试着做我刚才做的事情。 如果儿童模仿正确就以此计分。
提示6	让我们再试一次。 示范者与儿童一同划分单词。 手把手教孩子，并让孩子与你一同发每个音节。 现在尝试着自己独自去做我们刚才一起做的事情。
提示7	给儿童再做一次示范动作（如提示6所示）。 现在再试一次，自己完成这个任务。

四、音韵障碍的康复治疗

如果音韵障碍儿童还在学龄前阶段，言语治疗师开始支持他们的读写能力发展，也仅有一小部分儿童能够解决阅读问题。治疗师应通过与课堂教师等在内的专家合作，来帮助儿童进行有效的阅读。

治疗师应该提供音韵意识经验（和一般的读写经验）作为治疗的一个组成部分。对音韵意识的注意可以嵌入言语产生的活动，治疗师应该和课堂教师和阅读干预专家一起合作，以确保在课堂中提供足够的、以教室授课为主的音韵意识训练。那些在幼儿园结束、小学一年级开始时还不具备足够音韵能力的儿童，应该提供给他们以音韵意识教学作为一项核心目标的小组强化干预；并给那些小组强化干预不足的儿童提供一对一的集中式指导，改善儿童的音韵意识，提高阅读能力（如词汇量、阅读流畅度）。

（一）促进学龄前音韵障碍儿童的音韵意识发展

首先提高学龄前音韵障碍儿童的言语清晰度，接着应该寻求促进这些儿童的音韵意识，研究证据表明应给有音韵障碍的学龄前儿童提供成功阅读的最佳机会。

1. 音韵治疗目标

（1）解决或显著提高孩子的发音障碍（和任何共同存在的语言障碍）。

（2）促进音韵意识，包括早期发展单词的音韵意识。

（3）促进至少一些字母的发音知识和刺激孩子对说和写词汇之间关系的理解。

2. 音韵意识治疗步骤

（1）在图片下方用大字体写清楚单词，特别是在练习这些发音目标单词时，要让儿童注意力集中在已打印的单词上（而不是画上）。

（2）要求孩子注意单词的第一个字母的发音（头韵意识）；例如，在治疗开始时，儿童可能要对一堆图片卡进行分类，一些以这个音开始（如/s/），一些以那个音开始（如/t/）。

（3）使用字母表或字母卡来练习目标发音，让孩子明确字母和它所代表的发音之间的联系。

（4）模型分割适用于有两个或三个音韵的目标发音，例如让我们将/dian/分成两个发音：/d/……/ian/，现在你只需要跟我念：/d/……/ian/。

（5）读有韵律和头韵模式特征的故事书，并明确地把孩子的注意力吸引到这些音韵模式上。

（6）要求孩子画出他们所讲的发音目标和在图片下面写下单词或句子。识别和讨论在写这些单词时字母的发音关系。

书面字母和单词可以作为视觉提示或给孩子的特定语音目标提醒。例如，如果孩子试图说/sun/，但是说了/tun/，临床医生可以指向/sun/图片下面的文字，并使用首字母/s/来引导孩子："哎呀，孩子你忘记这个/s/音在这个单词开头了（指向字母s）。把/s/放在开头。"像这样的活动并不一定需要孩子理解发出精确语音涉及的字母。除了典型的线索和用来得到准确发音的提示(如目标模式、音标位置提示),字母与相应的发音配对可以给孩子提供额外的接触语言音韵结构的机会。

3. 学龄前儿童音韵意识的日常活动体验　言语治疗师应与孩子的父母和老师建立合作,帮助他们通过一些力所能及的方法来激发孩子童年教育背景下的音韵意识。在一些非正式干预下,家长和老师同样可获得一些信息来建立孩子的音韵意识。建议鼓励家长和老师经常设计并参与以下活动。

(1) 常和孩子阅读包含一些有趣声音(例如韵头和韵脚)的故事书;将孩子的注意力吸引到这些声音上。

(2) 让幼儿园的孩子们在一起歌唱,拍出韵律中的节拍。

(3) 找出房间里的玩具或物品,它们的共同特征是发音的开头都是相同的音。例如,"来"和"李"都是/l/音开头的。

(4) 找出孩子和家庭成员名字的第一个音素。

(5) 拼出姓名或姓名缩写音节中的各个音素。例如,wan 可分出/w//a//n/这些音素。

(6) 说出一系列音素,如/d//a//n/,提问孩子这是什么词。

总之,在学龄前期要干预儿童的音韵意识,促进儿童有意识地建立起口语构架,但不要求他们掌握这些技巧到某些水平。当孩子进入小学,他们的阅读和书写能力会飞速发展,音韵意识和拼写能力会达到更高阶的水平。

(二) 提高学龄期音韵障碍儿童的音韵意识

通过对密集小群体或个人音韵意识能力的干预,可以更好地改善学龄儿童的音韵意识能力和阅读能力,包括伴有阅读困难的儿童和存在语言障碍的儿童。针对字母音素水平和整合教学的干预对于阅读发展有着极好的效果,而且充分的干预时间也是影响治疗效果的重要因素。

1. 治疗目标

(1) 与典型发展的儿童相比,增强音韵意识能力的发展。

(2) 确保孩子具有强烈的音素意识,如需要音素分割、音素混合和音素操纵的任务。

(3) 确保孩子能够使用语音意识,帮助理解单词在口语和书面表达间的关系。

(4) 增强音韵意识能力在阅读和拼写过程的应用。

2. 治疗方法　音韵障碍学龄儿童的干预方法包括小组强化干预、基于教室的干预,以及将音韵意识的干预目标整合到常规治疗中。

(1) 小组强化干预:目前,越来越多的小学正通过小组形式的教学活动,鉴定存在音韵意识能力方面问题的幼儿园儿童和一年级学生,由言语语言病理学家(speech-language pathologist,SLP)、阅读专家或其他学校工作人员进行指导识字困难儿童,每次 3~6 个小孩,每周 1 次或多次进行小组形式的教学。这些教学专注于音韵意识能力的提高,还包括其他训练目标(例如阅读流利度、词汇)。

可以方便有效实施的两个小组密集干预计划,包括:Road to the Code 和 Intensive Phonological Awareness Program,这些课程被推荐给 5 岁和 6 岁的儿童。6 名儿童组成小组,提供每周几次并且持续一段时间的课程(例如 4 或 5 个月),并由 SLP、阅读专家和常规或特殊教育工作者提供指导。

"Road to the Code"计划提供了详细的强化音韵意识能力教学课程。具体内容为每周提供 4 次课程,每次 15 分钟,为期 11 周。该计划针对面临早期识字困难的儿童设计,包括 44

个详细的课程计划和脚本,以指导实施。每个课程包括音韵意识能力(例如韵律生成),音素分割和字母-声音对应活动。该计划大大提高了幼儿园儿童的音韵意识能力和字解码技能。

"Intensive Phonological Awareness Program"旨在满足语言障碍儿童的需求。具体内容为每周举行3次干预(每次30分钟),为期12周。3个月的目标技能包括韵律、声母、韵母、语音分析和语音合成。总计36次的干预具体地描述了活动内容,并提供了详细的教学策略指导,该计划有效地提高了语言障碍儿童的音韵意识能力和词汇解码能力。

(2)基于教室的音韵意识指导:言语治疗师为学龄儿童提供音韵意识的指导时,扮演着两个角色。首先,临床治疗师应该参考学校的课程,让课程与自己要制订的方案相匹配,方便儿童更快地适应。在小学,进行音韵意识的指导应以音位为基础,并明确把语言和文字对应起来。SLP在课程不能满足儿童发展的目标时需要提供专业的活动补充。治疗师的第二个角色在于保证课堂活动是以循证为基础的,具体如表6-7所示。大量研究表明在校老师在语言结构上的知识比较缺乏(包括音韵意识),这让他们指导学生时会受限制,这时SLP可以提供很专业的、可建设性的、持续的言语清晰度训练的指导。教师在读写能力的教学方面很擅长,他们与治疗师的合作是很重要的。教师提供高质量的、专业的读写课程,能明显减少需要个别化读写支持治疗的学生数量。

表6-7 以教室为基础的音韵意识训练

组成	内容	时长
课堂范围(每次12分钟,每天3次)	音素结合(把声音组合到一起组成词)	2分钟
	音素分割(把词分成声音)	2分钟
	声学(字音学)	2分钟
	视读	2分钟
	把音韵阅读策略应用到共享"大书"阅读中	4分钟
自我监督阅读	鼓励孩子在接触到陌生单词时使用音韵策略	每周2~3次
专业支持	集体课	5个半天
	常规学校随访	一学期大约4次

(3)将音韵意识训练整合到常规的言语治疗中:部分音韵障碍儿童在接受音韵意识训练后取得了进步,然而有些儿童并没有进步,我们需要把音韵意识指导嵌入到一对一的言语治疗中去。治疗师能在每句话里对儿童进行音位层面上的刺激,并将它们泛化到实际阅读和拼写上去。20小时的干预(每周两次)能够保证让孩子提高阅读和拼写能力。

教学案例

言语目标:减少"ian"音团的错误。

音韵意识目标:增加对词汇中音位的意识,并明确音位和字母之间的联系。

目标词汇:电 dian,剑 jian,面 mian,辫 bian,片 pian。

刺激物:关于言语项目的图卡,有清楚并足够大的字印在下面(字号大小48)。

提示:以音韵意识和文字知识为基础,向孩子提供关于目标词团的正确构音。比如,孩子把"dian"说成"dan"。治疗师就提示:当你说ian,我不能听清楚在这个词前面的/i/音。我们再试一遍有/ian/音的。

（三）对大龄儿童的干预

大龄儿童可通过直接的音韵意识指导来增加其音韵意识，因此同时伴有阅读困难和音韵障碍的大龄儿童能在言语治疗师提供的音韵意识指导中受益；另外，一些中低年级儿童可能尚未建立一个适当的音韵意识基础，另一些儿童或许有一些音韵基础，但是没有建立更复杂的音韵意识技能（比如音素的分析和合成）。对于一些曾患过音韵障碍的儿童，该缺陷会导致他们出现明显的拼写障碍。

通过多学科合作来评估阅读、书写和音韵意识时，应该遵循儿童的需求，治疗师需要提供有明确目标的系统指导，以及设计活动来满足孩子的需求。清晰的音韵意识干预应能促进儿童在字词中的音位意识，以及加强儿童对单词的说和写的联系。另外还需要准备充足的方案，当一种方法无效时，可以更换下一个，尽最大可能地帮助儿童提高阅读拼写能力。

第八节　常见疾病导致言语障碍的康复治疗

临床上出现言语障碍的疾病主要包括声带息肉（或小结）、声带麻痹、脑卒中、听力障碍、唇腭裂、口吃。除了听力障碍儿童的言语治疗放在听力障碍章节中介绍之外，本章节重点介绍常见疾病所导致言语障碍的康复治疗方法，以体现言语五模块康复治疗技术的临床应用领域及方法。

一、声带息肉的嗓音治疗

声带息肉是临床上常见的、发生在声带固有层浅层的良性增生性疾病，以声音嘶哑为主要症状，是言语治疗师及耳鼻咽喉科医师共同关注的导致发声障碍的疾病，在言语治疗于我国开展以前，通常采用手术或中医药等治疗。随着言语康复在国内蓬勃发展，越来越多的耳鼻咽喉科医师意识到嗓音康复对声带息肉治疗的重要性，并因此丰富了治疗手段，也取得了良好的疗效。

（一）声带息肉的病因与病理机制

声带息肉（polyp of vocal cord）好发于声带的前、中 1/3 交界处边缘，为半透明、白色或粉红色表面光滑的肿块，多为单侧，但在息肉的对侧声带上，会有一个反应性的病灶存在，是常见的引起声音嘶哑的疾病。声带息肉多为发声不当或过度发声所致，也常常因为一次剧烈的发声运动之后引起。所以本病多见于职业用嗓或过度用嗓的患者，也可继发于上呼吸道感染。引起声带息肉的原因及发病学说较多，主要包括以下几种。

1. 机械创伤学说　过度、不当的机械作用可引起声带血管扩张、通透性增加导致局部水肿，局部水肿在声带振动时又加重创伤而形成息肉。

2. 循环障碍学说　声带振动时黏膜下血流变慢，甚至停止，长时间血液循环障碍并缺氧，使毛细血管通透性增加、局部水肿及血浆纤维素渗出，严重时血管破裂形成血肿，炎性渗出物最终聚集、沉淀在声带边缘形成息肉；若淋巴、静脉回流障碍则息肉基底逐渐增宽，形成广基息肉或息肉样变性。

3. 炎症学说　声带息肉是由局部长期慢性炎症造成黏膜充血、水肿而形成。

4. 变态反应学说　声带息肉的组织学表现有嗜酸及嗜碱性粒细胞增多，认为其发生与变态反应有关。

5. 其他学说　也有人认为声带息肉的发生与局部解剖因素有关，此外还有血管神经障碍学说以及先天遗传学说等。

声带息肉的病理改变主要显示黏膜固有层的弹力纤维和网状纤维破坏,间质充血水肿、出血、血浆渗出、血管扩张、毛细血管增生、血栓形成、纤维蛋白物沉着、黏液样变性、玻璃样变性、纤维化等。可有少量炎症细胞浸润,偶有钙化。黏膜上皮呈继发性改变,大多萎缩、变薄,上皮较平坦。根据光镜病理变化,声带息肉可分为4型:充血型、玻璃样变性型、水肿型及纤维型。病变初期主要是出血、水肿、纤维素沉积,对患者声带振动的幅度、黏膜波、对称性、周期性等影响不大;到后期演变为组织纤维化、淀粉样变或透明样变,从而导致声带被覆层僵直、质量增加、柔软度下降、顺应力减低,致使黏膜波减弱、幅度减小,严重病变甚至导致声带的对称性及周期性改变。

(二)声带息肉发声障碍特征

声带息肉患者表现为较长时间的声音嘶哑,因声带息肉的大小、形态和部位的不同,音质的变化、嘶哑的程度也不同。轻者为间歇性声嘶、发声易疲劳、音色粗糙、发高音困难,重者严重嘶哑。息肉长在声带边缘处声嘶明显,长在声带表面对发声的影响小,广基息肉可引起失声,如果息肉生长在声门下方,嗓音不易受到影响。喉镜检查常在声带游离缘前中1/3交界处见有表面光滑、半透明、带蒂如水滴状新生物。有时在一侧或双侧声带游离缘见呈基底较宽的梭形息肉样变,亦有遍及整个声带呈弥漫性肿胀的息肉样变。息肉多呈灰白或淡红色,偶有紫红色,大小如绿豆、黄豆不等。悬垂于声门下腔的巨大息肉,常带蒂如紫色葡萄,可随呼吸气流上下活动。

声带息肉患者的嗓音评估包括嗓音的听感知评估(GRBAS,CAPE-V)、多维度声学测量,以及中文版嗓音障碍指数量表(voice handicap index,VHI),VHI是由患者自行对该量表的生理(P)、功能(F)及情感(E)3部分进行评分,某一部分的分数越高,说明发声障碍对患者这一方面的影响越大;总分越高,说明患者对自己发声障碍主观评估越严重。如果声带息肉患者VHI分值提高,在诊疗过程中应充分了解声带息肉患者的发声障碍主观感受,以及发声障碍对患者的生活、工作、社会交往带来的影响,使治疗目标与患者的主观诉求尽量达成一致,有利于提高疗效。

(三)声带息肉的治疗

对于较大的声带息肉,手术疗效较佳,声门暴露良好的带蒂息肉,可在间接、纤维或电子喉镜下摘除。局部麻醉不能配合者,可在全身麻醉(全麻)气管插管下经支撑喉镜切除息肉,有条件者可行显微镜下切除术,也可行激光切除。年老体弱、颈椎病及全身状况差者,宜在软管喉镜下切除。对于前联合处的病变,宜先做一侧,不要两侧同时手术,以防粘连。切除的息肉均常规送病理检查,以免将早期的声带癌变遗漏。手术时尽可能保存黏膜固有层表面的完整性,尽量减少对肌肉、韧带的伤害;手术后通常建议患者接受短期的嗓音治疗。嗓音治疗也能取得满意的疗效,特别是较小的声带息肉采用多项嗓音促进治疗法能改善患者发声质量,甚至可使息肉消失。

声带息肉是由肌肉紧张所造成的良性病理改变,通过听觉反馈、减少嗓音滥用、共鸣聚焦法、喉部按摩、鼻音-边音刺激法及呼吸训练等方法改善喉部的紧张,使部分声带息肉变小甚至消失,可避免手术;对术后患者通过嗓音康复治疗,能显著改善发声质量,减少息肉的复发。

1. 听觉反馈(auditory feedback) 听觉反馈使许多嗓音患者受益,仔细倾听患者自己的发声是改善嗓音功能的有效方法。即时扩大系统、回圈式的回放系统及节拍器的使用皆可以在嗓音治疗中提供有效的听觉辅助。①实时扩大系统(real-time amplification)是实时扩大嗓音音量的方法,能使患者听清自己的声音。在治疗时,声带息肉患者先仔细聆听自己的言语声,包括吟唱等,而后在扩大系统的协助下,患者仔细聆听自己的声音,并评估自己是否满意这种声音,若需改进,则患者将被要求再次使用扩大系统,并仔细聆听自己的声音。②回圈式的回放系统可让患者立即听到自己刚刚所说的话语,早期的工具包含 Phonetic Mirror、Language Master 及 Facilitator。而近期的产品则为独立式的数位录音机或智能手机 app 中的数位录音功能。③节拍器发出的滴答声,可提供给需减慢或增快自己说话速度的患者。仔细聆听自己的发声是改善嗓音功能的有效方法,听觉回馈是发声障碍治疗中的一个重要步骤,对大多数的嗓音患者都有帮助,对声带息肉患者更是如此。

2. 减少嗓音滥用 许多声带息肉患者的发声障碍与不当的发声行为有关,不当的发声行为可能造成喉部肌肉紧张,从而产生声带息肉。学习辨识及去除这些不当的行为,有益于维持喉部功能。嗓音滥用和误用包括嘶吼、大叫、于较大噪声的环境下讲话、抽烟、使用硬起声说话、长期使用不适当的高音讲话,等等。

对于声带息肉患者,在治疗的初期,即需进行可能的嗓音滥用行为的确认工作。一旦发现特定的嗓音滥用行为,言语治疗师应找出此行为发生的次数。随后与患者讨论,特别强调减少此行为发生频率的重要性。可能的话,请患者的家人及朋友加入治疗过程,言语治疗师需向他们说明目前的状况,并且指导他们协助记录每日嗓音滥用及误用的次数。要求患者将其每日嗓音滥用及误用的行为次数绘成曲线,如出现下降的曲线,表明该行为逐渐减少。对声带息肉患者尤其要避免大声尖叫、嘶吼、硬起音发声。息肉常常会因为一次嗓音的不当使用而产生,若患者过度使用嗓音,如大声尖叫一个晚上,会造成声带最大接触点的黏膜产生出血现象。此一出血性刺激最后使声带产生的息肉不是半透明、纤维化、透亮、出血的状况,就是综合型息肉,进而增加息肉的质量。一旦形成小息肉,接下来任何不当的发声都会刺激这个部位,造成息肉持续性的增长。

3. 共鸣聚焦法 声带息肉患者最常见的共鸣聚焦问题是声音听起来像是由喉咙深部发出。言语治疗师协助患者将共鸣向上集中于他的脸部,位于脸部及鼻梁的下方。临床上常采用的共鸣疗法也可借助工具卡祖笛、吸管等来完成。治疗前向患者解释共鸣聚焦法的机制,必须让患者判定共鸣的问题何在,然后建议患者将共鸣位置拔高至面部,使患者发声时喉部得到放松。

4. 喉部按摩 喉部推拿与按摩是将喉部周围徒手操作法稍作调整后建立的。此疗法首先适用于未找出喉部构造异常或神经性病因的功能性发声障碍患者;后逐渐应用于肌肉紧张性嗓音异常如声带息肉患者,取得满意疗效。喉部周围徒手治疗法所使用的温和喉部调控及按摩,可调降喉部软骨位置及增进喉部内外肌肉的放松。

5. 鼻音-边音刺激法 治疗师在嗓音治疗时发现某些刺激音似乎能诱发一个容易发出且听起来较好的声音。研究表明声门上共鸣-构音姿势与喉部生理及功能有直接的关系,使用含许多鼻音或边音的单词通常可协调患者顺利做出想要的目标发声方式;一些鼻音可促进轻松的发音,半阻塞状态的鼻音可使声带的振幅降低,这对降低声门的张力非常有益。使用鼻音-边音刺激法对于功能性嗓音异常、痉挛性嗓音异常特别有用,对肌紧张性嗓音异常,如声带息肉患者也有满意疗效。

6. 呼吸训练 由于息肉影响声门的闭合,造成嘶哑声、气息声、小音量等,声音品质无法满足日常生活工作的需要,便会代偿性地通过挤压声门使之紧闭的方式,来满足发声所需要的力量,而不是以收缩腹部肌群来增加气流和气压。虽然挤压声门能够增加发声的能量,但发声品质会因为嗓音的紧绷而下降,这种反复不当的发声方式都会刺激息肉部位,造成息肉持续性的增长。足够的腹式呼吸支持、提升呼吸和言语的协调性,是拥有健康嗓音的基本要素。

(1) 平静状态下腹式呼吸训练。

（2）缓慢平稳呼气法：通过让患者深吸气后，缓慢平稳持续地发音，以提高患者言语时对呼气的控制能力，从而为患者的言语提供稳定持久的呼吸支持。主要步骤如下：

1）"缓慢平稳呼气法"动作要领的学习：即深吸气，呼气时气流必须平缓均匀，并注意声时的控制。与患者一起吹蜡烛。也可将游戏换成吹肥皂泡、吹哨子等。

2）缓慢平稳呼气训练：深吸气后，选择擦音或元音进行发音练习。发元音/ɑ/、/o/、/e/、/i/、/u/、/ü/或发擦音/f/、/h/、/x/、/s/、/sh/，注意发元音或擦音时做到缓慢平稳。

3）单音节词的缓慢平稳呼气训练：练习发以擦音/f/开头的单音节词如孵、腹。

（3）重读节奏训练：在腹式呼吸的基础上进行高元音、气息声的发音，以促进相关呼吸肌群与发声肌群功能之间的协调。

二、声带麻痹的嗓音治疗

迷走神经从髓质出发到达喉部肌肉通路中的某一处发生了损伤，会出现声带麻痹。这种声带闭合不全并不是器质问题所致，比如杓状软骨脱臼或半脱位、环状软骨关节炎、关节硬化，或肿瘤侵犯等。

（一）声带麻痹的定义及分类

声带麻痹（vocal cord paralysis）指喉的运动神经（喉返神经或喉上神经）受到损害时，可出现声带外展、内收或肌张力松弛三种类型的麻痹。纤维喉镜或动态喉镜下观察患侧声带位于（中位、旁中位、侧位），其形态为（凹型、直线型），声门闭合（完全、不全），振动行为（宽、窄、缺乏），黏膜波（正常、小、缺乏）。其中，患侧的振动行为是与健侧比较而言，如果两侧声带振动幅度一致，视为等宽；若患侧声带振动弱于健侧，则视为窄；喉镜下观察到的声带不全麻痹表现为患侧声带运动滞后，完全麻痹表现为患侧声带无自主运动。喉肌电图的诊断原则是患侧声带募集电位减少 1%～30% 为轻度不全麻痹，31%～60% 为中度不全麻痹，61%～99% 为重度不全麻痹，完全麻痹指无可见的募集电位。

1. 环甲肌麻痹（cricothyroid paralysis） 病毒感染是导致喉上神经紊乱的主要原因之一，影响单侧或双侧，导致左侧、右侧或双侧的环甲肌麻痹。环甲关节的功能主要是拉紧声带，提高音调以及促进声带内收，因此患侧声带会表现出向健侧声带轻微的转动，并且声带整体向患侧轻微弯曲。患者主要表现为嗓音的音调不能提高或降低，并伴有气息音。病毒导致的环甲肌麻痹常常是暂时的，皮质类固醇和抗病毒药对此的作用效果很好。对于更长久型的麻痹，Nasseri 和 Maragos 报道称Ⅳ型和Ⅰ型甲状软骨成形手术能改善此情况。此外，嗓音治疗也有效。

2. 双侧声带麻痹（bilateral vocal cord paralysis） 双侧声带麻痹通常是迷走神经主支上侧损伤导致的，或是发生在脑干核团的损伤。这类高位损伤包括颅底的肿瘤、癌症或者创伤。大多数情况都和颅内病变有关，比如脊髓脊膜膨出、脑积水或者 Arnold-Chiari 畸形。其他罕见的病因包括运动轴突神经病和家族染色体隐性遗传。

双侧声带麻痹分为外展型和内收型，都会危及生命。内收型双侧声带麻痹患者的声带不能移到中线，将导致不能发声，甚至有误吸的危险。对于儿童，双侧声带外展麻痹导致患儿无法呼吸，双侧声带麻痹通常会导致新生儿喘鸣，持续的双侧声带麻痹患者需要通过手术来扩大呼吸道，以确保呼吸顺利完成。

3. 单侧声带麻痹（unilateral vocal cord paralysis） 单侧喉返神经疾病或受损是喉麻痹的最常见病因之一。因为左侧喉返神经会沿颈部向下并绕过主动脉弓进入胸腔，然后回到喉部，所以左侧的喉返神经比右侧更易受损。手术创伤是主要的病因之一，仅次于病毒感染和先天性因素。当单侧喉返神经受损后，喉内收肌（尤其是环杓侧肌）将不能完成内收作用。

这会使麻痹侧的声带处于正中旁位,所以它们不能充分地内收或外展。无论是呼气还是吸气,该侧声带均无法运动。

(二)各类声带麻痹患者的嗓音生理声学特征

1. 听感知分析 听感知症状是气息声和嘶哑声,偶尔引起复音。双侧内收型声带麻痹患者会有严重的气息声和发音困难,而外展型声带麻痹患者却能发出接近正常的嗓音。双侧外展型声带麻痹患者的另一项听感知症状是呼吸时喘鸣,导致气流流经声带时,无法打开声门。最常见的先天性单侧声带麻痹的听感知症状是哭声微弱。在双侧声带麻痹中,可能存在喘鸣和微弱哭声。喉上神经麻痹最常见的嗓音症状包括发声疲劳、嘶哑声和音域丧失。

2. 声学测量 声学上,我们发现基频微扰(jitter)和振幅微扰(shimmer)两个参数的非周期性增加、音域范围减小、音调改变减少、信噪比(NHR)升高、发声强度减小,基频的变化不明显。

3. 可测得的生理指标 声带麻痹的平均气流率要远远大于正常声音,单侧声带麻痹患者的平均气流率似乎高于双侧声带麻痹患者。多数单侧声带麻痹患者的喉下压力高于正常值($6\sim8cmH_2O$),双侧声带麻痹更甚。这是因为患者发音时因声门无法完全闭合,导致气流损失较多,说话者为了尝试代偿发音,驱动声带下方过多肺压所致。肌电图(EMG)是评估声带麻痹的有效工具,可用来判定喉肌是否麻痹,帮助区分声带麻痹的原因。麻痹侧肌肉电活动细微甚至不存在,或出现异常模式的电活动、肌纤维震颤、运动纤维募集减少。

4. 可观察的生理指标 典型的单侧声带麻痹在喉镜下表现为发音时患侧声带不完全内收,健侧声带移动至中线位。患侧声带可能会有一些明显的活动,这是由于其他结构的活动或环甲肌收缩产生的(如果喉上神经完整),往往是用到了声带上的一些内收力或患侧声带受气流驱动产生的活动。患侧梨状隐窝的活动会减弱甚至消失;且一半患者麻痹侧声带位置较高。此高度差异的原因包括:①患侧杓状软骨的位置;②喉外肌的作用;③麻痹侧环甲肌可能会影响患侧声带张力。

5. 频闪喉镜 频闪喉镜下声带麻痹的观测标志包括声带的不对称性和运动的非周期性、振幅高于正常值、黏膜波减少、声门未完全闭合。这些观测指标的结果与疾病性质、听感知、声学、生理和喉镜图像均保持一致。通常可以观察到患侧声带偶尔振动,形成类似波浪形的前后运动,与健侧声带的振动频率和方式不同。我们观察到患侧声带的黏膜波并不像健侧声带那么规律,患侧声带振幅有时会增加。大多数情况下,患侧声带和健侧声带会出现一个运动周期。可观察到健侧声带与患侧声带会形成许多声门闭合的模式,但多数情况下是声门闭合不全。

(三)康复治疗方法

许多创伤型声带麻痹患者会在9~12个月自发性恢复,所以永久性的矫正手术应在嗓音训练无效后再使用。在很多案例中,强化声带和言语提升技术可以很好地改善嗓音,所以手术不是必要的。嗓音训练可以说是唯一的治疗手段,除非药物治疗可行。

1. 单侧声带麻痹的康复治疗

(1)嗓音训练:我们通常在临床上用到的嗓音训练方法包括半吞咽法、转头法和低头法、指压法、聚焦法、伸舌法、哈欠-叹息法、哼音法、吸入式发音法等。嗓音训练方法可以根据患者和治疗师的偏好,以及患者的实际能力进行选择。

1)半吞咽法:单侧声带麻痹患者由于一侧声带固定不动,另一侧声带移动至中线位甚至跨越中线进行发声代偿,常常表现为气息声的嗓音音质,因此临床上可采用半吞咽法,在吞咽进行到一半时用较低的音调大声地发"bo---m"音,产生的气流在声道内反作用于声带,以提高声带闭合的能力。

该方法的主要步骤:①学习半吞咽动作,即在吞咽进行到一半,喉的位置处于最高时进行发音。指导患者用手指指腹触及喉部,体会喉的上下运动;也可将头转向两侧或将下颌放低,用 bo---m 发音。②指导患者在喉部上抬时发 bo---m,在维持喉高位下,紧跟着发/i/音;逐渐过渡到发 bo---m+/y/开头的词语、bo---m+短语等。③逐渐增加字词的长度,要求患者半吞咽时去掉 bo---m 作诱导,直接半吞咽发字词。④逐渐淘汰吞咽动作,把头和下颌移到自然位置,练习自然发音。

2)转头法和低头法:单侧声带麻痹患者常伴有声音嘶哑的嗓音症状,通过改变头部姿势(转头法和低头法),可协助发出较佳的嗓音。

该方法的主要步骤:①患者端坐,眼视前方。治疗师给予简单说明:"转头和低头的动作可以改善你的嗓音。"②在转头和低头的过程中,延长发元音/i/或/u/,寻找最佳音质。

3)指压法:对于单侧声带麻痹患者来说,手指按压甲状软骨侧壁,通常可让声带产生较佳的闭合度,并发出较大的声音。

该方法的主要步骤:①患者正视前方,头微向下弯曲,治疗师向麻痹侧甲状软骨板施加压力,此时患者延长发元音/ɑ/或/i/,可发出较大的声音。②若声音没有改善,治疗师施压于健侧甲状软骨。③若声音还是没有改善,可让患者在转头状态下,在甲状软骨板上施压。例如头转向右侧,则按压右侧甲状软骨板。④患者在转头状态下,按压两侧甲状软骨板,寻找最佳嗓音头位。

4)聚焦法:单侧声带麻痹患者最常见的共鸣问题在于,声音听起来像是由喉咙深部所发出。许多患者会将注意力放在喉部,此时练习共鸣前置的策略颇为有效,可将患者的注意力由喉部转移至上声道,如脸颊和鼻梁等部位。

该方法的主要步骤:①建立"将声音抛出喉咙"的概念,注意力放于脸部或脸颊前方的位置。②增加鼻音化,建立较高的共鸣点至鼻翼处,发/m/、/n/和/ng/音。③共鸣转移至较高的共鸣位置时,可开始进行舌尖音的单字练习,如梯、他等。④听觉回放,让患者感受自己的共鸣变化。

5)伸舌法:伸舌法通过将舌伸出口外用高音调发前位音,扩张口咽腔,体会发音时口咽腔放松的感觉,从而治疗单侧声带麻痹患者因咽腔和喉部过于紧张而导致的喉位聚焦和后位聚焦。伸舌应以感觉舒适为宜,注意要保持患者的最佳音质。

该方法的主要步骤:①让患者伸出舌头发元音/i/,如患者不能自己完成,治疗师可用食指抵住患者的下颌,帮其微微张开嘴,伸出舌头。②要求患者伸舌后慢慢将舌体回缩,同时发/iiiiii/或/mimimimimimi/,舌缩回至口腔后,过渡到发以声母/y/或/m,b,p/开头的单音节词。舌回缩至口腔后,可换气后再发音,注意保持发/i/时的发音状态。③先用正常嗓音发/i---/或/mi---/,逐渐过渡到发以/y/或/m,b,p/开头的单音节词,注意保持发/i/或/mi---/时的发音状态。

6)哈欠-叹息法:哈欠-叹息法指通过夸张的哈欠和叹息动作,使声道充分打开,咽部肌肉放松,然后在叹息时发音并体会放松的感觉,为单侧声带麻痹患者形成自然舒适的嗓音奠定基础。

该方法的主要步骤:①向患者介绍哈欠-叹息法的动作要领,即在打哈欠快结束时叹气。②在叹息的同时发/h/音,然后加入一连串的低元音/ɑ/,发声应该舒适、松弛、柔和。③以/h/为引导,练习正常的发音。发音时,仔细聆听那些分别以/h/音开头和以韵母开头词语的发音差异,确保发这些音时没有硬起音的现象。如果发生硬起音现象,那么只练习发/h/音开头的词语,直到获得平滑的起音方式为止。④在患者初步掌握正确发声方式的基础上,从字、词过渡到简单的句子,其中字、词、句子中所有/h/音所占比例超过50%,从而能比较好地诱导发音。

7）嗓音法：单侧声带麻痹患者常表现为音域减小，响度降低。针对这个问题，可采用嗓音法，发音调和响度连续起伏变化的旋转式的音，促进患者呼吸与发声功能的协调，提高其言语时对声带的控制能力，建立新的、舒适的发声模式，改善其音质。

该方法的主要步骤：①向患者讲解嗓音的动作要领，要求用音调和响度连续变化的音发嗓音/i ‾/。②指导患者用较快的速度发嗓音/i ‾/，发音时音调与响度连贯并快速起伏变化。③指导患者用较慢的速度发嗓音/i ‾/，发音时音调与响度连贯并缓慢起伏变化。④指导患者时快时慢地发嗓音/i ‾/，快慢变化时过渡自然，提高呼吸和发声的协调能力。

8）吸入式发音法：声带活动受限是抑制患者建立良好发声的原因。患者出于社会交流的需求，常常卡紧喉咙说话，长此以往可能产生室带代偿发声的情况。此时我们可以采用吸入式发音法，在吸气的时候发音来帮助患者重新使用真声带进行发音。

该方法的主要步骤：①治疗师示范（图6-9），利用双肩辅助发音，举起双臂的同时深吸一口气，并同时用高音调发高元音；放下双臂的同时呼出气体。②利用双臂辅助发音，耸肩的同时深吸一口气，同时以高音调发高元音/i/或/ü/，然后过渡到呼气时发音，并从高音调自然下滑到正常音调的发音，过渡应自然连贯，从而建立真声带发音方式。③撤除吸气时发音的诱导，直接用舒适的方式发音，巩固真声带发音。

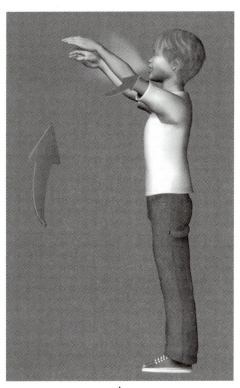
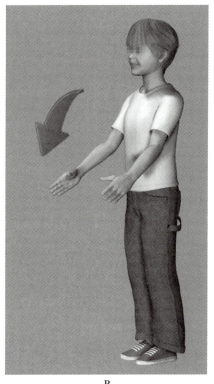

A   B

图6-9　吸入式发音法动作示范
A：吸气抬起手臂的同时发/i/；B：呼气时放下手臂

（2）六字诀气功训练法：六字诀是在古代六字真言、六字诀、六字气诀等传统功法的基础上编创而成的健身气功功法。六字诀以发音呼气为手段，对人体起到锤炼脏腑、宁神定志和导引气机等作用，其特点是以泻见长、以平为期。将六字诀中的六个音（嘘 xū、呵 hē、呼 hū、呬 sī、吹 chuī、嘻 xī）拆分来看，其中两个音以/h/开头，气息起音的方式发声，与哈欠-叹息法的轻松发声方式相近;四个音以/s/、/x/、/ch/开头,通过舌尖与齿龈、硬腭相近发音,形成半阻塞,使得空气阻力逆流,做到轻松发声,与声道半阻塞发音法相似;六字的韵母多为高元音,呼气发声时转变为柔和的软起音、深沉的低音调及气息式的发音,与重读治疗法选取/i/、/u/、/ü/作为发音训练的方式相似。因此,通过试验研究发现,健身气功六字诀能有效改善单侧声带麻痹患者的声音嘶哑问题,不仅改善嗓音,而且有利于调节患者的消极情绪,提升社会参与程度;声带麻痹的时间长短不影响嗓音康复的效果,即一年以上的声带麻痹患者通过六字诀的训练,嗓音也有所改善。

（3）单侧声带麻痹的非行为治疗:Arnold 1962 年介绍了一种声带注射特氟隆(Teflon)的方法来促进声带移向中线,后来该技术得到较大发展。目前特氟隆已经不再作为填充物了,而是采用其他的软组织填充物,包括脂肪、聚丙烯酰胺水凝胶、面部组织填充。注射手术是安全的,并能有效地促进声带移向正中位,但脂肪注射有可能会被吸收,导致症状复发。

甲状软骨成形Ⅰ型手术是一种促进声带移向中线位的手术,它用一个可自由移动的楔形物,将患侧声带移动至正中位。外科手术医生在甲状软骨外侧靠近患侧声带方切出一个矩形口。患者保持意识清醒,外科医生将楔形物放到一个合适的位置,使患者能够进行最佳的发声,然后将楔形物固定在这个位置。该手术效果很明显,患者最早能在 1 个月后嗓音得到改善,并且至少在 6 个月后达到稳定状态。

一些经注射或手术治疗后的患者仍会出现和术前一样的发声功能亢进现象,表现为说话时用力挤出单词,过度用力的发声行为如硬起音等。在手术治疗后,言语治疗师应帮助患者恢复正常嗓音,关注患者是否有充分的呼吸支持,是否轻松发音,发音聚焦位置是否正确,以及音量是否合适等。

2. 双侧声带麻痹的治疗　双侧声带麻痹常用的方法是通过手术去除单侧杓状软骨,并用电灼烧器灼烧切口止血,电灼烧器同时会刺激声带周围组织使声带痉挛,声门前端闭合、声门后端打开,从而扩大气道。除了手术,对于声带外展麻痹患者还可用吸气气压阈值训练。

ER-6-6

腭裂语音
矫治

三、腭裂儿童的构音治疗

唇腭裂(cleft lip and palate,CL/P)包括唇裂(cleft lip,CL)、唇裂伴腭裂(cleft lip and cleft palate,CLP)和腭裂(cleft palate,CP)。其患病率因人种、性别和经济状况不同而有所差异。

唇腭裂的畸形复杂,影响广泛。唇腭裂畸形不仅包括唇裂、腭裂、牙槽突裂等原发畸形,还包含随着生长发育而不断显现或加重的言语语言障碍、听力损失、咬合畸形、颌骨发育畸形、鼻唇畸形、情绪心理障碍等继发畸形或功能障碍。本书重点介绍腭裂的康复治疗。

（一）概述

腭裂在解剖上表现为腭部裂隙,在功能上表现为腭咽闭合功能障碍,腭裂修复术是序列治疗的关键步骤。其目的为整复腭部的解剖形态,改善腭部的生理功能,重建良好的腭咽闭合功能,为正常吸吮、吞咽、言语语言、听力等生理功能的恢复创造必要条件。腭咽闭合功能的恢复是患儿言语、语言能力得以正常发育的重要影响因素。

腭裂序列治疗围绕腭咽闭合功能的评估展开。腭裂术后,若腭咽闭合功能不良,原则上,应尽早再次手术建立完善的腭咽闭合功能。但是,腭裂患儿在腭裂修复术后,面临手术创伤后腭咽功能生理性恢复、言语发育等多重问题,无法在腭裂术后即刻评价腭咽闭合功能。对腭咽闭合功能的诊断常随着幼儿语言发育,在幼儿能够把更多的声母增加到个体的言语系统中后(即音韵系统发育达到一定水平)才能进行。通常幼儿开始讲短语或短句时,才可获得腭咽闭合功能是否良好的证据。在幼儿期实施客观器械检查尚有困难,此时临床上仍然是由受过专业训练的、有经验的言语治疗师以听觉感知判断作为腭咽功能评估的主要方式。通常3岁半~4岁才能够实施完善的腭咽功能评估,且因存在个体差异,4岁后才能实施腭咽闭合功能障碍的手术治疗。腭裂序列治疗时间表见表6-8。

表6-8 腭裂言语及语言能力的评估时间、内容及治疗计划

时间	评估内容	治疗计划
0~8个月	——	喂养指导 语言前期:促进语言发育早期干预
8~10个月	腭裂手术	语言发育水平评估、生长发育筛查
10个月~2岁	腭裂术后第一次言语、语言发育水平评估	语言形成期:促进语言发育早期干预
2~4岁	言语、语言发育水平评估 初步判定腭咽闭合功能水平	随诊 促进语言发育早期干预 言语语言治疗
约4岁	腭咽闭合功能评估 言语、语言发育水平评估	改善腭咽闭合功能障碍的手术 言语语言治疗
4~9岁	半年/一年复诊（依据言语语言评估结果）	随诊 言语语言治疗
约9岁	评估腺样体萎缩对腭咽闭合功能的影响	必要时行改善腭咽闭合功能的手术
正颌手术前后	评价正颌手术前后腭咽闭合功能状态及正颌手术对腭咽闭合功能的影响	必要时于正颌手术后,行改善腭咽闭合功能的手术
咽瓣手术前后	评价咽瓣手术效果及对睡眠呼吸的影响	必要时行手术矫正咽瓣

腭裂儿童言语的影响因素:腭裂患儿的言语康复因手术干预、语言发育、颅面结构个体差异性的交互作用,而面临诸多挑战。

1. 结构缺陷对腭裂言语发育的影响:婴儿期,唇腭裂患儿的言语发育面临着严重不利环境。多数伴有唇裂的腭裂患儿在3月龄接受手术修复唇裂,腭裂修复通常至少要到8月龄以后,有时会延迟到1岁半。因此,至少整个语言前期腭裂患儿必须在缺少软硬腭分隔的口鼻腔环境中练习发声,解剖缺陷可以从多方面对患儿的发声造成影响,但现已明确,腭裂对腭裂患儿整体构音系统的影响远早于1岁。

2. 腭裂修复术后的腭咽功能:腭咽闭合功能是人类言语活动中特有的生理功能。语音(话语)的大部分内涵由其所发声母表达,在中文中,除两种声母(/m/、/n/)外,其余声母仅需口腔发音,无需鼻腔共振辅助,却需要软腭及咽壁运动实现口鼻腔分离,这一过程称作腭咽闭合。实现腭咽闭合功能,除了腭咽结构完整、神经支配正常外,还需要个体良好的肌肉协调适应能力,结构、神经支配和协调适应能力并非完全独立。另外,腭咽闭合功能并非一出生就完全具备,是个体在早期学习发音的过程中通过逐渐协调肌肉运动而实现的。腭裂修复术后,腭咽闭合功能的恢复与成熟个体化差异大。腭裂患者需要通过腭裂手术重建腭帆提肌以实现腭咽闭合功能。术中需要进行口腔、鼻腔及腱膜端大量肌肉解剖松解,术中广泛的肌肉解剖,易导致术后组织水肿、瘢痕形成,同时重建的肌肉因张力和方向的改变,发挥最终的腭咽闭合功能通常需要一段时间,文献报道为半年至2年不等。

(二)腭裂言语能力评估

评估年龄和所选择的评估方式相互影响:在婴幼儿阶段,因婴幼儿语言技能有限,评估通常使用家长报告法和自然语言样本;而对于学龄前及学龄儿童,则由治疗师直接评估。腭

裂言语能力评估包括病史收集、言语主观评估、口腔检查、腭咽功能的客观评估等。

1. 言语评估前病史收集　内容包括：腭裂类型诊断；手术病史（包括手术时间、手术类型）；既往史。除此之外，应了解是否存在饮食鼻腔反流史；是否存在喂养和咀嚼困难；中耳功能及是否存在听力问题；既往语言评估和治疗史；家长对患儿语音、语言的认识（包括家长对患儿言语表达的接受度、期望及对言语发育的认识等）。

2. 言语主观评估　包括共鸣状态、鼻漏气、构音、音质等。主观评估一般为实时评估、记录，至少能够录音，最好能够录像。需留存术前、术后言语资料，以备手术前后效果比较、治疗计划的制订以及研究等。

（1）共鸣状态：共鸣异常包括鼻音功能亢进、鼻音功能低下及混合性鼻音。不同类型鼻音提示不同腭咽闭合状态。腭裂术前通常表现为鼻音功能亢进，如低沉和不清楚的听觉感受，可通过韵母来辨听鼻音功能亢进。通常情况下，鼻音功能亢进和鼻音化是腭咽闭合功能障碍强有力的证据。但鼻音功能亢进又不完全由腭咽闭合功能障碍引起，大的口鼻瘘孔也可导致鼻音功能亢进。鼻音功能亢进也可以只表现在特定音位上，这与特定音位的鼻音替代或发特定韵母时，过高过后的舌位有关，需在鼻音功能亢进评估时注意鉴别。

腭裂患者的鼻音功能低下常由上颌后缩、过窄咽腔、过大咽瓣、过大扁桃体或腺样体以及下鼻甲肥大等引起，凡导致口鼻共鸣腔通道受阻的因素均可导致鼻音功能低下。因此，腭咽闭合功能障碍的腭裂患者可同时存在鼻音功能亢进与鼻音功能低下。

（2）鼻漏气：鼻漏气既可与鼻音功能亢进伴发，也可单独存在，取决于腭咽闭合功能障碍的程度。若鼻漏气几乎听不出来，则提示腭咽闭合不全的程度较大；若鼻漏气可以闻及，则提示腭咽闭合功能障碍的程度较小。鼻漏气常伴发面部扭曲，系个体对腭咽闭合功能障碍的面部代偿表现。若鼻漏气持续稳定地发生在特定音位而并非所有的压力性声母发音时，患者则可能是特定音位的构音位置错误而不是腭咽闭合功能障碍。

（3）构音：构音评估时，言语治疗师需要记录所有的构音情况，并从三个方面进行分析。①声母构成，即声母的广度，为描述"发出语音"能力的指标，评测时只考虑"音"是否在语音系统中出现而不考虑是否正确使用；②言语准确度，为描述儿童声音与成人已成熟声音间差异的指标；③言语错误类型，为描述构音错误规律的指标。

腭裂患者的构音错误分为两类：一类为腭裂特征型语音（cleft speech characteristics，CSCs）。若存在腭咽闭合功能障碍，CSCs又可分为主动或被动构音错误。主动 CSCs 分为发音位置位于口腔内的构音错误，以及发音位置位于非口腔的构音错误（通常指代偿性发音错误，如喉爆发音、咽擦音、鼻腔擦音等）。机体为了补偿目前或之前腭咽功能障碍所致的口内压力不足，产生发音位置和/或方式的改变，表现为主动的 CSCs，CSCs 影响儿童言语系统的发育。相反，被动的 CSCs 是腭咽闭合功能障碍不可避免的后果，表现为元音和声母上不同程度的鼻音，一些声母伴随鼻漏气及低压力构音等。第二类为发展特征型语音（developmental speech characteristics，DSCs），CSCs 是腭裂言语发育中经常涉及的构音错误类型，但 DSCs 也不可忽视。与典型发展的学龄前儿童相比，学龄前唇腭裂儿童 DSCs 的发生率较高。而约有 50% 的腭裂患儿在 3 岁前表现为构音音韵障碍。唇腭裂儿童常见的一些言语错误类型，具有跨语言普遍性，高压力辅音（爆发音、擦音以及塞擦音）是腭裂患者常见的构音错误音位。口腔后置构音错误在不同语言中都很普遍，如舌前部的发音/t/由舌后部的发音/k/所代替。另外，声母省略亦是常见的构音错误。

（4）音质：声音嘶哑是腭咽闭合不全患者常见的伴发问题，一方面，当声音嘶哑存在时，会影响鼻音的判听；另一方面，声音嘶哑的患者可能存在声带小结。需要耳鼻喉科医生参与诊治。

3. 口腔检查　口腔检查的主要内容有软腭的长度、发音时动度及对称度;是否存在瘘孔以及瘘孔的大小和位置;扁桃体的大小等,因过大的扁桃体会导致鼻音功能低下,影响软腭上抬,甚至影响构音,因此需要耳鼻喉科的治疗(手术或药物)。

4. 腭咽闭合功能的客观评估　包括简单的器具评估和器械评估。

(1) 简单的器具评估:镜子测试是一种简单有效的、可以观察患者是否存在鼻漏气的方法。评估者将口镜或镜子置于患者的鼻孔下方,如果被测试者发非鼻音时,镜子上出现雾气,则说明存在鼻漏气。但应注意的是,需要区别是受试者的呼吸还是鼻腔的漏气,需要在受试者换气后、发音前,将口镜置于鼻孔的下方,并将口镜在受试者停止发音前移走。

(2) 器械评估:腭咽闭合功能的器械评估能够为主观评估提供有价值的佐证信息,另外对进一步诊疗计划的制订具有指导意义。该评估包括直接和间接检查方法。直接检查指可在直视下观察腭咽闭合结构的检查技术。这些检查技术通常在自然语音状态下开展,不影响腭咽闭合结构的运动。除此之外,其余检查技术均可被定义为间接检查技术。间接检查即通过腭咽闭合活动的结果(指标)来推测腭咽闭合功能,而非腭咽闭合本身。因此,主观判听共鸣状态和鼻腔气流亦属于间接检查技术。器械检查鼻腔共鸣、鼻腔气流或压力也属于此类。直接检查技术包括影像学检查技术和内镜检查技术,近年来也有学者在腭咽功能研究中引入超声检查、实时 CT 和 MRI 检查。然而,在这一领域的长期发展过程中,仅有视频透视检查技术和内镜技术历经时间考验而始终存留。

目前,鼻咽纤维镜(nasopharyngoscopy,NPS)检查是国内外各唇腭裂治疗中心广泛使用的客观评估方法。NPS 可以直视软腭鼻腔面,为腭隐裂的诊断提供证据,能够更加准确地确定腭咽闭合不全的位置及相对大小,是制订手术治疗计划的关键。在 NPS 检查中应该注意测试语句的选择,使用重复性音节和具有音位特征的句子,注意对比使用压力性声母和非压力性声母,观察对比腭裂特征性语音与正确发音间的腭咽闭合运动,且应以正确构音的腭咽闭合运动结果为主,如图 6-10 所示。

在 NPS 检查过程中,观察腭咽结构(软腭、咽侧壁、咽后壁)间的相对关系是非常重要的,通过观察 NPS 下的闭合率(镜下腭咽完全闭合与实际闭合程度的

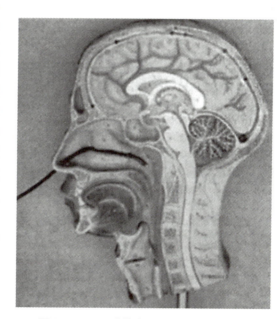

图 6-10　腭咽功能鼻咽纤维镜检查示意图

比率)、腭的对称度、咽后壁的解剖信息(是否存在异常动脉搏动影像)等,可为选择腭咽闭合不全的手术方式提供决策性信息。

(三) 腭裂言语治疗

不同语言发育阶段,腭裂言语治疗的侧重点不同。幼儿期,实施早期干预,促进语言、言语发育;学龄前期、学龄期及以后,需首先明确腭咽闭合功能水平,治疗腭咽闭合功能障碍,再实施以改善构音能力为主的言语治疗。本节的言语治疗则主要针对腭裂特征性语音展开。

1. 幼儿期促进语言发育的早期干预　早期干预可提升唇腭裂患儿的语言能力,改善儿

童的人际关系,尤其对唇腭裂患儿的社会心理适应及社会融入意义重大。腭裂患儿的早期干预,须符合语言发育迟缓早期干预的基本原则:遵循语言发育的生物学基础,把握语言发育关键期(语言前期及语言形成期);注重优化儿童语言发育环境、提升亲子互动质量;当言语和语言障碍同时出现时,语言干预是一种有效的早期治疗措施,采用以儿童为中心的语言发育促进技术实施干预,从而提升语言、构音技能,最终提升腭裂患儿的沟通能力。

同时考虑腭裂言语发育的特殊性:一方面腭裂患儿言语广度发育受限,常表现为腭裂特征型发音,且发育受限至少持续至 3 岁。另一方面,腭裂婴幼儿更易学习可发出音的词汇,导致词汇能力受损。目前,可以借鉴的英语语系早期干预方案有环境教学(milieu teaching,MT)方案和音韵强化及环境增强策略(enhanced milieu teaching with phonological emphasis,EMT+PE)。早期干预方式常以家庭为中心,家长参与为主。

2. 学龄前期腭咽闭合功能障碍的诊断和治疗 通过完善的主、客观腭裂言语评估流程,腭咽闭合完全和明显腭咽闭合功能障碍(velopharyngeal dysfunction,VPD)易于诊断。通常,重度高鼻音、不可闻及的鼻漏气、腭裂特征型语音提示腭咽闭合不全的缺口面积较大;中度高鼻音、可闻及鼻漏气、腭裂特征型语音提示中等程度的腭咽闭合不全间隙;轻度的高鼻音、可闻及鼻漏气提示轻度的腭咽闭合不全间隙。以上主观评估的结果需结合客观检查才能做出最终诊断。腭咽闭合功能障碍均需要先行手术治疗。不少研究报道,NPS 下的闭合率≥0.7 时,可仅进行腭部的手术以治疗腭咽闭合不全;若闭合率<0.7 时,要考虑除进行腭部的手术外,还需要增加咽部的手术。但是否进行咽部手术,及相关手术细节的决策(如咽瓣的宽窄)时,不仅需要评估患者的气道状态,以避免发生阻塞性睡眠呼吸暂停的同时,兼顾获得腭咽闭合功能,还要考虑腭心面综合征患者存在颈内动脉异位的可能。

当患者表现出腭裂特征性语音时,提示患者可能存在 VPD。此时,需先明确腭咽闭合功能的诊断,必要时行动态评估即诊断性治疗以鉴别之。确实存在 VPD 的患者,需由唇腭裂序列治疗团队外科医生行手术治疗改善腭咽闭合功能,之后再通过言语治疗改善腭裂特征性语音,二者缺一不可。

3. 腭裂的言语治疗 腭裂患儿的构音结果是所有唇腭裂治疗团队关注的核心内容,是衡量手术及相关干预是否成功的主要标准。治疗师对腭裂特征性语音的主观判听能力是实施有效治疗的前提,主观判听能力需经由一定临床实践时数的训练。在语言治疗过程中,通常会就患儿存在的沟通问题(语言、言语/构音或流畅性)一并处理,治疗课程通常都是一对一的。不伴有神经障碍的腭裂患儿最终都能获得正常构音、语言能力,治疗时间可能要持续数月,甚至数年并要保证一定的治疗强度。

(1)言语治疗时机:腭裂术后或改善腭咽闭合功能术后 6 个月,判定腭咽闭合功能水平为边缘性腭咽闭合不全(marginal velopharyngeal insufficiency,MVPI)或是腭咽闭合完全者,3 岁半~4 岁即可开始言语治疗。虽然可能存在其他的发展特征型语音,腭裂特征性语音应视为治疗重点以及首要解决的问题。

(2)言语治疗策略:包括治疗方法、治疗周期,腭裂特征性语音的治疗、口腔气流和鼻腔气流区别特征治疗及低压力构音的治疗。

1)治疗方法:腭裂患者的构音治疗与其他非腭裂患者并无太大差异。治疗的第一步为确定治疗目标音及目标音的诱发。目标音的选择有多项原则,选择影响言语清晰度最明显的音是其主要原则。声母省略和后置构音错误是腭裂患者常见的方法性错误和位置性错误。常可通过隐喻法、描述法、逐步接近法诱发目标音。目标音诱发成功后即可以进入传统的构音治疗——阶梯式治疗程序:从发音动作到字、词、短语、句子,再到自然对话的训练,若每一阶段的正确率达到85% ~90%,则可以进入下一阶段治疗。

位置性错误(包括后置构音、代偿性发音错误)可以采用音韵治疗的方法,音韵的治疗策略能够同时治疗多个音,可获得较好的治疗效果。治疗的第一步为加强听觉辨识——患者能够分辨出不同位置的声音,即什么是口腔前部的声音,什么是后部的声音(后置构音)或者非口腔构音器官——后鼻腔、喉、咽部发出的声音(代偿性构音),治疗的重点是前移构音位置,改善整体构音规则。在前移构音位置时可以采用相同的诱发目标音策略。通常会根据患者的学习程度布置家庭作业,家庭作业的内容通常为治疗目标音在日常生活中的运用和练习。

2)治疗周期:语言治疗周期主要取决于存在的构音错误复杂程度、理解认知水平以及治疗依从性等。

3)腭裂特征性语音的治疗:腭裂特征性语音是学习型行为,属于音韵错误。口腔后置构音或代偿性构音姿势已经融入患者的构音规则系统当中。总的来说,错误发音形式均表现为构音位置的后移——腭化构音、咽擦音、咽爆发音、喉爆发音等,如图 6-11 所示。

腭裂特征性语音的治疗可采用音韵治疗方法,力求改变整个构音规则而并非某一个音。首先提高患者对"正确声音"以及"错误声音"的听觉辨识。强调所发的声音是口腔前部发音器官发出的声音,而非软腭、咽部、喉部等位于口腔后部甚至更下部位的器官所发的声音。在此前提下,进行音的诱发测试,选择易于诱发的音(如/t/、/x/、/c/)作为语音治疗的切入点和关键音。

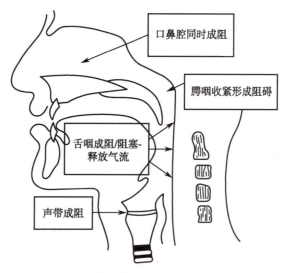

图 6-11 代偿性发音的发生部位示意图

在此过程中,始终强调听觉辨识以及前移构音位置的概念,以此扩展到其他的语音练习。

4)口腔气流和鼻腔气流区别特征治疗:部分腭裂患者存在错误的气流控制模式,而该模式常限制构音的学习,开展临床治疗时需注意鉴别。口腔气流和鼻腔气流的区别,属于方法上的区别,其治疗方案和步骤如下。①解释说明:展示口腔气流和鼻腔气流的不同。当示范鼻腔气流的时候,把吸管或是玩具放在鼻子下面并且同时说"鼻子的风风",然后把吸管等放在嘴巴下面配合充分送气的动作并且说"嘴巴的风风"。②区别测试和练习:参与练习,并及时给予强化。③稳固:通过多次练习达到对这一特征的稳定区别能力。

气流的区别训练,其目的在于教患者"口腔气流的概念",并增强发音时关于"口腔气流"的意识,但是单纯的气流训练对于构音本身的治疗并没有太大益处。在言语治疗的过程中,将气流的训练和声母的构音治疗相结合是非常重要的,可以把气流的区别训练作为构音治疗的第一步。在此过程中,正压通气仪辅助能够协助患者更好地体会气流从口腔发出时的腭咽协调方法,从而促进口腔气流和鼻腔气流的区别特征治疗。

5)低压力构音的治疗:低压力构音,又称为被动性的腭裂特征性语音,此类构音错误常随着腭咽闭合功能的改善而改善,但腭咽功能尚可的患者中仍可能存在习惯性低压力构音。低压力构音错误并非音的位置或方法错误,常和发音时腭咽运动模式有关,而腭咽运动模式与腭裂术后个体腭咽功能的恢复程度以及成熟度相关。正压通气仪通过给予正压,协助患者调整腭咽运动控制,减少鼻腔漏气,从而减少口腔的压力丧失,当患者熟悉正确的腭咽控制方式后,去掉正压通气,仍可维持正确的构音方式。

四、脑卒中运动性构音障碍的治疗

运动性构音障碍是指由于神经肌肉病变,与构音有关的肌肉表现为无力、肌张力增高或运动不协调所致的言语障碍。主要表现为发声困难,发音不准、咬字不清,音量、音调、速度、节律等异常。脑卒中(stroke)是一种急性脑血管疾病,是由于脑部血管突然破裂或因血管阻塞导致血流不能流入大脑而引起脑组织损伤的一组疾病,包括缺血性和出血性卒中。脑卒中是运动性构音障碍的最常见病因,30% ~ 40% 的脑卒中患者会发生运动性构音障碍,且15% 的脑卒中患者运动性构音障碍将长期存在,严重影响患者的日常交流能力和生存质量。

(一)言语障碍的分类及特征

脑卒中所致运动性构音障碍常见的类型有痉挛性构音障碍、弛缓性构音障碍、单侧上运动神经元性构音障碍和运动失调性构音障碍,其中痉挛性构音障碍最为多见,占87.8%。

1. 痉挛性构音障碍　由双侧上运动神经元损害所致,是一种特征明显的运动性言语障碍。双侧锥体系的损害,引起构音肌群的运动减少和肌力低下,此现象在舌和唇的活动中最为明显;而双侧锥体外系的损害则导致构音肌群肌张力增高和痉挛,此现象在发声时声带过度内收的动作中最为明显。表现为随意运动出现异常模式,言语相关肌群的肌张力增高,病理反射亢进、咽反射、下颌反射亢进,导致舌、唇运动差,软腭抬高异常。言语特征为说话缓慢费力,字音不清,鼻音重,音拖长,不自然的中断,粗糙音,费力音,声母和韵母发音歪曲,缺乏音量控制、重音减弱、语调异常等,常伴有强哭、强笑等情绪控制障碍。

2. 弛缓性构音障碍　由下运动神经元损害引起构音肌群弛缓无力所致。表现为肌肉运动障碍、肌力减弱、肌张力降低、肌萎缩及腱反射减弱。言语特征为说话时鼻音过重、声母发音不准以及伴有气息音的嗓音特性,有时可闻及气体从鼻孔逸出的声音及吸气声,说话时因气流较弱而出现语句短促、音调低、音量小及有不恰当的停顿等。患者可表现有动作缓慢且费力的构音行为,常伴有吞咽困难,唇闭合、外展差,舌抬高及两侧运动困难等症状。

3. 单侧上运动神经元性构音障碍　由单侧上运动神经元损伤所致。其异常特征反映了肌力弱的影响,有时有痉挛和不协调的现象。表现为单侧的上运动神经元损伤对对侧面部和舌的影响。患者有明显的对侧下面部、双唇、舌及对侧肢体远端无力的现象。言语特征主要为辅音发音不清,不规则的发音停顿,语速慢,轻度鼻音化,部分语速快,过度重音或缺少重音变化,音量变低。在多数的病例中,患者的发音仅受到轻微的影响,许多轻症患者,此类构音障碍只是暂时的,在数日或数周后,便能自然恢复。在较重的案例中,常合并失语症、言语失用、视觉缺失或认知障碍。

4. 运动失调性构音障碍　由小脑或连结小脑到其他中枢神经系统的神经通路病变所致。表现为言语肌群运动不协调(运动的力量、方向、范围、时间控制能力),肌张力低下,运动速度减缓,震颤。言语特征主要以韵律失常为主,声音的高低强弱呆板、震颤、音量、重音和语调单一,初始发音困难,声音大,发音中断明显,间隔停顿不当,如同"醉酒"后的言语行为,有辅音发音不准、元音歪曲的现象,且这种现象在不同言语表达时表现会有所不同。常伴有肢体的共济失调。

(二)评定方法

1. 病史采集　收集患者的相关病历资料,包括病史、可能的病灶部位、疾病目前的发展状况等,这些资料可为治疗师提供重要的评估信息。病历资料可通过询问患者、患者家属、其他医护人员或通过翻阅病历来获取。

2. 言语功能评估　运动性构音障碍常用的评估方法有两种:仪器测量法和知觉性言语

评估法。仪器测量法能比较客观地检测出患者言语行为上的细微变化;知觉性言语评估法主要靠检查者的听觉来分辨言语的异常,不需要复杂的仪器检查,临床应用较广。

言语的产生依赖呼吸、发声、共鸣、构音及音韵五个要素,其中任何一个要素因脑卒中而受到影响,均可导致运动性构音障碍。因此,在对脑卒中运动性构音障碍进行评估时,呼吸、发声、共鸣、构音及音韵等要素均在评估的范围内,这五个要素的听感知评定按前面章节介绍的方法进行。神经和肌肉的控制产生言语,言语的质量和神经肌肉的运动质量有关,因此言语治疗师应同时仔细评定肌肉强度/力量、运动速度、运动范围、动作准确度、动作稳定度和肌肉张力的情况。

(1)肌肉强度/力量:要想准确发音,参与构音的肌群必须要有足够的肌肉强度/力量。当肌肉强度/力量变弱,可能会对呼吸、构音、共鸣、发声和音韵的形成产生影响。肌肉强度/力量的检查方法:嘱患者用舌头向前推施以阻力的压舌板,或嘱患者大声地从一数到一百等。

(2)运动速度:要想准确发音,构音器官需要有快速的运动速度。运动速度减慢是运动性构音障碍最常见的症状。运动速度可用改变动作速率(alternate motion rate,AMR)和序列性动作速率(sequential motion rate,SMR)进行检查。

(3)运动范围:要想准确发音,构音器官需要有足够的运动范围。如果构音器官的活动范围减小,患者可能无法完全张口,音韵也会受到一定影响。运动范围的检查方法:嘱患者按要求将其构音器官固定或运动至不同的位置。

(4)动作准确度:清晰的语音要靠构音器官的准确运动而产生,包括力量、速度、范围、方向和时间点均需要精准的相互配合。不准确的发音动作可能导致辅音扭曲或间歇性鼻音过重。动作准确度的检查方法:可用谈话性言语或口语式的段落诵读来观察改变动作速率(AMR)和序列性动作速率(SMR)。

(5)动作稳定度:动作稳定度是指支撑住身体部位并保持平稳的能力。临床上有许多疾病所引起的不随意运动会使动作稳定度降低,从而干扰到随意性动作的产生,如:震颤、手足徐动症等。动作稳定度的检查方法:患者按要求维持某一种姿势或延长发一个元音。

(6)肌肉张力:肌肉张力让肌肉维持在"随时可以启动"的状态,且在需要时能快速活动。一般情况下,肌张力变弱与肌肉无力或麻痹有关,肌张力增高则与肌肉痉挛或僵直有关。肌肉张力一般通过倾听患者的言语表达或观察患者的障碍部位来进行检查。

(三)治疗方案与具体治疗方法

1. 治疗方案

(1)治疗原则:根据构音障碍的严重程度选择相应的治疗策略,通过各种干预方法,促进言语交流、提升训练质量,以达到恢复受损的功能、促进残余功能的使用,以及减少对受损功能的依赖。在治疗的过程中,言语治疗师应积极提高患者及家属的康复动机,用最短的时间达到预定治疗目标,为其言语功能的提高提供最大支持。

(2)治疗顺序:在评定中发现子模块的功能障碍,便是训练的起始点。如果多个模块出现障碍时,一般情况下,按照呼吸、发声、共鸣、构音、音韵的顺序依次进行训练,也可选择利于言语产生的几个模块同时训练,训练从易到难。轻中度患者以主动训练为主,重度患者以手法辅助训练和代偿方式的应用为主。

(3)治疗方法和强度:原则上,治疗的次数和时间越多越好,但还应根据患者的具体情况调整训练强度,避免过度疲劳,单次治疗时间建议为30分钟,多采用一对一的方法,也可进行集体治疗。

2. 具体的治疗方法

（1）呼吸训练:呼气流的量和呼气流的控制是正确发音的基础。呼吸是发音的动力,必须在声门下形成一定的压力才能产生理想的发声和构音,因此,进行呼吸控制训练是改善发音的基础。重度构音障碍患者往往呼吸很差,特别是呼气相短而弱,很难在声门下和口腔形成一定的压力,呼吸训练应视为首要训练项目。

1）体位选择:首先应调整坐姿,如果患者可以坐稳,应做到躯干挺直、双肩水平,头保持中立位。

2）增加肺活量:如果患者呼气时间短且弱,可采取辅助呼吸训练方法。治疗师将双手放在患者两侧肩部或上臂,吸气时,治疗师辅助患者将双肩上耸或将双上肢抬起,增加吸气量;呼气时,治疗师辅助患者将双肩或双上肢放下,增加呼气量。治疗师也可将手放在患者腹部,在呼气末按压腹部,从而增加呼气量,这种训练也可以结合发音一起练习。

3）口-鼻呼吸分离训练:嘱患者用鼻平稳地吸气,用嘴缓慢呼气。

4）主动控制呼气:呼气时选择合适的元音或擦音,如/s/、/f/、/x/、/sh/及以此开头的单、双音节词。开始时不发出声音,训练数周后,将呼气与发音相结合训练,坚持10秒。

5）延长呼气时间训练:可通过不间断数数、跟着节拍发音或通过吹气球、吹泡泡、吹蜡烛、吹哨子、吹纸片、吹水泡等视听反馈方法来引导呼气,可结合口-鼻分离训练。

（2）放松训练:痉挛性构音障碍的患者,往往有咽喉肌群紧张,同时肢体肌张力增高,通过放松肢体的肌紧张来使咽喉部肌群得以放松。需放松训练的部位包括:头颈、肩背、胸腹、足臀部。训练时取放松的体位,患者闭目,精力集中于放松的部位,可设计一些使肌肉先紧张、然后再放松的动作,让患者体会紧张后的松弛感。如:双肩上耸,保持5秒,然后放松,重复3次;也可采用头颈操、打哈欠、叹息等方式,根据患者具体情况进行选择,不必严格遵循顺序。

（3）下颌、唇、舌的训练:以口腔运动技能发育原理为根本,促进患者感知觉的恢复,抑制异常的运动模式,帮助患者建立正常的运动模式。

1）感知觉治疗:根据患者口腔触感程度的类别,通过视觉、听觉、嗅觉、味觉、触觉等方面进行刺激,包括冷刺激、热刺激、触摸刺激、食物刺激、视觉反馈刺激以及异物刺激等,达到促进患者口腔感知觉正常化,建立对各类刺激的正常反应,最终使其敏感性达到正常水平。

用本体感觉刺激技术,使用长冰棉签按照唇、牙龈、上齿龈背侧、硬腭、软腭、舌、口底、颊黏膜的顺序依次进行刺激。冰块刺激面部、口唇和舌可以促进口唇的闭合和舌的运动,每次1~2分钟,每日3~4次,或用刷子快速地刺激,每秒5次。软腭上抬困难导致鼻音过重,在患者发/a/的同时使用冰棉签快速直接刺激软腭,每次数秒,同时嘱患者想象软腭抬高。唇颊部无力者,可鼓腮快速轻拍使其部位的肌力增强,促进感觉恢复。

2）运动训练:患者出现下颌下垂或偏移而使双唇无法闭合时,可用手拍打下颌中部和颞颌关节附近的皮肤,不仅能促进双唇闭合,还可防止下颌前伸,也可利用下颌反射辅助下颌上抬。具体操作方法:治疗师把左手放在患者颌下,右手持叩诊锤轻轻敲击下颌,左手随下颌反射的出现协助下颌的上抬和下拉运动,帮助双唇闭合。部分患者有不同程度的口唇运动障碍,导致发音歪曲或置换成其他音,可进行唇的展开、闭合、前突、后缩等运动训练。患者出现舌活动障碍时,需进行舌的前伸、后缩、上举和侧方运动等训练。重度患者舌的运动严重受限,无法自主完成前伸、后缩、上举等动作,治疗师可以戴上指套或用压舌板协助患者做舌的各个方向的主被动运动,适时辅以味觉刺激诱导。弛缓型构音障碍者,舌表现为无活动并存在舌肌的萎缩,此类患者主要进行舌肌力量的练习。也可运用专门制作的训练工具,促进下颌、唇、舌等构音器官感知觉的正常化,恢复其运动范围,建立正常的运动模式,从而为准确的构音奠定生理基础,如图6-12所示。

（4）构音训练

1）引导发音训练:在唇、舌、下颌训练后,做无声的发音动作,最后轻声引出目的音。原则为先发韵母,如/a/、/i/、/u/,然后发声母,先从双唇音开始,如/b/、/p/、/m/,习得后,再进行较难的声母的构音训练。随后,将已学会的韵母和声母结合,如/ba/、/pi/,熟练掌握以后,再采取韵母+声母+韵母的形式继续训练,如/ana/、/apa/,最后过渡到单词和句子的训练。训练过程中,治疗师可采用

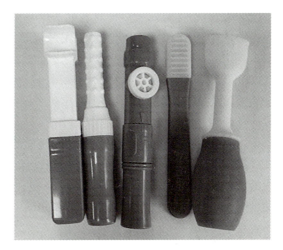

图6-12　口肌训练器

压舌板或手指给予构音器官辅助,进行触觉、视觉、听觉的联合刺激,帮助其构音运动,达到尽量使发音准确的目的。

2）辨音训练:患者对音的分辨能力对准确发音非常重要,因此要训练患者对音的辨别。首先要能分辨出错音,可以通过口述或放录音,也可采取小组训练的形式,由患者说一段话,让其他患者评议,最后由治疗师纠正,效果很好。

（5）克服鼻音的训练:鼻音是由于软腭运动减弱,腭咽不能闭合而将非鼻音发成鼻音,使音的清晰度明显降低导致对方难以理解,因此克服鼻音训练的目的是加强软腭肌肉的张力。

1）腭肌训练:①"推撑"疗法。嘱患者两手放在桌面上向下推或两手放在桌面下向上推,或两手掌相对推,在用力时发/a/或/ha/的声音,随着一组肌肉的突然收缩,其他肌肉也趋向收缩,增加了腭肌的功能,促进腭肌的收缩和软腭上抬。②采用舌音练习。发舌根音如/g/、/k/、/h/,增强软腭肌力来促进腭咽闭合。③单向吸管吸吮训练。用力吸吮单向吸管使其变扁,可促进腭肌收缩上提。

2）引导气流法:可通过吹吸管、吹乒乓球、吹喇叭、吹口哨、吹奏乐器、吹蜡烛、吹羽毛、吹纸张、吹气球等方法,用来集中和引导气流通过口腔,减少鼻漏气,选择的物品费力程度由轻到重。

3）软腭上抬训练:尽量连续发长/a/音训练,适宜地间断发/a-a-a/进行上抬-下降的交替训练,随后发辅音+/a/单词训练,以提高腭咽闭合能力,改善鼻音亢进。

（6）克服粗糙费力音的训练:费力音是由于声带过分内收所致,听起来声音好像从喉部挤出来似的,因此克服费力音训练的主要目的是让患者获得容易的发音方式。

1）头颈部放松训练:①通过颈部肌群紧张和松弛的交替运动,使患者的颈部肌群得到放松。使患者保持上身稳定,头部直立,颈部放松,头部随重力向前、向后、向左、向右落下以及做头部旋转运动,分别感受颈肌被拉直,保持5秒,再缓慢恢复正常的直立位。也可同时发音,这种头颈部放松训练可以产生较容易的发声方式。②让患者自然闭合双唇,深吸气,气流由肺发出,双唇振动并带动声带振动,持续发"嘟--"音,通过声带的放松使整个发声器官甚至颈部肌群得以放松。

2）送气法:采用哈欠-叹息法的方式诱导发音。让患者通过夸张的哈欠和叹息动作,使声道充分打开,咽部肌肉放松,在叹息时发/h/音或以/h/开头的字、词或句子,如"呵""呼"等,克服费力音。

3）空咀嚼训练:咀嚼训练可以使声带放松和产生适当的肌肉张力,先尽量夸张空咀嚼,待巩固后,再空咀嚼时发声,随后空咀嚼说单词、句子等。

笔记栏

（7）克服气息音的训练：气息音的产生是由于声门闭合不全引起的，因此克服气息音训练的目的是在发声时关闭声门。可采用声门屏气训练，患者做推掌、甩臂等一系列动作的同时发声，帮助声带快速闭合，促进声门闭合。

（8）音韵训练：部分患者因运动障碍，言语缺乏抑扬顿挫和轻重变化，表现出音调单一、音量单一以及节律异常。训练时需指出患者的问题，可使用音调和响度梯度训练法，来训练患者的音调和音量。

1）治疗师为患者弹奏对应目标音调的琴键，让患者模仿此音调发/ɑ/或者含有/ɑ/音的词，并尽可能延长发音时间，逐步调节音调或音量，治疗师仔细聆听患者的录音，找出听起来更为舒适、放松且响亮的目标音调或音量。也可使用有关设备进行音调或音量调节的反馈辅助训练，患者可以通过监视器上的基频曲线，进行目标音调或音量的匹配训练，逐步过渡到患者自己可以控制音调或音量的变化。

2）针对语速、停顿、重音等问题，可采用逐字增加句子的长度和重读治疗法进行训练。让患者一口气连贯地朗读词句，并循序渐进地增加句长，同时通过改变发音的音节时长和停顿时长来改善患者言语缓慢或急促的问题。将节奏训练与发音训练有机地结合，使呼吸、发声、构音器官得到放松并相互协调。结合不同的节奏和重读来说短语或句子，从而改善重音缺乏或急促问题。

3）吟诵法：用类似唱歌的形式，流畅连贯地说话，使音调响度变化较小，声带振动舒适规律，吟唱时发音，一口气发尽可能多的音。吟唱式发音方法掌握后，再进行自然音与吟唱音交替的说话方式，体会自然音和吟唱音间的区别，从单音节词、双音节词到句子，逐步增加难度进行训练。如迟缓型患者，选择一首中等速度、节奏感强、有力量的曲目歌唱，进行综合协调运动训练。

（四）现代言语治疗技术

随着现代科学技术的不断发展，越来越多的新技术、新手段被运用到脑卒中运动性构音障碍的治疗中，不仅能增加训练的有效性和针对性，也可提高治疗的趣味性。

1. 声学反馈训练的应用　声学反馈训练系统是基于生物反馈训练系统所开发的，通过声学采集和分析仪器，对患者的音调、音量、最长发声时间、平均气流率、发音的平均基频等方面进行客观的评价，并通过视觉反馈的方式，让患者能够清晰地认识到每一次发音的变化，以提高患者主动参与的积极性。声学反馈训练系统，最重要的作用是为患者的声音提供了一个可视化的指标，提高了患者进行构音训练时的有效性和可靠性，使得整个训练过程的可重复性及可操作性都得到了显著提高。

2. 辅助交流系统的应用　重度患者，通过康复训练仍不能讲话或虽能讲话但言语清晰度极低，无法恢复到应用言语进行交流，这类患者的治疗重点不再是功能恢复，而是侧重于采用对患者有利的补偿技术。辅助沟通系统（augmentative and alternative communication，AAC）可运用一定的技术、设备及相关理论，补偿或改善由于言语语言方面受限的儿童或成人的沟通能力，为暂时或永久性语言障碍者提供有效便利的沟通方式。AAC有很多种类，包括文字交流板、图形交流板、眼动沟通交流仪、沟通簿、笔记本电脑、特殊点选设备、电脑语音合成辅助系统等。随着电子科技的高速发展和广泛应用，许多发达国家多种体积小、便于携带和操作的交流仪器，以及具有专门软件系统的计算机也逐步用于构音障碍患者的交流，而且，这些特制的装置可以合成言语声音。在我国，AAC还有待进一步开发。目前患者可以使用各种类型的交流板，需根据患者的具体情况进行设计，要使交流板上的内容适合患者的水平。在设计交流板时，要对患者的运动能力、智力、语音能力等进行全面评定，选择能充分利用残余功能、最简单易行的交流手段。此外，要对患者如何正确使用进行训练，随着患者交

ER-6-7

脑外伤言语
音调障碍

流水平的提高,需及时调整交流板的内容。

(五)家庭康复指导

言语治疗师在给患者进行治疗的同时,应重视家庭康复,可以对患者及家属进行家庭康复指导,并制订合理的治疗计划和目标。患者离开康复机构后,治疗师将需要进行家庭训练的内容告知患者及家属,并适当地进行指导,保证患者能够得到长期有效的康复训练,巩固康复治疗效果。

五、口吃的治疗

口吃(stuttering)是一种言语流畅性障碍。世界卫生组织对口吃的定义为:一种言语节奏紊乱,即口吃者因为不自主的声音重复、延长或中断,无法表达清楚自己所想表达的内容。根据全世界 1% 的口吃患病率估算,在中国约有 1 300 万的口吃患者。正常人偶尔也会出现以上情况,如因想不起恰当的词汇而说话中断、重复或自我修正等,但这些情况所致的非流畅性言语不属于口吃。口吃是指始终在脑海中非常注意,实际上却常出现不能顺利说出话的慢性状态。

(一)口吃的原因及表现

1. 口吃的原因　口吃的原因众说纷纭,一些假设是从口吃发生当下的状况来探讨其发生原因,而另一些学者从整体口吃现象来阐述口吃为什么会发生。总的来说,口吃的成因大致可以分为生理缺陷观点、心理调适或习得观点、认知历程观点和多因素观点等。

传统观点认为口吃是儿童在言语发展的过程中习得了非流畅性言语所致,即口吃的习得观点。近年来,研究者开始从医学角度探寻口吃的原因:①有一些重要的现象表明遗传因素决定了口吃的发展。口吃集中于某些家庭中,口吃患者一级亲属口吃的发生率是普通人群的 3 倍以上;领养儿童的口吃与他亲生父母的口吃问题密切相关而非养父母。②早在 20 世纪 30 年代,两位美国学者 Samuel Orton 和 Lee Travis 提出了口吃的大脑优势理论,认为正常人的双侧半球在语言的产生中必须相互协作,一般为左侧大脑半球起主导作用,而口吃患者缺乏这种大脑优势,造成激活言语相关肌群的双侧神经支配的不协调。以下列出成人和儿童容易出现口吃的情况。

(1)成人:根据 Bloodstein 的抽样调查结果发现,以下几种场合较为多见。①全身性紧张;②表达的内容重要时;③准备说话到实际开始说话的时间段内;④听者的反应(事先预感);⑤必须给对方一个好的印象;⑥发觉自己口吃时。

(2)儿童:Johnson 经过观察后发现,以下几种场合较为多见。①急于表达时;②兴奋时;③用较难的词汇或使用尚不习惯的词句时;④与他人抢话时;⑤在严厉的束缚下说话时;⑥与不喜欢自己的人说话时;⑦带着负面情绪(吃惊、害羞、恐惧、窘迫、失望)谈话时;⑧听话者对说话的方式持有较高的标准,力求完美时。

2. 口吃的表现　口吃表现为说话困难及由说话困难所引起的一系列生理和心理反应,包括主要症状(核心行为)和伴随症状(次要行为)。口吃的主要症状表现为声音的重复、延长和阻塞,不适当时机的停顿拉长,经常或不适当地插入赘语,首语难发等现象。

重复是指相同的声音重复一次以上,包括词的部分重复、整词重复和短语重复。词的部分重复是指一个词中一个音节、几个音节的重复。整词重复是指整个词重复一次以上(可为单个或全部音节)。短语重复是指一个字以上的重复。

延长是指一个音或音节被拖得很长,或只有发音动作而不出声,包括有声延长和无声延长。有声延长是指发音时某些音或音节比一般言语时延长更长的时间;无声延长是指做好发音准备但并没有发音,只是延长了发音的动作。

阻塞是指在说话过程中突然卡住说不出话来,可能是由于呼气和发声中断或构音器官和喉肌肉软骨停止运动所致。

口吃的伴随症状是指由于重复、延长等主要症状,患者从周围人处得到负反馈,这种持续的负反馈使其对口吃产生恐惧,最终形成了习惯性口吃。口吃的伴随症状包括逃避行为和回避行为。逃避行为是指当口吃出现时,患者无法终止口吃而有意转换到其他动作以使发音完成,具体表现为抽噎、呼吸中断、吸气时发声、用力闭眼、伸舌、跺脚、颈部前后运动、头或手等身体部位抽搐。回避行为是指由于对口吃的恐惧,患者意识到自己在说某个词或者在某种情境中会口吃时,通过采取各种手段和活动避免口吃。例如,患者意识到自己想说的话中某个字难以发出时,用别的词代替或掺入不必要且没有意义的插入语,如"嗯""呃"等回避口吃。次要行为则是像眨眼、跺脚、清喉咙、面部抽搐、咬手指以及说话故意停顿,或逃避某些容易使自己感到压力、说话结巴的场合。

由于持续口吃,患者会产生消极情绪及与口吃相关的伴随性动作。消极情绪包括对口吃的焦虑和恐惧、对特定人物和特种情境的恐惧、想要努力交流而产生的挫败感,以及因交谈情境较难而产生的羞愧感。与口吃相关的伴随动作包括面部肌张力过高,过多的面部与肢体动作、眨眼、皱眉、噘嘴等快速的口部动作等。由于患者伴随动作的表现方式和严重程度不尽相同,所以不能据此对口吃进行诊断。但是当这些与口吃相关的伴随性动作较严重时,可以将其与经常出现的非流利的情况结合起来对口吃进行综合诊断。此外,对口吃进行综合诊断时还应考虑以下异常的呼吸方式,如吸气时发声、发声前屏住呼吸、呼气结束时仍持续发声、吸气不足时发声、说话过程突然快速吸气、口吃时呼气、日常呼吸紧张等。

(二)口吃的评定

临床工作者要了解口吃的具体情况以及严重程度,需要按照一定的流程进行详细的资料搜集和语言样本的分析。有专家指出,面谈有助于言语治疗师初步判断患者是否为口吃。成人口吃患者需要亲自接受面谈,儿童则由言语治疗师与儿童监护人面谈,以便对口吃的问题有全面的了解。具体的流程如下:

1. 面谈 需要详细了解口吃患者的障碍发展史、疾病史、家族史,口吃对目前生活的影响,患者本人及其周围亲人朋友对口吃的态度等。

2. 评估前准备工作 需要在安静的、不受打扰的空间里进行,同时要准备好录音机或录像机、秒表、节拍器等工具。

3. 言语样本收集 在一切准备就绪时,对患者进行语言样本的搜集,因为口吃发生的频率受情境、说话对象以及患者本身状况的影响,在治疗室和在家的语言样本可能不同,与熟悉的人和治疗师交谈也不同,最好分两天收集或是录下治疗室外的言语样本,如:与治疗师在治疗室交谈的言语样本;和父母在治疗室的言语样本;和照顾者、配偶或亲近的朋友在家的言语样本;和兄弟姐妹在家交谈的言语样本;电话交谈的言语样本;和言语治疗师在治疗室之外交谈的言语样本。样本长度至少10分钟。

4. 言语样本分析 分析项目包括口吃的频率、平均口吃持续时间、特殊不流畅的频率、说话速度、严重性的评定。

关于口吃诊断的标准化工具,在英语为母语的文化中,"口吃严重度评估工具(第4版)"(SSI-4)经过标准化过程,并附有常模资料可以对照;而评估中文口吃患者的标准化工具为"修订中文口吃严重度评估工具——儿童版"。目前国内尚未有诊断成人口吃的标准化评估工具,大多数言语治疗师是凭借面谈资料、行为观察和临床经验来进行诊断。

(三)常用的口吃治疗方法

1. 学龄前口吃的治疗

(1)整合性治疗:该理论认为此阶段的治疗目标是获得或重新得到自发性和正常的流

畅言语。此时儿童的感受受到家庭的影响,若父母能公开讨论口吃,儿童也会将偶尔的不流畅视为走路跌倒一样。此种治疗方法分为两个阶段。第一阶段,可先用故事书引发儿童说出单字,然后是词语,接着是短句,针对流畅性给予赞美。儿童可以听到大人讨论他的口吃,使他觉得口吃不是羞耻的事。言语治疗师和父母共同制订处理儿童口吃的策略,在 2~3 周稳定的进步后,结构式的对话活动可改变为非结构式的,要对流畅口语表示赞美,但要避免让儿童误以为父母整天只关注他们的说话。第二阶段是维持巩固。口吃治疗最重要的是防止治疗后的复发。开始时仍是约 30 分钟的会谈,逐渐拉大每次会谈的间隔,父母仍维持使用第一阶段的技巧,言语治疗师渐渐撤除引导,直到父母可以自己进行。

(2) Manning 的儿童口吃治疗:该理论认为学龄前儿童的治疗计划应根据口吃的本质,而非年龄。因此,间接治疗可能较为恰当,父母和老师在治疗中扮演重要的角色。第一阶段是教育咨询,给口吃患儿家长提供关于口吃的信息,并解释正常的不流畅和异常的不流畅之间的差异,减少父母的焦虑和无助感,提供资料给父母阅读学习,纠正常见的错误观念;第二阶段是改善儿童全面性的沟通方式和与父母的互动,帮助父母监控说话速度、口语和非口语行为、沟通轮替和干扰行为;第三阶段,父母先观察言语治疗师与孩子的互动,然后参与治疗中的活动,最后可独立使用学会的技巧。

(3) 情绪反应治疗:该方案认为在父母和口吃患儿之间,存在这样的情绪反应,即口吃患儿的家长观念与孩子不同,但认为孩子与他们的想法一样,常模糊他们与孩子之间的界限,将自己的感受投射在孩子的身上;同时认为口吃儿童父母因为缺乏正确的信息以及对口吃的错误观念,常常产生焦虑,因此建议采用适宜技术减少父母的焦虑,鼓励他们将注意力放在现在能做的事上。该方案教父母结构化的训练活动和以一致的态度来面对孩子,也教父母学会如何与孩子讨论语言问题,并提供机会让儿童能够探索和分享对口吃的感受和想法。总之,该方案强调父母的心理层面,在处理父母的情绪反应时,不可避免地扮演咨询员的角色,教会家长更多的与孩子互动的技巧,而非言语矫正的技术。

(4) 整合辅导和言语治疗:该方案认为学龄前儿童口吃的治疗宜持续进行,一方面利用言语评估决定是否直接施予治疗,提供口吃咨询和建议父母该如何做;另一方面用心理治疗方法,强调晤谈和咨询,治疗师必须处理儿童的行为、家庭动力、家庭冲突和需要,并决定父母是否需要转介至其他的专业人员处。方案包括:①个人的互动,帮助父母发现谁与孩子互动最频繁,可作为言语学习的对象;②多重互动的环境,鼓励父母观察孩子参与的团体情境;③帮助父母评估干扰因素。经过这样的记录,言语治疗师可协助家长解决日常生活问题。

(5) 环境管理:该方案认为咨询和行为管理是学龄前儿童口吃治疗的主要内涵。其有四个步骤,目的是减少产生口吃的环境影响。①环境评估,包括语言发展史、教育与社会发展、孩子与父母的关系、和父母与孩子互动时使用的行为管理技巧;②设定目标,讨论孩子口吃时,父母如何反应和如何帮助孩子公开讨论口吃,列出口吃的名词并解释,和父母讨论未来的治疗计划,安排每周 2 次的治疗;③行为管理,如何和孩子愉快地相处,处理非故意行为,维持反应一致性,对孩子良好的行为予以鼓励;④治疗技巧,包括一般咨询、团体咨询、父母观察、通过咨询了解口吃儿童的需求、语言刺激和读书治疗。总之治疗师可以依照自己对于家庭和口吃的知识,弹性地结合不同的策略,以便获得更好的疗效。

综上,越来越多的治疗师将不同观点融合在一个方案中。同时,近年来流行的趋势是先让家长观察治疗师如何与口吃患儿进行互动,然后家长应用习得的、恰当的言语方式和治疗技术参与治疗活动,最后,父母在家扮演治疗师的角色。

2. 学龄期口吃的治疗 儿童口吃治疗应考虑以下因素:①年幼儿童以间接指导为原

则;②要考虑家长是否有能力改善环境因素;③若儿童表现出越来越严重的第二症状和对口吃的知觉,治疗师就应积极采取直接治疗。常见治疗方案如下:

(1) Manning 的儿童口吃治疗:该方法指出治疗师对于流畅和不流畅的评价很关键,一般人会认为流畅是好的,不流畅是坏的,这种想法可能会影响长期的疗效,因为会让已经责怪自己的人更羞愧。治疗师希望孩子能自由地尝试不同类别的不流畅,因此第一个任务就是打破流畅与口吃这种二分的想法。以下五点是 Manning 对于儿童口吃治疗的重要观点:①治疗策略与技巧,治疗应增进儿童言语流畅的能力,并减少干扰流畅言语的因素。适用于成人的技巧只要经过修改也可用于年龄较大的学龄儿童,如流畅塑型法和口吃修正法。②使用"要求-能力模式",以要求-能力模式构建出治疗观念,协助儿童达到控制口语产生的能力。儿童的认知改变也很重要,刚开始口吃的儿童可能还没有发展到不良说话的自我概念,就无须正式处理这种内在改变,但是如果儿童已经出现明显的不良情绪反应,治疗师就应把认知的改变纳入治疗效果的评价,否则会限制看待治疗的眼光。③提高儿童产生流畅言语的能力,如流畅塑型法的技巧能让儿童一开始就说得流畅。尽可能使用简洁的、儿童可以理解的言语来解释或示范,而非教导孩子表现某一具体行为,不论在治疗室内外与孩子互动时都能示范慢而轻松的说话方式,尽可能增加儿童的自我价值感。④帮助孩子对口吃的出现作出正确反应,即教孩子如何度过口吃时间。⑤认知和情感的考虑,即使年幼的孩子尚未对口吃表现出负面情绪,但父母对口吃反应的调整也会有好的影响。

(2) Guitar 的学龄儿童口吃治疗:该方法认为口吃修正法和流畅塑型法都有很好的治疗效果。①口吃修正法:该方法的重点是让儿童与家长同时进步。具体的步骤包括:使说话变得有趣;仅当儿童表现出挫折和在意自己口吃时,才需要使用这些减少负面情绪的活动;创造适合儿童的流畅典范,由易到难;降低对干扰流畅因素的敏感性,可使用脱敏疗法;对干扰因素反制约,以便帮助儿童建立新的竞争性的整合性反应;避免孩子在口吃时产生挫折和在意。②流畅塑型法:首先对父母训练,即对于孩子说得流畅和能够纠正自己口吃的情形时,及时给予赞美和回馈;维持期间若孩子达到维持标准,则可逐渐降低临床复诊的频率,仅依靠父母在家中采用制约策略。

(3) Yairi 和 Contuer 的儿童口吃治疗:Yairi 的直接治疗法非常结构化,每次治疗皆由治疗师模仿儿童说话的方式作为开始和结束,治疗中的活动则由练习简单的音节,逐渐拉长说话的音节数,练习的活动也由读出字卡到说故事和游戏,此方法重视父母的参与,要求父母逐渐成为家中的治疗师,协助孩子养成轻松缓慢的说话方式。Contuer 的学龄儿童父母-孩子语畅团体方案,是家长先参加团体治疗,学会恰当的说话方式后,再参与儿童的治疗团体,父母需要花费更多的时间和精力。

(4) 本土经验-口吃团体:由于中国与西方国家口吃儿童和治疗师的情况有所不同,需要对治疗方法做出一些本土化的调整。融入口腔运动作为热身,加入语言的学习(听故事和讲故事),并配合增进口语流畅的方法,和儿童一起学习如何放慢速度。轻松缓慢地说话是团体治疗的主要目标,次要目标是减少儿童沟通焦虑、改善沟通态度、增加沟通效能和说话的信心。

3. 成人口吃的治疗 虽然一部分成年口吃者是自动前来接受治疗的,但由于多年的口吃造成生活上的困难,许多患者通常生活在痛苦中。因此,治疗的动机、口吃史的长短、过去在说话情境中经历的害怕与羞辱都会影响口吃治疗的效果。因此成人的口吃治疗与儿童最大的不同之处在于,他们需要在真实的生活情境中顺利与他人沟通,才能得到成功的经验。

(1) 口吃修正法(stuttering modification therapy):该法由 Van Riper 提出,他认为口吃的发生原因在于个体说话时神经肌肉动作的协调性受到干扰,以及个体对说话的感受和态度。

因此本疗法包含两个主要方面,一是修正口吃患者当下发生的行为,二是减少口吃者的害怕和避免与害怕有关的逃避行为。以互动式咨询与教导(counseling/teaching mode of interaction)为原则,重视治疗目标但不限定形式,可以个人或团体的方式进行,重视日常真实生活情境的练习,每天布置治疗室外的作业,口吃患者练习之后,再回来和治疗师讨论,强调口吃者主观感受和态度的改变。具体步骤大致分为:①指认期,认出口吃行为,分享口吃经验,接纳口吃状态,了解最困难的说话情境以及挫折羞愧等情绪,以帮助患者充分了解口吃面临的障碍。②脱敏期,减少和口吃有关的情绪。③修正阶段,减轻口吃当下的严重程度,学会面对逃避害怕的字和情境。④稳定期,在掌握前三种修正技巧后,开始集中注意力,进行大量反复练习,使三个步骤慢慢自动化。其次,协助口吃患者改变自我观念,当患者觉得可以自我管理时,治疗便可以结束。总的来说,口吃修正法所要修正的是口吃进行中的行为,教会口吃患者准备、拉长和取消三个技巧并加以熟练应用,配合对听者的反应和自己口吃的脱敏治疗,并改变口吃患者的自我概念和逃避行为,当患者能成为自己的治疗师时就大功告成。

(2)流畅塑型法(fluency shaping therapy):是在治疗情境中建立口语的流畅性,使用增强和修正以达到最大可能的正常口语沟通,再将所学到的技巧类化到日常生活情境里,和口吃修正法不同的是,较少强调面对逃避的字或情境。其主要内容包括通过速度控制、呼吸调整、放松片语起始音、片语持续、片语间的分隔与暂停、掌握适当语调,辅助使用眼神、手势或肢体语言等来维持叙述句的流畅性。

(3)行为疗法:成人口吃患者常能预期口吃的发生,或由负相情境经验制约而习得焦虑,造成类似社交焦虑症的现象,而系统脱敏疗法(systematic desensitization)一直是治疗焦虑症的最佳选择之一。在这之前,要先让患者学会肌肉放松,方法可以根据治疗师擅长或患者的喜好进行选择,如自我暗示、瑜伽、静坐、生物反馈等。在充分放松后,针对患者紧张或焦虑的情境建立焦虑等级分类表(table of anxiety hierarchy),然后在治疗师的引导下让患者闭眼想象每个场景,从最放松的情境开始,逐渐增加焦虑程度,直到患者无法维持放松状态,则回到上一层次的焦虑刺激想象中,以此类推,一直到能完成所有情境的想象仍可以保持平静放松,则再回到真实环境里进行实际的练习,此训练往往需要专业心理师共同合作。

(4)其他增加口吃患者语言流畅性的方法:包括轻松起音、放慢说话速度、说短句、换气说话、轻发声母、固定韵律说话、减少异常呼吸等。当成人口吃患者是因为心理因素而加重时,邀请心理治疗师配合治疗,效果将更好。

六、功能性构音障碍的治疗

根据2012年多语言儿童言语国际专家共识(the International Expert Panel on Multilingual Children's Speech),言语声音障碍(speech sound disorder,SSD)是指在感知、构音运动产出,和/或系统地符合音韵规则地呈现语音片段(声母和韵母),语音组合方法(音节结构或词语形式),韵律(词汇与语法重音、节律、声调)任何一个方面出现障碍,从而影响语音清晰度(intelligibility)和接纳度(acceptability)。SSD以一种伞状形式包含了言语声音障碍的各个层面(原因已知的,包括唐氏综合征和腭裂等,以及原因尚未明确的言语障碍)。

功能性构音障碍(即功能性构音音韵障碍)的治疗(下文简称构音音韵治疗)主要针对言语声音障碍展开,治疗对象主要为儿童。构音音韵障碍的治疗是复杂、多变且具个性化的过程,也是理论、方法和技术综合运用的过程。

(一)功能性构音障碍的治疗理论基础

1. 最近发展区 最近发展区(zone of proximal development)是列夫·维果斯基最著名的观点之一。许多任务对于儿童来说太难了,儿童无法单独掌握,但可以通过其他人(父母、教

笔记栏

师和言语治疗师等)的指导来学习。最近发展区将儿童在没有帮助的情况下可以达到的水平,延伸到儿童在他人帮助下可以达到的水平。治疗需要在儿童的最近发展区内展开才具有成效。鹰架(scaffolding)是指为儿童所提供的帮助,儿童通过鹰架以及改变支持水平和支持类型来提升当前的表现,从而习得新的技能。

2. 操作条件反射理论　构音音韵治疗属于行为治疗,同样遵循行为训练次序,即先行刺激/事件—反应—后续事件,该框架来自于斯金纳的操作条件反射理论。斯金纳认为通过操作条件反射,能够训练行为,通过先行刺激(或是事件),经由后续事件(比如强化、惩罚和/或制止)来修正行为(如行为增多、增强、减少或减弱)。在构音音韵治疗过程中,先行刺激(比如:要求儿童用话语描述/命名图片)和后续事件(口头表扬、确认正确、回馈、有形奖励)用于增多、增强、减少或减弱目标言语行为(如发出声母、韵母,改变重音、音量、语速和流畅性等)。举例如下:

治疗师:"那个女孩在浇什么?"(先行事件——要求儿童描述图片)

孩子:"种子"(反应——孩子说出了目标音/zi/)

治疗师:"是的,你将种子的/zi/音说得很清楚。你可以在表格上打一个对勾"(后续事件——话语肯定,有形强化)。

3. 治疗要素和类型　构音音韵治疗是一系列的评估过程,通过评估,形成最佳推测。而最佳推测来自于严格的诊断流程(详见本章第六节),包括言语、语言能力的标准化及非标准化评估、治疗师的观察记录、父母或照顾者的观察报告等。构音音韵治疗是一系列目标锁定过程,治疗过程中需要达成"短期目标",最终实现"长期目标"。治疗中,目标音的选择是治疗计划的重点。目标音的选择不仅涉及目标音的内容组成,也涉及目标音的个数及组合方式。

构音音韵治疗由不同要素排列组合而成,包括对治疗目标的反应、治疗提示、教导事件和动机事件。其中,对治疗目标的反应包括治疗师期望得到的反应及儿童实际的反应。治疗提示,即用来诱发/引出目标音的方法,治疗提示需要在儿童的最近发展区内才能发挥作用。教导事件,分前置教导事件和后续教导事件;前置教导事件,指通过治疗师先给予提示,引出儿童的反应;后续教导事件,指根据儿童的反应,治疗师提供回馈。动机事件,提升儿童对"教导事件"的接纳能力,加速学习过程。可分为能够提升孩子学习动机的前置动机事件及增强(强化)目标行为的后续动机事件。

构音音韵治疗的四种不同要素,不同排列组合,形成四种不同治疗形式,包括训练(drill)、训练式游戏(drill play)、结构式游戏(structure play)及游戏(play)。训练的治疗形式,具有高度结构化特点,呈现有效的诱发反应过程;训练式游戏的治疗形式类似于训练形式,但包含能够让儿童感受到乐趣,以提升参与动机的事件;结构式游戏的治疗形式,训练事件被设计为游戏的一部分,并对非正确结果不予回馈;游戏的治疗形式,诱发目标音和回馈行为在游戏中自然发生。这四种形式,依次由"最高结构性"(训练)到"最低结构性"(游戏),治疗中心也由以治疗师为中心转变为以儿童为中心。"训练式游戏"指在"训练"中加入了"前置动机事件",以提升孩子参与治疗活动的动机,增加孩子遵循治疗师指令的可能性。"训练"仅对正确的反应给予增强,而在"游戏"中,即使儿童的反应与治疗目标并不吻合,也给予增强,同时需设计具有趣味性的游戏活动。目前研究显示,训练式游戏比结构式游戏、游戏的治疗形式更有效。

(二) 制订治疗计划的考虑因素

1. 治疗的服务传递模式　包括以治疗师为中心,家长参与,以家庭为中心及家庭友好四种模式。其中,以治疗师为中心的治疗模式是传统的构音音韵治疗模式。但在信息发达的今天,家长通过互联网获得广泛信息,且也更愿意参与到治疗计划的制订和实施。家长参与作为治疗师的助手是以治疗师为中心模式的改良,家长参与治疗,但不参与制订治疗计划。目前,有大量证据支持家长参与能够提升治疗效果。而以家庭为中心的治疗模式,家庭(而不是临床医生)是主要的治疗决策者,此模式适用于多学科参与治疗、需长期康复,或患有复杂病症需终身治疗的患儿家庭。家庭友好模式由 Watts Pappas(2010)开发,它是以治疗师为中心和以家庭为中心治疗模式的结合,家庭参与干预计划的制订,但在治疗过程中,治疗师提供专业指导和决策。构音音韵治疗中通常采用以治疗师为中心、家长参与以及家庭友好的治疗模式。

除此之外,需明确治疗开展的地点(治疗室、家庭、学校还是以上地点的组合)、治疗的强度(治疗持续时间、频率和预期治疗总次数)、连续性(治疗是以连续模式或是分块模式进行)及治疗的形式(是否以个人或小组形式治疗)。

目前,远程治疗提供了另一种治疗环境,远程治疗可采用实时方式(即同步),即临床治疗师和儿童之间现场同时音频和视频连接,也可以采用前呼后拥方式(即异步),或两者混合方式,以解决不同的临床问题。研究显示,针对构音音韵障碍开展的远程治疗,可以达到与面对面治疗几乎同等的效果。远程治疗通常需要技术支持,以确保解决远程技术上的问题。无论在国内还是国外,远程治疗均是一个较新的治疗方式,而且技术不断改进,仍需进一步研究,以明确远程治疗的适应证(适合开展远程治疗的儿童、家庭类型)及治疗方法。

2. 治疗强度　根据神经可塑性原则,学习新的技能需要练习,而练习需要足够的重复或强度。治疗强度是构音音韵治疗有效性的保证。治疗强度包括治疗剂量、频率、治疗课时长以及治疗总时长。剂量(dose),指在一个治疗/干预过程中,教学活动的总数。对于构音音韵障碍儿童,剂量意味着在 1 节治疗课程中练习某目标技能的次数,例如在 30 分钟的 1 节治疗课中,针对减少/g/的前置构音,在 1 字词、2 字词水平练习 30 次。治疗课时长,即每节治疗课程需要持续的时间。通过剂量和治疗课时长,可计算出剂量率或每单位时间教学密度。例如,高剂量率的治疗,即在 30 分钟的课程中练习 150~170 次,大约相当于每分钟 5 次练习。治疗频率,指在一定时间内的治疗次数,通常以每周或每月的治疗次数表示,构音音韵障碍儿童的治疗频率为每周 1~3 次不等。总治疗时长,通常用课时数、治疗师工作时数来计算。例如,Williams(2012)建议,严重构音音韵障碍的儿童需接受 40 次治疗课程,每次 30 分钟,在 30 分钟的课程中,需要达到 70 次目标音练习。

3. 长期目标和短期目标

(1) 长期目标:即构音音韵障碍儿童发展出与同年龄儿童一样的言语(构音)能力。设置长期目标时,需以年为单位作为一个长期目标,先对应儿童的发展阶段,长期目标即为构音能力达到同年龄儿童的水平,再往下一个年龄段的目标前进。

(2) 短期目标:即短时间内需要达到的目标或需要纠正的音。短期可为 6 个月、3 个月、1 个月或是 2 周,需依据儿童具体情况而定。以 2~4 岁儿童为例,短期目标可设定为:①学习 4 岁前应习得的声母;②增加音的多样性;③能够区分发音位置位于舌前部的声音与发音位置位于舌后部的声音;④建立爆发音、擦音、塞擦音、鼻音以及边音。

(3) 短期目标进展标准:大多数构音音韵障碍儿童,都有一个以上的短期目标,短期目标间的进展,即从一个目标到下一个目标,亦需遵循一定的标准。治疗中常使用以下三类标准,即目标音的准确率、时间标准及灵活标准。目标音的准确率并非达到 90% 甚至 100%,才可以推进到下一个治疗目标。自然对话中达 50%,或 1 字词准确率达 75% 即可进入下一个治疗目标。以时间为基础的标准,即规定特定技能(目标)的总练习时长。如在一个治疗循环中,需要累计 60 分钟的练习(即一次 60 分钟的练习,或两次 30 分钟的练习,或三次 20 分钟的练习)。灵活性标准,适用于儿童,如果儿童对目前的目标不感兴趣或过于受挫,就需改变到新的目标。

（4）治疗结束标准：治疗是否可以结束，亦需遵循一定的标准。包括，陌生人在会话中通常可以理解儿童的发音（构音）；任何剩余的构音错误需低于40%的出现率；儿童的言语能力已达同龄人标准；以及治疗目标音在75%～90%时间内能够在自发话语中正确说出。治疗结束后，需在6个月后随访，确认类化的程度是否符合预期。对于构音音韵障碍伴有其他复杂障碍的儿童，治疗停滞不前（即在一段时间内几乎没有记录到进步），出勤率低，或父母/照顾者要求停止时，也可以停止或结束治疗。

4. 目标音设定原则

（1）传统目标音设定原则：选择早期发展的语音；选择最影响言语清晰度的音（/l/与/t/比较，/t/更影响言语清晰度）；选择早期发育中常见的音韵过程，选择儿童关键词汇的发音，如自己的名字、口头禅、人物的称谓等；选择一个更易成功的音，包括较易诱发、不稳定的声音（有时能说对，有时不能说对）；选择高频出现的音（与/r/相比，/s/是高频音）；选择儿童更容易认知、理解的声音（如相较于舌尖的声音，儿童更能了解和认知唇部的声音）。

（2）非传统目标音设定原则：寻求言语系统的最大改变；选择不可诱发的音（自己无法发展出的音）；选择晚期发育的音；选择错误一致的音；选择没有认知的音；选择影响生活品质的音等。

（3）影响目标音选择个数的因素：儿童的年龄及学习意愿；儿童的学习能力；儿童的语言能力；儿童的改变动机；儿童在治疗中的参与度；儿童对任务的注意力；任何存在的干扰行为以及儿童既往构音治疗的进步情况。

（三）具体的治疗方法

1. 治疗阶段和步骤　构音音韵治疗可看作为一系列活动的总和，包括构建（诱导）、类化（习得、对比训练）及保持（强化）三个阶段。治疗师需根据接受治疗儿童的问题和能力水平选择合适的治疗切入点，并不是每一个儿童都需要从构建阶段开始。传统的构音治疗策略，通常是一次只治疗1~2个音，当达到保持阶段后，再开始新的目标音治疗。

2. 治疗策略

（1）Van riper传统治疗策略：由五个步骤组成。

第一步，为感知觉练习，即耳朵训练，此阶段不进行发音练习。本阶段的目标为，确认儿童（或个案）能够将正确声音与错误声音区分开，并确认目标声音的特征（声学特征），并独立识别出"正确的声音"，在此过程中，治疗师以各种方式展示目标音，形成听觉刺激。通过练习，儿童能区分正确与错误的声音。

第二步，音的构建练习，在5~10分钟的时间内，使用听觉刺激并模仿的方式，构建单独的声音：①治疗师示范目标音；②要求个案模仿声音；③治疗师解释说明（看着我，和我做得一模一样），并使用各类提示（听觉、视觉及触觉）教授目标音与错误发音间的差异，采取各类技术（解释说明，隐喻、逐级接近、逐级修正等技术）构建新的发音以代替旧的错误发音，诱导个案发出正确的声音。

第三步，从音的构建到音的稳定，练习目标音与不同韵母组合。

第四步，类化，也称泛化。从可以发出单独的音，到目标音在简单的音节、词语、短语、句子及对话中都能正确使用。

第五步，保持，将新的技能类化到不同的沟通情景，并发展自我监控能力，实现自我修正，逐渐减少治疗，直到治疗结束进入周期性随访。

（2）音韵治疗策略：音韵治疗策略将音韵过程、构音错误类型作为治疗目标，专注于音韵过程。相较于传统治疗策略仅关注单个音，音韵治疗策略是系统且规律性的治疗方案，治疗将一些音韵过程(构音错误类型)压抑下去,构建新的构音规则,因而治疗效率更高。

音韵治疗策略基于以下基本原则展开,包括:在儿童的言语发育中,音韵习得是一个渐进的过程;拥有正常听力的儿童,首先是通过"听"习得成人的言语系统和构音规则;学习新的技能,儿童必须发展感知觉以及听觉的意识;同时当学会新的技能后,儿童自身将尝试类化。基于音韵治疗策略,目前已经发展出许多的治疗方案,包括区别特征法、音韵历程法、最小配对法、最大配对法、循环治疗法等。下文通过举例,介绍最小配对的治疗方法和步骤。

最小配对法(minimal-pair contrast treatment)是最经典、最著名和最广泛使用的音韵治疗方法之一。最小配对法是基于自然音韵理论和语用性原则。作为经典的方法之一,最小配对法已成为其他对比性方法的基础,如最大配对法、隐喻法等,这些方法并不是对最小配对法的改良,而是在方案中使用了最小配对构音治疗的方法。

最小配对是指词(字)对中仅有一个音素变化,且一个音素的变化将导致词(字)义的变化。对比的音素通常有最小区别特征,如,兔/tu/和肚/du/,仅存在发音方法不同,/t/是送气音,/d/是不送气音。最大区别特征,如,兔/tu/和鹿/lu/,存在多种特征不同,/t/是爆发音、送气音、舌尖音;而/f/是擦音、唇齿音。

最小配对治疗方法的步骤:①构建熟悉的情景;②听并认出"最小配对";③诱发出正确的声音。前两个步骤在第一次治疗中完成。第三个步骤在第一次治疗中开始,并在随后的治疗中持续进行,直至达到设定的类化标准。在治疗过程中,可以使用图片、真实物体、玩具等教具。大多数儿童通过3~5个词对(即6~10张图片)就可以促进类化。

教学案例

言语目标:减少"k"的前置性构音错误

治疗策略:最小配对治疗

治疗步骤:

第一步:请儿童看包含有"兔子-裤子,阿公-阿东,狗-斗"的图片。

第二步:治疗师提出口头要求"捡起裤子卡片",孩子通过听完成任务,儿童反应正确,给予有建设性的"强化"(听得真好,这是裤子);儿童反应不正确,以隐喻的形式给予"提示"(我们穿在腿上的是"裤子",还是两只耳朵的"兔子"? 再听一遍,指出哪张卡片是"裤子")。

第三步:让孩子假装当老师,玩第一步和第二步指认游戏,在游戏过程中,儿童将会出现沟通失败或语义干扰现象,配合治疗师的解释说明,儿童"产生音位对比的概念"并诱导目标音产生。

提示:通过听觉提示,解释说明或隐喻法诱发目标音"k"。

强化:当儿童接近或能够发出目标音时,提出基于语义的强化(表扬),"哦,我现在能听懂了! 你的意思是'裤',不是'兔'。你会说出裤子的/k/音了"。

治疗强度:目标音设定在1字词或2字词中。每次治疗课程应包括5个目标词汇,每个词汇20次练习。

治疗形式:结构式游戏。在更多沟通情境中,为儿童提供练习和使用目标音的机会。

---

(3)治疗进程评估:包含以下内容,儿童存在的问题是改善,保持不变,还是变差? 儿童对治疗及与诊疗相关的所有时刻(包括家长辅助治疗的时刻)是否有积极反应? 短期和长期目标达到的程度,儿童的治疗是否可以结束?

笔记栏

ER-6-8

扫一扫
测一测

治疗进程评估仍需要有相关数据的支持。包括:①评估诊断数据,来自于初次筛查或评估的信息(包括标准化、非标准化语言测试结果、构音/词汇言语样本、会话言语样本、病史等),通过评估信息确认需要治疗或处理的问题。②基线数据,治疗前收集的特定技能(即在评估中确定的问题,如某个构音错误类型,听理解力,词汇水平,注意维持程度等)。基线数据提供进程评估的参考点,在治疗中将与治疗信息、类化信息比较。需要在评估(不限于一次评估)和第一次治疗中了解基线的稳定程度,并用于短期目标制订。③治疗数据,在治疗过程中持续收集信息,以此衡量儿童对语言治疗程序、步骤和方法的反应,以此为依据调整治疗方法和步骤,提升治疗成效。④类化数据,治疗开始后即开始收集,类化信息不限于来自治疗室,还包括儿童在家中、学校中的情况,以评估"短期和长期目标改善是否明显?"以及"治疗是否结束?"类化数据与 SSD 类型、治疗目标的设定方式(一节治疗课程中的目标音数目)以及采用的治疗策略(方法)有关。

(万 萍 黄 佳 张 健 马思维 张小丽 王 瑶)

复习思考题

1. 简述言语障碍的概念及分类。
2. 简述发声障碍的病因分类。
3. 什么是共鸣障碍?它包括几种类型,怎样进行客观测量?
4. 从言语功能的角度出发,简述构音障碍的定义及其临床表现。
5. 简述构音与音韵的区别与联系。
6. 试述腭裂言语治疗的原则和基本治疗方法。
7. 学龄儿童的口吃治疗有哪些具体方法?
8. 详述构音音韵治疗的长期目标和短期目标及目标音设定原则。

第七章

语言障碍的评定与康复治疗

学习目标

通过学习语言障碍的评定与康复治疗,为学生今后进行临床言语语言治疗奠定理论基础。具体的学习内容包括:

1. 语言障碍的定义及分类;
2. 失语症的分类和临床表现;
3. 失语症的评估和治疗;
4. 言语失用的评估和治疗;
5. 发展性语言障碍的评定与治疗。

从治疗学的角度出发,言语与语言的概念有所不同,因此语言障碍患者的临床表现有别于言语障碍患者,尽管在临床上语言障碍与言语障碍常常交错混杂,但为了使治疗更加专业化,本章将重点介绍失语症和发展性语言障碍的评定与治疗方法。

第一节 概 述

无论哪种语言,其所包含的符号和规则基本上是约定俗成的。语言的这种特性说明在一组声音与物体、概念或者它所代表的行为之间存在一种非逻辑的、自然的或者是获得的关系。例如,"鲸鱼"这个单词令人们想到在海洋中生活的大型哺乳动物,但是该发音却不与该动物有明显的联系。语言通常采用五个维度来进行描述,分别为音位学、词法、句法、语义学、语用学,当这五个维度中任何一个或多个维度出现障碍,则被认为是语言障碍。

一、语言障碍的定义及分类

美国言语语言及听力协会(ASHA,1993 年)将语言障碍定义为"理解方面和/或口语、书面语和/或其他符号系统运用性的损伤"。该障碍可能涉及:①语言的形式(音位学、词法和句法);②语言的内容(语义学);③语言的综合交流功能(语用学)。可以是接受性的语言障碍(语言理解受损),也可以是表达性的语言障碍(语言产生受损),或两者均有。如果语言系统本身没有损害,而是嗓音、发音或构音系统损害导致的言语障碍,则不属于本章介绍范畴。

根据语言障碍发生的原因,可以分为发展性语言障碍、获得性语言障碍和进行性语言障碍。

发展性语言障碍(developmental language disorder),是指儿童在语言学习或发展上有着显著困难。这些儿童所表现出来的语言行为与其生理年龄所应有的表现有显著差异,通常又被称作"儿童语言障碍"(childhood language disorder),在我国,有时被称为"儿童语言发育迟缓"(childhood language development delay)。

获得性语言障碍(acquired language disorder),是指后天学到的语言能力,因大脑局灶病变导致语言能力受损或丧失。从神经解剖与功能性神经学的角度可以分为失语症、右脑损伤所致的语言障碍和脑外伤后语言障碍,最常见的是失语症。也包括言语失用症及以书面语受损为主的失读症和失写症。失语症(aphasia)是最常见的获得性语言障碍,表现为听、说、读、写功能均不同程度的受损或丧失。引起失语症最多的原因是脑卒中,还有其他脑损害包括脑外伤、脑肿瘤、感染、代谢性、营养性、药物或化学物损害等也可以导致失语症。

进行性语言障碍主要是由于脑退行性变导致的进行性语言功能减退或受损,也称为退变性语言障碍。主要包括痴呆性语言障碍、原发性进展性失语症等。痴呆性语言障碍常见于阿尔茨海默病(AD)患者,语言障碍最早表现为找词困难、自发谈话空洞和列名困难;随后是命名不能、错语和理解障碍;继而出现类似流利性失语,患者因有听理解障碍不能参与交谈;进而出现模仿语言和重复语言;最后患者仅能发出不可理解的声音,终至缄默。原发性进展性失语症(primary progressive aphasia,PPA)是进行性、连续性语言退变的少见的神经病学综合征。病程迁延多年,无占位病变、梗死或其他脑部病变可解释其临床表现,语言障碍为病程中唯一或突出的神经系统异常。可表现为命名困难、韵尾判断、动词时态、连词和介词加工出现问题。

(一)失语症

失语症是指因脑部器质性损伤而使原已习得的语言功能丧失或受损的一种语言障碍综合征,表现为听、说、读、写等某一方面或几个方面功能障碍,轻重程度不同。

1. 临床表现

(1)听理解障碍:包括语音辨识障碍,即患者听力正常,但无法对语音进行编码或识别(如单纯该原因导致听理解障碍则为纯词聋);语义理解障碍,即患者能辨识语音但不理解其含义。

(2)口语表达障碍:①发音困难。不是指发音器官或控制其运动的神经肌肉问题(该问题为构音障碍),而是脑损害后言语输出或言语动作执行时出现困难(如单纯该原因导致口语表达障碍则为言语失用)。②说话费力、言语不流畅,有时面部和身体姿势也有费力表现。③错语。患者把词说错,包括语音错语,即错误在语音上,如"茶杯"说成"出杯";语义错语,即出现语义相关词的替代,如把"椅子"说成"桌子";新语,即自己新造的词,如把"电视"说成"图奇"等。④杂乱语。患者表达中充满错语或虚词("这个""但是"),缺少实质词(名词、动词、形容词等),很难让人理解。⑤找词或命名困难,又被称为"舌尖现象"。患者想说出恰当词时有困难,多见于名词、动词和形容词。在谈话中因找词困难常出现停顿和不流畅。当患者找不到恰当的词来表明意思时,会以描述、说明等方式进行表达,这被称为迂回现象。例如无法命名"杯子"时,以"就是……那个……喝的"来表示。⑥刻板言语。失语较重时,患者的言语交流仅限于刻板的、缺少变化的单音或单词,完全无法沟通。如仅能说"嗒""妈妈"等。⑦言语持续现象。交流内容已经变化,但患者仍持续前面讲过的话而没有相应变化,例如,问患者"你的名字?"患者回答"张＊＊",再问"你多大年龄了?"患者仍说"张＊＊"。⑧模仿言语,也称为"回声现象",患者不自主、强制地复述别人刚说的话。如被问及"你多大岁数了?"患者不自主重复"你多大岁数了?"对方说"我在问你呢",患者也会说"我在问你呢"。该类患者有时会伴有语言的补完现象,例如:听到别人说"1、2、3",患者会不自主地说"4、5、6……"听到别人说"白日依山尽",患者不自主地说"黄河入海流"。⑨强

ER-7-2

感觉性失语

迫言语。多见于流利性失语患者,说话滔滔不绝,说话内容远多于需要交流的。⑩语法障碍。包括失语法,即语言交流中缺少句法词或功能词,仅保留名词、动词等实质词。例如想表达"让我们约好今天晚上在电影院见吧",会说成"晚上……电影院……见",类似电报文体,称电报式言语,多见于非流利性失语患者。语法错乱,即指句子中实质词、功能词存在,但句子结构及关系紊乱,例如把"感谢你帮我倒水"说成"你……谢谢……倒水……帮我"。⑪复述障碍。重复别人的话(包括词汇或句子)有困难。

（3）阅读障碍:①形-音-义失读。患者既不能正确朗读文字,也不理解文字的意义。②形-音阅读障碍。患者不能正确朗读文字,但却理解其意义。③形-义失读。患者能正确朗读文字,却不理解文字的意义。

（4）书写障碍:①书写不能。仅能画一两笔画,构不成字形。②构字障碍。可写出字形,但有笔画增添或减少,或者写出字的笔画全错。③镜像书写。见于右侧偏瘫用左手写字的患者,即笔画正确,但方向相反,写出的字像镜子反射出来的。④书写过多。类似口语表达中的强迫言语,书写中混杂一些无关词句,写得比要求的内容多。⑤惰性书写。也称为书写的"持续现象",要求书写的内容变了,但患者仍写前面写过的词句。⑥象形书写。患者写不出字的时候用画图来表示。⑦语法障碍。书写句子时出现类似口语表达时的语法障碍。

2. 失语症分类　失语症至今尚无统一的分类方法,我国学者以 Benson 失语症分类为基础,根据失语症临床特点以及病灶部位,结合我国具体情况,制订了汉语的失语症分类方法(表7-1)。

表7-1　常见失语症类型、病灶部位及表现特征

失语症类型	病灶部位	流利性	复述	理解	朗读	书写	命名
表达性失语	左额下回后部	× 电报式言语	△ ×	×	×	×	×
感觉性失语	左颞上回后部	○ 错语、杂乱语	×	×	×	×	×
传导性失语	左弓状束及缘上回	○ 找词困难、错语	×	△	×	×	×
完全性失语	左额顶颞叶交界	× 刻板语言	×	×	×	×	×
经皮质运动性失语	左布罗卡区上部	× 非流畅性语言	○	○	△	×	△
经皮质感觉性失语	左颞顶分水岭区	○ 错语、模仿语言	○	×	△	△	△
经皮质混合性失语	左分水岭区大灶	× 模仿语言	△	×	×	×	×
命名性失语	左颞顶枕结合区或左颞中回后部	○ 词语健忘	○	○	△	△	△
皮质下失语	丘脑或基底节、内囊	△ 缄默少语	△	△	△	×	×

注:○—正常; △—部分障碍; ×—障碍。

（1）外侧裂周失语综合征:外侧裂周围的皮质或通路损害所致,都有复述困难。

1）表达性失语症(expressive aphasia,EA),也被称为运动性失语症、布罗卡失语症。

2）感觉性失语症(sensory aphasia,SA),也被称为韦尼克失语症、接受性失语症。

笔记栏

ER-7-3

完全性
失语症

3）传导性失语症（conduction aphasia，CA）。

（2）经皮质失语症（transcortical aphasia）：大脑分水岭区（大脑中动脉—大脑前动脉，大脑中动脉—大脑后动脉供血交界区）皮质或通路损害所致，其共同特点是复述功能相对较好。

1）经皮质运动性失语症（transcortical motor aphasia，TCMA）

2）经皮质感觉性失语症（transcortical sensory aphasia，TCSA）

3）经皮质混合性失语症（mixed trans-cortical aphasia，MTCA）

（3）完全性失语症（global aphasia，GA）。

（4）命名性失语症（anomic aphasia，AA）。

（5）皮质下失语症（subcortical aphasia，SA）：由皮质下核团及周围白质束损害导致，可表现出上述8种类型失语症特征，也可出现下述特异性的两种失语症。

1）丘脑性失语症（thalamic aphasia，TA）

2）基底核性失语症（basal ganglion aphasia，BaA）

（6）纯词聋（pure word deafness）。

（7）纯词哑（pure word dumbness）。

（8）失读症（alexia）。

（9）失写症（agraphia）。

（二）发展性语言障碍

发展性语言障碍在语言言语病理学中被用作一个宽泛的术语。"发展性"表示问题出现在儿童期，"语言"涉及人们沟通的符号和模式，"障碍"说明与正常发展轨迹相比，他们存在显著差异。因此，"发展性语言障碍"是指那些在语言学习或发展上有着显著困难的儿童，这些儿童所表现出来的语言行为与其生理年龄所应有的期望表现显著不同。即不论病因是什么，只要儿童的语言技能低于其同龄人的正常水平都属于"发展性语言障碍"。儿童发展性语言障碍的产生可能与生物学机制（遗传及神经生物因素）、认知因素（知觉缺陷、短时记忆容量小、程序处理缺陷）、环境因素（家庭教育）等有关，也与合并症如孤独症谱系障碍、脑性瘫痪、构音障碍、智力障碍、听力障碍等有关。

二、语言障碍的治疗原则

无论对于成人还是儿童语言障碍患者，其语言治疗的原则都是强调早期康复训练，以恢复患者的言语听觉功能，改善口语交流能力为首要目标；在治疗过程中，不排除有部分患者语言障碍过于严重，上述目标难以实现，可以酌情将训练目标调整为改善患者的日常生活交流能力，进行一些言语功能的代偿训练（如增强替代辅具、书写训练等）。

（一）治疗原则

1. 一般性原则

（1）循序渐进原则：通过语言能力评定，了解患者语言基线水平，制订相应训练计划；语言康复训练的材料要适合患者的功能障碍程度，由易到难，循序渐进。

（2）个性化原则：根据语言障碍种类及程度的不同，选择不同的训练重点；训练要因人而异，根据患者不同的文化背景、工作经历等激发患者的训练兴趣和动机，尽可能让患者以正向的情绪主动进行训练，多给予鼓励性反馈。

（3）持续性原则：坚持每天训练，抓住言语功能恢复的最佳时期反复进行刺激、强化训练，但也不能导致明显的疲劳。

（4）综合性原则：语言康复治疗要针对患者语言障碍的重点环节（如理解或表达障碍，

语义或语音加工障碍),以改善口语交流为主,以满足日常生活交流的需要为目标,兼顾读写的训练。

(5)多样化原则:训练形式要多样化、趣味化。要创造积极的交流环境,通过示范暗示等帮助患者沟通。

2. 建立多专业合作的语言康复团队 语言障碍及其康复涉及多方面问题,因此要想获得较好恢复,需要进行跨学科多专业的团队合作。这种团队合作越早建立效果越好,言语治疗师是该团队的主体,物理治疗师、作业治疗师、心理治疗师、医生、护士、营养师和家属是团队成员。只有建立多专业合作的、康复医疗人员与患者家属/陪护共同参与的语言康复团队,彼此紧密合作,信息互通,才能使大家都能对患者的语言功能、交流活动、社会参与能力以及其他表现有全面认识,才能制订更为合理的、多方认可的康复目标,保证患者在语言治疗室、医院其他部门、回到家庭后能够继续进行语言康复,提升生活质量。

3. 符合《国际功能、残疾和健康分类》(international classification of functioning, disability and health, ICF)的理念框架 从评定、治疗、结局效果评价上全面遵循 ICF 原则(图 7-1),即把语言障碍看作疾病或损伤(如脑卒中或脑外伤)导致的交流功能障碍的同时,关注语言障碍对患者日常生活、社会参与的影响。也要考虑患者所处的环境因素(技术、用品、设备、关系、社会、态度、政策等)和个人因素(如年

图 7-1 基于 ICF 的问题解决途径

龄、种族、性别、教育程度、生活方式、兴趣爱好、适应能力等)对于其语言障碍和交流活动的交互影响。

4. 坚持循证实践 目前用于儿童和成人语言障碍的康复方法、模式众多,哪种方法、强度、频次、时程等是有效的,需要有充分的证据证明。建议选用有较强研究证据的语言康复方法,如对于多个随机对照试验的 Meta 分析或系统评价、一个样本量足够大的随机对照试验,至少是设计良好的队列研究、病例对照研究等,这些均能够提供高质量的证据,所研究的语言康复方法值得推荐到临床实践。除了对外部证据进行评价并选择有力度、高等级的外部证据指导语言康复实践外,还要结合内部或者个案的证据,同时要结合对患者评估得到的结果、患者本人及家属的偏好或意愿等。把外部证据和患者特定的内部证据整合后,制订相对优化、有效的语言康复方案,之后要进行治疗过程的监控,保证患者得到的治疗是最合适的。

(二)条件与要求

1. 场所布置 训练室里一般需要放置按摩床、桌椅,以及多媒体训练设备。儿童训练室要尽量避免视觉和听觉上的干扰,因此最理想的训练室应有隔音设施。成人治疗的房间不要太大,一般 10~15m² 即可;儿童治疗的房间宜宽敞,墙面上可以贴一些趣味图片。

2. 训练形式 原则上以一对一训练为主,可结合自主训练、小组训练、家庭训练进行,以增强训练效果。

(1)个体训练:指一名治疗师对一名患者的一对一训练方式,这是语言训练的主要形式。此方式有利于患者集中注意力,稳定情绪,而且刺激条件容易控制,训练课题针对性强,可及时调整。

(2)自主训练:指患者根据言语治疗师的指导,自己在家或病房进行言语训练的方法。

此方法较适合有着强烈的康复欲望,且有较好的自我判断、自我控制能力的患者。

（3）小组训练:又称集体训练,将程度相近的同类型语言障碍患者召集在一起,以小组的形式进行语言训练的方法。其特点是改善患者的社会适应性,减少心理不安,提高交流欲望,增加康复的信心与希望。

（4）家庭训练:指言语治疗师将言语训练的内容与方法介绍给患者家属,并教会家属掌握训练技巧,让家属在家庭中训练患者的治疗形式。

3. 训练时间　至少应保证每次训练时间为 0.5~1 小时,儿童一般 40 分钟,住院患者每日 1 次,门诊患者随机,可以每日训练,也可以每周训练 2~3 次。

4. 训练工具　录音机、录音带或录音笔、节拍器、镜子、秒表、压舌板、喉镜、各种图片、报刊、书籍、笔纸、常用生活用品等;有条件可配备计算机语言训练系统。

5. 卫生管理　训练时经常接触患者的身体和唾液,所以一定要预防各种传染病,训练物品要定期消毒,直接接触患者口腔或皮肤的检查训练物品,尽量用一次性用品。

第二节　失语症的评定与康复治疗

对于失语症患者来说,首先需要解决的问题是对残存语言功能进行评定,然后根据功能评定结果指导康复训练。长期以来,失语症评定主要采用分项量表或测验形式的神经心理学检查方法,近年来随着对失语症研究与认识的深入,脑功能影像学技术、神经电生理方法逐渐用于失语症语言能力评定及机制研究。此外,随着 ICF 观念被广泛接受和认同,语言障碍评定的目的也从诊断、发现障碍、制订治疗方案过渡为更加全面的考虑,如语言障碍对其生活质量的影响。

一、失语症的神经影像学与神经生理学表现

语言检测逐渐从静态走向动态功能检测,传统的影像技术检测语言障碍患者主要针对病变部位及病因,主要技术有头部 CT、MRI、脑电图、单光子发射计算机体层摄影(single photon emission computed tomography,SPECT)等。近几年影像技术飞速发展,逐渐对毫秒时间段的语言思维过程给予显影,涉及语言功能刺激下的心理反应,其中语言定位技术的代表是功能性磁共振成像(functional magnetic resonance imaging,fMRI),语言反应时间检测的代表是事件相关电位(event related potential,ERP)中的 N400 和 P600 检测。

（一）与失语症相关的神经影像学检查

1. 计算机体层成像(computerized tomography,CT)　头颅 CT 是一种检查方便、迅速安全、无痛苦、无创伤的检查方法,它能清楚地显示颅脑不同横断面的解剖关系和具体的脑组织结构。因而大大提高了病变的检出率和诊断的准确性。头颅 CT 广泛应用于脑血管病、颅脑外伤、颅脑肿瘤、颅内感染等疾病的诊断(图 7-2)。由于 CT 能显示较清晰的影像断面解剖结构,因此可以通过对大脑主要结构(如脑沟、脑回)的识别来辨认语言功能区,也可以对大脑语言相关功能区进行定位。

2. 磁共振成像(magnetic resonance imaging,MRI)　MRI 是一种生物磁自旋成像技术,它是利用原子核自旋运动的特点,在外加磁场内,经射频脉冲激后产生信号,用探测器检测并输入计算机,经过处理转换在屏幕上显示图像。MRI 对检测脑内血肿、脑外血肿、脑肿瘤、颅内动脉瘤、动静脉血管畸形、脑缺血、椎管内肿瘤、脊髓空洞症和脊髓积水等颅脑常见疾病非常有效。MRI 可以直接做出横断面、矢状面、冠状面和各种斜面的体层图像,不会产生 CT 检

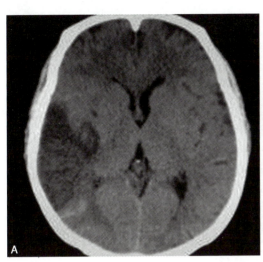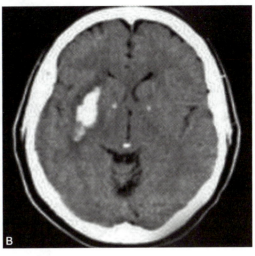

图 7-2 脑血管病的 CT 影像学表现
A.右侧颞顶枕交界区大片状低密度(脑梗死);B.右侧基底节条带状高密度(脑出血)

测中的伪影;不需注射对比剂;无电离辐射,对机体没有不良影响。MRI 也存在不足之处,它的空间分辨率不及 CT;带有心脏起搏器的患者或有某些金属异物的部位不能做 MRI 检查;价格比较昂贵。

(1)弥散加权成像(diffusion weighted imaging,DWI):是一种新的 MRI 功能成像技术,它的基础是水分子运动,提供基于脑生理状态的信息,对诊断急性脑梗死的敏感性为 94%,特异性为 100%,同时能可靠地鉴别蛛网膜囊肿与表皮样囊肿、硬膜下积脓与积液、脓肿与肿瘤坏死。在颅内其他病变如肿瘤、感染、外伤和脱髓鞘等诊断、鉴别诊断和评价中也能提供一些信息。作为一种有价值的技术,DWI 已经成为脑卒中检查的首选方法,对超急性期脑梗死的诊断价值尤为重要(图 7-3A)。

(2)灌注加权成像(perfusion weighted imaging,PWI):基于团注对比剂追踪技术,当团注顺磁性对比剂进入毛细血管床时,组织血管内的磁敏感性增加,引起局部磁场的变化,进而引起邻近氢质子共振频率的改变。对比剂首过期间主要存在于血管内,血管外极少,血管内外浓度梯度最大,信号的变化受弥散因素的影响很小,故能反映组织血液灌注的情况,间接反映组织的微血管分布情况。PWI 能够早期发现脑缺血区及血流动力学改变,当局部脑血容量(rCBV)减少和平均通过时间(MTT)增加时,为灌注不足(图 7-3B);rCBV 增加和 MTT 增加时,为侧支循环的表现;rCBV 增加和 MTT 减少和正常时,为再灌注表现;而当 rCBV 明显增加时,表示过度灌注。DWI 联合 PWI 可以对缺血性脑血管病的半暗带进行评价和治疗指导。

(3)功能性磁共振成像(fMRI):对语言功能的神经影像学检测主要利用 fMRI 技术,当大脑皮质某些区域被语言任务激活时,局部皮质兴奋区血流量增加,而局部脑耗氧量增加不明显,这种局部氧耗量和脑血流量失匹配性可导致局部磁场改变而形成相应的图像。当给予患者语言输入(听觉或视觉输入)和语言输出(指文字、说话等)等语言任务刺激时,患者的相应脑区被激活,引起磁共振信号的改变,即可获取功能区的成像图,得到相应的语言脑功能区定位。fMRI 应用领域包括:①fMRI 可以检测出不同的语言任务在人脑中的功能定位。如给予布罗卡失语的患者听理解任务刺激,fMRI 显示患者听理解区域被激活;给予言语表达任务刺激,布罗卡区(病灶区)则不被激活。②fMRI 可应用于语言功能恢复的脑结构和功能改变的研究,探讨语言功能康复的机制。在对一例纯失读患者语言功能康复过程

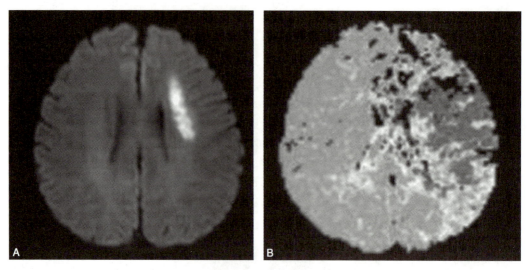

图 7-3　脑梗死早期的 DWI 和 PWI 表现
A. DWI 左侧侧脑室前角旁高信号；B. PWI 左侧顶叶低灌注

fMRI 检测时，发现在康复前右侧外侧裂区有激活，而且脑激活涉及区域多。康复治疗后，fMRI 显示激活区域减少，而且以左侧外侧裂为主（图 7-4），由此推测阅读功能损伤后的早期阅读需较多大脑功能区域的协助完成，其他区域的激活补偿损伤区域的功能，康复训练后主要依赖于原有语言功能区的功能重建，康复后大脑各功能区重新返回原有布局。③fMRI 还可应用于语言功能区附近肿瘤的术前定位，通过设计受损语言功能的刺激，呈现刺激激活相关脑区，可更精确地显示肿瘤语言功能区的关系，指导最佳手术径路，避免对语言区的进一步损害及有利于术后语言功能的恢复。

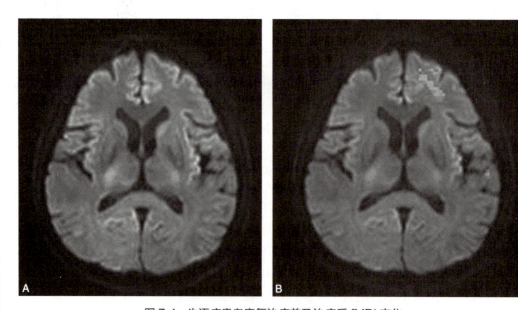

图 7-4　失语症患者康复治疗前及治疗后 fMRI 变化
A. 治疗前右外侧裂区可见激活，脑激活涉及区域多；B. 治疗后左外侧裂区激活明显，脑激活涉及区域少

3. 放射性核素检查

（1）单光子发射计算机体层摄影（SPECT）：属于核医学 CT 技术，主要了解脑血流和脑代谢，对失语症及脑生理功能的研究有重要价值。与 CT、MRI 相比，脑 SPECT 血流灌注检查不仅能反映脑结构的变化，亦能反映脑功能的变化。SPECT 脑血流灌注显像检查对失语症

患者布罗卡区和韦尼克区的异常病损检出率明显高于 CT、MRI 检查,与西方失语症成套测验(WAB)评定结果相似。

（2）正电子发射断层成像(positron emission tomography,PET):PET 是目前唯一可在活体上显示生物分子代谢、受体及神经递质活动的新型影像技术,现已广泛用于多种疾病的诊断、疗效评价、脏器功能研究和新药开发等方面。检查方法是将某种生物生命代谢中必需的物质(葡萄糖、蛋白质、核酸、脂肪酸等)标记上短寿命的放射性核素(^{18}F、^{11}C 等),注入人体后,通过对于该物质的代谢聚集,反映生命代谢活动的情况,能在分子水平上提供有关脏器及其病变的功能信息。PET 可用于认知、语言功能的研究,可以判断失语症患者语言功能区的功能状况。有研究提示左颞极与提取人名的缺损有关,左颞下前部与命名动物的障碍有关,而左颞下叶后外侧部及外侧颞-顶-枕结合部与提取工具名的障碍有关。

4. 失语症的神经影像学表现　CT、MRI 等图像可以对大脑语言区准确定位,不仅是语言障碍患者治疗和康复的基础,对脑功能影像学研究和语言区及其周围结构病变的诊治也具有十分重要的意义。人类的语言功能区主要位于左侧大脑半球内,在颞叶的后上部、相邻的顶叶下部、额叶的下外侧部,以及这些部位间的皮质下联络结构。这个大致呈三角形区域的任何部分损害都可能影响到语言功能。引起失语症的疾病以脑血管疾病最为多见,其次是脑部炎症、外伤、变性病等。通过 CT、MRI 扫描,往往能够发现病变部位,并能判断疾病的性质。

（1）表达性失语:在影像学检查时常发现优势半球中央前回下部、额下回后 1/3 处(Brodmann44、45 区)异常信号(图 7-5A)。

（2）感觉性失语:在影像学检查时常发现优势半球颞上回后部(Brodmann22、40 区)异常信号(图 7-5B)。

（3）传导性失语:在影像学检查时常发现优势半球缘上回或者深部白质内的弓状纤维病变(图 7-5C)。

（4）经皮质失语:病灶多位于分水岭区域。①经皮质运动性失语:在影像学检查时常发现优势半球布罗卡区的前、上部病变。②经皮质感觉性失语:在影像学检查时常发现优势半球颞、顶叶分水岭区病变(图 7-5D)。③经皮质混合性失语:在影像学检查时常发现优势半球分水岭区病变,病灶较大。

（5）命名性失语:在影像学检查时常发现优势半球颞中回后部或颞枕交界区病变(图 7-5E)。

（6）皮质下失语:在影像学检查时常发现优势半球丘脑区、基底节区病变(图 7-5F)。

（二）失语症的神经生理学表现

1. 脑电图(electroencephalogram,EEG)　脑电图是通过脑电图描记仪将脑自身微弱的生物电放大记录成为一种曲线图,以帮助诊断疾病的一种现代辅助检查方法。它对被检查者没有任何创伤。脑电图对脑部疾病有一定的诊断价值,但受到多种条件的限制,故多数情况下不能作为诊断的唯一依据,而需要结合患者的症状、体征、其他实验室检查或辅助检查来综合分析。脑电图主要用于颅内器质性病变如癫痫、脑炎、脑血管疾病及颅内占位性病变等的检查。脑电图极易受各种因素干扰,应注意识别和排除。

2. 诱发电位(evoked potentials,EP)　EP 是神经系统在感受外在或内在刺激过程中产生的生物电活动,可以反映脑的功能状态。不同感官的诱发电位是不同的,刺激特性的差异也反映在诱发电位的波形结构上。目前不仅能对躯体感觉、躯体运动、听觉、视觉等传导通路进行检测,还可以对记忆和认知功能进行检测,后者称为事件相关电位(ERP)。

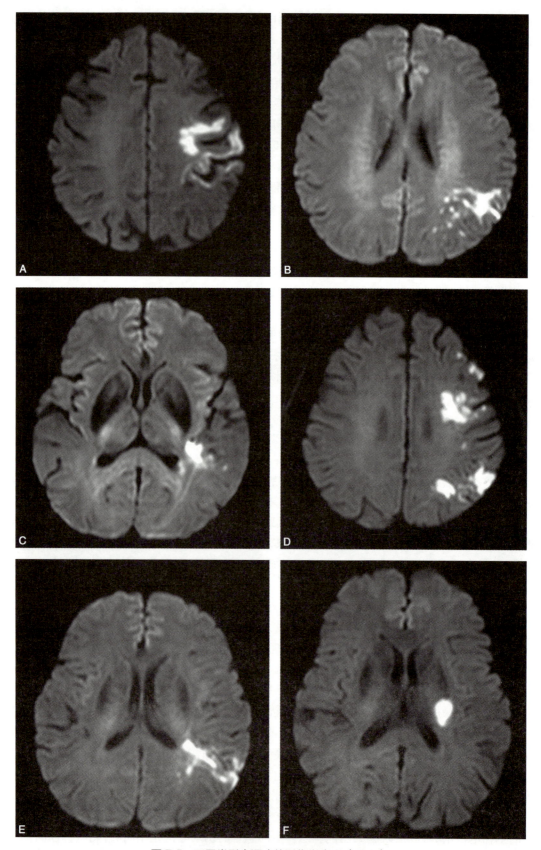

图 7-5　不同类型失语症的影像学表现（DWI）

A. 表达性失语；B. 感觉性失语；C. 传导性失语；D. 经皮质失语；E. 命名性失语；F. 皮质下失语

笔记栏

（1）N400：N400 是 ERPs 中一个重要的内源性成分，是指在 400 毫秒潜伏期附近有一负相的事件相关电位波。N400 具有反映认知和语言加工相关过程的功能，其异常可先于行为表现，是检查早期行为异常的手段，很多外国学者将 N400 应用于语言认知研究，并广泛运用于语言障碍脑性疾病中，如精神分裂症、帕金森病、失语症的研究。N400 可以敏感地反映失语症患者词汇—语义加工过程中的缺陷，如对于表达性失语患者使用听通道呈现词对，当启动词与目标词无语义相关时，则失语患者 N400 的潜伏期延长，且听先后呈现的成对单词，若两个词的词义相关，则后一个词诱发的 N400 较小；若两个词的词义无关，则后一个词诱发的 N400 较大。这说明，布罗卡区损伤时脑对语言仍有加工，仅仅是无法表达出来。对感觉性失语患者来说，则无论成对的两个单词是否相关，所诱发的 N400 没有差异。这说明，韦尼克区损伤使大脑对这些单词的加工受到损伤，表现出患者不理解单词的意义，而无法完成语言的交流。另外 N400 的研究还可揭示脑损伤的功能代偿是怎样发生的，可以用 N400 衡量左右半球语言加工开始的早晚时间与加工程度深浅定量，这些检测对康复设计有帮助。

（2）LAN 和 P600：从头皮电极记录到的与句法加工有关的 ERPs 成分有两个，分别是 LAN 和 P600。LAN(left anterior negativity)是一种较早出现的负波，P600 是一种较晚出现的正波。有研究显示 LAN 这种负波不同于 N400，其峰值更靠前。它一般在刺激 300~500ms 后出现，并且左半球的 LAN 大于右半球，与句法干扰有关。但这一负波有时在 100~300ms 这一更早的时间窗出现，目前认为这一 ERP 成分属于早期 LAN 效应，反映了早期句法加工过程，与词分类干扰有关。P600 是出现在 500~1 000ms 之间的晚期正向波，与直接句法干扰和句法的非特指结构相关。这两种成分反映了句法分析加工的不同阶段。对表达性失语患者进行了主谓一致性违反的听觉 ERPs 研究，受试者的作业是听耳机内的句法正常或主谓一致性违反的句子，三组受试者分别是表达性失语患者、右半球损害无失语者和健康对照组。结果发现：健康对照组存在 P600 效应，右半球损害无失语者的 ERPs 表现基本类似于健康人，而表达性失语患者基本无上述表现，其 P600 异常的程度与患者对句子的理解力有关。

3. 脑磁图(magnetoencephalography，MEG)　MEG 是通过非侵入性测量微弱的脑磁场信号来研究脑功能的图像技术，其时间分辨率为毫秒数量级，空间分辨率可达 1~2mm。与其他脑功能成像技术相比，MEG 提供了脑生理活动反应的最佳空间灵敏度和时间灵敏度的平衡。

MEG 已开始应用于语言认知的研究，比如大脑语言中枢的定侧定位，尤其是颞叶语言区域的测定。无创性大脑语言中枢定位检查中，MEG 达毫秒级的时间分辨率优于 fMRI，且与有创性检查吻合率高。有研究显示，在大脑语言优势定侧和确定感觉性语言功能区时，MEG 与术中皮质电刺激结果很吻合。从而证实 MEG 在确定语言优势侧及颞叶语言中枢位置的可信度很高。

二、失语症的康复评定

失语症的康复评定是开展科学有效的语言训练的前提和基础，也是目标设定、干预措施分配、干预管理和结局评价的基础。失语症评定总的目的是通过系统全面的语言评定发现患者是否有失语症及程度，鉴别各类失语，了解各种影响患者交流能力的因素，评定患者残存的交流能力，制订治疗计划。听觉理解和口语表达是语言最重要的方面，应视为评价的重点。因为语言的复杂性，要对失语症做出科学、准确的诊断和评价并不容易。研究者根据失语症的特点编制了一系列的评定量表，用于评定失语症的各个维度。评定量表是失语症康复评定的主要工具。其形式多样，有标准化的评定量表，有开放式自我报告法和等级评定量表等。从评定的方式而言,分为标准化评定和非标准化评定两种。

(一) 失语症的评定原则和注意事项

1. 在正式评定前向患者详细讲解评定目的和要求,取得患者的理解和配合,并使其放松,提高患者的参与兴趣。

2. 每一亚项的指导语都应明确,若患者无法理解,检查者需运用书写、肢体语言等方法帮助其理解评定要求,评定者也可以做示范。

3. 为防止患者出现紧张和焦虑情绪,评定者最好在患者回答或反应结束后再记录相应结果,而非一边听一边记录。

4. 评定过程中,检查者应以观察和记录为主,不要试图干涉或纠正患者错误的回答或反应。

5. 记录反应,可借助录像、录音和复读设备。

6. 评定过程中,除目标刺激外,不应出现其他刺激形式。

7. 若患者连续无法完成若干道较简单的测试题,则该部分测试停止(每个量表不同)。

8. 若患者极度疲劳或极端不配合,可以根据患者的情况分成多次完成。

(二) 失语症的评定流程

失语症的评定流程见图 7-6。

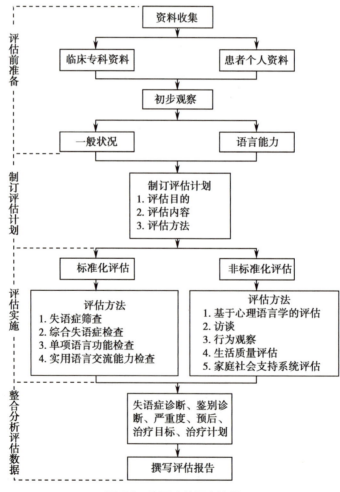

图 7-6 失语症的评定流程

（三）失语症的标准化评定

标准化评定(standardized evaluation)是指具有标准参考值,以及评定实施和评分方法的详细规则,且具有代表性、同质性的一组测验。标准化评定因其测量内容较广泛,语言能力评定更加完善,确保信度和效度,具有更高的客观性;能够确定障碍是否存在及特定障碍的范围;可以提供百分等级、标准分、T分数等量化指标,可与正常人和患者进行对照等优势,因此常被言语治疗师优先使用。但评定所需时间较多;虽然能够明确诊断及确定其障碍程度,但在评定患者语言功能问题和设定康复目标时不够具体,对实施何种语言康复治疗措施的指导性不够强。

标准化评定的方法有综合评定、单项语言能力测试、实用语言交流能力评定,此外还有对双语失语症患者(例如汉-英、汉-日、汉-维、普通话-粤语等)的检查方法。现介绍常用的几种。

1. 国际常用的失语症检查法

(1) 波士顿诊断性失语症检查(Boston diagnostic aphasia examination,BDAE):此检查是目前英语国家普遍应用的标准失语症检查。是一种言语功能综合性评价方法,此检查由27个分测验组成,分为五个大项目:①会话和自发性语言;②听觉理解;③口语表达;④书面语言理解;⑤书写。该测验在1972年标准化,1983年修订后出版了第2版,2001年出版了第3版。此检查能详细、全面地测出语言各种模式的能力,但检查需要的时间较长,在我国还没有通过常模测定。目前国际上多采用波士顿诊断性失语症检查法中的失语症严重程度分级(表7-2)来判断失语症的严重程度。

表7-2　BDAE失语症严重程度分级表

分级	意义
0	无有意义的言语或听觉理解能力
1	言语交流中有不连续的言语表达,但大部分需要听者去推测、询问或猜测;可交流的信息范围有限,听者在言语交流中感到困难
2	在听者的帮助下,可能进行熟悉话题的交谈,但对陌生话题常常不能表达出自己的思想,使患者与检查者都感到进行言语交流有困难
3	在仅需要少量帮助下或无帮助下,患者可以讨论几乎所有的日常问题。但由于言语和/或理解能力的减弱,使某些谈话出现困难或不大可能
4	言语流利,但可观察到有理解障碍,但思想和言语表达尚无明显限制
5	有极少可分辨得出的言语障碍,患者主观上可能有点困难,但听者不一定能明显觉察到

(2) 西方失语症成套测验(western aphasia battery,WAB):该测验是Kertesz于1982年参考波士顿诊断性失语症检查(BDAE)制订的缩短版,包括以下几项内容。①自发言语:以对话及图片叙述的形式检测患者自发言语的信息量、流畅度及语法能力等。②听理解:回答是非题;听词辨认,即指出所听单词对应物体、图片或躯体部位等;执行口头指令等。③复述字、词、句及数字等。④命名:物体命名,即说出实物的名称;列名,即1分钟内说出动物的名称;以名称完成(填充)句子;反应命名,即以名称应答。⑤阅读:理解句子并选择填空;朗读并执行文字指令;词-物(图)匹配;字母辨别等。⑥书写:按要求书写(姓名、地址);书写表达情景画;听写词句、数字、字母;抄写等。⑦相关认知功能:运用能力;结构能力、视空间能力和计算能力;Raven彩色推理测验。

通过上述7项的前4项检查结果(5个评分项目,包括信息量、流畅度、听理解、复述、命名,每项满分10分,共50分。然后乘以2)可求出失语商(aphasia quotient,AQ),可以反映口语障碍程度和失语症的严重程度。若 AQ<93.8 可诊断为失语症。并根据流畅度、听理解、复述的评定结果诊断出失语症类型(图 7-7)。通过上述 7 项的后 3 项检查(阅读、书写、相关认知功能)求出操作商(performance quotient,PQ),反映大脑的非口语功能。综合各项结果求出大脑皮质商(cortical quotient,CQ),反映大脑认知功能全貌。

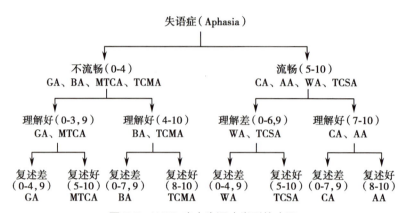

图 7-7 WAB 确定失语症类型的步骤

GA:完全性失语;BA:布罗卡失语;MTCA:经皮质混合性失语;TCMA:经皮质运动性失语;CA:传导性失语;AA:命名性失语;WA:韦尼克失语;TCSA:经皮质感觉性失语

(3)日本标准失语症检查(standard language test of aphasia,SLTA):由日本失语症研究会设计完成,检查包括听、说、读、写、计算五大项目,共有 26 个分测验,按 6 阶段评分,在图册检查设计上以多图选一的形式,避免了患者对检查内容的熟悉,使检查更加客观。此方法易于操作,而且对训练有明显的指导作用。

(4)Token 测验:Token 测验是 DeRenzi 和 Vignolo 于 1962 年编制,是检查失语症患者言语理解能力的单项检查方法,也称为代币测验、表征测验。测验内容包括大量难度不等的言语性指令,要求患者根据指令去完成对两种形状(圆形和方形)、两种尺寸(大的和小的)、五种颜色(红、绿、黄、白、黑)共 20 个硬质、厚片状的代币(塑料的或木制的)的操作。代币被水平排列成 4 排,顺序为大圆形、大方形、小圆形、小方形,颜色排列随意或按固定顺序排列。测验从最简单的指令开始,难度逐步增加,如"摸一下圆形","摸黄色的方形","摸小的白色圆形","摸红色圆形和绿色方形","摸大的白色圆形和小的绿色方形","把红色圆形放在绿色方形上"。临床常用 36 项的简式 Token 测验。每完成 1 项指令得 1 分,满分 36 分。29~36 分:正常;25~28 分:轻度障碍;17~24 分:中度障碍;9~16 分:重度障碍;8 分以下:极重度障碍。

Token 测验适用于检测轻度或潜在的失语症患者的听理解。目前用得较多的是简式 Token 测验,是专门评价失语症患者听理解的方法,优点是不但可以用于轻度失语症患者,也可用于重度失语症患者,较省时,该测验还有量化指标,可测出患者的听理解水平。

(5)日常生活交流能力(communicative abilities in daily living,CADL):此测定是 Holland 在 1980 年提出的,由 68 项接近实际生活的每日言语活动组成,主要检查失语症患者实用性交流技能。如恰当地问候,介绍自己的姓名、地址、年龄,明确表示是或不是,反问,按定量服药,买车票等。

2. 国内常用的失语症评定方法

(1)汉语标准失语症检查:此检查是中国康复研究中心听力语言科以日本的标准失语症检查为基础,同时借鉴国外有影响的失语评价量表的优点,按照汉语的语言特点和中国人

笔记栏

的文化习惯所编制,亦称中国康复研究中心汉语标准失语症检查法(Chinese rehabilitation research center aphasic examination,CRRCAE)。1990年由李胜利等编制完成,经40例正常成人测试后制成试案应用于临床。经过近10年,多家医院的临床应用,证实适合中国的失语症患者。于1999—2000年对151名正常人和非失语症患者进行检测并计算出均数和标准差,并用方差分析年龄、性别、利手、职业和文化水平对此检查法的影响,除了不同文化组间在执行口语指令和描述图有差异外,其他项目未发现显著差异。因此,本检查方法适用于我国不同地区使用汉语的成人失语症患者。

此检查包括两部分内容,第一部分是通过患者回答12个问题了解其语言的一般情况,第二部分由30个分测验组成,分为9个大项目,包括听理解、复述、说、出声读、阅读理解、抄写、描写、听写和计算。为不使检查时间太长,身体部位辨别、空间结构等高级皮层功能检查没有包括在内,必要时另外进行。此检查只适合成人失语症患者。在大多数项目中采用了6等级评分标准,对患者的反应时间和提示方法都有比较严格的要求,除此之外,还设定了终止标准。本检查是通过语言的不同模式来观察反应的差异。为避免检查太烦琐,在一些不同项目中使用了相同词语。又为了尽量避免和减少患者由此造成对内容的熟悉,在图的安排上有意设计了一些变化。使用此检查之前要掌握正确的检查方法,应该由参加过培训或熟悉检查内容的检查者来进行。

(2)汉语失语成套测验(aphasia battery of Chinese,ABC):该测验是北京大学第一医院高素荣教授等参考WAB法,结合中国国情修改制订的,为WAB的中国化版本。全部测验完毕后,分别以言语正常对照组的均值作为100%,计算出患者各项得分相当于正常对照组的百分率。诊断流程类似WAB,分别通过流畅度、听理解和复述能力来诊断8种类型失语症。与WAB不同的是,可以根据命名能力的好坏,区分出经皮质运动性失语(词命名好)和皮质下失语(基底核性失语和丘脑性失语,词命名差)。

(3)北京大学医学部(原北京医科大学)失语症评定简表:该简易量表主要从交谈、复述、理解、命名、阅读理解、书写6大方面针对失语症患者语言功能进行评定,操作较为方便,比较适合康复医师筛选失语症患者时使用。

1)交谈。①提问:你叫什么名字? 你多大岁数? 你住在哪儿? 你(退休前)做什么工作? 请简单说说您怎么不好? ②系列语言:从1数到21。

通过交谈评价:哑、刻板、重复、非流利型、流利型、中间型、正常。

2)复述。①门;②九十五;③四个四十七;④百分之八十八;⑤手和窗户;⑥狗和机器;⑦乌鲁木齐和呼和浩特;⑧一个大花碗扣一个大花活蛤蟆;⑨他刚一进门就又下雨又打雷;⑩所机全微他合。

3)理解。①执行命令:指窗户;指灯;指鼻子;指肩膀;指进这个房间的地方;指能躺下睡觉的地方;指鼻子、肩膀和下巴;用右手摸左耳(如右侧瘫改左手);拿起钢笔碰一下铅笔;把纸翻过来,把笔放在下边,把钥匙放在上边。②是否:你的名字是××吗? (说患者名字);这是钢笔吗? 你吃过早饭(午饭)吗? 这儿是旅馆吗? 七月份下雪吗?

4)命名

①物体命名:钢笔;耳朵;眉毛;表带;胳膊肘;眼镜腿;袖子;领子;拇指;中指。

②列名:列举蔬菜名称(1分钟)。

③颜色命名

a. 辨别:红、蓝、绿、黑、白、黄。

b. 反应命名:天空是_____? 草是_____? 煤是_____? 少先队员的领巾是_____?冬天下的雪是_____? 麦子熟了是_____?

ER-7-4

感觉性失语
复述测试

5）阅读理解（朗读后指物或做动作或选择）。①耳朵；②铅笔；③房顶；④头发；⑤窗户；⑥闭上眼睛；⑦指一下儿灯；⑧把钢笔放在铅笔上边；⑨苹果是_____的（方的、原的、圆的、白的）；⑩解放军带（枪、抢、墙、呛）。

6）书写。①书写患者的名字；②手；③钢笔；④眼睛；⑤打气筒；⑥写一句话（2~6 先听写，后抄写）。

经过评定获得患者听、说、读、写各项语言能力信息后，参照图 7-7，可大致推断失语症类型。若精确判断，则采用成套量表评定。

此外，国内常用的失语症综合评定量表还有失语症汉语评测法。该量表是由河北省人民医院以国外通用的 BDAE 为依据，充分考虑到汉语语言的特点编制而成，即 BDAE 汉语版。

（四）失语症的非标准化评定

非标准化评定的编制和使用不遵循严格的标准化程序，评定资料和评定方法都未做严格要求，如治疗师自编的语言评定测验等都属于非标准化测验。非标准化评定虽然结论不一定非常可靠、完整，但其形式灵活、简单易行，有广泛的适用性。标准化评定和非标准化评定可以有机地结合起来运用，以标准化评定为主，将非标准化评定作为标准化评定的事先准备和必要的补充。同时也与国际通用的关于疾病和健康状态的分类系统——ICF 相呼应。

失语症的非标准化评定方法有基于心理语言学的评定、访谈、行为观察、生活质量评定和家庭社会支持系统评定等方法。因篇幅所限，本节仅对基于心理语言学的评定方法进行介绍。随着语言认知理论的不断发展与完善、认知神经心理学（cognitive neuropsychology, CNP）个案研究技术和功能影像技术、神经电生理技术的发展，国际上对失语症的认识已经远远超出了经典的分类，对语言功能的诊断已经不是模糊分类（如感觉性失语、运动性失语等），而是功能模块化。通过使用 CNP 方法发展起来的语言加工模型，认为人的语言以模块化处理的方式组织，而且语言加工模型是由多个模块组成，每个模块有各自的功能，它不仅存储信息，而且不同的语言信息通过不同的通路进行加工，脑损伤可以选择性地破坏一些模块，而其他模块不受影响。这种方法解释了失语症临床症状产生的原因，有助于制订更具有针对性的语言治疗计划。国内学者根据 CNP 的理论和假说建立了汉语失语症心理语言评价（psycholinguistic assessment in Chinese aphasia, PACA），通过 PACA 检查可以确定失语症患者的正常模块和功能受损模块，治疗师对受损模块进行处理，包括恰当的再存储或补偿，从而改善失语症患者的言语功能。

（五）失语症的鉴别诊断

如果因先天或幼年疾病使语言未能获得建立，就无所谓丧失，他们的语言功能虽有障碍，但不能称为失语症。由意识障碍如昏迷、谵妄、朦胧等状态，以及精神症状如缄默、违拗等，普通的智力减退所导致的语言障碍也不属于失语症。周围感觉及运动器官的障碍如视听觉严重障碍、肢体运动障碍、构音器官麻痹所导致的听语及阅读困难、书写困难以及语音问题均不属于失语症范畴。此外，失语症也不包括知觉、学习和记忆障碍，除非它们特别侵犯了语言符号。同时失语症也需与言语失用相鉴别。言语失用症是不能执行自主运动进行发音和言语活动，而且这种异常是不能用言语的肌肉麻痹、减弱或不协调来解释的一种运动性言语障碍，或者说是一种运动程序障碍。可单独发生，也可伴随于其他语言障碍，常常伴随运动性失语发生。

三、失语症的康复治疗

原则上所有失语症都是治疗的适应证，在原发疾病不再进展，生命体征稳定后即可开始训练。但有明显意识障碍、情感障碍或行为异常的患者和精神病患者不适宜语言训练。失语症的训练应根据评定结果有针对性地进行。失语症大多为听、说、读、写这四个方面不同程度受损,需要进行综合方面的训练,但随着治疗的深入,要把重点放在口语的训练上来,对于一些重度患者需重视阅读和书写的训练,做到因人施治,循序渐进。

失语症主要有三种基本的治疗模式:基于障碍的治疗模式、基于交流功能或基于结果的治疗模式和基于社会生活参与的治疗模式。

基于障碍的治疗模式是一种直接干预模式,即指治疗师针对言语语言障碍症状提供一对一的治疗模式。治疗是为了促进特定功能恢复,如语义缺陷者用语义判断任务,语音障碍患者训练语音输入和输出。方法是直接刺激特定的听、说、读、写能力。如 Schuell 刺激法、阻断去除法、强制性诱导失语症治疗(CIAT)、自发言语主动控制疗法(VCIU)、旋律语调疗法(MIT)、动词网络强化疗法等。基于障碍的康复方案也越来越借助语言加工经典模型来制订,这一模型描述了正常个体言语语言产出的各个环节和语言加工模块,以及各个环节和模块之间的关系,囊括了言语产生、概念加工、阅读和书写的全过程。这一模型对直接治疗获得性语言障碍极有指导意义。

基于交流功能或基于结果的治疗模式不是改善语言本身,而是通过各种语言和非语言的手段包括替代手段、代偿策略、使用残存的能力,提高真实的实际生活交流能力,鼓励来自陪护的支持。根据失语症轻重不同和病程变化,治疗方法随之改变。常用的有 PACE 治疗、手势语训练(visual action therapy,VAT)和功能性交际治疗方法(functional communication therapy,FCT)等。还可以采用非语言交流方式的代偿,该方法可看作是任何可补偿、改善或替代自然言语表达和书写表达的方法,依据患者情况的不同,可以是永久性或暂时性的。

基于社会生活参与的治疗模式是一种间接的治疗模式。言语治疗师以患者及其家属为中心,以促进患者功能康复与重返社区生活为目标,重视患者所处社会环境因素对其康复结果的影响,以及个体因素和环境因素之间的互动,全面考虑影响治疗过程的社会心理文化因素。随着 ICF 模型在康复领域的广泛应用,治疗的核心目标是促进患者个体交流沟通功能的康复。基于障碍的直接治疗模式也逐渐转向同基于社会生活参与的间接治疗模式相结合。目前国内主要采用基于障碍和基于交流功能的治疗模式。

(一) 基于障碍治疗模式的常用语言康复技术

1. 刺激促进法(stimulation-facilitation) 由 Schuell、Wepman 等言语治疗先驱提出,自20世纪以来应用最广泛的方法之一,是多种失语症治疗方法的基础。由于 Schuell 在建立和完善此方法上作出了巨大贡献,因此,该法也被称为"Schuell 刺激疗法"或"Schuell 失语症疗法"。该疗法的定义是指在受损害的语言符号系统中采用强烈的、被控制的和一定强度的听觉刺激作为首要的治疗工具去促进和扩大失语症患者语言功能的重组和恢复。该方法还强调了使用多维的、可操作的、可控制的感觉刺激来达到引出患者最大的反应。但需要强调的是,在治疗中会使用一定数量的不同输入方式,但是听觉模式的建立是刺激疗法的基础,几乎所有的失语症患者都存在听觉模式的障碍,然而听觉模式又是贯穿在所有语言处理模式中的,无论是语言的输入还是输出都需要听觉模式的参与才能完成。因此,在刺激疗法中一定强度的听觉刺激可以被视为一条重要的原则。

(1) 原则:可以归纳为以下 6 条,见表 7-3。

(2) 治疗形式:由治疗者根据患者的失语类型、严重程度、主要缺陷等情况,以治疗前选择好的刺激(靶刺激)10~30 个组成一个作业,治疗过程由治疗者的刺激(stimulus,S)、患者的反应(response,R)和治疗者对患者反应的反馈(feedback,FB)构成 S-R-FB 链,具体的进程见表 7-4。

ER-7-5

speech
言语训练

表 7-3　Schuell 刺激疗法的原则

刺激原则	说明
利用强的听觉刺激	是刺激疗法的基础，因为听觉模式在语言过程中居于首位，而且听觉模式的障碍是失语症患者的关键问题，但听觉刺激并不是唯一使用的刺激模式
适当的语言刺激	采用的刺激必须能输入大脑，因此，要根据失语症的类型和程度，选用适当的控制下的、一定数量甚至是多维度的刺激。 刺激的难度，要使患者感到有一定难度但尚能完成为宜
多途径的语言刺激	多途径输入，如给予听刺激的同时给予视、触、嗅等刺激（如实物），可以相互促进效果
反复利用感觉刺激	一次刺激得不到正确反应时，一定数量的反复刺激可能可以提高其反应
刺激应引出反应	此项刺激应引出一个反应，这是评定刺激是否恰当的唯一方法，它能提供重要的反馈而使治疗师能调整下一步的刺激
强化正确反应及修正刺激	当患者对刺激反应正确时，要鼓励和肯定（正强化）。 得不到正确反应的原因多是刺激方式不当或不充分，要修正刺激

表 7-4　刺激促进法的进程

患者对治疗刺激的反应	治疗者的反应	治疗的发展
达到目的	鼓励或奖励	进入下一步
达不到目的	1. 再刺激 2. 给提示 3. 对正确和错误部分给予反馈 4. 再刺激	成功则进入下一步；不成功则放弃这种刺激，更换新的刺激再进行

（3）促进（facilitation）的实施：又称易化，是在一个处于阈下兴奋水平的兴奋灶周围加入另一个阈下刺激，使兴奋达到阈值而出现反应或反而转入抑制的现象。在此具体指提示（cues）和抑制不适当的言语行为。

以命名物体为例，提示的目的是从认知方面改善在心理词汇库中的词检索（retrieval）能力；从行为方面是要增加命名的准确性。提示的性质最好是一种暗示或是一种不含有靶词整个音素的信息，分为语义提示（semantic cues）和音素提示（phonemic cues）。目前，普遍认为提示对刺激促进法的效果比不用好。对命名来说，音素提示比语义提示好，如命名困难的严重程度较轻，音素提示的效果更显著，但对动作命名的效果，语义提示比音素提示大一倍。

（4）反馈（FB）：是在一个控制系统中，从其输出中取出一部分信号，返送给控制系统，以进行控制的方式。具体到言语治疗中，是将患者反应（输出）的信息告知患者（控制系统），以改善其控制的方法。FB 分为两种，一为鼓励性 FB（incentive feedback），是对出现反应的回报，如答对时我们说"好"，答错时我们说"不，这是错的"；第二种是通知性 FB（information feedback），是告知患者反应接近标准的程度，如"你回答得不完全，在'×××'前（或后）应还有'××'"等。反馈可巩固患者的正确反应，减少错误反应。反馈将有助于患者克服错误。

但应用 FB 需要有一些条件，如患者反应要积极；了解靶反应是什么；知道如何能逐步接近靶目标。只要具备这些条件，就可应用 FB。

（5）训练内容：可根据言语障碍表现的不同，采用下述的训练内容。

听理解：听词指物、指图、指词；听功能描述后指物、指图、指说明；执行口授命令；按口授指示辨认身体部分；反应性命名（如写字要用什么？应回答笔）；复述检查者的话；回答是/否题；听长句或段落回答提问等。

笔记栏

口语表达:物体命名、图命名、复述、口语描述情景画、口头描述当前或过去发生的事。

阅读理解:将词和图配对、词和物配对、听词找出相应的字,阅读句子、段落或短文后回答问题等。

书写:抄写、用文字描述情景画、用文字描述物品功能、写姓名地址、写个人简况等。

(6)靶刺激的选择:宜遵守下述原则。针对存在的缺陷;为患者所熟悉、喜爱、惯用;有兴趣,有现实意义;与患者个人日常生活、兴趣爱好和职业有密切关系;在难度上患者反应错误不超过 20% 。

(7)刺激的方法:包括集中刺激一种言语形式的方法、有围绕一个词进行多种言语形式的训练法、使反应易于引出的刺激的成对输入和单个撤出法和去阻滞法。如两种刺激同时输入,合并以残存功能较佳部分的刺激效果更好,可增加刺激量使反应易于发生,取得成功后,才撤下这部分的刺激。

(8)作业的选择:要从易到难,否则超过患者的能力,作业难以实施。另外,制订新作业时每次只改变一个因素。

2. 阻断去除法(deblocking method) 这是 Weigl E 和 Bierwisch 于 1970 年提出的。阻断去除类似于引爆(priming),是在刺激受损的功能之前,先刺激受损相对较轻的功能,这种促进性引爆(facilitative priming)可在长期记忆区激起兴奋的自动扩散,使受损较重的部分易于发生反应。阻断去除法很少作为一种完全独立的方法使用,多配合 Schuell 刺激疗法作为易于引出反应的一种方法。治疗方法示例见表 7-5。

训练计划和具体训练内容

阻断去除法

表7-5 阻断去除法治疗方法举例

患者的残存功能状况	治疗者的预刺激	治疗者的靶刺激	患者应有的反应
1. 听理解优于阅读理解	说苹果、钥匙、刀(听)	出示有钥匙的画(阅)	指向钥匙
2. 阅读理解优于听理解	出示有苹果、钥匙和刀的画(阅)	出示有钥匙的画,问这是什么(听)	说钥匙
3. 听理解优于阅读理解	说"这是苹果"(听)	出示有苹果的画(阅),问这是什么	说苹果

3. 程序操作法(programmed-operant approach) 此法是 Lapointe 于 1978 年提出的,刺激的选择与促进的应用采纳了刺激促进法的原则和优点;为达到目标而逐步地修正言语行为,则采用了操作条件反射的方法。治疗从患者有反应能力的水平开始,从起初反应向终点反应进行,这种进程称为程序。患者的康复由几个程序构成,程序可针对不同言语形式设计,如一个供听理解训练,一个供表达训练等;程序也可重叠,如一个供听理解而另一个供阅理解训练等。起初可能只用单个词,终末刺激可以是每日生活中复杂的句子;对于文法缺失,起初可能是几个词或短语,最后是足够复杂的完整句子等(图 7-8)。

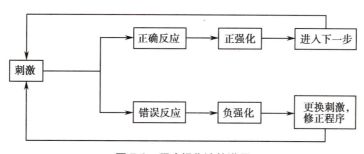

图 7-8 程序操作法的进程

4. 旋律语调疗法（melodic intonation therapy，MIT）　由 Spark、Helm-Estabrooks 和 Albert 于 1974 年提出。

（1）理论基础：基于一些严重失语者虽然不能说话，但能唱出熟悉的歌，表明非优势半球的音乐韵律功能仍然完好，可以此为基础，利用非优势半球的这种功能来代偿。

（2）适用范围：主要用于优势侧半球损伤后表达困难，而理解相对较好的患者。具体是：①口语表达严重受限，仅能以刻板式的杂乱语（jargon）说话；②口头模仿能力差；③相对保留言语理解能力；④有合适的记忆广度和情绪稳定的患者。

（3）基本原理和方法：选择合适的言语资料，将言语"谱"成可以吟诵的句子，教患者以唱一句单调歌的形式吟诵。一般的方法是：治疗师用手在桌上拍出"歌"的节律，并按此节律吟诵句子，患者逐渐加入，当患者与治疗师一起吟诵成功后，治疗师逐步撤出。以后将吟诵形式改变为说歌（spoken song）的形式，节律和重音不变，但用变化的音调代替比较恒定的音调，起初也是治疗师和患者一同"说"，待患者能独立后，治疗师逐步撤出。然后用连续接近法，将反应向正常韵律成型，最后让患者以回答问题的方式产生靶句，学会一些句子后再换新句子。

5. 强制性诱导失语症治疗（constraint-induced aphasia therapy，CIAT）

（1）定义：CIAT 是 2001 年 Pulvermüller 等遵循强制性使用运动疗法的原则，将此治疗方法引入慢性失语症的治疗之中，近几年，已逐渐被完善和拓展至恢复期脑卒中失语症的康复治疗。CIAT 使用大量、频繁的语言训练，促进了脑卒中患者在交际环境中的语言应用，也鼓励患者开发自身保留的语言和交际能力，从而帮助脑卒中失语患者重新获得语言功能。

（2）理论基础：强制性诱导失语症治疗与其在运动功能障碍患者中应用的"习得性失用"的形成及其矫正理论基础相一致，见图 7-9。

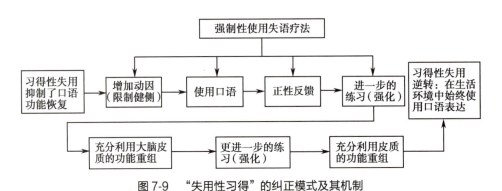

图 7-9　"失用性习得"的纠正模式及其机制

（3）具体方法：CIAT 是一种在小组形式下开展的强化形式失语症言语行为治疗，小组包括了 2~3 例患者和一名言语治疗师。按照参与者的失语症特征的相似性，以及严重程度进行分组；在两周内接受 30 小时（每日 3 小时）的治疗。在游戏形式的治疗环境中，参加者必须通过使用口语对某种物品的描述，来请求另一参加者给予图卡片，并理解其他患者或治疗师提出的要求。根据各个患者的交流能力，来选择与患者水平相适应的图卡。要求每个患者尽可能多地从其他患者手中获取与自己一致的图卡。治疗师定期向患者提供成功交流的反馈，以及引导、帮助和强化。

6. 非自主性言语自主控制（initiative control of nonautonomy speech）　该疗法是 Helm 和 Barresi 于 1980 年提出的，是为一些只能说出几个词或言语刻板患者设计的。将患者说出的话写下，让他读或复述，如能成功，表示能较随意地控制，逐步过渡到对出示的图命名，最后在会话中应用习得的词汇。

7. 基于心理语言学的治疗方法　对于失语症康复来说,做出失语症分类诊断是远远不够的,更重要的是做出心理语言学评价,以了解语言加工过程中,哪个或哪些加工水平受损。随着认知心理学的迅速发展,其理论被应用到失语症研究领域。21世纪初,认知心理学的方法被推荐为临床实践标准。近几年来,国内认知心理学的理论也被应用到失语症的检查与治疗中。一些语言病理学家根据语言加工模型试图解释正常和异常语言现象。语言障碍的各种表现被解释为语言加工系统的缺陷。因此,在失语症康复治疗前,通过临床检查提出语言受损的假设,再进行心理语言学检查,找出语言损害的内在机制,才能使语言治疗真正做到有的放矢。

例如,认知心理学的图画命名主要涉及四个水平,即语义系统、语音输出词典、语音输出缓冲和言语运动计划。失语症患者可以在其中一个或几个水平出现损害。

语义系统分为概念语义和词汇语义。概念语义是指每个事物存在着的语义表征,它是由一套相关信息组成。如"狗"的相关信息包括有"四条腿"、身上有"皮毛"、是"小宠物"、会"叫"、"吃肉"等。词汇语义是指概念已经被词汇化,如"狗"。在词-图匹配或命名测验时,如果只有一部分信息可利用,如没有"叫""吃肉"的信息,或概念语义与词汇语义的连接不强,则"兔子"或"猫"可能被激活。通过一些测验可以用来评价词汇语义。一种方法是给患者呈现一张图画,要求他判断一个语义相关词是否可以作为这张图的正确名称。听觉词-图匹配和视觉词-图匹配测验应用了这个原则,测验中含有语义干扰项,词汇语义缺陷会在测验中表现出来。由于涉及图画,因此词-图匹配测验必须使用高表象词。另一种方法可以通过使用表象性控制的词,要求患者判断两个词的意义是否相同来确定。同义词中具体词和抽象词判断涉及了高表象词和低表象词,可以更好地检验是否存在语义缺陷。

语音输出词典存储着个体获得的有关词汇的读音,在图画命名时提取相应的词形语音表征。语音输出词典受损时,目标词的语音表征不存在,表现为"舌尖现象",即话到嘴边就是说不出来。词频对语音输出词典受损的鉴别有一定帮助。当语音输出词典受损时,图画命名测验的词频效应显著,即词的使用频率越高,命名的成功率越高。还可以采用同音字判断,要求患者判断几个字是否发音相同,该任务可以不经过语义,即经过朗读的非语义通路,因此可用于检验语音输出词典是否受损。

语音输出缓冲器是语音的暂时存储器,并进行语音编码。其容量有限,受词长的影响。语音编码时需要生成韵律框架、构建槽、选择音段进行填充。在韵律框架生成中提取音节数量;槽的构建确定了词的音位数量和序列,并利用该信息进行音段选择与填充。这样词的单个音位以及它们的顺序依次被提取。该模块受损时,出现音位或音节替代、遗漏、置换,即音位性错语。语音输出缓冲器受损不会受到词频影响,但受到词长影响。该水平受损的患者将产生音位性错语,只要涉及词产生操作包括复述,都是如此。

言语运动计划即指定发音器官的运动目标(如圆唇、舌尖提高)。运动计划的基本单位是音位,每个音位系列有"恒定"的空间和时间赋值(在言语产生时提取感觉-运动记忆)。它具有发音特性,而不是运动特性。当言语运动计划受到破坏,言语速度减慢、语音歪曲含糊不清。

通过心理语言检查后,确定了语言加工受损的水平,即可制订语言治疗方案。语言产生过程中每一个阶段的损伤都能通过不同的治疗方案得到矫治。如果词汇语义受到损伤,便可以采用语义任务进行语义方面的康复训练;如果对语音形式的提取存在障碍,那就集中进行语音通达方面的康复训练;如果是语音编码阶段的损伤,就加强音位训练;如果伴有言语运动计划障碍,则同时进行口面运动和言语发音训练。总之,通过心理语言评价,可以帮助我们进一步分析和确定造成命名困难的语言加工受损的水平,可以充分显示命名困难产生的根源,从而为命名困难受损的认知加工过程进行针对性治疗。

(二)基于交流功能治疗模式的常用语言康复技术

1. 交流效果促进疗法(promoting aphasics communication effectiveness,PACE)　该疗法是促进实用交流能力训练的主要方法,由 Davis 和 Wilcox 创立,是目前国际上得到公认的促进实用交流的常用训练方法之一。

(1)理论依据:在传统的言语治疗中,一般都要求患者对训练教材(刺激物)作出一定的反应,当有正确的言语表达时,进行反馈或强化。从日常生活中的交流情况来看,显然是不符合自然的。而 PACE 则是在训练中,利用接近实用交流的对话结构,信息在言语治疗师和患者之间交互传递,使患者尽量调动自己残存的言语能力,以获得较为实用的交流技能。

(2)适应证:适合于各种类型和程度的语言障碍者,应考虑患者对训练方法的理解。亦可应用在小组训练中,例如:有一定语言功能,但实用性差者,还可以将方法教给患者的家属进行家庭训练,但要清楚停止训练的标准。

(3)治疗原则:包括以下四个方面。①交换新的未知信息:表达者将对方不知道的信息传递给对方,而传统的治疗方法是进行语言治疗时,已知单词或语句的情况下,对患者单方面提出要求;②自由选择交往手段:治疗时,可以利用患者口头表达的残存能力,也可以运用书面语、手势、图画、指点等代偿手段来进行交往,语言治疗师在传达信息时可向患者示范,应用患者能理解的适宜的表达手段;③平等交换对话:责任表达者与接收者在交流时处于同等地位,角色交替转换;④根据信息传递的成功度进行反馈:当患者作为表达者时,言语治疗师作为接收者,根据患者对表达内容的理解程度给予适当的反馈,以促进其表达方法的修正和发展。

(4)训练方法:将一叠图片正面向下扣置于桌上,治疗师与患者交替摸取,不让对方看见自己手中图片的内容。然后运用各种表达方式(如呼名、描述语、手势语、指物、绘画等)将信息传递给对方,接收者通过重复确认、猜测、反复质问等方式进行适当反馈,治疗师可根据患者的能力提供适当的示范。

(5)效果评分、注意事项、停止训练的标准:效果评分可采用交流效果促进疗法评分,见表 7-6。

表 7-6　交流效果促进疗法评分

内容	评分
首次尝试即将信息传递成功	5
首次尝试信息未能令接收者理解,再次传递即获成功	4
通过言语治疗师的多次询问,或借助手势、书写等代偿手段将信息传递成功	3
通过言语治疗师的多次询问等方法,可将不完整的信息传递出来	2
虽经多次努力,但信息传递仍完全错误	1
不能传递信息	0
评定不能	U

2. 手势语训练(VAT)　此法是 Heim-Estabrooks、Fitzpatrick 和 Barresi 于 1982 年提出的。治疗对象起初是完全性失语等重症患者,其理论依据,是 20 世纪 70 年代一些学者发现完全性失语治疗后的改善很少,但对这类患者可教会他们在接收和表达上,利用视觉符号的

非语音系统(nonphonetic system),使行为和言语概念通过刺激与反应得到再整合。

(1) VAT 的适用对象:表达困难而听理解相对受累较轻,想用快速复杂的手势表达,但肢体又欠灵活的患者。

(2) VAT 的用品:8 种物品可供肢体进行 VAT,如锤子、锯、螺丝刀、油漆刷子、电话及拨号盘、撒盐瓶、打蛋器、安在木板上的门把手。8 种可用面部表情表示的物品,如杯子、哨子、吸管、花、刮脸刀、望远镜、棒棒糖、筷子供面部 VAT 使用。此外,还有绘有上述物品的图卡,还有一套供上下文提示的工具,它是两块木板架在一起,上有未完全钉进的钉子,提示使用锤子。

(3) 具体治疗方法:在 VAT 中,所有指示、强化和治疗步骤都是不发音的。治疗逐步地由易到难,第一步要达到 100% 正确才能进入下一步。在每个要评分的步骤内,当患者对每个物体的操作正确时评为 1 分,需自我修正时评为 0.5 分,其他均评为 0 分;有"训练"字样的步骤不用评分。每次治疗大约需要半个小时。

第一级水平训练:使用物品进行训练。让患者把物品与图配对,目的是要患者理解物体的线条图可以代表物体。

第二级水平的训练:用动作图代替物品进行训练。

第三级水平的训练:用小的物品图片代替物品进行训练。

3. 功能性交际治疗方法(FCT)　该方法侧重于日常的交往活动和信息交流,目的是将患者由封闭式治疗室逐渐转移到室外或社会环境中去,充分利用各种沟通形式和任何未受损的能力(如书写、姿势、口语)来加强沟通效果。

4. 非语言交流方式的代偿　由于重度失语症患者的口语及书面语障碍,严重影响了语言交流活动,使得他们不得不将非语言交流方式作为最主要的代偿手段。因此,非语言交流技能的训练就显得更为迫切,以达到促进实用交流能力的目的。但应注意,较多失语患者的非语言功能,也同样受到不同程度的损害,代偿手段的获得并非易事。

(1) 手势语的训练:手势语不单指手的动作,还应包括头及四肢的动作。对于经过训练已经无望恢复实用性口语能力的失语症,可考虑进行手势语的训练。训练可以从常用手势(点头、摇头表示是或不是;指物表示等)入手,强化手势的应用;然后治疗师示范手势语,令患者模仿,再进行图与物的对应练习,进而让患者用手势语对提问进行应答,以求手势语的确立。

(2) 辅助沟通系统(augmentative and alternative communication system, AAC):是专为不能说话或说出的话无法令听者理解,而认知功能尚好的患者设计的。包括下列几种手段。

画图训练:此方法对重度语言障碍而保留一定的绘画能力的患者可能有效。训练前,可以先画人体的器官、主要部位、漫画理解等。训练中,应鼓励并用其他的传递手段,如图画加手势、加单字词的口语、加文字等。

交流板/交流册的训练:适用于用口语及书面表达进行实用交流很困难的患者,但应有文字及图画的认识能力。内容包括日常生活用品与动作的图画,也可以由一些照片或从刊物上剪裁的照片组成。应根据患者的需要与不同的交流环境设计交流板。对有阅读能力的患者,可以在交流板上补充一些文字。

电脑及仪器辅助训练:应用高科技辅助交流代偿仪器,如触按说话器、环境控制系统等。

(三) 其他语言康复技术

除了上述方法外,还有非侵入性脑刺激技术、计算机辅助及远程康复治疗技术及药物、针灸、高压氧等其他语言康复技术。

非侵入性脑刺激技术(non-invasive brain stimulation, NBS)通过直接调节大脑皮质兴奋

ER-7-10

失语症
AAC 训练

性而发挥调控大脑神经网络的积极作用,促进脑神经再塑和功能的重组。经颅磁刺激(transcranial magnetic stimulation,TMS)和经颅直流电刺激(transcranial direct current stimulation,tDCS)是 NBS 最常见的两种技术。

经颅磁刺激治疗包括三种模式:单脉冲经颅磁刺激(single transcranial magnetic stimulation,sTMS)、双脉冲经颅磁刺激(paired transcranial magnetic stimulation,pTMS)和重复经颅磁刺激(repetitive transcranial magnetic stimulation,rTMS)。sTMS 主要用于电生理检查,pTMS 主要用于神经领域的研究。rTMS 是在特定大脑皮质部位给予重复刺激,它利用快速变化的磁场产生的感应电流使大脑神经细胞的兴奋性发生改变,通过调节大脑皮质的兴奋性,易化脑的可塑性,发挥其神经调节功能并增强康复训练的效果。经颅磁刺激联合常规言语康复训练,可更好地改善患者的语言功能,近年来已逐渐应用于失语症的临床治疗。

tDCS 是使用低强度直流电来调节皮质某些区域的大脑活动,从而起到治疗作用。tDCS 有两个电极:阴极和阳极。电极通常放置在要治疗的大脑皮质上方的颅骨表面。一个电极放置在待刺激的区域上,另一个电极放置在对侧头部或颈部,并且有电流通过。通常,阳极增加大脑皮质的兴奋性,而阴极降低大脑皮质的兴奋性。

(四) 失语症的对症治疗

针对失语症患者不同的语言障碍模式(听、说、读、写障碍)和严重程度采用相应的治疗方法。具体如表 7-7 所示:

表 7-7　不同语言障碍模式和严重程度的训练课题

言语症状	障碍程度	训练课题
听理解	重度	词音、图画、词匹配,是、非反应
	中度	听短句做是或非回答,正误判断,执行口头命令
	轻度	在中度的基础上,选用的句子和文章更长,内容更复杂
言语表达	重度	复述(音节、单词、系列语),称呼(日常用词、动词命名、读单音节词)
	中度	复述(短文)、读短文、称呼、动作描述(情景画、漫画说明)
	轻度	事物的描述,日常交流
阅读理解	重度	字、图或词、图匹配(日常物品),简单动作
	中度	情景画、动作、句子、文章配合,执行简单的文字指令,读短文回答问题
	轻度	执行复杂的文字指令,读文章后回答问题
书写	重度	临摹、抄写、听写(日常生活用品单词)
	中度	听写(单词、短文),书写说明
	轻度	听写(长文章),描述性书写、日记、信件
计算	重度	简单的加减计算及乘除计算(一位数)
	中度	进位加法、退位减法,简单的乘除
	轻度	复杂的加减乘除

(五) 常见失语症的治疗

各类型失语症具有不同的特征,还应依据不同失语症的类型选择相应的训练内容,各类失语症训练重点详见表 7-8。

表7-8　不同类型失语症的训练重点

失语症类型	训练内容
表达性失语	口语表达、朗读、复述、命名
感觉性失语	听理解、会话、复述
传导性失语	看图说话、复述、听写
命名性失语	口语命名、文字称呼
经皮质感觉性失语	以感觉性失语课题为基础
经皮质运动性失语	以表达性失语课题为基础
完全性失语	听理解、口语表达、实用交流
经皮质混合性失语	以完全性失语课题为基础

1. 表达性失语的治疗　表达性失语患者口语常费力,语量减少,构音不清晰,常常一个字一个字地说出。因此,言语旋律很差或丧失,语句长度变短,言语常由单词组成。经常出现词的替代,失语法结构或类似电报式语言,不同类型的错语,听觉理解较轻。表达性失语患者有时会有很好的构音并反复说出一些字词,一些是有具体意义的词。当一些患者的言语恢复到词句水平时,言语中的韵律障碍和构音费力便表现得比较突出。表达性失语的治疗可在以下几方面加强训练。

(1) 表达的训练

1) 言语表达技能训练:表达障碍的患者因存在言语声音的收集功能低下,应再建言语表达技能。方法是可以通过教会患者单个的韵母、声母,再把声母和韵母组成单词,最后组成句子。在训练时,可以先教会患者最易看见的声母,如双唇音 b、p、m 和张口元音"a",治疗时可以用发音的口型动作提示,有时可以用辅助的手法帮助患者将音发准确,也可以使用镜子利用视觉反馈进行训练;还可以利用患者随机产生的声音协助发出更多的音,比如患者会说"笔",可利用此表现让患者看毛笔的图片和用夸张并减慢发音速度的口型引导患者发出"毛笔"这个词。

2) 改善发音灵活度:对于发音缓慢费力的患者,可以让其反复练习发音,如发"pa、pa、pa","ta、ta、ta","ka、ka、ka",然后过渡到发"pa、ta、ka",反复练习。

3) 利用自动性语言训练:让患者数数,由 1 至 21,逐日增加,每日必须掌握规定的数字,不宜过快过多增加,每日只宜增加 3~5 个数字;完成病前患者熟悉的诗歌,如唐诗等。

4) 命名训练和找词困难的训练:命名障碍是非流利性失语一种极为常见的症状,开始时可给予音素提示,上下文提示或功能描述,找出名字后可给予简单的复述或大声地读出以强化,一旦达到准确,就要让患者提高反应的速度。例如患者对出示电话的图片或实物不能命名,可对他提示说:"您如果在医院有其他事情要跟家人说,您可以给您太太打个……"经过几次的提示,最终患者说出了"电话"这个词;也可以用一个口型或词头音引导患者命名,还可以说出几个词,让患者选择。

5) 描述图画:图画依所需反应的长度和复杂性来选择,如开始时,可选用运动员跑步等人物加动作(主谓)的句子来描述的画,进一步采用需用人物+动作+名词(主谓宾)的句子来描述的画。以后可用零散放置的印刷好的词,让患者将它们排列成描写图画的句子,让他辨认正确与错误及改正错误。其他还有给患者一幅画和一张动词卡,然后让患者用此动词做出描述图画的句子。

6) 失语法结构的训练:可以利用再教的方法,例如开始教主、谓、宾结构,然后再教形容词和副词、介词、连词。也可以用表示动作的句子来进行训练,例如"妈妈打开门",应用这类句子是由于这类句子最容易被正常人和失语症患者理解。还可以采用"冲破阻滞"法,即用几个句子并增加句子语法的复杂性如"妈妈缝衣服","妈妈一边缝衣服一边看电视","妈妈一边缝衣服一边看着精彩的电视节目","昨天晚上,妈妈一边缝衣服一边看着精彩的电视节目"等。

（2）复述训练:根据患者复述障碍的程度选择训练方法,如直接复述、看图或实物复述、重复复述、延迟复述等。治疗时可以借鉴表达训练的方法,充分利用视觉、触觉和听觉等线索,如用压舌板辅助患者的唇舌运动协助患者准确发音;可采用面对镜子、手势表达的方法进行训练;也可以利用患者随机产生的声音诱导发出更多的音,如患者会说"笔",就让患者看铅笔的图片,并用夸张口型减慢语速引导患者发"铅笔";另外,旋律语调疗法（MIT）对于促进患者的复述能力有较好效果。

（3）理解的训练:这种患者听理解虽非主要障碍,但也经常出现问题,改善的训练方法是让患者根据较复杂的说明指出画中相应的内容;执行较复杂的指示,特别是含有空间关系的指示;修改描述图画时表达有错误的句子等。

（4）持续症（perseveration）的训练:持续症是指脑损伤者表现出的僵化固执、连续重复的症状,该症状常出现在命名、书写等多个领域,严重影响患者的语言认知功能。如令患者命名"牛奶",然后让患者命名"面包",但患者仍然说"牛奶、牛奶、牛奶"。此时需要提高患者的命名能力,采用的基本策略有:①解释,告诉患者存在持续症,需要采用措施克服;②分散患者的注意力,每次尝试用个新词,或共同参与搭积木游戏;③通过听觉和视觉途径提醒患者,将欲习得词写在纸上,反复视觉和听觉强化;④控制表达的节奏（每个项目之间至少间隔5秒）。

（5）交流训练:重点采用交流效果促进疗法（PACE）、功能性交际治疗方法（FCP）进行训练,旨在整体改善患者的生活交流能力。对于存在极严重表达障碍的表达性失语患者,可以采用代偿交流的方法,如手势语的训练、交流板的应用等。

2. 感觉性失语的治疗　感觉性失语患者自发语言呈流畅性,表现为语量多,讲话不费力,患者自己在很流利地说,却不知在说些什么,有较多的错语、新语,难以理解,答非所问,缺乏实质词,语言空洞,无构音和韵律异常。听理解障碍较重,对实词和虚词均有困难,对语音和语义的理解都受到损害,别人和自己讲的话均不理解,或者仅理解个别词和短语,但在一定语境下略好。复述存在严重障碍,多由于听不懂别人的问话导致。命名有找词困难,出现大量的错语和新语。阅读和书写存在不同程度障碍,尤其是听写,能书写但不知道自己写的是什么。

（1）听觉理解训练:遵循由易至难、逐步递进的顺序进行训练,训练内容包括系列指点,如"指杯子和房子","指杯子、房子和树","指杯子、房子和汽车";系列指令,如"过来、关上窗、坐下、递给我笔",观察患者执行的情况;是非回答,如"下雨了吗",等等,以改善患者的听理解能力;情景图画描述训练,治疗师描述图画、提出问题,让患者给予简短的回答,或指出画中特定的部分。

（2）听觉复述训练:重症患者在治疗初期采用视听相结合的方法,如治疗师可与患者面对面而坐或者面对镜子而坐,当患者听理解能力有所提高或为轻症患者,可进行听觉复述训练,如单韵母、双韵母、声母、词、句子等。

（3）阻断去除法:此类失语症患者的阅读理解能力（视功能）通常显著好于听觉理解能力。因此,可以采用阅读的形式协助恢复听理解能力。具体训练步骤为,将文字按先后顺序排成两至三个语句（阅读）;将书写语句与图片匹配（形义结合）;给出口头指令,指出这些语句(音形结合);指出语句中的个别单词(单条件听指令);指出与短语有关的图片(多条件听指令);回答关于语句的问题;针对图片进行口头描述。

（4）针对口语理解困难的患者采用 MIT 治疗,以唱词的形式,使患者理解词语的意思。

3. 命名性失语的治疗 命名性失语,是以命名障碍为主要临床表现的流畅性失语。在口语表达中主要表现为找词困难、缺乏实质词,对人的名字也有严重的命名困难。对于说不出的词,患者多以迂回语言和描述物品功能的方式进行表达,因此语言表现为赘语和空话较多。除了命名以外的其他语言功能均被保留下来。

命名训练

（1）再建命名事物:命名性失语原因可以视为词汇量的减少,Wepman 建议采用经典条件反射原理,集中几个词反复出现在患者面前,让他连续听读,在 3 个月中教 4 个词,患者学会 2 个词后的 2 周,可能会取得很快的进步。可能的解释是:①连续一段治疗后的突然改善可能类似一种总和,一个神经元在形成以前,必须由数个其他神经元激发,因此,这种命名能力可能来自于治疗人员反复刺激的累计效果;②也可能这种命名是逐渐改善的,但评分系统不能评测出这种逐渐的变化;③这种特殊的恢复类型也可能与病因有关。

（2）再建命名回忆:另一种观点认为命名性失语是回忆词功能的丧失,选用不同的刺激方法有助于对词的回忆,如可采用词头音、手势、描述、上下文、书写、描图、复述引出。具体方法可以用图片和实物来进行训练,每次 8~10 个实物或图片,这些图片所表示的词很多,可用明显的手势来表明如何使用。如训练说"剪刀",可以用手做剪东西的动作,这样常常可以刺激患者回忆要说的词。以下是选择性命名困难的训练过程。

治疗人员问:"这是什么?"(出示望远镜的线条画)

患者:"里面有玻璃片,用眼睛可以看见东西"。

治疗人员:"请像我这样做(用拇指和食指形成一个圈放在眼睛前)"。

治疗人员:"望……"

患者模仿动作后说出:"望远镜"。

4. 完全性失语的治疗 完全性失语患者的全部言语模式均受到了严重损害。这类患者几乎没有能力通过言语和书写进行交际,也不能理解口语和书面语。但由于完全性失语患者仍具有不同程度的视觉交流能力,如执行指令、回答问题、描述事情、表达情感等,这些现象表明完全性失语患者一些自然语言需要的认知活动是存在的,临床证实只要使用适当的暗示、提词和刺激,最严重的失语患者也可以理解和产生言语。

（1）手势语训练(VAT):近年来,波士顿治疗中心主要使用这种方法,将专门的物体、活动与概念形式联系起来,并执行一系列与线条画有关的任务。VAT 应用 8 个实物,例如刮脸刀和杯子,所有这些物品都很容易用一只手操作,并可以用一种手势所表示。这些任务按难易程度分成不同的步骤和水平,目的是使患者逐渐认识线条画和手势所代表的意思,然后产生有代表意义的手势。

完全性失语听觉口语训练

（2）听觉口语训练法:完全性失语患者在早期康复时仍可以用 Schuell 刺激法进行听理解训练(词汇、词组、短句、长句理解),然后过渡至言语发音训练(包括呼吸、发声、共鸣构音、语音训练等),最后进行简单的交流训练。整个过程均可辅以视觉、触觉等线索。

（3）旋律语调疗法(MIT):部分完全性失语症患者右脑韵律功能完好,让患者把日常生活中常用的简单语言段落和句子配上旋律唱出来,以重新形成自然说话发音。

（4）代偿手段训练:治疗人员也可以教患者利用手势进行交往,手势语对口语的恢复是有促进作用的。还可以利用人工言语,如使用交流板,利用形状和线条画来代替言语和概念。

（六）失语症疗效与预后的影响因素

1. 梗死预后好,病灶小者预后较好,单一病灶及非颞顶叶区的病灶比多发病灶及颞顶叶区病灶预后好,初发者预后优于复发者。

2. 失语症类型 表达障碍型者比理解障碍型者预后好。

3. 并发症 无并发症者预后好,合并认知功能受损者预后差。

4. 训练开始时间 训练开始时间越早,预后越好。

5. 发病年龄 发病年龄越年轻,预后越好。

6. 利手 左利手或双利手者比右利手者预后好。

7. 智力 智商高者比智商低者预后好。

8. 性格 外向型性格预后好。

9. 对恢复的期望 迫切要求恢复,训练积极者预后好。

10. 社会环境 家属、同事、朋友对失语症患者康复治疗支持则预后好,医患关系融洽者预后好。

四、失语症的传统康复治疗

中医认为语言与五脏六腑的生理功能有着密切关系。若脏腑功能正常,气血调和,阴平阳秘,则意识清明,思维敏锐,语言流利。中医学中虽无"失语"这一病名,但在古代医籍中有"喑痱""风懿""风喑""难言""语涩""舌强不语"等记载。失语症在中医"中风"病症中最为常见。语言尤其与心、脑、肾的关系最为密切。其发生病机复杂,大体可归纳为风、火、瘀、痰四邪伤及心、肝、脾、肾四脏;心主神志而开窍于舌,手少阴之别系舌本,若心神失养,故出现舌强、言语謇涩不利;脑为元神之府,脑髓充盈则语言正常;肾藏精,足少阴之经脉系于舌本,如风中脑络,致使脑脉瘀阻,气血不通,或肾虚精亏,髓海空虚,风、火、瘀、痰和之,流窜经络,上阻清窍,以致神昏失语。因此,心、脑、肾等脏腑生理功能正常,则语言功能亦正常,若肾精亏损,津液不能上承,或痰瘀互结,蒙蔽心窍,舌窍失灵,或血瘀于脑,神失所主,均能导致语言功能障碍,轻者言语不利,重者言语不能。失语症的传统康复治疗常用方法包括针灸、推拿及中医方药辨证论治。

(一)针灸治疗

1. 常用穴位的选择、定位及配伍 临床针灸治疗失语症的腧穴选择主要考虑穴位的近治作用,头部及口颜面局部的穴位为主。脑血管疾病是失语症发病的主要病因,针刺头部腧穴可改善脑血流量;针刺舌部腧穴则通过刺激舌体分布的舌下神经、舌咽神经、舌神经及末梢神经等,将针刺信号传递至中枢,激活语言中枢神经元的活动,促进大脑功能的代偿,达到改善语言功能的作用。主要选取经外奇穴、督脉、任脉、足少阳胆经等经穴上的穴位。

(1)经外奇穴:经外奇穴是在十四经穴之外具有固定名称、位置和主治作用且对一些疑难病症具有奇特疗效的腧穴。

1)金津、玉液

定位:在口腔内,舌下系带的静脉上。左侧为金津,右侧为玉液。

取穴:正坐张口,舌卷向上方固定,于舌面下,舌系带两侧之静脉上取穴。

解剖:分布有下颌神经、舌下神经和面神经鼓索的神经纤维,以及舌动脉的分支舌深动脉,舌静脉的属支舌深静脉。

主治:舌强,舌肿,口疮,喉痹,失语;消渴,呕吐,腹泻。

操作:用三棱针点刺出血。损伤后出血不止的患者禁用;有出血倾向者忌用。

配伍:金津、玉液配廉泉、风府、大椎、天突,治舌强不语。

2)四神聪

定位:在头部,百会前后左右各旁开1寸,共4穴。

取穴:取穴时患者坐位或仰卧位,先取头部前后正中线与耳尖连线的中点(百会穴),在其前后左右各 1 寸处取穴。

解剖:在帽状腱膜中;有枕动脉、颞浅动脉、额动脉的吻合网分布;有枕大神经、滑车上神经、耳颞神经分布。

主治:头痛,眩晕;失眠、健忘、癫痫等神志病;目疾。

操作:平刺 0.5~0.8 寸。可灸,艾炷灸 1~3 壮或艾条灸 5~10 分钟。

(2) 督脉经穴:督脉起于小腹内,下行于会阴部,向后从尾骨端上行脊柱内部,上达项后风府,进入脑内,上行至颠顶,沿前额下行鼻柱,止于上唇系带处。

1) 哑门

定位:在颈后区,第 2 颈椎棘突上际凹陷中,后正中线上。

取穴:正坐,头稍前倾,于后正中线,入发际 0.5 寸之凹陷中取穴。

解剖:在项韧带和项肌中,深部为黄韧带和脊髓;有枕动、静脉分支及棘间静脉丛;布有第 3 颈神经和枕大神经支。

主治:暴喑,舌缓不语;癫狂痫、癔症等神志病;头痛,颈项强痛。

操作:正坐位,头微前倾,项部放松,向下颌方向缓慢刺入 0.5~1 寸;不可向上深刺,以免刺入枕骨大孔,伤及延髓。

配伍:哑门穴配廉泉、耳门、听宫、听会、翳风、合谷治聋哑;配关冲,有通阳开窍的作用,主治舌强不语;配风府、合谷,有醒脑开窍的作用,主治喑哑;配涌泉、关冲、风府,治中风舌缓、暴喑不语。

2) 风府

定位:在颈后区,枕外隆凸直下,两侧斜方肌之间凹陷中。

取穴:正坐,头微前倾,当枕外隆凸直下,于后发际正中上 1 寸凹陷处取穴。

解剖:在项韧带和项肌中,深部为寰枕后膜和小脑延髓池;有枕动、静脉分支及棘间静脉丛;布有第 3 颈神经和枕大神经分支。

主治:中风、癫狂痫、癔症等内风为患的神志病证;头痛、眩晕、颈项强痛、咽喉肿痛、失音、目痛、鼻衄等头颈、五官病证。

操作:正坐位,头微前倾,项部放松,向下颌方向缓慢刺入 0.5~1 寸;不可向上深刺,以免刺入枕骨大孔,伤及延髓。

配伍:风府配哑门、廉泉,治中风舌缓、暴喑不语。

3) 百会

定位:在头部,前发际正中直上 5 寸。

取穴:正坐,于前、后发际连线中点向前 1 寸处取穴,或于头部中线与两耳尖连线的交点处取穴。

解剖:在帽状腱膜中;有左右颞浅动、静脉及左右枕动、静脉吻合网;布有枕大神经及额神经分支。

主治:痴呆、中风、失语、失眠、健忘、癫狂痫、癔症等神志病;头痛,眩晕,耳鸣;脱肛、阴挺、胃下垂、肾下垂等气失固摄而致的下陷性病证。

操作:平刺 0.5~0.8 寸;升阳举陷可用灸法。

4) 神庭

定位:在头部,前发际正中直上 0.5 寸。

取穴:仰靠坐位,在头部,前发际正中直上 0.5 寸处取穴。

解剖:在左右额肌交界处;有额动、静脉分支;布有额神经分支。

主治:癫狂痫、失眠、惊悸等神志病;头痛、目眩、目赤、目翳、鼻渊、鼻衄等头面五官病。

操作:平刺0.5~0.8寸。可灸。

配伍:神庭配囟会穴治中风不语。

5）水沟

定位:又称"人中"。在面部,人中沟的上1/3与中1/3交点处。

取穴:正坐仰靠或仰卧位,于人中沟中线的上、中1/3交点处取穴。

解剖:在口轮匝肌中;有上唇动、静脉;布有眶下神经的分支及面神经颊支。

主治:昏迷、晕厥、中风、中暑、休克、呼吸衰竭等急危重症,为急救要穴之一;癔症、癫狂痫、急慢惊风等神志病;鼻塞、鼻衄、面肿、口㖞、齿痛、牙关紧闭等面鼻口部病证;闪挫腰痛。

操作:向上斜刺0.3~0.5寸,强刺激,或指甲掐按。

6）印堂

定位:在头部,两眉毛内侧端中间的凹陷中。

取穴:正坐或仰靠、仰卧位,面部两眉头连线中点取穴。

解剖:在降眉间肌中,浅层有滑车上神经分布,深层有面神经颞支和内眦动脉分布。

主治:痴呆、痫证、失眠、健忘等神志病证;头痛,眩晕;鼻衄,鼻渊;小儿惊风,产后血晕,子痫。

操作:提捏局部皮肤,平刺0.3~0.5寸;或用三棱针点刺出血。

（3）任脉经穴:任脉起于小腹内,下出于会阴部,向前上行于阴毛部,循腹沿前正中线上行,经关元等穴至咽喉,再上行环绕口唇,经面部进入目眶下,联系于目。

1）廉泉

定位:在颈前区,喉结上方,舌骨上缘凹陷中,前正中线上。

取穴:正坐,微仰头,在喉结上方,当舌骨的下缘凹陷处取穴。

解剖:在舌骨上方,左右颏舌骨肌之间,深部为会厌,下方为喉门,有甲状舌骨肌、舌肌;有颈前浅静脉,甲状腺上动、静脉;布有颈横神经的分支,深层为舌根,有舌下神经及舌咽神经的分支。

主治:中风失语、暴喑、吞咽困难、舌缓流涎、舌下肿痛、口舌生疮、喉痹等咽喉口舌病证。

操作:向舌根斜刺0.5~0.8寸。不能久留针,防因吞咽动作而折针。可灸。

配伍:廉泉穴配风池、风府、四神聪治中风舌强不语;配通里、水沟,治舌强不语;配金津、玉液、风府,治舌强难言。

2）承浆

定位:在面部,颏唇沟的正中凹陷处。

取穴:正坐仰靠位,于颏唇沟正中凹陷处取穴。

解剖:在口轮匝肌和颏肌之间;有下唇动、静脉分支;布有面神经的下颌支及颏神经分支。

主治:口㖞、齿龈肿痛、流涎等口部病证;暴喑;癫狂。

操作:斜刺0.3~0.5寸;可灸,艾条灸5~10分钟。

配伍:承浆穴配廉泉治流涎;承浆配太阳、下关、地仓、合谷、颊车,治口㖞。

（4）足少阳胆经经穴

1）完骨

定位:在头部,耳后乳突的后下方凹陷中。

取穴:正坐俯伏或侧卧位,于耳后乳突的后下方凹陷中取穴。

解剖:在胸锁乳突肌附着部上方;有耳后动、静脉分支;布有枕小神经本干。

主治：癫痫；头痛、颈项强痛、喉痹、颊肿、齿痛、口㖞等头项五官病证；中风。

操作：斜刺或平刺 0.5~0.8 寸。

2）风池

定位：在颈后区，枕骨之下，胸锁乳突肌上端与斜方肌上端之间的凹陷中。

取穴：正坐或俯伏，在项后，与风府穴（督脉）相平，当胸锁乳突肌与斜方肌上端之间的凹陷中取穴。

解剖：在胸锁乳突肌与斜方肌上端附着部之间的凹陷中，深部为头夹肌；有枕动、静脉分支；布有枕小神经分支。

主治：中风、癫痫、头痛、眩晕、耳鸣、耳聋等内风所致的病证；感冒、鼻塞、衄血、目赤肿痛、口眼㖞斜等外风所致的病证；颈项强痛。

操作：针尖微下，向鼻尖斜刺 0.8~1.2 寸；或平刺透风府穴。深部中间为延髓，必须严格掌握针刺的角度与深度。

3）悬钟

定位：在小腿外侧，外踝尖上 3 寸，腓骨前缘。

取穴：正坐垂足或卧位，外踝尖上 3 寸，当腓骨后缘与腓骨长、短肌腱之间凹陷处取穴。

解剖：在腓骨短肌与趾长伸肌分歧处；有胫前动、静脉分支；布有腓浅神经。

主治：痴呆、中风等髓海不足疾患；颈项强痛，胸胁满痛，下肢痿痹。

操作：直刺 0.5~0.8 寸。

（5）其他穴位

1）足三里：足阳明胃经穴

定位：在小腿外侧，犊鼻下 3 寸，胫骨前嵴外一横指处，犊鼻与解溪连线上。

取穴：正坐屈膝位，于外膝眼（犊鼻）直下一夫（3 寸），距离胫骨前嵴一横指处取穴。或用手从膝盖正中往下摸取胫骨粗隆，在胫骨粗隆外下缘直下 1 寸处是穴。

解剖：在胫骨前肌、趾长伸肌之间；有胫前动、静脉；为腓肠外侧皮神经及隐神经的皮支分布处，深层当腓深神经。

主治：胃痛、呕吐、噎膈、腹胀、腹泻、痢疾、便秘等胃肠病证；下肢痿痹；癫狂等神志病；乳痈、肠痈等外科疾患；虚劳诸证，为强壮保健要穴。

操作：直刺 1~2 寸。强壮保健常用温灸法。

2）合谷：手阳明大肠经穴

定位：在手背，第 2 掌骨桡侧的中点处。

取穴：拇、食两指张开，以另一手的拇指关节横纹放在虎口上，当虎口与第 1、2 掌骨结合部连线的中点是穴；拇、食指合拢，在肌肉的最高处取穴。简便取穴法：以一手的拇指指间关节横纹，放在另一手拇、食指之间的指蹼缘上，当拇指尖下是穴。

解剖：在第 1、2 掌骨之间，第一骨间背侧肌中，深层有拇收肌横头；有手背静脉网，为头静脉的起始部，腧穴近侧正当桡动脉从手背穿向手掌之处；布有桡神经浅支的掌背侧神经，深部有正中神经的指掌侧固有神经。

主治：头痛、目赤肿痛、齿痛、鼻衄、口眼㖞斜、耳聋等头面五官病证；发热恶寒等外感病证；热病无汗或多汗；痛经、经闭、滞产等妇产科病证；各种痛证，为牙拔除术、甲状腺手术等五官及颈部手术针麻常用穴。

操作：直刺 0.5~1 寸，针刺时手呈半握拳状。孕妇禁针。

3）曲池：手阳明大肠经穴

定位：在肘区，尺泽与肱骨外上髁连线中点凹陷处。

取穴:屈肘成直角,当尺泽与肱骨外上髁连线的中点处取穴。

解剖:桡侧腕长伸肌起始部,肱桡肌的桡侧;有桡侧返动脉的分支;布有前臂背侧皮神经,内侧深层为桡神经本干。

主治:手臂痹痛,上肢不遂;热病;眩晕;腹痛、吐泻等肠胃病证;咽喉肿痛、齿痛、目赤肿痛等五官热性病证;瘾疹、湿疹、瘰疬等皮外科病证;癫狂。

操作:直刺1~1.5寸。

4)通里:手少阴心经穴

定位:在前臂前区,腕掌侧远端横纹上1寸,尺侧腕屈肌腱的桡侧缘。

取穴:仰掌,于尺侧腕屈肌腱桡侧缘,腕横纹上1寸取穴。

解剖:在尺侧腕屈肌腱与指浅屈肌之间,深层为指深屈肌;有尺动脉通过;布有前臂内侧皮神经,尺侧为尺神经。

主治:心悸、怔忡等心系病证;舌强不语,暴喑;腕臂痛。

操作:直刺0.3~0.5寸。不宜深刺,以免伤及血管和神经。

配伍:通里为心经络穴,手少阴络脉"系舌本",故本穴多配伍廉泉、哑门等治疗舌强不语、暴喑等;配金津、玉液治舌强不语。

5)太冲:足厥阴肝经穴

定位:在足背,第1、2跖骨间,跖骨底结合部前方凹陷中,或触及动脉搏动。

取穴:正坐垂足,于足背第1、2跖骨结合部前方凹陷处取穴;或从第1、2跖骨间向后推移至底部的凹陷中取穴。

解剖:在拇长伸肌腱外缘;有足背静脉网、第一跖背动脉;布有腓深神经的跖背侧神经,深层为胫神经的足底内侧神经。

主治:中风、癫狂病、小儿惊风、头痛、眩晕、耳鸣、目赤肿痛、口喎、咽痛等肝经风热病证;月经不调、痛经、经闭、崩漏、带下、滞产等妇产科病证;黄疸、胁痛、口苦、腹胀、呕逆等肝胃病证;癃闭,遗尿;下肢痿痹,足跗肿痛。

操作:直刺0.5~1寸。

6)内关:手厥阴心包经穴

定位:在前臂前区,腕掌侧远端横纹上2寸,掌长肌腱与桡侧腕屈肌腱之间。

取穴:伸臂仰掌,在腕横纹上2寸,掌长肌腱与桡侧腕屈肌腱之间取穴。

解剖:在桡侧腕屈肌腱与掌长肌腱之间,浅部有指浅屈肌,深部为指深屈肌;有前臂正中动、静脉,深部为前臂掌侧骨间动、静脉;布有前臂内侧皮神经,其下为正中神经,深层有前臂掌侧骨间神经。

主治:心痛、胸闷、心动过速或过缓等心系病证;胃痛、呕吐、呃逆等胃腑病证;中风,偏瘫,眩晕,偏头痛;失眠、郁证、癫狂痫等神志病证;肘、臂、腕挛痛。

操作:直刺0.5~1寸。

7)翳风:手少阳三焦经穴

定位:在颈部,耳垂后方,乳突下端前方凹陷中。

取穴:正坐或侧伏,耳垂下缘,当胸锁乳突肌与下颌角之间凹陷中取穴。

解剖:有耳后动、静脉,颈外浅静脉;布有耳大神经,深层为面神经干从茎乳孔穿出处。

主治:耳鸣、耳聋等耳疾;口眼喎斜、面痛、牙关紧闭、颊肿等面、口病证;瘰疬。

操作:直刺0.5~1寸。

2.常用针灸治疗方法

(1)体针:又称毫针疗法,是以毫针为针刺工具,通过在人体经络上的腧穴施以一定的操作方法,以通调营卫气血,调整经络脏腑功能来治疗相关疾病的一种方法。

1)取穴:主穴包括廉泉和哑门。配穴为通里。辨证取穴:肝风上扰型加尺泽、太冲;痰阻经络型加天枢、丰隆;风痰阻络型加曲池、合谷、足三里、丰隆;痰热上扰型加曲泽、间使、丰隆、中冲;气虚血瘀型加百会、神庭、足三里、气海、太冲;肾精亏虚型加照海、涌泉、三阴交、太溪。

2)操作:按照常规对穴位进行严格消毒;廉泉穴取 2 寸针透刺,先垂直进针,缓慢透刺至舌根部,随后针退至皮下,依次从左右两个不同方向约 30°透向舌根部,不留针;哑门穴取1.5 寸针垂直于皮肤表面进针,进针后行捻转法,平补平泻增强刺激,手法操作后即刻取针,不留针;通里穴直刺 0.3~0.5 寸,不宜深刺,可留针。针刺每天 1 次,10 天为一个疗程。疗程之间休息 3~5 天。

(2)刺络放血:根据患者病情,运用特制的针具刺破人体的一定穴位或浅表的血络,放出少量血液或淋巴液,以治疗疾病的方法。其中医理论基础主要是依据中医经络学说和气血学说。针刺放血可以疏通经络中壅滞的气血,调整脏腑的功能紊乱,使气滞血瘀的一系列病变恢复正常,从而达到治疗疾病的目的。

1)取穴:金津、玉液。

2)操作:嘱患者张口,用压舌板将舌体抬高,暴露出舌下系带两侧的静脉,左侧取金津穴,右侧取玉液穴,用严格消毒的三棱针快速点刺放血,放血量 1~2 滴,可配合体针治疗。

(3)头针:又称头皮针疗法,是根据大脑皮质的功能定位理论,在头皮划分出皮质功能的相应刺激区,在有关刺激区进行持续快速捻针以治疗疾病的方法。该方法可通过针刺头皮的特定区域来影响大脑皮质区功能活动,经皮质—丘脑—皮质调节,重建语言活动神经通路;改善损害部位血液循环,促进脑血管侧支循环建立;刺激语言中枢神经细胞和纤维数量的再生,增强脑功能的代偿。

1)穴位选择:按照头皮针国际标准化方案选取语言加强区,位于运动区(上点在前后正中线的中点向后移 0.5cm 处,下点在眉枕线和鬓角发际前缘相交区,上下两点的连线即为运动区)下 2/5 段两侧 0.5~1cm 处。对中风失语的患者采用优势半球头皮言语诸区针刺治疗,并根据失语症的不同类型选用不同语言区。如完全性失语取语言Ⅰ~Ⅲ区,以口语表达障碍为主的患者取语言Ⅰ、Ⅱ区,以听理解障碍为主的患者取语言Ⅰ、Ⅲ区。

2)操作:具有进针快、捻转快、起针快"三快"的特点。采用快速进针法,迅速将 1.5~2 寸长的 28~30 号毫针推进至帽状腱膜下层,进行快速捻转,频率为 200 次/min。同时可以嘱失语患者练习发音。每日或隔日 1 次,10 次为一疗程。疗程间隔 3~5 天。头皮针的刺激强度较大,应注意防止晕针。

(4)舌三针:属于岭南针灸学派靳瑞教授所创"靳三针疗法"中的一种,是专为治疗失语症而设立的一组穴位。舌三针位于甲状软骨与舌骨之间,深部有舌下神经的分支和下颌舌骨肌神经等分布,通过刺激舌体根部的末梢神经,反射性增强了中枢神经系统的兴奋性。反复刺激改变反应阈值,增加神经纤维的激活数量,形成反射,从而对语言中枢受损变性的细胞进行调节,使周围未受损变性的大脑皮质功能进行代偿,重建语言活动的神经通路,使患者言语功能得以恢复。

1)穴位选择:位于咽喉部,舌Ⅰ针在颌下正中 1 寸,舌骨与下颌缘之间的凹陷中,即上廉泉穴,又名舌本;舌Ⅱ针、舌Ⅲ针分别称为左、右旁廉泉,即舌Ⅰ针左右各旁开 0.8 寸为舌Ⅱ针、舌Ⅲ针。

2)操作:患者取仰卧位,进行常规消毒。取穴采用先左后右,先上后下的原则,操作者持 28 号 0.35mm×50mm 的不锈钢针毫针,单手快速进入,针尖向舌根方向呈 45°~60°,斜刺入 0.8~1 寸,在得气的基础上行提插捻转手法 20 秒,使患者舌根有酸麻胀痛感,并发出声音者佳,留针 30 分钟,每 10 分钟捻转 1 次,每次捻转 20 秒,行平补平泻手法,出针后鼓励患者尽量大声说话。另可配取颞三针、智三针、体针及金津、玉液刺络放血。每天 1 次,10 天为一个疗程。疗程之间休息 3~5 天。

(二)推拿手法治疗

1. 常用推拿手法　推拿手法技术的基本要求是"持久、有力、均匀、柔和"。"持久"是指手法能够持续运用一定时间,保持动作和力量的连贯性。"有力"是指手法必须具备一定的力量,并根据治疗对象、体质、病证虚实、施治部位和手法性质而变化。"均匀"是指手法动作的节奏、频率、压力大小要一定。"柔和"是指手法动作的轻柔灵活及力量的缓和,不能用滞劲蛮力或突发暴力,要"轻而不浮,重而不滞"。以上要求是密切相关、相辅相成的。持久能使手法逐渐深透有力,均匀协调的动作可使手法更趋柔和,而力量与技巧相结合则使手法既有力又柔和,即所谓"刚柔相兼"。在手法的掌握中,力量是基础,手法技巧是关键,两者必须兼有。常用手法包括推法、揉法、按法、摩法、拿法等。

(1)推法:推法是推拿手法中的主要手法之一,是指用拇指或手掌或其他部位着力于人体某一穴位或某一部位上,做单方向的直线或弧形移动。推法在成人推拿里的应用主要是平推法。在小儿推拿应用中有直推、分推、旋推等多种方法。

(2)揉法:用大鱼际、掌根或手指螺纹面吸附于一定的治疗部位,做轻柔缓和的环旋运动,并带动该部位的皮下组织,称之为揉法。以大鱼际为着力点,称鱼际揉法;以掌根为着力点,称掌根揉法;以手指螺纹面为着力点,称指揉法。

(3)按法:用手指或手掌面着力于体表一定部位或穴位上,逐渐用力下压,称为按法。在临床上有指按法和掌按法之分。用拇指指面或以指端按压体表的一种手法,称为指按法。用掌根或全掌着力按压体表的一种方法,称为掌按法。在临床上常与揉法结合使用。按法亦可与其他手法结合,如果与压法结合则为按压法;若与揉法结合,则为按揉法。

(4)摩法:用食、中、环(无名)指末节螺纹面或以手掌面附着在体表的一定部位上,做环形而有节律的抚摩,称为摩法。其中,以指面摩动的称指摩法,用掌面摩动的称掌摩法。古代还常辅以药膏,以加强手法治疗效果,称为"膏摩"。

(5)拿法:指用拇指和食、中指,或用拇指和其余四指的指腹,相对用力紧捏一定的部位。拿法是推拿常用手法之一,在临床上有三指拿(拇指与食、中指相对用力)和五指拿(拇指与其余四指相对用力)之分。

2. 操作　①患者取坐位,操作者用双拇指分别从印堂交替上推至发际,再左右分推至太阳穴,两指揉太阳穴 30 秒,用大鱼际自太阳穴向后平推至耳上,绕耳后经风池穴到颈肩部 5~8 次,然后捏拿肩部肌肉数次,并急搓大椎穴 2 分钟。②双手交替沿督脉及膀胱经沿线,从前额至脑后颈项部按压 5~8 次,揉百会、四神聪穴 1~2 分钟,双手揉两颞骨部 2 分钟。③双手五指分开,从前额至脑后轻敲头部 1~2 分钟,用双手小鱼际侧敲头顶、额颞部 2~3 分钟,揉拿颈项部,拇指、食指揉拿风池穴,重揉按哑门、风府穴各 2~3 分钟,然后多指揉颈项部数次,用以缓解局部肌肉紧张感。④单手轮回揉按搓双耳前后至患者感觉微热为止,按压听宫、听会、耳门穴数次,双手交替沿胸锁乳突肌纵向、喉结周围反复推 200 次,捏廉泉穴数次,压揉合谷穴。⑤最后让患者反复进行咀嚼肌运动 1~2 分钟,放松,结束手法治疗。每次治疗 30~40 分钟,每天 1 次,2~6 周为一疗程,疗程之间间隔 3~5 天。

(三)中医方药辨证论治

1. 风痰入络型失语　症见肌肤不仁,手足麻木,突然发生口眼㖞斜,语言不利,口角流涎,舌强言謇,甚则半身不遂。或兼见恶寒、发热、手足拘挛、关节酸痛等症。舌苔薄白,脉

笔记栏

浮数。

治法:祛风化痰通络。

方药:真方白丸子加减。常用药:半夏、南星、白附子、天麻、全蝎、当归、白芍、鸡血藤、豨莶草。水煎服,每日1剂,每次50ml,每日2次,4周为一疗程。

2. 肝风上扰型失语 症见平素头晕头痛,耳鸣目眩,突然发生语言謇涩,口眼㖞斜,或手足重滞,甚则半身不遂等症。面红目赤,口苦咽干,心烦易怒,尿赤便干,舌质红苔黄,脉弦。

治法:平肝潜阳,息风开窍。

方药:天麻钩藤饮加减。常用药:天麻、钩藤、珍珠母、石决明、桑叶、菊花、黄芩、山栀、牛膝等。水煎服,每日1剂,每次50ml,每日2次,4周为一疗程。

3. 阴虚风动型失语 症见平素头晕耳鸣,腰疼,突然发生言语不利,口眼㖞斜,手指颤动,甚或半身不遂,舌质红苔腻,脉弦细数。

治法:滋阴潜阳,息风通络。

方药:镇肝熄风汤加减。常用药:白芍、天冬、玄参、枸杞子、龙骨、牡蛎、龟板、代赭石、牛膝、当归、天麻、钩藤。水煎服,每日1剂,每次50ml,每日2次,4周为一疗程。

4. 风痰阻络型失语 症见舌强语謇或失语,口眼㖞斜,半身不遂,肢体麻木,苔滑腻,舌暗紫,脉弦滑。

治法:祛风化痰,宣窍通络。

方药:解语丹加减。常用药:白附子、石菖蒲、远志、天麻、全蝎、陈胆星、天竺黄、半夏、陈皮、地龙、僵蚕、全蝎、木香、鸡血藤、丹参、红花等。水煎服,每日1剂,每次50ml,每日2次,4周为一疗程。

5. 气虚血瘀型失语 症见言语不能、肢体偏枯不用,肢软无力,面色萎黄,舌质淡紫或有瘀斑,苔薄白,脉细涩或细弱。

治法:益气化瘀,宣窍通络。

方药:补阳还五汤加减。常用药:黄芪、桃仁、红花、赤芍、当归尾、川芎、地龙、牛膝。水煎服,每日1剂,每次50ml,每日2次,4周为一疗程。

6. 肝肾亏虚型失语 症见舌强不语,半身不遂,患肢僵硬,拘挛变形,或偏瘫,肢体肌肉萎缩,舌红脉细,或舌淡红,脉沉细。

治法:滋肝养肾利窍。

方药:左归丸合地黄饮子加减。常用药:干地黄、首乌、枸杞子、山萸肉、麦冬、石斛、当归、鸡血藤。水煎服,每日1剂,每次50ml,每日2次,4周为一疗程。

(四) 注意事项

失语症的中医康复治疗也应在患者病情稳定后尽早开展。临床上,在使用中医康复治疗的同时,必须加强言语训练,包括听理解、口语表达、阅读、书写等训练,这样才能达到理想的康复效果。

第三节 言语失用症的评定与康复治疗

失用症是指患者在无运动或感觉障碍时,计划做出有目的或精细动作时表现无能为力的状况,有时虽然不能在全身动作的配合下,正确地使用一部分肢体去做已形成习惯的动作,但在不经意的情况下却能自发地完成此类动作的一类病症。失用症患者在检查时没有感觉障碍,也没有肌肉瘫痪等症状。通常患者没有认知缺陷包括老年痴呆,有些患者同时会有失语症或者失认证。患者的病史里没有情感障碍或者精神症状。言语失用症的大脑定位至今仍有争论。已经有过描述的部位包括布罗卡区、左侧额颞顶回、岛叶的左上前部位、左侧皮质下区域,特别是基底核。

失用症根据症状不同会有不同的类型,最常见的有以下几类:肢体运动性失用症,观念(意念)运动性失用症,观念(意念)性失用症,面-口失用,言语失用,结构性失用,和穿衣、步行失用。肢体运动性失用症为一侧大脑皮质运动前区轻度受损的结果,引起对侧肢体,尤其是上肢远端的运动障碍。常表现为一侧手指实施精细快速动作或系列灵巧的单个手指的运动障碍,如手指拍打、弹琴样动作有障碍,笨拙而不熟练。无论是模仿抑或依言语指令做的动作,均有障碍。观念(意念)运动性失用症的典型特征是做及物性的表演性哑剧动作出现障碍,而做模仿动作时有改进,真实使用物品时表现最佳,为最经典的失用症。观念(意念)性失用症的典型特征是患者不能做复杂的连续性动作,认为是运动程序的编制与计划阶段的障碍。连续性复杂动作越复杂,错误越明显,复杂连续动作的错误主要为动作顺序及方向错误。面-口失用症患者不能依据口头指令或视觉指令用口、唇、舌、喉等部位的肌肉做有目的的非言语性动作,而且患者无瘫痪等其他初级运动障碍。患者表现为不能吹口哨、撮口做亲吻动作、咂嘴、清喉等,但不经意时能完成上述动作。言语失用症患者的语言功能本身正常,理解完全正常,但不能很好地用口语进行表达,常出现发音吃力、笨拙,有口唇"摸索"发音的表现,有音位错误,而且每次错误不稳定。言语失用有时和表达性失语症同时出现。结构性失用反映在绘画及装配作业中的视觉结构能力障碍,是由于成功整合结构活动所需的视觉与运动信息的失败所致。患者有形状知觉,也有辨识觉和定位觉,但患者不能模仿拼出立体结构。穿衣失用症是视觉空间失认的一种失用症,患者不是由于运动障碍或不理解指令而影响穿衣,而是在穿衣的动作顺序和穿衣的方式方法上错误,导致自己不能穿上衣服。步行失用症是指患者不伴有下肢肌力、肌张力和反射异常的情况下出现步行困难,或者患侧瘫痪时健侧肢体的运动出现失控,造成步行困难。

本节我们要讲的是言语失用症,病灶多位于左侧半球额叶、弓状纤维束、中央前回的颜面区、左前运动区的胼胝体纤维,它是语言困难的一种,患者不能正确地、始终如一地用语言表达自己的想法。这些患者能排除语言表达肌肉的麻痹或瘫痪。失用症的严重程度可以是从轻度到重度,严重的言语失用症经常会伴随面-口失用症。

一、言语失用症的分类

言语失用症一般分为两类:习得型言语失用症和发育型言语失用症。

(一)习得型言语失用症

本病多发生于成年人,患者在发病前已经有正常的语言言语系统。习得型言语失用症一般是大脑的语言区受到损伤造成的。造成脑损伤的原因可以是脑血管疾病、颅内肿瘤、脑外伤、颅内感染或其他脑病变。习得型言语失用症经常会和表达性失语症、构音障碍同时出现。脑的影像学检查,如磁共振会显示左脑的发病部位。

1. 脑血管疾病(cerebrovascular disease)　供应缘上回顶下叶的动脉为大脑中动脉发出的顶后支,闭塞则可出现言语失用症和其他顶叶受损表现,如病灶对侧深浅感觉障碍、运动障碍、前庭症状、共济失调等。可有触觉滞留、倒错、失认或定位不能表现。临床多见于脑梗死、脑动脉炎、动静脉畸形等。

2. 颅内肿瘤(intracranial tumor)　顶叶部肿瘤多为转移瘤,常见于肺癌转移。肿瘤直接压迫或牵拉局部痛敏部位可引起局部固定的局限头痛,并伴颅骨外局部压痛。颅压增高后可引起头痛、呕吐、视神经乳头水肿等表现。局灶症状以感觉障碍为主,可有感觉性共济失调,肌张力减弱、肌肉萎缩和触觉失认症,并可有发热、贫血、消瘦等肿瘤全身症状。除言语失用症外,患者也可能伴随左手失用症,可合并精神障碍、轻偏瘫或四肢瘫。CT、MRI 对颅内肿瘤外原发病灶均有确定价值。

3. 脑外伤(cerebral trauma)　颅顶骨折引起急性顶叶挫伤时可出现言语失用症,常并有意识障碍、癫痫或偏身感觉障碍。亚急性、慢性硬膜下血肿时患者可有头痛、嗜睡、视乳头水肿、轻偏瘫等。硬膜外血肿意识障碍多有中间清醒期,剧烈头痛、频繁呕吐、对侧肢体力弱、锥体束征明显,必要时可行 X 线片、颅脑超声、CT 等检查以确定诊断。

4. 颅内感染(intracranial infection)　顶叶脓肿除言语失用症和其他神经系统表现外,常有原发感染病灶。儿童患者可有发绀型先天性心脏病史,起病时有发热、周围血常规白细胞增多、脑脊液内有炎性细胞;CT 检查病灶部位可有透亮区域,周围绕以反差较强的环,再外面又是一层透亮区。

5. 阿尔茨海默病(AD)　一般 65 岁后起病,病情缓慢加重,以痴呆为主要临床表现,先出现近事遗忘,进而出现远事遗忘,可有被害妄想。并有行为反常、智力损害、情感不稳、易受激惹等,神经系统表现有失语-失用-失认综合征和口唇反射、抵抗性肌张力亢进、刻板动作,也可发生癫痫样抽搐及肌阵挛性颤搐,渐至生活不能自理,CT 检查可见以额、颞叶为主的弥漫性脑萎缩。早发型阿尔茨海默病起病在 65 岁前,记忆缺失期发病之初即可见到,失语-失用-失认综合征发生急速且特别严重。

(二)发育型言语失用症

发育型言语失用症多发于儿童,出生时便存在。男童比女童的发病率高。儿童言语失用症有多种可能的病因,但在多数情况下无法确定。医生通常很难在患有言语失用症的儿童脑部观察到问题。儿童言语失用症可由脑部(神经)疾病或损伤(如脑卒中、感染或脑外伤)引起,还可能作为遗传病、综合征或代谢疾病的症状出现,如本病较常见于半乳糖血症的儿童患者中。另外,在脑性瘫痪、孤独症、癫痫、某些线粒体肌病和神经肌肉疾病中也较常见。

对于患有发育型言语失用症的儿童,失用症并不一定会随生长发育而消失。他们需要言语治疗才能取得最大的进步。发育型言语失用症和儿童单纯的语言发育迟缓不同,这类儿童还会伴有其他的语言言语发育问题,也经常会有语言困难的家族史。一般来说,患儿脑的影像学检查比如磁共振结果是正常的。

二、言语失用症的症状及产生机制

习得型言语失用症和发育型言语失用症的症状与产生机制有所不同,习得型言语失用症患者由于大脑病变,失去了已经掌握的构音功能;而发育型言语失用症患者是从来没有掌握熟练正确的构音能力。

(一)言语失用症的症状

1. 习得型言语失用症　失用症有时易与失语症相混淆,由于这两种病变可能同时发生,这种混淆会变得更复杂。失语症和失用症患者都难于用语言表达自己,但是两者之间存在明显差异。失语症是患者存在理解或者失用语言方面的问题,患者会有说话、阅读和写作困难。失用症患者没有语言理解的问题,没有词汇和语法问题,其症状主要表现在构音方面,具体如下:

(1)音的错误缺乏一贯性,重复同样的词时会出现不同的错误音。患者每次的发音错误是不同的。如前一天他也许能够说出那段话,第二天就不行了,或者某次能发某个音,下次又不能发了。

（2）在错音种类中，辅音的置换最多，其次是辅音省略、添加、反复等。常见的发音错误有以下几类：

1）逆位异同化错误：是指前边一个音由于后边一个音的影响而发生变化，如 mang guo →gang guo。

2）音位后滞错误：即前面一个语言单位保持到后面，如 mang guo→mang muo，音位替代包括浊音替代（如 ting→ding）和元音替代（如 ko→ku），以及音位或音节遗漏或赘加。

3）随着构音器官运动调节的复杂性增加，发音错误也相应增加，其中摩擦音和塞擦音最容易出现错误。

4）辅音在词头的位置比在其他位置的发音时错误多。

5）在置换错误中，与目标音的构音点和构音模式相近的音被置换得最多。

6）自发性言语和反应性言语（1~10、星期、问候语等）的错误少，有目的性、主动的言语错误多。

7）发音错误随词句的长度和难度增加而增多。

8）有构音器官的探索行为。患者会表现出用唇舌摸索正确的发音，有时需要多次尝试才能正确发音。

9）有韵律的障碍、反复自我修正、速度降低、单音调、口吃样的停顿等特点也会呈现出来。

在多数情况下，患者对自己的错误很在意。言语接受能力较好，表达能力较差。言语失用症最显著的四个特征是发音和自我纠正时费力，反复尝试和动作搜寻；韵律异常，在所有的音节重音相等，音高和音量变化减退；频繁的发音错误，包括替代、歪曲、遗漏、赘加和重复；在相同的话段发音不恒定。

2. 发育型言语失用症　对儿童语言言语发育的影响是多方面的，患儿会有语言延迟，例如言语难以理解、词汇量减少或者当将单词组成短语或句子时难以使用正确的语法，智力和运动发育迟缓以及阅读、拼写和写作问题，粗细动作运动技能或协调困难。有时患儿还有咀嚼和吞咽困难。发育型言语失用症具体表现为以下几个方面。

（1）在婴幼儿期，一般是一个安静的宝宝，家长报告早期语音发育迟缓。说出第一个词的时间较迟（12~18 个月后），口语单词数量有限和只发出几个辅音或元音。

（2）儿童不能正确地将声音和音节组成词，主要的表达困难是不能从一种声音转向另一种声音，从一种音节转向另一种音节，因此在需要连续表达时常表现为词的音节倒转、音节丢失、音节添加。

（3）语音产生不稳定，有些声音或词会消失一段时间，有时也可正确地发出较难的词，但往往不能重复；有几天发音显得比较容易，发音错误比较少，过几天发音又相当困难，发音错误频频；语音越复杂，表达越困难。

（4）重复单词困难，当儿童被要求重复一个单词时，有时第一遍正确，以后几遍错误增加，或出现各种各样的错误。

（5）不能正确送气，常表现为 p 和 b、t 和 d 混淆。

（6）元音发音不准，主要是发相近元音时相互混淆。

（7）在单词的开头或结尾省略辅音。

（8）语调异常，一般陈述句的结尾用降调，疑问句的结尾用升调，发育型言语失用症的患儿往往不能正确使用语调。

（9）口腔运动异常，有些患儿在讲话前或讲话时表现为舌、唇和上下颌的异常运动和姿势,有些患儿还会用手指去帮助舌做运动。

（10）鼻音重,有些患儿的软腭运动不协调,导致发非鼻音时有气流从鼻腔呼出。

（11）过度使用非语言交流方式。

不是所有的发育型言语失用症都表现出上述症状,有些比较轻的患儿可能只有几个音的表达困难,而严重的患儿可能需要采用辅助工具与人交流。发育型言语失用症患儿常常还会伴随其他语言言语问题。患儿的词汇量一般比同龄的儿童少,语法或句法使用不当,这些儿童也可能有阅读、书写和数学的问题。在运动中有可能有姿势、平衡和快速准确的运动控制方面的问题。患儿有时也会有咀嚼和吞咽困难。

（二）言语失用症的产生机制

1. 失用症的病理机制　失用症是由于优势半球顶下小叶、缘上回损伤。优势半球缘上回发出连合纤维经胼胝体到达并支配对侧半球的缘上回,所以,优势半球缘上回皮质或皮质下的病变可引起两侧肢体的失用症。病灶扩大到中央前回时,表现为优势半球支配侧上、下肢瘫和对侧肢体失用症。胼胝体内产生病灶,因连合纤维中断,使对侧缘上回脱离优势半球影响,引起支配侧失用症。因两侧缘上回之间的相互影响,临床极少出现单侧失用症。

2. 言语失用症的产生机制　语音产生有四个阶段:音位编码阶段、言语运动计划阶段、运动编程阶段和运动执行阶段。在言语产生时,完成词条选择后,要从心理词典提取词形,词形的提取不是不加分析地整词提取,而是作为亚词汇和亚音节单位提取。在通达词形时,要从记忆中提取结构框架和音段信息。音位编码阶段由三部分组成:节律框架生成、槽的构建和音段选择与填充。在节律框架生成中指定词的音节数量和词汇重读位置,在槽的构建中确定了词的音位数量,并把信息传递给音段选择与填充。这样词的单个音位及它们的顺序依次被提取。节律信息包括音节数、重读信息和音段信息。由于节律框架生成决定了音节数和重读位置,当该部分出现障碍,就会产生音节赘加、遗漏或重读错误;槽的构建决定了音位数,其功能受损表现为音位的赘加或遗漏;音段选择和填充负责音位的提取和音位的排序,其功能受损则表现为音位替代、后滞、逆同化和位置置换。

言语失用症的产生是源于言语运动计划阶段受损。运动计划是指指定发音器官的运动目标(如圆唇、舌尖抬高)。运动计划的基本单位是音位,每个音位系列有它的空间和时间赋值。在言语产生时我们会提取感觉和运动记忆,这些记忆是本体感觉、触觉、听觉与学过的音位联系形成的。运动计划是按音位系列顺序发生,它具有发音特性,而不是肌肉特性。运动参数在计划的音位序列产生时提取,根据它们出现的语音环境进行调整,使运动参数适应语音环境。当运动计划受到破坏,就不能回忆核心运动计划或者特定的音位运动目标,以及不能组织连续的言语运动。它使得音位、音节分离;言语速度减慢;语音歪曲。

言语运动编程是对实施运动计划的特定肌群发出命令,或是说将运动计划信息转换成一系列神经冲动,这些神经冲动使恰当的肌肉在恰当的时间收缩。言语运动编程涉及发音器官的运动系列的选择、排序和激活,它限定了肌肉收缩程度、收缩位置、收缩时间和收缩序列,从而决定了肌肉的张力、运动方向、力量、范围、速度、关节的灵活性和协调性。

三、言语失用症的评定

言语治疗师是诊断言语失用症的专业人员。对于成年人,患者的病历很重要。患者的神经系统疾病和部位,包括脑梗死、脑外伤等需要详细记录。脑部影像学检查比如磁共振能够帮助我们区分失用症和其他的脑部病变。在和患者的交流中,注意患者的自发语言是否流畅、常用的句子形式、是否有找词困难等。本书的语言言语评定会强调言语失用症,这些语言言语评定的步骤应该成为语言言语障碍评定的一部分。

ER-7-13

失用症评定

（一）语言理解能力

理解能力可以提供一个患者语言言语能力的基础,如果患者的理解能力很差,患者在其他检测中表现的可信度就不是很高。一般我们会测验单词(包括名词、动词、形容词、介词)、词组和句子的理解能力。患者一般需要指认图片或用身体姿势的改变(比如点头或摇头)来确认能够理解这些检测的问题。

（二）复述能力

言语治疗师会检测患者复述元音顺序、元音辅音组合顺序、词序、词组顺序、短句顺序。发音错误随词句的长度和难度增加而增多。言语治疗师需要注意观察患者的口面部运动是否有构音器官的探索行为。

（三）语言表达能力

首先,言语治疗师会要求患者回答一些反应性问题,比如要求患者从一数到十,从星期一数到星期日,背一首很熟悉的唐诗等。然后治疗师会要求患者回答一些目的性的问题,例如你今天早上做什么了? 我们过马路要注意什么? 典型的言语失用症患者自发性语言的构音错误会明显少于目的性语言。

（四）口颜面运动检查

言语治疗师让患者模仿一些口颜面动作,包括鼓腮、吹气、咂唇、缩拢嘴唇、摆舌、吹口哨等。有些患者会有动作模仿困难。这些患者一般会伴随较严重的语言失用症。

目前,欧美国家最常用的言语失用症的检查量表是成人失用症成套检测表(apraxia battery for adults)。该量表包括6项检查:①口腔轮替运动速率;②单词逐渐加长;③肢体失用和面口失用;④复杂单词的起始发音时间和速度;⑤多次重复同样单词;⑥所有构音错误的总结。在口腔轮替运动速率检查中,患者会快速说出 pata,taka,pataka,plakrata 来检测患者口腔轮替运动的速率。在单词逐渐加长检查中,患者重复逐渐加长的单词或短句,这个评定能检查出患者正确地排列音节序列的能力。在肢体失用和面口失用的检查中,言语治疗师让患者根据指令做肢体动作,比如握拳,挥手再见,打响指。然后患者会听指令做口面部动作比如伸舌、吹口哨和亲吻小婴儿。在患者做这些动作的时候,检查者观察患者的动作协调性,有没有速度减缓和构音器官的探索行为。在复杂单词的起始发音时间和速度检查中,检查者观察从给患者带多音节单词的卡片到患者正确念出那个单词的时间(起始发音时间)和患者用多长时间完整念出多音节词(速度)。多次重复同样单词检查,即要求患者重复读多音节词 3 次,有些患者每次会有不同的错误。最后一项,成人言语失用症的成套检测是所有构音错误的总结。言语治疗师会列举所有观察到的构音错误,包括逆位异同化错误、音位后滞错误、各类置换错误和构音器官的探索行为。成人言语失用症的成套检测一般 20 分钟能够完成,检查能够提供患者言语失用症的诊断和严重程度的评定。该检查适用于 9 岁以上的儿童和成

图 7-10 成人失用症成套检测表（2 版）

年人,也可以多次重复用来监测患者治疗的效果。成人失用症成套检测表(2 版)见图 7-10。

国内常用的语言-认知障碍评定系列量表中,有部分可用于快速评定面-口失用症和言语失用症,具体见表 7-9、表 7-10。

164

表7-9 口颜面失用检查

1. 鼓腮	4. 缩拢嘴唇
正常_____	正常_____
摸索_____	摸索_____
2. 吹气	5. 摆舌
正常_____	正常_____
摸索_____	摸索_____
3. 咂唇	6. 吹口哨
正常_____	正常_____
摸索_____	摸索_____

表7-10 言语失用检查

发音顺序(1、2、3要说5遍)

1.（a-u-i）	3. 词序（复述爸爸、妈妈、弟弟）
正常顺序_____	正常顺序_____
元音错误_____	词音错误_____
摸索_____	摸索_____
2.（i-u-a）	4. 词组复述（啪嗒、洗手、你们打球、不吐葡萄）
正常顺序_____	正常顺序_____
元音错误_____	词组音错误_____
摸索_____	摸索_____

ER-7-14

言语呼吸
失用

当患者在上述检查中出现大量错误或者摸索动作的时候,治疗师可以基本确定患者有面-口失用症或者言语失用症。

当我们需要评价一个儿童是否有发育型言语失用症时,上述评价方法需有所改变。一般情况下,需要询问家长患儿的语言言语发育史,有无发音迟缓、吞咽困难,有无家族语言言语困难史。语言理解能力、复述能力、语言表达能力和口颜面运动,要根据患儿的年龄检查相应的水平。

检查可能包括以下几项:

听力测试:医生可能会安排听力测试,确定是否可能是听力问题造成孩子的言语问题。

口腔运动评估:言语治疗师会检查儿童嘴唇、舌头、下腭和上腭是否有结构问题,比如舌系带过短或腭裂,或者肌肉无力等。肌张力低通常与言语失用症无关,但这可能是其他疾病的症状。观察儿童的嘴唇、舌头和下颌在吹气、微笑和亲吻等活动中的移动情况。

言语评估:在儿童玩耍或其他活动期间,观察他/她的发音以及说出单词和句子的能力。让孩子说出图片名称,了解儿童在发出特定声音或说出特定单词或音节方面是否有困难。为了评估儿童的口腔运动协调性,让其重复"pa-ta-ka"等音节或说出"buttercup"等单词。如果儿童能说出句子,观察其说话的音调和节奏,比如如何重读相关音节和单词。

欧美国家常用的评定发育型言语失用症的量表是 Kauffman 儿童言语失用症测验(Kauffman speech praxis test for children)(图7-11)。这个评定量表适用于2~6岁儿童,检查不但能够提供失语症的诊断和严重程度的评定,而且能够指导治疗的方向。量表包括4部分,即口运动、简单复述、复杂复述和自主语言表达,每部分困难度逐渐递增。在口运动检查

图 7-11　Kauffman 儿童言语失用症测验

部分，言语治疗师检查患儿张口，发声，舌各方向运动，包括舌前伸、侧伸和上抬，唇分开和闭拢，按指令吞咽唾液。第二部分简单复述检查，言语治疗师会让患儿复述简单元音、双元音、辅音、音节、辅音元音和元音辅音组合、双音节和同化。第三部分复杂复述检查会要求患儿重复复杂的辅音、混合合成音、舌前到舌后合成音、舌后到舌前合成音，以及多音节序列。第四部分是自主语言表达检查，言语治疗师记录患儿的自主语言表达，评价自主语言的长度和复杂性。该量表根据言语失用症的严重程度，全部完成需要 5~15 分钟。此量表也可以翻译成中文，作为评定儿童言语失用症的依据。

四、言语失用症的康复治疗

有些习得型言语失用症患者的语言言语功能会在急性期有自发的恢复，发育型言语失用症儿童的语言言语功能不会自我恢复。对于发育型失用症和没有自发恢复的习得型失用症患者，密集的一对一的语言言语训练是很重要的。不同严重程度的失用症的言语治疗应该强调不同方面，重度失用症的治疗应建立在提供患者交流补偿方式上，患者可能受益于手语，还可以使用辅助电子设备，包括可组词造句的电脑；中度失用症的治疗应集中在建立最佳言语可懂度；轻度失用症的治疗应注重建立最佳交流效果和自然度。

临床上言语失用症的治疗方法包括三大类，分别是构音运动治疗、速度和旋律治疗、替代性补充性沟通。构音运动治疗的重点在于语音产生的时空方面。速度和旋律治疗强调改变速率和/或节奏来治疗患者在语音产生时出现速率的变化，从而帮助他们控制节奏以恢复时态语音模式。除了直接的言语发音方面的干预，替代补充性沟通是另外的干预形式，旨在改善交流。此方法中的某些活动涉及使用符号、图片和通讯板、计算机程序等。另外，也可以应用系统间重组的技术治疗失用症，这些方法是使用患者体内未受损的系统和方式，例如通过使用有助于表达的手势或图形刺激、歌唱熟悉的旋律，来促进言语的康复。

（一）构音运动治疗

构音运动治疗是最常见的言语失用症治疗方法。对习得型的言语失用症，由于患者摸索寻找正确构音部位及舌头部位，视觉刺激模式是指导发音的关键。建立或强化视觉记忆对成人言语失用的治疗至关重要。在开始治疗时，要利用镜子使患者能够在模仿发音的同时看到口型，患者需要加强舌、唇、上下颌的运动分离和协调性，模仿夸张的口型。患者需要对着镜子进行练习以加强自我监测。患者可以借助口型动作发音，如吹蜡烛，试发/p/、/b/、/w/；咳嗽，试发/k/、/g/；咬下唇，试发/f/、/v/。

在练习个别声音的发音时，应先从比较简单的发音开始，包括元音和容易的辅音，然后过渡到单音节、重叠的双音节，然后单词和词组。在练习发音时，通过视觉、听觉、触觉的反馈更有效，比如当练习"b、p、m"的发音时，可以告诉患者应将双唇抿住，示范给患者看抿唇的动作，同时将手指放在患者的唇部以帮助他发音。唇闭合后，要求患者发出噹噹声。有时当治疗师发这个音时，患者可触摸治疗师的喉部。治疗师知道患者从/m/音张口，或从/m/音到元音。当/m/音能够单独发声，可作为起始音与元音一起发，如/ma/、/mo/、/mi/；

下一步发双音节词,如/mama/。

在发音的同时,一些手势或动作,或将发音赋予一定的韵律常常会帮助患者发出准确的声音。治疗师可以用拍打节律、给予听觉重音暗示(重读治疗法)等方法,训练言语失用症患者。此外,也可利用一些熟悉的歌曲改善患者发音性能中音调过低、音量过小、发音时限过短及音调忽高忽低等问题。歌唱发音能力的提高能泛化到语言发音能力上,使之同步得到改善。

根据上述原则,言语治疗师研究出了多种有效的治疗方式。这些治疗方式又根据是强调运动学习原则还是提供感觉线索而分为两大类:多输入音素治疗法、语音发声治疗和语言运动学习方法是以运动学习原则为基础的;罗森贝克成人言语失用八步疗法(Rosenbek's eight pace therapy for adult apraxia of speech)、提示法和脚本训练是以提供感觉线索为治疗基础。我们会在下面详细介绍每个治疗方案的具体步骤。

1. 以运动学习原则为基础的治疗方法

(1) 多输入音素治疗法:适用于严重的失用症患者,患者的复述能力也有很大缺失。治疗的具体步骤如下:①录下患者定型的重复的语句或单词,从这些语句或单词里选择治疗目标。②这个目标一般是患者的定型语句的第一个音。如果患者能说"你好",可以选择以/n/开头的字作为治疗的目标,比如"你们"。③言语治疗师和患者同时说出目标语句"你们",同时提供手势或节奏的线索,比如说"你们"的同时轻轻触碰患者的手臂。④言语治疗师停止发音,但是做发音的动作,患者继续发音"你们",当新的语句巩固后,可以选择其他常用的用/n/起头的语句重复上述流程。

(2) 语音发声治疗。根据患者的语音错误,治疗师会产生 30 对最小配对(minimal pair)。这些最小配对只有一个音不同,比如/si/和/zi/。①如果患者能正确地说出最小配对,患者就重复 5 遍。②如果患者出错,治疗师会提供指导,目的是患者至少能有 3 次正确的发音。③如果患者不能有 3 次正确的发音,治疗师会在一张纸上写出正确的发音以提供患者更多的线索,如果患者能够正确发音,重复发音 5 次,然后开始新的最小配对。④如果患者还不能正确发音,治疗师除了写下正确发音的字以外,再加上视听综合刺激来帮助患者发音,"看着我的嘴型,听我发音,然后一起发音"。⑤如果患者能够正确地发音,重复发音 5 次,然后开始新的最小配对,如果患者不能正确发音,治疗师会提供发音方式指导作为额外的线索。

(3) 语言运动学习方法:该治疗方案可用于任何语言障碍,也可以用于习得型或发育型失用症。治疗师找到对患者来说最容易发的 3~4 个辅音和 3~5 个元音。这些辅音元音会组成辅音元音辅音元音的字节。治疗从最容易的辅音和最容易的元音组合开始。这种组合会有变化,比如第一组:baka,bake,bako,bakoo,baki;第二组:bata,bate,bato,batoo,bati;第三组:baka,bata,bafa;第四组:beka,boka,booka,bika;第五组:beka,botoo,boofe,biko。具体治疗步骤如下:①言语治疗师说辅音元音组合 3 遍,患者观察治疗师发音姿势。②患者模仿治疗师的发音直到能达到 80% 的正确率,治疗师同时提供发音方式。③患者继续模仿辅音元音组合,治疗师逐渐减少发音的暗示。④当患者能达到 80% 准确率,治疗师说辅音元音组合,等 3~4 秒然后让患者重复。⑤治疗师说出一系列辅音元音组合,然后患者重复。⑥如果患者有阅读能力,他就可以独立地读出一系列的辅音元音组合,直到达到 80% 的准确率。⑦患者增加语速同时保持 80% 的准确率。⑧寻找和辅音元音组合类似的词汇或短句作为练习的目标,直到达到 80% 的准确率。⑨重复同样的步骤,选择不同的辅音元音组合。

2. 以提供感觉线索为基础的治疗方法

(1) 罗森贝克成人言语失用八步疗法

笔记栏

ER-7-15

罗森贝克成人言语失用八步疗法

1）视听综合刺激"看着我"，"听我说"，并同声发音（患者与治疗师同声发音）。治疗师督促患者在他们一起发音时认真听，尤其注意视觉暗示。

2）视听综合刺激和推迟发音，治疗师发音后，停顿一下，患者再模仿。治疗师提供发音方式，患者模仿。然后治疗师做发音动作不发音，患者大声发音。也就是说，视觉暗示保留，同步听觉暗示削减。

3）视听综合刺激和推迟发音无视觉暗示，即传统的"我先说，你跟着我说"。治疗师不给予同步暗示。

4）视听综合刺激后连续发音无干预刺激，即无听觉或视觉暗示。在治疗师发音后，患者反复发音无任何暗示。

5）文字刺激和同步发音。

6）文字刺激和推迟发音。

7）由提问激发恰当的发音，无模仿。治疗师提问，把靶发音作为对问题的恰当反应。

8）角色扮演情景中的恰当反应，治疗师、工作人员、朋友承担与靶发音有关的角色，患者作出恰当的反应。

（2）提示法：是一种常用的针对发育型失用症的治疗方法。在患者练习发音的过程中，言语治疗师把手放在患者面部的不同位置，提示患者构音点和构音模式。这些手法是需要言语治疗师系统学习来掌握的。当孩子要尝试的单词的第一个音是从喉咙后面发出时，治疗师会引导指着他的喉咙，孩子看到老师指的地方，会触发其对舌头在喉咙后部位置的记忆。当孩子需要发出双唇音——"波"（包括/m/，/b/，/p/）音时，治疗师会用手指轻轻地将他的嘴唇压在一起，让其感受双唇音与气流的配合时机，帮助孩子知道如何瞬间成阻和气流冲破的感觉。患者练习时应先从简单的发音开始，比如元音和容易的辅音，再练习摩擦音和塞擦音。然后患者应该模仿单音节单词、重叠的双音节词，最后是单词和词组。

（3）脚本训练：是一种功能性的言语治疗方式。言语治疗师帮助患者挑选出几个日常交流的脚本作为练习目标。这些脚本的难易程度取决于词组的长短和语法的难易。患者先听治疗师说出选好的语句，然后患者重复语句，下一步患者读出治疗师写好的语句，最终的目标是患者能用练习的语句回答问题。言语治疗的过程从治疗师提供短句模型到患者和治疗师一起发音（同时提供视觉线索），到治疗师减少发声、患者独立发声（但是治疗师继续提供视觉线索），最后一步是患者自主发声。当患者能正确说出练习的短句，治疗师会让患者和熟悉的朋友、家人练习这些语句，然后和陌生人练习这些语句来进一步巩固发音。

（二）速度和旋律治疗

第二类比较常用的失用症疗法是速度和旋律治疗，该疗法包括对比重音治疗、节拍节奏治疗、韵律节奏治疗和旋律语调疗法。

1. 对比重音治疗 该方法是通过在短句里强调不同的字来改变短句的意思。患者练习强调不同的字来让他们回答不同的问题，例如：今天谁去商店？今天我去商店。今天你去哪里？今天我去商店。通过这个治疗，患者会更熟练地改变重音进而能够更自然地发音。

2. 节拍节奏治疗 根据患者平时说话的速度选择节拍，节拍器选择的节拍应该比患者平时说话的节奏要慢。患者要每个节拍说一个字节，有时在说字节的同时还可以加上手势。在治疗的开始阶段，治疗师先示范患者怎么根据节拍器节奏说出每个字节，然后患者和治疗师一起重复那些字节，逐渐过渡到患者自己重复那些字节，最终目标是患者能够自主地减慢说话的速度，增加说话的准确度。

3. 韵律节奏治疗 本法和节拍节奏治疗很类似，唯一的区别就是节拍不是节拍器产生的，而是用电脑生成的。不管说话的快慢，患者需要维持相对自然的节奏。

4. 旋律语调疗法　对某些言语失用症患者,旋律语调疗法(MIT)是一种有效的治疗方式,尤其对严重的失用症并伴有韵律障碍和口吃样停顿的患者。应优先选用日常用语,尽量选择患者感兴趣,与职业或爱好有关的内容。训练中所选的句子应设计在成功率为 70% ~ 90% 的水平上。相比正常发音,旋律吟唱模式的速率减慢、音节延长,从而减少对大脑左半球的依赖。一秒一个音节是 MIT 疗法建议的速度。随着患者语言表达能力的进步,速率改成一秒两个音节,循序渐进,直到患者从唱歌过渡到正常表达。而音节延长帮助患者更好地辨析单词或短语中的每一个音节,从而提高患者语言产生的清晰度,促进患者语言表达的流畅性。在吟唱的同时,患者应用左手有节奏地拍打。在旋律语调疗法中,治疗师应和患者一起唱,同时给予患者正确的视觉和听觉模型,这样更能促进患者的词汇表达。

(三) 辅助沟通系统

当患者言语失用的症状非常严重,以致无法进行言语交流时,言语治疗师应给患者提供交流补偿方式,如交流板、纸笔、打字机或计算机等。对所有言语失用症患者,不论严重程度,减缓语速都有助于正确构音。因此,以减慢说话速度为目的的行为代偿治疗对失用症是有效的,例如用节奏板来减慢患者说话的语速,患者每说一个音节应用手触摸节奏板的一点(图 7-12)。

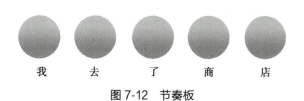

图 7-12　节奏板

我　去　了　商　店

虽然我们介绍了很多言语失用症的治疗方法,在临床中我们仍然需要仔细选择最适合患者的个体化治疗方案。不同患者对同样的治疗方法也是反应各异。由于言语失用症的疗程很长,很多时候我们需要让患者的家属也介入到治疗当中。言语治疗师会给患者一些单词和短语,让患者在家与家人一起练习在言语治疗时学到的东西。每次家庭练习时间可以很短,比如 5 分钟,每天练习 2 次。家属和朋友的支持对失用症的治疗会有很大帮助。

第四节　发展性语言障碍的评定与康复治疗

儿童从呱呱坠地到基本掌握母语,历时数年。这期间,有大量孩子因为种种原因出现语言障碍;也有的孩子语言发育比同龄孩子晚,出现语言发育迟缓;而有的孩子到了学龄期,又出现语言学习障碍或读写障碍。这些都是儿童在语言习得期产生的问题,另外,孤独症、脑性瘫痪、听力障碍等与语言障碍有什么区别和联系? 这就是本节将要探讨的发展性语言障碍的相关内容。

一、发展性语言障碍的概述

(一) 发展性语言障碍的定义及相关术语

2016 年,英国牛津大学发展神经心理学教授 Dorothy Bishop 就儿童语言问题的定义、名称、症状及诊断方式系统咨询了 59 位全球教育心理、言语障碍和医学专家的意见,采用在线德尔菲方法获得最终的专家共识。共识提议,在临床上建议使用发展性语言障碍(developmental language disorder,DLD)这个术语,用于语言障碍与已知的生物医学病因无关的情况,即当儿童的语言能力显著低于其同龄人的水平,并且没有明确的已知的生物医学病因时,应使用该术语。会议提出了几点重要共识。

1. 将 DLD 与"与 X 相关的语言障碍"区分开　当语言障碍与已知的生物医学病因无关

时,应使用"发展性语言障碍"(DLD)这个术语。"发展性"是指在发展过程中出现的,而不是获得性的或存在与之相关联的已知的生物医学原因,这些病因通常与遗传或神经原因有关,因此随着基因方法的进步,其种类将不断增加。现有的已知病因包括脑损伤、儿童期获得性癫痫性失语、某些神经退行性疾病、脑性瘫痪、感觉神经性听力损失、孤独症谱系障碍(autism spectrum disorder,ASD)和/或智力障碍(intellectual disorder)、遗传性疾病如唐氏综合征等。在这种情况下,语言障碍作为一种更复杂的损伤模式的一部分出现,是表明可能有一种特定的干预途径,此时可使用"与 X 相关的语言障碍"来描述这种情况。

2. 存在危险因素(神经生物学或环境因素)不排除诊断 DLD　危险因素是在统计学上与语言障碍相关的生物学或环境因素,但其与语言问题的因果关系尚不清楚或仅部分相关。这些因素并不是特定儿童语言状态或结果的直接预测因素,但在语言障碍儿童中比一般发育中的儿童更常见。常见的风险因素包括语言障碍或读写困难的家族史、男性、大家庭中的弟弟妹妹以及父母教育年限较短等。

3. DLD 可以与其他神经发育障碍共存　这些共现障碍包括认知、感觉-运动或行为领域的损伤,可能影响损伤模式和干预效果,但其与语言问题的因果关系尚不清楚。例如注意问题[注意缺陷多动障碍(attention deficit hyperactivity disorder,ADHD)]、运动问题[发展性协调障碍(developmental coordination disorder,DCD)]、阅读和拼写问题[特定阅读障碍(specific reading disorder)]、言语问题、适应行为和/或行为的局限性以及情绪障碍等。

4. DLD 不要求语言和非语言能力不匹配　即 DLD 的非语言能力也可能低于同龄人水平。这意味着不符合智力残疾标准的低非语言能力儿童可以被纳入 DLD 的范围。

虽然新的 DLD 定义目前已在世界范围内得到了大部分人的认同,但原有的一些术语也还有许多人使用,特别是在我国。因此,厘清历史上本领域的相关术语很有必要。以下将对这些术语进行介绍。

1. 先天性失语和发育性失语　"先天性失语"(congenital aphasia)在 1866 年首次用于描述临床症状为语言障碍的儿童,随后"发育性失语"(developmental dysphasia 或 developmental aphasia)在 20 世纪中期更加普遍地被使用。由于大量研究提供的证据表明,儿童语言障碍不是像成人失语症那样由脑损伤引起的,为避免引起概念混淆,遂逐渐被弃用。

2. 语言障碍(language disorder)　在美国《精神疾病诊断与统计手册》(第 5 版)(DSM-Ⅴ)中的诊断标准是:儿童的语言理解或语言表达能力在不同的语言领域(词汇、句子结构和叙事)大幅度地、可量化地低于同龄儿童语言水平。这个诊断标准中提到的语言包括口头、书面、手语或其他形式的语言。而且这些语言能力低下不是由听力障碍、运动功能障碍或其他医学或神经性病症(如脑性瘫痪、孤独症谱系障碍)等导致的。在临床实践中,该诊断可以通过标准化语言评估结合非正式语言评估来实现。

3. 儿童语言发育迟缓(childhood language delay)　是指儿童的语言技巧虽然发展缓慢,但却和正常儿童有着相同的发展顺序,且一般而言,该儿童的语言能力最终能赶上其同伴。该术语在我国医疗系统使用广泛,常用来称呼那些无其他病因的语言存在障碍的儿童。

4. 特定型语言障碍(specific language impairment,SLI)　是在没有听力损失、神经性损伤或非语言智力低下的情况下语言技能的显著缺陷。SLI 是最常见的儿童发育障碍之一,在美国幼儿园和学龄儿童中发病率大约是 7.4%。

5. 语言学习障碍(language learning disorder,LLD)　语言学习问题不只影响口语发展,也会影响书面语言的学习,因此将学习障碍中阅读障碍儿童同时出现识字与口语语言理解问题者,归类为语言学习障碍。文献表明,特定型语言障碍儿童中的理解+表达型障碍,常常在学习书面语言的读写上出现困难,即最有可能成为语言学习障碍。

（二）发展性语言障碍的分类

发展性语言障碍的分类方法有多种。

1. 按照语言的输入和输出分类　发展性语言障碍可分为表达性语言障碍和表达-理解混合性语言障碍两种,这是第 4 版《精神疾病诊断与统计手册》(DSM-Ⅳ)和国际疾病分类-10(international classification of disease,ICD-10)中使用的两个术语。表达性语言障碍(expressive language disorder)仅涉及语言表达的问题,而表达-理解混合性语言障碍(mixed expressive-receptive language disorder)涉及语言的理解和表达的双重缺陷。ICD-10 代码用于"表达性语言障碍"或"表达-理解混合性语言障碍"需要排除诸如智力障碍、广泛性发育障碍和由于听力损失引起的言语和语言发育迟缓等障碍。

2. 按照口语和书面语分类　美国 ASHA 将发展性语言障碍分为口语语言障碍和书面语语言障碍。口语语言障碍(spoken language disorder)指语音系、词态、语法、词义和语用中的任何一个语言领域在语言理解或表达上有缺陷,包括继发于其他发育障碍的语言障碍,也包括特定型语言障碍。书面语语言障碍(written language disorder)包括流利语词识别(即阅读解码和视觉词识别)、阅读理解、书面拼写或书面表达中出现的显著缺陷。

（三）发展性语言障碍的发病率

发展性语言障碍的总发生率较高。据国外报道,其患病率可能在 3% ~ 7% ,其中的差异是由于不同文献的调查年龄和定义不同所导致。而综合国内的研究文献可以推测,我国学龄前儿童语言障碍的发生率在 4% ~ 17% ,学龄早期语言障碍发生率约为 7% ,且男孩的发生率高于女孩,随着年龄增长,发生率降低。

（四）发展性语言障碍的临床表现

1. 前语言沟通能力发展欠佳　前语言阶段是所有儿童正式掌握语言之前必经的重要阶段。与正常儿童相比,语言障碍儿童在习得语言之前更多表现出前语言沟通能力不足。前语言沟通能力(prelinguistic communication ability)是指前语言期的儿童的沟通能力,主要指儿童能够协调对人和环境的注意,恰当回应外界刺激,并利用眼神、表情、手势动作等非口语形式发起沟通、表达需求的能力。在前语言阶段,儿童如果表现得特别"安静、乖巧",对周围的人和环境缺乏必要的兴趣,缺乏对他人的有效回应,缺乏主动引发他人共同关注到自己感兴趣的事物上的能力,不能有效模仿他人的动作、声音、表情等,则可能面临着语言障碍的高风险。

2. 语义障碍　语义主要指语言的内容,也就是语言的意义系统,包括词汇、句子之义,句子之间的关系等。发展性语言障碍的儿童不能像普通儿童一样学习词汇,会表现出习得词汇的速度缓慢、能理解和使用的词汇较少,词汇的深层意义理解困难,或者出现词汇错用、词汇意义过度类化,对多义词、抽象词汇、象征和比喻语言的理解和应用能力差,对语句的理解和应用受限等,表达时还可能出现词汇寻取困难,难以清晰流畅地叙事等。

3. 语法障碍　与同龄正常儿童相比,发展性语言障碍儿童对语句和句法理解及表达能力可能都落后,具体可能表现出以下问题:词汇结合出现较晚;动词的学习和应用困难;词序掌握困难;句子中省略词汇或常常使用不完整句子;代词、介词、连词等虚词使用错误;句型结构简单而零碎;复句的学习和应用困难等。

4. 语用障碍　语用障碍是指儿童在语言发展过程中,语言运用能力出现困难,不能正常运用语言和外界沟通。具体表现为:不会主动表达自己的需求、意见、发表评论;无法根据听者的情况调整表达方式;无法开启话题;不能注意听说的轮替并维持话题;当沟通信息不清楚时,他们无法适当修补或重新叙说清楚;其沟通或交谈对象常常需要不断重复交谈的内容,才能将沟通维持下去。

（五）发展性语言障碍的病因

现有的观点认为发展性语言障碍不存在单一的病因,更趋向于一种综合的解释,生物因素、认知因素、环境因素都对儿童的语言发育起着重要影响。

1. 生物因素 人类大脑的复杂性是人类能掌握语言的重要生物基础。在大脑皮质的功能分区中,布罗卡区和韦尼克区都是重要的语言功能分区。如果大脑的功能受到损害或发育不完善,则可能出现语言障碍。但与成人神经损伤导致的语言障碍不同的是,童年时期即使大脑曾受到损害,也不一定会导致语言障碍。研究显示,与正常儿童相比,语言障碍儿童可能在其大脑结构(如对称性)和功能上存在某些细小的差异。

目前发现语言障碍儿童的 7 号染色体上的 FOXP2、CNTNAP2 基因,16 号染色体上的 ATP2C2、CMIP 基因,6 号染色体上的 KIAA0319 基因都与正常儿童存在差异,但这些基因的损伤,除了语言障碍外,也可能导致其他方面的障碍。总的来讲,目前并未发现特定的语言功能相关基因。

2. 认知因素 语言与认知的关系十分密切,儿童在学习语言的过程中逐渐认识世界,也在认识世界的过程中不断发展语言。研究发现,语言障碍儿童可能存在听处理障碍,但并不是所有的听处理障碍儿童都有语言障碍。另外,他们的认知加工能力有限,如存在知觉障碍、短时记忆容量小、程序处理缺陷等,但这些认知障碍可能是其语言障碍造成的,而他们各种各样的语言问题也不是某一种认知能力导致的。

3. 环境因素 儿童的成长环境对其语言发育的影响至关重要。在 20 世纪 80 年代,美国有一项针对 7 个月至 3 岁儿童为期两年半的追踪研究,结果发现来自社会经济地位高和低家庭的儿童之间,3 岁时就已经出现了一个"3 000 万词汇的鸿沟",4 岁时这个鸿沟继续加大,分别为 4 500 万和 1 300 万个词语。这项研究认为,儿童成长的语言环境对其语言发育以及日后的学业成绩有着深远影响。

在儿童的成长环境中,家庭环境无疑是最大的影响因素。父母的受教育水平、对孩子采用的教养方式、亲子互动情况、家庭亲属关系等,都会影响到儿童的语言发育。其次,家庭所处的小区环境,如是否有好学校、好的福利、良好的治安甚至义工团体等,也会对儿童语言发展产生一定影响。另外,家庭的文化环境差异也对儿童的语言发展有影响,如不同民族的家庭语言习惯不同,东西方的表达方式也不同,等等。关于方言的影响,研究发现有方言的家庭和其他儿童家庭相比,其文化环境差异尚不足以影响语言发育,虽然方言的差异可能也会影响儿童在学校表现出的语言能力。

二、发展性语言障碍的评定与康复治疗流程

依照 ASHA 学会 2011 年提出的"跨学科临床实践模式"(interprofessional practice model),如图 7-13,针对发展性语言障碍的康复应该遵循下述 4 个原则:①家庭中心,即强调以家庭为中心,必须将家庭的需要放在第一位,以提高家庭的生活质量为主要目的。②跨学科团队合作,即需要本专业的医疗服务人员、相关专业的医疗服务人员以及患儿及其家人的共同参与,来制订一个合理的诊疗方案。这些成员包括言语治疗师、儿科医生、听力师、作业治疗师、物理治疗师、发育心理学家、学前教育老师、家长等。③综合评估,强调要对儿童进行综合评估,不仅评估患儿的语言能力,还要考查影响语言发育的其他各种相关因素。④体现 ICF 理念,在给

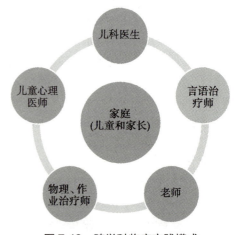

图 7-13 跨学科临床实践模式

患儿做综合评估时也要体现 ICF 理念,除对患儿发育水平的评估外,还要评估其器质性问题所导致的功能性障碍的严重程度,以帮助治疗师制订合适的训练方案,尽可能降低这些问题所带来的继发性功能损伤。

在具体临床操作时,结合我国国情,可采用下述评估与训练流程(图 7-14)。

（一）资料收集

在正式进行评估前,先要进行充分的资料收集,主要包括以下两方面。

1. 病史采集 采集病史时除了要收集儿童的出生发育史、教育/康复史、家族史、既往病史等外,还需要注意两个方面:①弄清家庭担心的主要问题及其与语言困难间的关系。儿童的一些情绪、行为问题,学习障碍等,都可能是语言困难的反映。②了解家长与儿童交流的典型情况,如儿童是否有沟通动机、儿童如何沟通、与谁沟通、沟通失败时儿童的表现等。

在临床上可根据上述内容设计合适的家长调查表,让家长填写。

在询问病史时,治疗师应注意以下事项:①尊重、同情、理解家长。②不要引发敌对情绪、不要沉湎于不良情绪,如果引发了这些情绪,要表示同情和理解后转移到中性的、安全的话题。③明确询问目的,治疗师要对自己询问的每个问题的目的非常清楚,不问一些无关的问题。④明确家长理解询问的目的。⑤家长讲述时仔细倾听。⑥问明确的、开放式的问题,如:"他犯错时你会责备他,对吗?"就不是一个开放式的问题,而应该是:"他犯错时你会怎样处理?"⑦回答家长提出的任何问题,但要注意回答技巧。

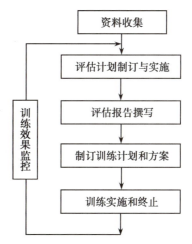

图 7-14 发展性语言障碍的评估与训练流程图

2. 观察 观察可为治疗师提供关于患者语言障碍的特点和严重程度的初步认识,为后续的标准化评估做准备。实施时可让儿童在诊所与他的父母、兄弟姐妹等熟悉的人自由玩耍,并进行观察,或者让家长录下在家中或学校的情况。观察可以帮助治疗师了解儿童的语言表达、理解能力,语用能力以及其他行为,如想象游戏、注意力、粗大运动与精细运动、社交兴趣与交往行为等。

（二）评估计划制订与实施

资料收集完成后,言语治疗师需为患者制订评估计划,根据评估目的和资料收集情况确定评估内容,即对儿童可能存在问题的假设,并拟定检验这些假设的评估方法。评估计划表见表 7-11。

表 7-11 发展性语言障碍评估计划表

姓名:	出生日期:	年龄:
总体情况:		
主要问题:		
评估内容	拟回答的问题	评估方法/工具
评定协作人员:（如物理治疗师、作业治疗师或康复医师等）		

1. 评估目的 在制订评估计划时,首先应明确评估目的是筛查、诊断、建立患者的基准水平,还是确定干预目标、监控干预过程。不同的评估目的将影响评估计划的制订。

笔记栏

2. 评估内容 制订评估计划时,需使用前面收集到的资料来明确评估内容。作为跨学科临床实践模式团队的一员,言语治疗师应明确自己独立评估和咨询团队成员的范畴。目前国际上一般按照言语治疗师的"综合性语言评估的临床框架"(图 7-15)来确定评估内容(本节后文将详述)。

3. 评估方法 确定针对某个内容所采用的具体评估方法。制订评估计划时,需要明确具体需采用,或者说综合主客观条件能采用哪种方法。例如评估儿童的语法能力,可以采用标准化测验中的相应部分,但如果没有合适的测验工具或者孩子很难配合,也可以使用语言样本分析。具体的评估方法将在后文详述。

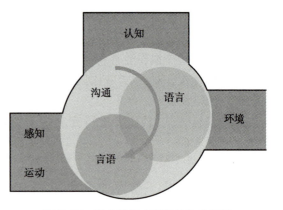

图 7-15 综合性语言评估的临床框架

(三)评估报告撰写

评估结束后,就需要整合分析评估结果,撰写评估报告表。评估报告表一般应包括:①确定儿童的障碍严重程度,包括各个方面的受损情况,应该先干预哪一方面等;②判断预后,影响预后的因素除障碍程度外,还包括年龄、社会环境、儿童特质、与交流能力相关的其他方面情况;③提供建议,包括儿童是否需要干预、干预的目标、方法等(表 7-12)。

表 7-12 评估报告表(提纲)

1. 基本信息
    姓名: 性别: 出生日期:
    地址: 联系方式:
    评估日期: 评估者:
2. 现有问题:(包括家庭最关心的问题)
3. 历史问题:
4. 检查结果
    量表评估结果:
    语言样本分析:
    行为观察:
    相关方面:
5. 主观印象:
6. 结论
    检查结果:(各评估领域情况)
    预后:
7. 建议
    是否需要干预: 是 否
    干预目标:(按照干预顺序依次撰写)
    干预方法建议:
        可能的方法:
        适合的活动:
        强化物:

其中,训练或干预顺序可根据"综合性语言评估的临床框架"中间箭头标示的顺序进行(图7-18),即一般按照沟通能力——语言能力——言语能力的顺序进行干预。另外,还要考虑家庭的需求以及家庭的实际情况来综合安排干预方案。

(四)制订训练计划和方案

在评估后进行训练前,要为患儿制订详细的训练计划,包括长期和短期的训练目标、训练模式和活动的安排、训练频率与时间的确定等,具体见表7-13。而在每一次或者每一个特定目标训练前,治疗师还应该为患儿制订一个具体的训练方案,见表7-14,其中应包括特定目标、具体的训练活动、提示的层级、反馈的方式、强化物的选择等。

表7-13 发展性语言障碍儿童训练计划表

1. 基本信息 　姓名:　　　　　　性别:　　　　　　出生日期: 　地址:　　　　　　　　　　　　　　　联系方式: 　计划制订日期:　　　　　　　　　　　计划制订者: 2. 训练目标 　长期目标: 　阶段目标: 3. 训练模式: 4. 训练强度:

表7-14 发展性语言障碍儿童训练方案

1. 基本信息 　姓名:　　　　　　性别:　　　　　　出生日期: 　地址:　　　　　　　　　　　　　　　联系方式: 　计划制订日期:　　　　　　　　　　　计划制订者: 2. 训练目标 　特定目标: 3. 训练方法 　训练活动: 　提示层级: 　强化物:

1. **训练目标** 训练目标可分为长期目标(最终目标)、短期目标(阶段目标),甚至一次或几次训练的目标(特定目标)。确定长期目标时,应根据患儿的年龄、障碍的性质及预后、已有的干预史、与环境的交流情况,以及评估中收集的数据来确定一个最为合适的目标。根据患者的情况不同,其最终训练目标也不同,概括起来有下述四级长期训练目标。

(1)第一级长期训练目标——消除障碍、达到正常,改变或消除潜在的问题及障碍,让患者成为一个正常的交流者或语言学习者,之后不再需要干预。一些病因明确且可恢复的案例适用此类目标,但这类案例可能只占少数。

(2)第二级长期训练目标——减轻障碍、提升功能,提高患者语言功能相对较差的方面,使他们成为一个相对较好的沟通者,但不保证后续不需要再进行干预。

(3)第三级长期训练目标——使用代偿方法让患者学会利用自己的残余功能来进行交流,或患者语言功能上的不足之处经过训练后已达到瓶颈,则教他们采用一些代偿的策略来补偿这些缺陷。

（4）第四级长期训练目标——改变环境，改变患者的生活、学习环境，为其营造良好的交流环境。这不仅包括训练环境的改变，也包括其照顾者、家人、朋友、同学等的交流态度的改变等。此项常和其他三级目标结合，很少单独进行。

短期目标应选择儿童的最近发展区，即儿童当前不具备但经过努力能具备的能力，以及最能促进沟通效果的方面。

特定目标是当前就应该进行干预的内容，是达到长期目标过程中的最小步骤。

制订训练目标时，应遵循 SMART 原则。

S(specific)是指训练目标需要具体明确。如"儿童能理解三个玩具名称"就比"儿童能理解物品名称"具体明确。

M(measurable)是指训练目标可测量。如"儿童可以在讲绘本的活动中产出过去时态的简单句子，正确率达到 70%"就是可测量的，而"儿童可以习得过去式句子"就是不可测量的。

A(attainable)是指训练目标具有可达到性。如儿童还处于单词阶段，"儿童可以在自然对话中产出'为什么'的问句结构，正确率达到 80%"就不具备在 3~6 个月可达到性。

R(relevant)是指训练目标应该和儿童生活相关。如"儿童可以在日常生活中产出'我要去××'的句式，正确率达到 90%"就比"儿童可以背诵 5 首唐诗，正确率达到 90%"更与儿童生活相关。

T(time-bound)是指训练目标应该有时间限制。如训练目标一般是短期的(3 个月)或长期的(6 个月)。

2. 训练模式　对语言障碍儿童的康复训练，涉及训练过程的自然化问题，训练过程越自然，儿童的迁移泛化越容易，反之则越难。以此为标准，人们把对应的训练分为了三种模式。

（1）以治疗师为中心的训练模式：该模式以治疗师为主导，决定训练中的所有内容，包括训练的目标、训练活动、反馈方式、训练材料、强化物等。此类方法提供了语言刺激的详细说明，清晰的指令和正确反应的标准，能逐渐增加正确率的强化方式，单位时间内可以产生最多的目标反应，能让儿童得到大量练习机会。但其训练情境不自然，儿童很难将训练时学到的内容迁移到日常生活中去。

（2）以儿童为中心的训练模式：有一些"倔强的"或"被动的"儿童，很难配合以治疗师为中心的方法，这就需要采用"儿童中心"的方法，即以儿童为主导，治疗师除了选择儿童可能喜欢的材料外，其他部分都跟随儿童，做他做的事，说他说的话，并耐心等待，对儿童的行为做出及时的反应。此类方法以儿童为主导，贴近自然，儿童的参与度高，更利于训练目标的泛化与迁移。大部分治疗师已经越来越倾向于采用这类训练方法，但其对治疗师的要求更高，操作上更为不易。

（3）双主体模式：此方法介于上述两类方法之间。治疗师事先营造出良好的交流环境，在训练中注重发挥儿童的主观积极性，或者以儿童感兴趣的话题进行训练，或者以患者的生活经验为基础设计训练活动，让儿童能轻松快乐地进行训练，并且保证其训练目标的泛化和迁移。双主体模式常用的方法有聚焦刺激法、语言情境教学法、脚本训练法等。

3. 训练方法　在训练计划中需要确定训练模式，在训练方案中则应详细计划出具体的训练方法。包括：①训练活动，要求写出具体的活动步骤、治疗师指导语，如何根据个案的反应进行提示和反馈等；②提示层级，在训练中，儿童可能无法主动给出目标反应，治疗师需要给予提示，但如何提示，应制订一个提示层级，如目标为说出"要"，则提示层级从多到少依次为"要"的声音+手势、手势+口型、手势、无提示；③强化物：强化物是促进儿童保持训练兴趣的一个重要事物,治疗师可通过询问家长、观察、尝试等来选择有效的强化物,其可能是糖果、玩具等实物,也可能是口头表扬、小贴纸等社会强化物,还可能是儿童的异常行为(如儿童很想跑出训练室,治疗师可以当他出现目标反应后允许他出去一会儿),具体示例见表7-15。

表7-15 发展性语言障碍儿童单次训练特定目标之一的具体方案(示例)

1. 基本信息

姓名: 宝宝(化名)性别: 男 出生日期: 2014.1.1

地址: ＊＊＊＊＊＊＊＊＊ 联系方式: ＊＊＊＊＊＊

计划制订日期: 2023.2.1 计划制订者: ＊＊＊

2. 训练目标

特定目标: 在游戏情景中,有手势提示的情况下,儿童产出"要＊＊"句式来提出要求,准确率达到70%。

3. 训练方法

训练活动: 治疗师中心模式: 演示。

(1)环境准备: 诱导物: 在训练室里显眼的位置放置宝宝喜欢的物品,如拼图、积木、小球。 搭档: 宝宝妈妈。

(2)训练步骤(预计): 拼图、积木、小球活动,根据儿童的兴趣和儿童对"要"的概念的理解,灵活使用三个活动。

宝宝和妈妈来到训练室,治疗师教妈妈和"要"对应的手势提示。 宝宝看到拼图,用手指拼图或发出"嗯嗯,图图"的声音。 治疗师问妈妈:"你要什么?"妈妈一边说:"要拼图。"一边配"要"的手势提示。 治疗师说:"好的,给你!"将拼图给妈妈。 妈妈开始玩拼图。 治疗师一边说:"要拼图。"一边配手势提示。 妈妈:"好的,给你!"将拼图给治疗师。 宝宝继续表示想要"图图"。 治疗师拿起一块拼图,说"要图图"等待宝宝的反应,根据宝宝的反应,调整相应的提示层级。

提示层级: 示范+手势➔示范➔手势➔无提示

强化物: 自然强化物: 拼图、积木、小球;社会强化物: 用兴奋夸张的语气说"好的,要图图!"

4. 训练强度 总的来说,持续几周或数月的每天进行的强化训练,比每周2~3次、每次30~40分钟、持续1年的训练效果更好。因此,在可能的情况下,应采用高强度的训练。

(五)训练实施和终止

制订好训练计划和方案后,治疗师就可以进行具体训练了。治疗师应该要掌握一些基本的训练技巧,并做好训练记录。

1. 基本训练技巧 在进行语言训练及提供机会让儿童发展语言时,治疗师、家长、教师等可使用下列技巧。其中治疗师更要熟练掌握。

(1)等待:是儿童中心训练方法最重要的一个技巧。在这类方法中,我们要时刻注意诱发儿童的反应,但这些儿童由于其障碍,并不一定能及时反应,治疗师应该给他们充分的反应时间。

(2)示范:最常用的一种训练技巧,当让儿童学习新内容时,通常会采用示范的方式,即言语治疗师或另一个搭档说出目标语言,要求儿童仔细听。多次示范后,创造情景让儿童自发性使用。如治疗师用图片示范"被"的用法,先示范"苹果被妈妈吃掉了""苹果被妹妹吃掉了",然后拿出哥哥吃苹果的图片,对儿童说:"看,苹果怎么了?"诱导儿童说出"苹果被哥哥吃掉了"。

(3)模仿:是儿童学习语言的一个很重要的方式。它既包括让儿童模仿治疗师说出的某个目标语言,也包括儿童说话或出声时治疗师模仿儿童的语言,后者可以促进儿童交流的兴趣,获得更多的沟通互动。

（4）自言自语：当与儿童一起时，治疗师可以自己用语言描述自己的活动，即一边活动一边自言自语，此举能让儿童将听到的语言与情景中的意义相联结，然后逐渐习得该语义、语法、语用。此法最好应用于与儿童建立了联结注意的活动或事物上，注重语言的输入，而不刻意要求儿童的回应。

（5）平行谈话：当儿童注意某个事物或进行某项活动时，治疗师描述儿童的活动。此法可让儿童听到正确的语言输入，建立语义联结。如儿童正在吃糖，可以说"小明正在吃糖"。

（6）时间延迟：中断正在进行的交流过程，等待儿童反应。此举可促进儿童的沟通意图发展。

（7）扩展：当儿童出现自发语言时，治疗师进行语法或语义上的完善，将儿童自发的语言扩展得更接近成人语。如儿童语"狗狗"或"狗狗房子"，治疗师扩展为"狗狗在房子里"。

（8）延伸：当儿童出现自发语言时，治疗师进行语义上的延伸。如儿童语"狗狗房子"延伸为"狗狗走到房子去了"或"狗狗觉得冷了"。

（9）组合与分解：对儿童的语言进行组合或分解，如对儿童语"狗狗房子"可采用不同的组合与分解方式，变成"狗狗在房子里""房子……它在房子里""在房子里……狗狗在房子里""狗狗……狗狗在房子里"，等等。

（10）句子重组：将儿童的语言扩展成不同形式。如儿童语"狗狗房子"变成"狗狗在房子里吗？""狗狗不在房子里""狗狗不在房子里吗？"

（11）调整语言信号：作为一名合格的言语治疗师，其语言应该是训练有素的。治疗师应根据儿童的状况对自身的语言进行调整，包括：①语速恰当，针对儿童一般来讲要降低语速，以保证其理解。②重复，目标语言需要不断重复，不要经常变化，以免增加儿童的理解负担。当儿童无反应时，应重复相同的询问，并耐心等待。③在韵律、词序上突出目标词。在训练时，可通过将目标词读得更重（音/zhong/）来强调，或将目标词放在句首或句尾来吸引儿童的注意力。④控制语言的复杂度。要根据儿童的情况控制语言的复杂度，保证儿童能理解或努力后能模仿。⑤能促进恰当的语用反应。直接让儿童"说完整的句子"不可取，应使用恰当的引导语让儿童自然回答出完整的句子，如"小狗在奔跑，女孩在奔跑，男孩呢？"

2. 训练记录 在训练过程中，需要对儿童的表现做一些记录，治疗师自己可以根据训练方案设计一些记录表格以方便使用，每次训练结束后，治疗师还应该做一个简短的 SOAP（即 subjective、objective、assessment、plan 的简写）记录。

（1）训练记录表：此记录表通常由治疗师自行设计并提前准备好。需要记录的内容常包括训练特定目标的完成情况、不同提示层级时儿童的反应等。记录次数可采用"正"字法计数。

（2）SOAP 训练记录（表 7-16）：SOAP 是一种用来记录和分析患儿在训练中的表现和特定数据的方法，主要记录四方面情况：主观表现（subjective），包括个案的身体状况、情绪心理状况、主观意愿等；客观指标（objective），可从训练记录表中获得，主要包括完成目标的次数及比例，还可包括其他一些重要内容，如所使用的词汇、语句情况等；简要评价（assessment），是根据前两方面情况对患者做的一个简要评价；后续训练计划（plan），即是继续原有计划，还是需要进行调整。

表 7-16　SOAP 训练记录表（以上文的宝宝训练方案为示例）

S：宝宝的精神状态很好，到训练室后主动与治疗师打招呼。　训练过程中注意力较集中
O：在有手势提示的情况下完成目标句式"要＊＊"5/10。　在有手势和示范提示的情况下完成目标 8/10，并可灵活替换三个熟悉的物品，"图图""球球""积木"
A：儿童对"要"的概念的理解很好；对单独手势提示的反应比单独示范提示的反应要好
P：继续在不同自然情景中逐渐减少提示的情况下进行"要＊＊"句式的训练

3. 训练的终止　什么时候训练应该结束呢？ASHA 给出的训练终止的标准为：

（1）可以基本正常地与人沟通。

（2）所有的训练目标都已经达到。

（3）患者的沟通状况与同年龄、性别、文化背景的同伴相似。

（4）患者的言语或语言能力不再影响其社会的、情感的和教育的发展。

（5）患者在各种环境下能与不同的人使用其 AAC 系统进行积极的沟通交流。

（6）患者已经获得其期望的沟通能力。

只要满足上述 6 个方面中的任何一个，训练就可以结束了。当然，有时训练的继续与否可能还受到家庭康复意愿、经济情况、其他客观现实的限制影响，这都需要治疗师与家长进行沟通，为患者做出最好的决定。

（六）训练效果监控

根据循证实践的要求，在训练过程中，应该对训练效果及时进行监控。可以根据训练记录，及时监控每一次的训练效果；也可以定期对个案进行评估，如 1 个月、3 个月、半年等；也可以采用单一被试研究方法等，来科学客观地对训练效果进行监控。

三、发展性语言障碍的评定内容与方法

（一）评估内容

在前面我们提到了言语治疗师的"综合性语言评估的临床框架"（图 7-15），这是评估时应该依据的一个指导框架。

1. 言语治疗师评估的领域　"综合性语言评估的临床框架"中间的三个部分——沟通、语言、言语，是言语治疗师要进行测试评估的三个领域。

（1）沟通："沟通"一词往往让人联想两个人用口语在对话，但实际上沟通不局限于口语，它还包括其他的语言和非语言方式。因此，婴儿在学会发出第一个声音之前就已经在使用其他途径开始进行沟通了，如当妈妈和宝宝玩躲猫猫（peek-a-boo）游戏的时候，宝宝虽然还不会说话，但是他可以使用大笑、踢腿等动作来表示他喜欢这个游戏，因此妈妈可以和他一遍又一遍地玩。也就是说，在沟通的过程中，婴儿的凝视、手指的动作、面部表情等都在传递重要的交流信息。在儿童的语言发育过程中，婴幼儿的这些能力称为前语言沟通能力。

（2）语言：对语言的四个要素——语音、语义、语法、语用的接收和表达两个方面都要进行评估。在临床上，评估语言的不同成分非常重要。一些表现为语言表达落后的患儿，语言理解正常与障碍的患儿的预后差异可能会很大，但这仅靠简单的问诊和家长的信息很难准确判断。除此之外，找出儿童语言功能出现问题和相对较好的领域也至关重要，即使两个患儿的测试分数相近，他们也可能有各自的强项和短板。

（3）言语：包括在口语产出过程中和口语的可懂度有关的能力。这些方面主要有听觉感知、构音器官结构和运动功能、音系的表征（包括控制音位组合以及音节的重音、韵律等的规则以及音系历程）。虽然音系属于语言的范畴，但在临床上其与口语产生难以分割，因此这部分的评估一般与言语评估同时进行，治疗师需要判断儿童口语中和年龄匹配的、滞后的以及不合理的音系历程。此外，如果排除了上面三个原因，但儿童的口语仍然有可懂度的问题，则被称为功能性的构音障碍，即不明原因的构音障碍，大部分儿童均为第四类。可见，因为言语问题就诊的儿童并不都是由口面肌运动异常导致的，所以找到真正的原因至关重要。

2. 言语治疗师需要在评估中考虑到的领域　"综合性语言评估的临床框架"中蓝色的部分是言语治疗师在综合评估的过程中需要考虑的其他因素，包括认知、感觉、运动以及环境因素等。

另外,父母自身对医疗服务的经历和看法,他们固有的对儿童的期望和信念,还有其他相关的家庭文化、社会文化因素等,都会影响其对于儿童的言语-语言综合评估和训练的参与和认可。

（二）评估方法

按照是否采用标准化测验来收集资料,评估方法可以分为正式评估和非正式评估两大类。正式评估在诊断过程中能提供客观量化的诊断依据,非正式评估可以让治疗师根据儿童日常社交、生活环境以及儿童对提示的不同反应调节测试内容,二者都是诊疗过程中必不可少的部分。

1. 正式评估　正式评估是指运用标准化测验及其他一些辅助的方法来收集资料,从而对儿童的情况做出判断和解释。标准化测验是指依照严格的程序和要求来进行测验的设计、编题、预测、实施、计分及分数解释的测验,通常应具有良好的信效度,如韦氏智力量表等。评判一个测验好坏的最重要指标是信度(reliability)和效度(validity),使用时要尽可能选择信效度高的测验。另外,每一个测验都有其适用范围及优缺点,使用时应谨慎选择。要注意的是,参照常模的标准化测试中的标准分只适用于常模建立时取样的地区,在常模建立以外的地区使用,其标准分无效。但此时其虽不能用作诊断性测试,仍可用作非正式测试。

国内常用的与儿童语言相关的标准化测验有如下几种。

（1）早期语言发育进程量表(early language milestones scale,EIMS):量表包括 59 个项目,分为语言表达 A(26 项)、语言理解 B(20 项)和与视觉相关的表达 C(13 项),可对语言发育水平在 0~35 月龄儿童的各方面语言能力(表达、理解、与视觉相关的表达和理解)分别进行评估。量表于 2007 年建立了上海地区的常模,由于测试的题目较少,在临床上主要用于语言障碍儿童的筛查。

（2）汉语沟通发展量表(Chinese communicative development inventory,CDI):是根据麦克阿瑟-贝茨沟通发展量表(MacArthur-Bates communicative development inventory,MCDI)修订而成。英文原版量表是 Fenson 等人为美国说英语儿童制订的语言与沟通发展量表,目前已有十多个国家、十几种语言将 MCDI 进行了标准化研究。我国 CDI 建立了北京市常模(普通话版 putonghua communicative development inventory,PCDI)和香港常模(广东话版 cantonese communicative development inventory,CCDI)。量表分婴儿表和幼儿表两部分。婴儿表适用于 8~16 月龄,重点在于了解婴儿对词汇的理解,除含有 411 个词汇外,还含有测试婴儿对一些短语的理解、动作手势的运用等。幼儿表适用于 16~30 月龄,目的是评估幼儿的词汇和语法技巧,除含有 799 个词汇外,还包含了组词、句子复杂程度,小儿表达的句子平均长度等。

（3）"梦想"普通话听力理解和表达能力标准化评估-诊断版(diagnostic receptive and expressive assessment of mandarin-comprehensive,DREAM-C):于 2015 年编制完成,是一套智能化的诊断性测试,包括听力理解和语言表达两个分测验部分,并考虑了方言在儿童普通话习得过程中的潜在影响。该测试常模建于国内普通话使用地区,适用于年龄在 2 岁 6 个月至 7 岁 11 个月的以普通话为母语的儿童,其信效度符合国际诊断量表的标准,可作为发展性语言障碍的诊断性量表使用。

（4）学前儿童语言能力分级评估量表:该量表于 2017 年编制完成,它从语言的理解和表达两个维度,按照前语言沟通能力以及构成语言的语音、语义、语法及语用等几个基本要素建构而成。其测试内容既包括 5 个标准化测验,又包括 4 个目标参照测验。其中标准化测验部分已初步建立了上海市 3 岁至 5 岁 11 个月正常儿童常模及参考标准。该量表可用于鉴别儿童是否存在语言发展障碍、评估语言障碍程度以及制订相应的语言康复训练计划。

（5）皮博迪图片词汇测验（Peabody picture vocabulary test，PPVT）：该测验 1959 年在美国首次提出，1990 年发布了中文版，它由 175 张图片组成，共有 350 个对应的词汇，采用"词图匹配"的测试方式，因此测验词汇主要为名词、动词和描述性的词汇。该测验适用于 2.5~18 岁的儿童及青少年，在国内应用较普遍。但 PPVT 只能测试受试者对词汇的理解，不能对儿童语言发育的水平做出系统完整的评价。

另外，除这些直接评估儿童语言能力的量表外，还有一些儿童保健医师用来进行儿童发育筛查和诊断的量表，具体可查阅《儿童发育行为心理评定量表》一书。

2. 非正式评估　非正式评估是运用标准化测验以外的其他方法来收集资料，从而对儿童的情况做出判断和解释。非正式评估常用的方法较多，根据目前国内可用的工具和临床实际情况，下面重点讲述行为观察和语言样本分析，并简要介绍常用的几个非标准化测验。

（1）行为观察：即观察一种特定行为是否发生、行为发生的频率以及行为发生的背景、原因。适用于一些不易被量表评估的项目（如语用技巧），或目前还没有标准化的常模数据的项目。在目前国内缺乏标准化儿童语言评估工具的情况下，行为观察无疑是一种十分有用的方法。那么哪些行为可以用来观察呢？即沟通行为的范畴是什么？

从沟通交流的角度来看，一切行为（基本生理行为除外）都是沟通的一种方式，在沟通方面可观察的行为包括以下几种。①沟通意图：指沟通打算达到的某种目的，如果未得到预期的反应，儿童会坚持尝试。沟通意图的类型很多，但临床上最常用的几种按照发展水平从低到高分别为寻求注意、要求、回应、否定/拒绝、陈述/评论，均可通过语言和非语言形式进行表达。②手势：包括直接手势、符号手势和象征手势等，直接手势包括展示、给、指、要（抓物品或拉大人）等；符号手势是对一些物品的操作，如拿起电话放到耳朵边、用杯子喝水等；象征手势已脱离具体的物品，如双手展翅表示小鸟，还包括一些约定俗成的手势，如拜拜、谢谢等。③交谈技巧：包括发起话题、倾听、用合适的内容回应对方、恰当地打断对方、终止或改变话题、陈述相关的话题、轮流交谈、恰当地结束交谈等。④特殊沟通行为：在沟通时，除了语言和常见的非语言表达方式外，一些奇怪的、特殊的非语言行为都有可能是沟通的一种方式，这类行为被称为特殊沟通行为。具体包括回声、攻击行为、自伤行为、刻板行为，不当触摸或拉扯他人，哭闹或大喊大叫、逃避行为等，甚至肌肉紧张度的改变也传达着一定的沟通信息。这些行为在传统的观念中常常被视为问题行为，但如果从沟通的角度来看，它们其实也是语言障碍儿童表达自己的一种方式，有着某种沟通意图，比如不断增加的刻板行为可能意味着孩子在表示拒绝/抗议。

在进行行为观察时，为了提高观察效率，治疗师应该使用行为记录表来进行观察记录。首先，对目标行为进行定义，说明计划观察的行为是什么，怎样才算产生了目标行为，即哪些情况可视为产生了目标行为，而哪些情况又不是。例如"抓人"可定义为：儿童用手抓别人，被抓的人躲开可视作抓人，但儿童举起手后又放弃不视作抓人。然后，设计行为记录表（表7-17），根据情况选用合适的记录方式，但必要的项目包括目标行为、发生频率、示例。

表 7-17　行为记录表（样表）

目标行为	经常观察到	偶尔观察到	未观察到	示例
发起话题				
抓人				
打自己				
索要物品				

（2）语言样本分析：语言样本分析是语言评估的一个重要方法。它能避免量表评估的机械化，反映出受试者最自然、最真实的情况，适用于不同语言或文化背景的儿童。除构音、词汇、语法外，它还能反映很难用标准化测试评估的语用能力。另外，它可直观记录儿童语言能力随时间或干预的变化情况。具体操作时可根据儿童情况采用合适的方式收集，例如录像、录音或家长记录，可以在诊所进行，也可以让家长回家采集。当然，语言样本分析也是一项复杂的技术，需要进行专门的学习，本章仅进行简要介绍。

1）语言样本量与样本转录：要保证语言样本分析的可信度，首先要收集到足够的语言样本。一般来说，至少需要30分钟的录音，或者50句以上的谈话样本。如果是录音或录像，则需要将其转录成语言符号，特别要注意的是必须要转录出所有的语言符号，包括所有音和音节、停顿、断句和画出迷走语（mazes）等。

2）语言样本分析内容：其根据儿童语言发育的不同阶段会有所不同。

在前语言阶段，主要为类元音、类辅音与类音节，以及三者出现的频率。

早期语言阶段为：①韵母和声母，包括具体的音和其产生频率；②音节及音节结构，包括词和非词的分析以及其产生频率；③词汇，词汇的类型（如名词、动词等），词汇的出现频率；④词组，词组的类型（如属性+实体、主体+动作等），词汇的相对频率，即词组数/词汇数。

语言发展阶段为：①语音的分析，包括声韵母的习得情况，言语可懂度等。②语义的分析，包括：总词汇数，即样本中的词汇总数；相异词汇数，即不相同的词汇；相异词/总词数，即相异词汇数量与总词汇数量的比值，该值越大，说明儿童的语言越丰富。③语法的分析，包括：完整句数；平均句长（mean length of utterances，MLU），该值越大，说明其语言能力越好；错误语句，包括数量及类型；正确语句，包括数量及句型。④语言流畅性的分析，主要指迷走语的分析，即语言中的插入语以及重复或放弃的词汇、短语和句子。

（3）其他可用的非标准化测验

1）S-S语言发育迟缓检查法：即S-S法，是1990年中国康复研究中心根据日本语言发育迟缓委员会编制的"语言发育迟缓检查法"修订而成。主要用于评估受测者建立符号形式与指示内容关系的能力，目前在临床上应用十分广泛。S-S法原则上适合由于各种原因导致的语言发育水平在1.5~6.5岁的儿童。其检查内容包括符号形式与指示内容关系、基础性过程、交流态度三个方面。S-S法在2002年对北京市293名1.5~6.5岁使用汉语的正常儿童进行了测试，得出了各年龄段的通过标准，可以作为一种标准参照测验来使用，但由于尚未进行信效度检验，只能作为非正式评估工具。

2）学前儿童语言障碍评量表：于1993年在中国台湾编制并发表。该量表用于评估3岁至5岁11个月学前儿童的口语理解能力、表达能力、构音、声音、语言流畅性等方面，由语言理解和口语表达两个分测验组成。该量表在我国台湾地区是一个标准化测验，但由于并未进行大陆地区的标准化，如要用于大陆儿童，只能作为非正式评估工具。

四、发展性语言障碍的康复治疗内容与方法

发展性语言障碍的儿童，根据其不同的临床表现，治疗主要围绕前语言阶段、语义障碍、语法障碍、语用障碍等方面进行。

（一）前语言阶段的训练内容和方法

针对有语言沟通障碍的儿童，在口语还未发展出来前，可从沟通动机、共同注意、模仿技能、建立应用手势符号、诱导发音等方面进行治疗。

1. 沟通动机　沟通动机是指主动期望与周围的人和环境建立联系，进行交流的意愿，包括社会性和非社会性沟通动机两类。沟通动机是建立沟通和维系社会关系的前提。因

此,有语言沟通障碍的患儿,建立激发沟通动机的治疗,在于帮助他们与周围的人与环境建立联系,产生与人沟通的意愿。

激发沟通动机的技巧及方法:治疗师可以在活动中使用一些激发沟通动机的技巧,为儿童创造主动沟通机会。①制造障碍:在儿童获得强化物之前故意制造障碍,目的是让孩子主动向他人寻求帮助。例如在儿童面前吃他们喜欢的食物,但不给他们;在孩子面前玩吹泡泡,再把泡泡盖子盖紧,递给孩子;把孩子喜欢的食物放在透明盒子里,但是孩子打不开盒子盖子,等等。通过这些游戏活动等待孩子的反应,期待孩子用声音、手势、眼神或者手指示等非言语方式表达他们的需求。②给予错误的物品:利用儿童不喜欢的物品或活动激发儿童主动表达"拒绝"的沟通意图。例如把孩子不喜欢的食物放在他的嘴边或鼻子旁;把孩子的手放在冰冷、潮湿或粘手的玩具上(前提是冰冷、潮湿或粘手的玩具是孩子不喜欢的);治疗师知道孩子想要的玩具或食物,但是故意不给他,等等。③建立结构或破坏结构:利用例行性的活动来建立规则,等孩子熟悉之后可以改变规则等待孩子的反应。例如治疗师示范把球扔到盒子里,然后给孩子球,让他扔到盒子里,最后把球换成其他的玩具等待孩子的反应;治疗师在孩子面前吹气球,然后再把气球的气放掉,再把扁了的气球递给孩子。④激发兴趣,引起好奇心:利用一些新奇的玩具或孩子没有玩过的玩具,在孩子面前展示这个玩具。例如给一个发条玩具上起发条,让它跑,等发条玩具停了之后观察孩子的反应;在孩子面前玩有"声光电"的玩具,然后趁孩子不注意把开关关了,等待孩子的反应。

在激发儿童沟通动机的过程中,需要注意的是:只要儿童做出了任何和目标相关的反应,如通过眼神、手势、声音等形式表现出沟通意图,就要立即予以强化物。

2. 共同注意　共同注意是指个体借助手势、眼睛朝向、语言等方式发起或回应信息,以便与他人共同关注某一事物,即与沟通对象产生共同的关注,并分享社交信息。共同注意分为"回应式共同注意"和"主动发起式共同注意"。共同注意的治疗可帮助患儿与他人共同关注某一事件或物体,以准确理解他人的行为,并主动与他人展开社交沟通,从而提高儿童语言和社交互动的发展。

(1) 视线接触阶段:视线接触是指在互动过程中,儿童能有意识与互动对象维持一定时间的眼神接触。例如首先予以儿童感兴趣的物品,在其面前展示,当儿童看向物品时立即予以强化。然后逐渐增加物品与孩子之间的距离,当孩子能远距离看向物品时,或能将注意力转移到新物品上时,可逐渐把物品拿至与治疗师眼睛齐高的水平,使儿童与治疗师建立眼神接触。当孩子能看向治疗师后,则予以强化,"××看老师了,棒棒!"同时,也可以用建立"呼名反应"的方式训练儿童的视线接触。治疗师叫儿童名字,当儿童看向治疗师后,立即予以强化,包括非社会性强化(喜欢的食物)和社会性强化(赞美、鼓掌等)。

(2) 视线跟随阶段:视线跟随是指互动中,儿童能主动跟随他人的视线朝向,与他人一起关注同一件事物。例如治疗师可以予以儿童感兴趣的"泡泡棒"玩具,治疗师在孩子面前展示,并说"泡泡",当孩子看向泡泡之后,可以把泡泡棒左右或上下缓慢移动,当儿童视线跟随泡泡棒移动后,则立即予以强化。然后,可逐渐提高儿童的能力,把泡泡棒放在另一张桌子上,治疗师通过口语刺激"××看,泡泡",同时使用手指指示的方式引导儿童望向泡泡的方向。如果儿童视线能跟随手指指示方向,则立即予以强化。随着孩子能力的提升,可以逐渐撤除手指指示的动作,进而只用口语"看这里!"

(3) 视线指示阶段:视线指示是指儿童通过自己的视线来向他人宣告自己感兴趣的物品,以获得想要的物品。例如拿儿童感兴趣的物品放在儿童看得到却拿不到的地方,如果儿童表现出手指指示的行为,或者眼神注视他想要的物品,治疗师则应立即予以强化,并予以语言输入"要泡泡"。如果儿童没有反应,治疗师可以辅助儿童做手指指示的动作指向想要

笔记栏

的玩具。随着儿童能力的提升,儿童会使用视线发起指示,如他会看向想要的玩具,并拍拍盒子,然后眼神看向治疗师,这时治疗师应该立即予以强化物,并予以语言输入"要泡泡"。

(4)视线展示阶段:视线展示是指儿童通过视线转移发起的,以分享信息为目的的共同注意,旨在与他人共享体验和兴趣。视线展示的目的是使儿童在互动中能够主动运用视线转移展示信息(如有趣的玩具),首先是运用手势发起展示,其次运用视线发起展示。

3. 模仿技能 模仿是指个体观察到另一个人的行为时,自愿以对方为榜样所产生的相似或相同的行为。模仿行为包括动作模仿、声音模仿、表情模仿,依据模仿动作的数量,分为一步模仿、多步模仿。模仿技能的治疗目的在于帮助有语言沟通障碍的儿童通过观察他人的示范,进而模仿他人的动作和声音,以促进新技能的习得。

语言前阶段模仿的主要内容是事物功能性操作的模仿、粗大动作的模仿、口部运动的模仿、声音的模仿。

(1)事物功能性操作的模仿:如教儿童戴帽子、刷牙、喝水的动作等。如果儿童没有反应不能模仿,则根据儿童的情况予以辅助。①全辅助:例如治疗师先予以目标动作的展示,再拉着儿童的手做相应的动作。②半辅助:治疗师予以目标动作展示的同时,予以语言输入"戴帽帽"后,等待孩子的反应,若孩子没有反应,则治疗师拍拍孩子的头提示孩子。

(2)粗大动作的模仿:如摸摸头,拍手、拍拍肚子,跺跺脚,点头、摇头等。

(3)口部运动的模仿:如张嘴、伸舌、噘嘴、龇牙、鼓腮、吹纸条等。

(4)声音的模仿:如给孩子一个汽车模型,治疗师示范开车的手势动作,予以语言输入"嘀嘀嘀",或者给孩子一个公鸡模型,治疗师予以语言输入"喔喔喔",等待孩子模仿治疗师发出同样的语音。此时声音的模仿不要求清晰度,重点在于诱导儿童模仿或主动发出更多、更丰富的声音。

需要注意的是:①治疗师在予以儿童模仿能力训练时,首先要让儿童能察觉到治疗师的行动;②不管哪个层级的模仿,治疗师要做明确的示范,示范的同时要有语言输入;③当儿童达到目标完成模仿动作或行为后,立即予以强化物;④给予家长指导,把儿童习得的模仿行为泛化应用在日常生活中。

4. 建立及应用手势符号 语言前阶段的儿童还未习得言语符号,手势符号比言语符号更容易理解、掌握和操作,故以此为媒介,建立和应用手势符号,逐渐向获得言语符号过渡。在训练手势符号的同时也要给予言语符号作为刺激。

(1)场景依存手势符号训练:目的在于培养儿童对手势符号的注意程度,训练应在日常生活空间及游戏场所中进行。如儿童想要"妈妈抱"时,必须让其看着妈妈"张开双臂"的手势令其模仿。最初可辅助儿童,逐渐过渡到只用语言提示。

(2)表示事物的手势符号训练:目的是训练儿童对手势符号的模仿,理解手势符号与事物的对应关系。训练时手势符号要与指示内容相结合,且必须让儿童充分注意手势符号的存在,如给玩具娃娃戴帽子,治疗师先拍拍娃娃的头部,再拍拍自身的头部,然后说"帽帽",促使儿童选择帽子,并进行动作模仿。

(3)利用手势符号进行动词训练:在日常生活中,根据儿童的行为及要求,在给予言语刺激的同时给予一定的手势符号,并让儿童模仿,渐渐将此动作固定下来,将手势符号运用在日常生活当中。如在睡觉、吃饭、喝水、洗脸、做再见的动作及场景中训练并运用。

5. 诱导发音 在正常儿童的语言发展中,语言前阶段儿童有大量的"玩声音"的阶段,即会发出很多无意义的声音,如"dadadidu""babudala""bagaga"等,此阶段是日后发展成熟清晰的语音的必经阶段。但是有语言沟通障碍的儿童,语言前阶段的无意义发音较少,首先对于那些发音行为频率减少且不成熟的不符合其年龄阶段的患儿,要进行听力评估。同时鼓励家人多跟患儿说话,家人用语言跟患儿沟通时,语言尽量简短化,可使用一些叠音词或词组、短句,如"宝宝哭,宝宝饿",也可辅以肢体动作和表情等。同时,治疗师要列出患儿目前阶段需要发展的音,家人可以以儿歌的形式唱出目前阶段需要发展的音,例如一个1岁的孩子在日常的无意义发音中,很少有 m 或 d 的音,那父母可以用孩子感兴趣的儿歌唱出这些音,以促进患儿发音频率增多。如患儿在日常生活中有一些发音,鼓励家长尽量多地去模仿患儿发出的语音,例如患儿发"dididala",家属也同样发出"dididala"。Goldstein 和 Schwade(2008)表明当家属的行为与孩子的无意义发音一致的话,孩子就会提高发音率,并逐渐产生有意义的组合发音。

同时,要帮助语言前阶段的儿童展现出语言和行为之间的关系。例如可以让父母对儿童的信号做出回应时要伴随口语。当孩子伸手要父母抱抱时,父母把孩子抱起来的同时予以语言输入"抱抱"。

(二) 语义障碍的训练内容和方法

语义障碍的治疗是丰富词汇量、加深词义理解的深度,增加词汇的存储和提取能力,促进儿童对语句的理解和应用,从而提高发展性语言障碍儿童语义的理解和表达能力。以下介绍中国台湾锜宝香教授整理的一系列训练方法,且重点介绍词汇、词汇语义网络、词汇语义联想、词汇语音联想、语义整合五方面的训练方法。在实际训练中,需要用到前面所述语言治疗的基本技巧:如等待、示范、模仿、自言自语、平行谈话、扩展、延伸等。

1. 词汇训练 词汇的学习是儿童与外在世界互动或由实际经验所建立的一种符号表征与概念联结的产物,在进行词汇训练时,可采用下列方法。

(1) 实物及图片听理解训练:运用儿童的生活环境,教其认识、分辨常见的日常用品。例如教"鸡蛋",可以交给儿童真实的鸡蛋,通过视、听、触、味觉去感知鸡蛋,同时治疗师予以语音输入"鸡蛋"或"蛋蛋",让儿童建立"鸡蛋"的语音和语义的联系。刚开始学习词汇的儿童,建议尽量用实物作为训练材料。随着儿童能力的逐渐提升,可用实物-图片匹配的方式,再到图片、文字的方式,去扩展儿童词汇量,提高儿童词汇的听理解能力。词汇听理解的训练,是儿童认识、感知到这些实物后,治疗师可以放3~5个物品在治疗桌,予以儿童指令"指一指鸡蛋",期待儿童用手指指示的方式或者直接把鸡蛋拿给治疗师。儿童正确完成后要予以强化,治疗师可以说"对啦,这是鸡蛋"或予以强化物。同时要指导家长居家训练词汇的方法,让儿童习得的词汇能泛化、应用到不同的场景。例如家长带着孩子逛超市时,可对孩子说:"我们要买鸡蛋,找找鸡蛋在哪里呢?"

(2) 实物、图片及动作命名训练:在进行名词或动词的学习时,可提供对应的实物、图片或示范实际的动作,接着在句子中练习这些词汇,然后创造一定的情景让儿童能有机会使用目标词汇,最后让其能在生活中用到这些词汇。例如治疗师在儿童面前演示"跳"的动作,并对儿童说"跳、跳、阿姨在跳",然后问儿童,"阿姨在干什么呀?"期待儿童说出"跳"的词汇。同样,儿童正确完成后要予以强化,治疗师可以说"对啦,阿姨在跳"或予以强化物。对于已经能理解的词汇,治疗师可用绘本或卡片直接让儿童做词汇命名的训练。例如给儿童一本贴纸书,治疗师指着苹果问儿童"贴什么?"期待儿童说出"苹果"或者"果果"。如果儿童没有反应,治疗师可以予以示范,说出"果果",等待孩子去模仿。

(3) 分类:分类训练是将具有相同或相似属性的事物归结在一起,以扩展儿童词汇量,促进词汇理解与表达。此活动可帮助儿童有系统地组织其词汇库,具体的训练活动包括:说出物品的类别(治疗师:"苹果是什么?"孩子:"水果",如果治疗师提出问题后孩子没有反应,治疗师可以降低难度,给予孩子选择"苹果是水果还是蔬菜?");说出不同类别下的物品名称(治疗师:"水果有什么?"孩子:"苹果、梨、香蕉……");物品分类(根据儿童的能力,放不同数量、不同类别的物品,让儿童把相同属性的物品分类),等等。

(4)描述词汇:让儿童描述实物、图片或绘本所代表词汇的名称、功能、特征、属性等。具体的治疗内容包括:可以拿球给儿童,治疗师:"这是什么?"儿童:"球";治疗师:"球是什么形状的?"儿童:"圆圆的"。或者治疗师一边拍球,一边做语言输入"拍拍球",然后问儿童"阿姨在做什么?"儿童"拍拍、拍球",也可以治疗师在做拍球动作的同时问儿童"阿姨在做什么?"

(5)同义词/反义词训练:用同义词、反义词来增强儿童对词汇的理解与运用。具体的训练内容包括:治疗师可以用实物示范长和短、大和小、高和矮的区别等,然后予以儿童做听理解的训练,把不同长短的物品放在治疗桌上,让儿童指认哪一个长,哪一个短;待儿童能正确指认之后,可以逐渐提升难度让他命名,例如拿不同长短的两支筷子,指着长的那支对儿童说"这支长",再指着短的那支询问儿童"那这支呢?"也可以把两支筷子都放于儿童面前,问他"这两支筷子相比怎么样啊?"也可以利用绘本,给儿童讲"龟兔赛跑"的故事,然后问孩子:"乌龟跑得_____""兔子跑得_____",或者"跑得快的是_____""跑得慢的是_____"

(6)句子填空:治疗师说出句子的一部分,让儿童填入目标词。具体治疗内容为:在日常生活的场景如"我们用牙刷( )","我们用( )洗脸","爸爸在骑( )","我们去( )买菜",等等;治疗师和儿童共读绘本时,治疗师可以诱导儿童说出绘本的内容"大卫在操场上( )","大卫打翻了一盆( )","( )打翻了一盆花","大卫不想做( )","大卫在( )吃饭",等等。

2. 词汇语义网络训练 词汇语义网络的建立,是将新学得的词汇与已学得的词汇概念相比较,寻找其相似与相异特性的一种认知处理过程,是儿童认识世界、学习词汇的一个重要方式。治疗师要帮助儿童建立词汇的语义网络,首先,可将与中心词汇相关的词汇都列出来,如图 7-16 所示,中心词汇是苹果,治疗师可以帮助儿童思考、联想与苹果相关的词汇,并罗列出来,如果儿童联想的词汇很少,治疗师可以用提问的方式或者选择的方式,如"苹果味道怎么样啊?""苹果是脆脆的还是软软的?"治疗师罗列出来后,让儿童进行学习。然后,将这些词汇依其语义类别进行分类训练,苹果是一种水果;苹果吃起来的感受:脆脆的、甜甜的、很

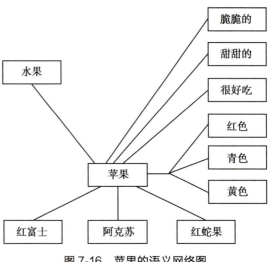

图 7-16 苹果的语义网络图

好吃;苹果的颜色有红色、青色、黄色等;苹果的种类有红富士、阿克苏、红蛇果等;最后画出语义网络图,让儿童练习。由于每个人的语言思维习惯不同,所建立的语义网络图也有所不同。

3. 词汇语义联想 语义联想是指根据词汇的语义,通过联想中介,将意思相关的词汇联系起来,借助已经习得的词建立有语义联系的词汇链,从而促进儿童提升语言理解与表达能力的方法。具体治疗内容为:治疗师可以问儿童:"你看,'熊猫',你会想到什么呢?"期待儿童说出"国宝""竹子""四川""可爱""黑色""白色"等词汇,如果儿童联想的词汇很少,治疗师可以给予帮助,询问儿童如"熊猫吃什么?"或者"熊猫吃竹子还是骨头?"

4. 词汇语音联想　语音联想是根据词汇的读音,通过联想将读音与词义联系起来,从而提高儿童词汇的提取能力。具体治疗内容为:治疗师可以问儿童:"说一些有'车'的音?"期待儿童说出"自行车""汽车""公交车""车轮""车站"等词汇。如果儿童说出的词汇较少,治疗师也可以用上述治疗方法中的"句子填空"的形式,做相应提示,如爸爸(开车),治疗师说出爸爸,同时做开车的动作,提示儿童说出"开车"。

5. 语义整合　语义整合是指将各个句子中的概念/信息整合在一起的能力。无论是口语还是书面语的理解,都需要将一段话整合才能理解其意。常用的语义整合训练方法有下列几种。

(1) 图片故事排序:治疗师可准备具有因果关系或者前后顺序的图片小故事(图片数量可根据儿童程度选择),让儿童根据事情的发展对图片进行排序,并且按照自己的排序叙述图片内容。

(2) 故事预测:同样可以利用有情景发展的图片故事,治疗师可将其中的一张图片藏起来,让儿童表达预测这张图片可能会发生什么。治疗材料也可以选择绘本,治疗师和儿童一起共读绘本时,治疗师可根据儿童对绘本内容的理解程度,暂时停止对绘本的讲述,然后询问儿童"你觉得后面会发生什么事情呢?"以此方法来提升儿童的语言理解及主动表达能力。

(三) 语法障碍的训练内容和方法

语法障碍的治疗,主要是帮助儿童学习新词和语法(词汇、语义、句法),拓展、提升儿童语法能力,让其在日常生活中能理解比较复杂的指令和评论,可以表达偏好需要、提问和描述事件等。根据汉语儿童语法发展的顺序,从以下几方面来治疗:①发展双词结合能力;②增加句子长度;③增加句子复杂度;④增加不同句型的使用率;⑤增加对句子词序安排的理解。以下主要介绍双词句、简单句、复句的训练方法。在实际训练中,也需要用到前面所述的语言治疗技巧,如示范、等待、扩展、延伸、模仿、平行谈话、自我谈话、组合与分解、句子重组,以及聚焦刺激法、语言情景教学法等。

1. 词汇结合目标　可以结合两个及以上的词汇(表7-18)。

表 7-18　词汇结合训练内容

类型	示例	类型	示例
实体+特质	杯子脏脏	主体+名词	爸爸眼睛、妈妈衣服
特质+实体	坏小孩、大镜子	主体+的+名词	我的妈妈、我的杯子
实体+状态	车坏了、小鸟飞	这个+名词	这个苹果、这个玩具
有+名词	有玩具、有苹果	那个+名词	那个苹果、那个玩具
没有+名词	没有人、没有苹果	这里+名词	这里猫咪、这里狗狗
没有+动词	没有去、没有穿	那里+名词	那里猫咪、那里狗狗
动词+受词	买玩具、抱我	动词+这边	坐这边、看这边
要+动作	要刷牙、要尿尿	动词+那边	坐那边、看那边
要+物品	要糖糖、要玩具	动词+这里	坐这里、看这里
还要+名词	还要糖果、还要玩具	动词+场所	躺地上、坐床上
不要+名词	不要帽子、不要妈妈	身体部位+状态	手手脏、脚好痛
不+动词	不去、不喝、不吃	量词+名词	一棵树、一只猫
主体+动作	妈妈抱抱、我要	简单句	爸爸开车、妈妈抱我

具体治疗内容为：治疗师可以设置特定的儿童感兴趣的游戏情景，与儿童互动，在游戏情境中让儿童去理解上述双词句，通过情景中的互动来提升儿童语言，强化主动交流。场景一：把儿童喜欢的泡泡棒玩具放在透明箱子里，儿童能看到但是打不开。如果儿童能说"泡泡"，治疗师则利用扩展的治疗技巧，并示范说出"要泡泡"，诱导患儿去模仿说出双词句"要泡泡"。根据情景的变化，可以训练儿童说出"吹泡泡""大泡泡""泡泡飞走了""泡泡没有了"等双词句或三词句的句型。场景二：和儿童一起玩钓鱼游戏，治疗师拿出钓鱼玩具，先给儿童做示范，"老师钓金鱼"，"该你了，你钓什么？"等待儿童说出"钓企鹅、钓鲨鱼、钓螃蟹"等双词句，如果儿童只说出"企鹅"而没有说出"钓企鹅"，治疗师可给儿童示范双词句，要说"钓企鹅"，让儿童模仿，待儿童将此句型运用熟练后，治疗师可以进一步提高难度，诱导儿童主动说出"钓××"的句型。如果儿童正在钓螃蟹，但是他没有主动说出"钓螃蟹"，治疗师可用平行谈话技巧说出"××在钓螃蟹"，等待儿童去模仿。

2. 简单句目标 训练儿童能使用恰当的简单句（表7-19）。

表7-19 简单句训练内容

句型	示例
简单的祈使句	给我。 你看
主语+谓语	苹果是红色的。 娃娃会动
简单的主+谓+宾	宝宝吃糖糖。 我穿衣服
这是/那是+名词短语/形容词短语	这是玩具。 那是漂亮的阿姨
简单的否定句	哥哥不去。 我不要。 妹妹没有积木
简单问句	"什么、干吗、谁、哪里、要不要、好不好、会不会、可不可以"等类型的问句
将助动词放在简单句中	要、会、可以、能、敢、应该
被动句	"把、被、给、让"句型
表示位置的简单句	"在、在里面、在外面、在上面、在下面、在这里、在那里、在中间、在旁边"的句型
表示时间的简单句	"的时候、以后、以前、之前、之后、正在、不久、现在、从前、很快"的句型
将代名词放于简单句中	"你、我、他、你们、我们、他们"
含比较性质的简单句	"比、更多、更少"句型

具体治疗内容为：以方位句型为例。治疗师事先准备好教具：棒棒糖、盒子。治疗师在示范动作的同时予以语言输入"棒棒糖在盒子里面"，根据儿童的反应决定示范的次数，然后询问儿童"棒棒糖呢？"期待儿童说出"盒子里面"。如果儿童没有反应，治疗师可以拉着儿童的手指示盒子，提示儿童"嗯嗯，什么？"如果儿童只说了盒子，治疗师可以作语言延伸"在盒子哪里？"诱导儿童主动表达"盒子里面"；如果儿童不能说出"盒子里面"，治疗师则予以示范"盒子里面"和扩展"棒棒糖在盒子里面"，让患儿模仿。需要注意的是，根据儿童的能力来制订短期目标和特定目标。例如一个儿童本月的目标是能理解方位词上、下、里、外的简单句，则可以制订本周的特定目标是理解"在里面"的简单句。那这周治疗师的课程设计和目标句型都要围绕"在里面"。同时需要作物品的泛化，拿不同的物品放在不同容器里面，也需要作教具的泛化、环境的泛化，并指导家长让儿童在日常生活中去应用目标句型。

3. 复句目标 训练儿童能使用恰当的复句（表7-20）。

表 7-20 复句训练内容

句型	示例
并列复句	"又……又""既……又""既……也""一边……一边""不……也不"
递进复句	"不但……而且""并且""何况""甚至""尚且……何况""不但不……反而""不仅仅……也会"
选择复句	"不是……就是""是……还是""要么……要么"
承接复句	"……于是""……然后""……接着""……就""……还要"
总分复句	"他有两个书包,一个大的,一个小的。"
转折复句	"虽然……却""尽管……却""虽然……但是""……然而"
假设复句	"如果……那么""假如……就""要是"
因果复句	"只有……才(能)""除非……才(能)""不管……都""尽管……也"
目的复句	"为了……以便""……以免""……免得"

对于有语句句法障碍的儿童,治疗师除了要用到各种回应的方法,如示范、扩展、延伸、自我谈话、平行谈话等改善评估中发现的句法缺陷,也要使用一些辅助方法来弥补儿童当前语言功能和新的语言技能之间的差距。

(1)视觉图片组织法:通过图片提供支架的辅助治疗方法,可以帮助儿童生成、组织及输出句子结构和段落结构,如治疗师通过和课程内容有关的疑问句(谁、什么时候、在哪里、做了什么)组成的视觉图片来提供视觉提示和框架,可以帮助儿童提高听觉处理或阅读理解课程内容。

(2)提升元语言意识:元语言意识是指分析、思考语言的能力。句法治疗的一个策略是通过讲解和讨论语言的结构、形式和规则来提高有语言障碍儿童的元语言意识能力,从而提高儿童的语言理解和表达能力。如讨论为什么要说"苹果被我吃了""我把苹果吃了""小猫被小狗追"。对元语言意识很差的儿童,可以使用视觉图片组织法。

(3)文本语言治疗策略:治疗师使用具有文字、图形、表格和插图的文本作为治疗工具,使用儿童最近发展区(ZPD)水平的语言(语义和句法)来解释和讨论文字、图表、插图等。根据儿童的不同能力,治疗师也要训练其词汇知识、句子理解、命题理解、阅读理解,简单的应答、填充、命名、回答句子、仿说句子、口语叙述等方面的语言理解和表达能力。

(4)关键信息提示:治疗师辅助儿童对治疗内容中的重要信息给予显著化的提示。例如视觉显著化提示(给关键字画圈),口头显著化提示(注意下面这段话里的被动句),音量和语调显著化("先洗手,再吃东西",治疗师在说"先"和"再"的时候提高音量和加重语调)。

(四)语用障碍的训练内容和方法

针对发展性语言障碍儿童的语用障碍,治疗师可增加以实现沟通为目标的语言使用,提高维持对话的能力。根据儿童语言能力、兴趣爱好等,设计恰当的活动来训练其语用能力,常用的活动包括角色扮演、问题解决、新闻访谈等。语用干预的目标是能在日常沟通环境中,主动发起话题、交谈轮替、话题维持、能较完整地讲述事情等。但要注意不能把交谈轮替作为一个分离的技能,而是让儿童有机会轮流谈论感兴趣的话题。例如,让描述一下布丁的做法,如果孩子偏离话题,治疗师可以提示"等一下,我们在讨论布丁的做法啊,刚才说到先搅拌牛奶,然后呢?"可使用的治疗方法有以下几种:

1. 绘本治疗 绘本是一种适合学前儿童阅读的图画书,以图画为主,文字为辅。可以选择内容生活化、孩子感兴趣的绘本,以共读的方式,跟随孩子一起阅读。治疗师示范如何讲述绘本,然后让儿童复述绘本的内容,或者总结绘本讲述的要点。也可以就绘本内容作为话题,治疗师和儿童之间维持对话。

2. 脚本治疗　本方法是一种通过在情境中嵌入熟悉的程序来减少语言训练负担的方法,提倡在儿童所熟悉的例行活动情境中教导目标沟通行为。使用脚本治疗的一个方式是在干预情境中诱导孩子发展一些口语规则,可应用的场景如过生日、购物、去饭馆点餐、去游乐场等。

3. 事件结构　事件结构是以整体目标为指导,按顺序组织活动,根据已有原型的特征和结构,提升儿童的语用发展能力。

4. 结构式游戏　用儿童非常熟悉或感兴趣的游戏,在整个游戏中呈现结构化,待儿童掌握整个游戏活动后,训练刺激作为游戏活动的一部分呈现,并且治疗师给予错误的导向,诱导儿童可以反馈错误,正确地回答。

5. 对话和叙述　对于不能主动发起话题的儿童,建议首先让儿童参与互动活动,治疗师根据儿童的能力,促进其在游戏活动中对话、口语表达以及语言理解能力的逐步提升。叙述方面,根据儿童叙述能力的发展,治疗师在演示讲故事的时候,既要有起、承、转的内容变化,也要有句型的教授,并且句型有重复。随后儿童复述这个故事时,也要表现出上述特征。

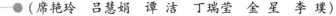

(席艳玲　吕慧娟　谭洁　丁瑞莹　金星　李璞)

复习思考题

1. 什么是失语症? 失语症的分类有哪些?

2. 常用的基于障碍治疗模式的失语症治疗方法有哪些?

3. 如何制订布罗卡失语的训练方案?

4. 中医学是怎样认识失语症的? 失语症在临床有哪些常用的传统康复治疗方法?

5. 什么是言语失用症?

6. 言语失用症如何进行口颜面检查? 习得型言语失用症和发育型言语失用症检查量表包括哪些内容?

7. 发展性语言障碍的长期目标有哪些? 请思考为什么会有这些不同等级的治疗目标?

第八章

听力障碍的评定与康复治疗

ER-8-1

PPT 课件

学习目标

通过本章的教学,旨在帮助学生对听力障碍的类型、常见原因以及听力康复有全面的认识,并具备初步的听力康复技能。学习要点如下:
1. 听力障碍的定义和分类、导致听力障碍的常见原因;
2. 婴幼儿听力障碍诊断方法、听力损失程度分级以及干预原则和基本方法;
3. 成人听力障碍干预方法以及康复原则。

听力是人们听声音的能力,听觉则是一种通过大脑皮质分析后获得的声音感觉。听觉系统由具有传导声音作用的传音结构(外耳道、鼓膜及中耳腔内的听骨链等)和具有感知声音作用的感音器官(耳蜗、蜗神经、脑干听神经核团、大脑皮质听区等)共同构成,二者协同作用产生听觉。听觉传导途径中任一环节出现问题,将导致听力或听觉障碍。

第一节 概 述

听觉是人类重要的感觉功能之一,正常听觉对于维系人与人之间、人与周围环境之间的关系具有重要意义。听力障碍带来的学习、社交能力的障碍以及心理、精神创伤,是值得关注的深层次问题。不同病因、病理类型和严重程度的听力障碍,对正常言语、语言的形成、发展和成熟过程将产生不同影响。熟悉听力障碍的分类和听力康复原则,是掌握言语治疗学的重要环节之一。

一、听力障碍的定义

按照我国《残疾人残疾分类和分级》国家标准,听力障碍(dysaudia)定义为听觉系统中的感音、传音以及听觉中枢发生器质性或功能性异常,从而导致听力出现不同程度的减退。听力障碍习惯上称为耳聋(deafness)。

二、听力障碍的分类

听力障碍有多种分类方法。按病变部位可分为传导性、感觉神经性和混合性耳聋;按发生时间可分为先天性聋和后天性聋;按与言语功能发育之间的关系分为学语前聋和学语后聋,等等。临床上听力障碍最常用的分类方法是按照耳聋的性质和病变部位划分为三种类型。

(一)传导性耳聋

发生于外耳、中耳的病变,导致经空气径路传导的声波,经外耳道、鼓膜和听骨链到达内

耳时声能减弱,从而导致不同程度的听力障碍,称为传导性耳聋。导致传导性耳聋的常见病因有:

1. 外耳、中耳炎症　如外耳道炎、鼓膜炎、急慢性中耳炎(分泌性或化脓性)、乳突炎等。

2. 外伤　如外伤性鼓膜穿孔、颞骨骨折导致的鼓室积血、听骨链中断等。

3. 异物　如外耳道异物、耵聍栓塞等。

4. 肿瘤　如外耳道肿瘤、颈静脉球瘤、中耳血管瘤、副神经节瘤、中耳癌等。

5. 先天畸形　如先天性外耳道闭锁、听骨链畸形、窗膜发育不全等。

6. 某些特殊部位疾病　如耳硬化症、半规管裂等,早期也可表现为传导性听力障碍。耳硬化症早期,听力曲线中骨导听阈在 2 000Hz 处常出现 V 形切迹,称卡哈切迹(Carhart notch),是耳硬化症早期的特征性听力表现。

传导性耳聋听力学检查特点有:①音叉试验,骨导听力优于气导听力,表现为林纳试验阴性,韦伯试验偏向患侧,施瓦巴赫试验骨导延长。音叉试验方法见本章第三节。②纯音听阈测试,骨导听阈基本正常,气导听阈提高,各频率气骨导听阈差距大于 10dB。③言语测听显示言语识别率基本正常。④鼓室压图常表现为 B 型、C 型、As 型和 Ad 型等异常图形。分泌性中耳炎伴鼓室积液时鼓室压图常为 B 型。⑤听性脑干反应(auditory brainstem response, ABR)可能显示各波潜伏期延长,但波间期正常。

(二)感觉神经性耳聋

因内耳毛细胞、血管纹、螺旋神经节、听神经或听中枢的器质性改变,导致声音信息感知、传递或分析过程障碍而产生的听力减退,称感觉神经性耳聋,又称感音性耳聋。感觉神经性耳聋包括感音性、神经性和中枢性聋,分别由内耳听觉感受器、听神经和听觉中枢病变所导致,由于临床上不易通过常规检测方法区分而统称感觉神经性耳聋。

感觉神经性耳聋是临床最多见的听力障碍类型,其病因有:

1. 遗传性聋　由于基因或染色体异常导致。根据遗传方式的不同,可分为常染色体显性、常染色体隐性、性染色体以及线粒体遗传性聋等。根据表型差异可分为综合征性和非综合征性耳聋。目前已知最多见的类型是 *GJB2* 基因突变导致的常染色体隐性非综合征性耳聋,约占所有非综合征性耳聋的 50%。

2. 老年性聋　伴随人体老化出现的听觉器官的退行性改变,机制不明。主要表现为双侧对称性、缓慢进展的感觉神经性耳聋,初期常以高频听力损失为主,逐渐发展至所有频率。按照主要病变发生的部位,老年性聋可分为多个类型:①感音性,表现为内耳毛细胞的退行性改变,数量减少;②神经性,表现为耳蜗螺旋神经节细胞数量减少;③血管纹性(代谢性),特点为耳蜗血管纹的萎缩、变性;④耳蜗传导性(机械性),可能与基底膜硬化有关;⑤混合性,兼有以上各型表现。

3. 耳毒性聋　由于药物或长期接触某些化学制品导致的耳聋。临床最常见的是接触氨基糖苷类抗生素所导致的药物中毒性聋,如链霉素、庆大霉素、卡那霉素、新霉素等。水杨酸类止痛药、袢利尿剂(如呋塞米)、抗肿瘤药物(如顺铂)、抗疟药(如奎宁)等,也是较常见的耳毒性药物。耳毒性聋可在接触有害物之后任何时期发生,并可在停止接触后继续进展。氨基糖苷类药物致聋除与药物毒性和剂量有关外,某些遗传性线粒体基因缺陷是更主要的原因。

4. 噪声性聋　噪声性聋为急性或慢性强声刺激损伤听觉器官而导致的听力障碍。噪声性聋早期典型的听力曲线为 4 000Hz 处的 V 形听力下降,之后波及其他频率,以高频听力下降突出。研究发现,低强度持续噪声刺激也可导致听神经或听觉中枢发生神经脱髓鞘改变,从而导致听力障碍。

5. 特发性突聋　突然发生的原因不明的感觉神经性耳聋,可能与内耳供血障碍、病毒感染、膜迷路积水或窗膜破裂有关。部分患者有自愈倾向。

6. 自身免疫性聋　多发于青壮年,为双侧同时或先后出现的、非对称性、进行性感觉神经性耳聋。听力下降可呈波动性,伴前庭症状。免疫抑制剂对部分患者有效。

7. 创伤性聋　包括因头颅外伤、耳气压伤或急慢性噪声损伤导致内耳损害而引起的听力障碍。

8. 其他　一些全身系统性疾病,如高血压、糖尿病、动脉硬化,以及一些代谢性疾病,如甲状腺功能减退等,可导致感觉神经性耳聋。还有一些相对少见的疾病,如梅尼埃病、小脑脑桥角脑膜瘤、多发性硬化等,也可导致感觉神经性耳聋。

感觉神经性耳聋听力学检查特点有:①音叉试验,气导优于骨导,表现为林纳试验阳性,韦伯试验偏向健侧,施瓦巴赫试验骨导缩短。②纯音听阈测试,气、骨导听力曲线一致性下降,气骨导差距小于 10dB。③阈上听功能测试:耳蜗病变患者重振试验阳性,即声强的轻度增加可引起响度的异常增加;蜗后病变患者可出现异常听觉疲劳和听觉适应现象。④言语测听示言语识别率降低。⑤鼓室压图正常。⑥ABR 可出现各波潜伏期延长。蜗后病变(如听神经瘤)时,可出现波形分化不良、Ⅴ波消失或Ⅰ～Ⅴ波间期延长,两耳Ⅴ波潜伏期差>0.4ms。

(三)混合性耳聋

听觉传音系统和感音神经系统同时受累所导致的耳聋,称混合性耳聋。混合性耳聋的听力曲线兼有传导性耳聋和感觉神经性耳聋的特点,低频区存在明显的气骨导间距,高频区则气骨导听阈均下降。混合性耳聋常见于长期慢性中耳炎患者,在鼓膜穿孔、听骨链病变基础上,由于毒素经窗膜进入内耳而引起。耳硬化症后期,镫骨底板固定基础上耳蜗功能的损害也会导致混合性耳聋。

三、听力康复的概念

听力康复是指最大限度地利用残余听力,采用多种方法,借助仪器设备和相应的听力训练,达到提高患者使用听力、改善自身言语功能状况的目的,使之最大程度地满足日常生活和社会交流的需要,为听力障碍患者解决一系列相关问题,从而避免或减轻残障的过程。听力康复的目的是减小听力障碍对患者本人及其社会关系成员带来的消极影响。听力康复与言语康复过程紧密关联。

四、听力康复训练原则

听力康复强调早期、个性化和循序渐进的原则,并强调评定与训练有机结合、多种方式和场所相结合。

1. 早期原则　幼儿时期(尤其是 1～3 岁阶段),是儿童言语能力快速发展阶段,是学习言语的关键期,针对听力障碍儿童做到早发现、早治疗、早训练具有重要意义。对听力障碍患儿的早期干预,有利于充分利用听力障碍儿童残余听力和语言获得的可能性,在言语语言发展的关键期为听力障碍儿童康复打下基础,从而最大限度地利用残存听力,满足其听力言语发育和学习交流的需要。新生儿出生听力筛查已在我国广泛普及,为听力障碍早期发现、早期干预提供了保障,具有重大社会意义。对成人而言,早期发现听力障碍,对于恢复听力,或制订措施延缓或阻止疾病进展、充分利用残余听力,也具有重要意义。

2. 个性化原则　听力障碍的病因和表现多样,决定了听力康复应遵循个性化原则,体现个性化特点。应针对每位听力障碍患者进行仔细全面的评定,评价助听器或人工耳蜗植入后的听觉言语功能水平,并制订个体化科学合理的训练方案。听力障碍儿童的听觉言语康复应采用"一对一"的训练模式,体现个性化原则。对不同年龄阶段的成人,应针对听力障碍的特点和个人需求,制订不同的康复治疗方案。

3. 循序渐进原则　由于听力障碍儿童和听力正常儿童有着相同的语言生理基础和发育规律,听觉言语训练可遵循正常儿童的语言发育规律进行。听觉训练从察知、分辨、识别,再到听觉理解的高级阶段;言语训练从呼吸、发声、共鸣、构音、音韵,最后进行开放式交流训练,从易到难,从简单到复杂。针对成人也应采用科学的听觉适应训练,以帮助其正确使用助听设备和工具。

4. 评定与训练有机结合　听觉言语康复过程中,听觉言语评定与训练密切相关,评定与训练是一个循环往复的过程。训练过程中需要进行多次阶段性评估,以监控康复训练的效果,并及时调整方案,在尽可能短的时间内达到理想的康复效果。

5. 多种方式和场所相结合　在我国,很多听力障碍儿童选择在康复机构接受训练,其优势是拥有专业的康复教师,具备丰富的教学经验,同时可为听力障碍儿童提供集体生活、同伴交流的机会。同时,家庭是儿童主要的活动场所,为使听力障碍儿童更快获得听觉言语能力的发展,家长必须积极参与到康复训练中,利用家庭、社区资源,随时随地对孩子进行听觉康复训练。而且,家庭训练更能满足患儿个性化的需要。应充分发挥机构和家庭训练各自的优势,以达到最佳康复效果。

第二节　听力障碍患儿的早期干预

听力对于正常人群之间的交流沟通起着关键性作用,对儿童语言的获得与健康发展尤其重要。任何一个年龄段出现的听力损害,都会影响人们的生活质量。我国听力障碍的患病率较高,患病人数众多。根据 2006 年全国残疾人抽样调查结果显示,我国现有 0~6 岁听力障碍儿童 13.7 万人,每年新增约 2.3 万人,其中重度和极重度听力障碍儿童占 70% 左右。事实已证明,中度及以上的听力障碍会导致幼儿及儿童出现言语语言障碍或延迟、学业不良,以及较多的社会心理、情绪问题。3 岁以前是语言发育的关键时期,过了此时期,大脑神经元的可塑性降低,语言发育很难达到同龄儿童水平。语言的获得除了通过听觉系统之外,也可以通过视觉系统获得手语,在语言发育的关键期,由于听力障碍,导致语言的获得主要通过视觉系统。如果听觉系统不能及时干预,会导致从听觉系统学习的语言很难成为母语,口语的发展和同龄儿童相比,不同步。如果过了语言发育关键期再进行听觉系统的补偿和干预,口语发展就是补救性的措施,补救性的语言发展和同龄儿童同步发展的语言相比,语言水平很难达到同龄孩子水平。因此,对听觉系统的病变情况进行早期诊断、早期医学干预与康复训练十分必要。目前,越来越多的听力障碍儿童通过验配助听器和/或植入人工耳蜗,并接受现代化言语语言治疗以改进听力言语语言技能,从而回归社会。

一、听力障碍的诊断与干预

近年的研究成果表明,以耳蜗病理改变引起的感音性听力损失最为常见,除了感音性听力损失外,还有神经性听力损失,如听神经发育不良、听神经病等。其中,听神经病占儿童永久性听力损失的 10%。由于耳毒性药物的滥用、环境与噪声污染的影响,感觉神经性听力损失出现增长的趋势。因此,针对听力障碍应做到早期发现、早期诊断和早期干预,尤其对儿童要更加关注,以避免听力障碍影响儿童以后的生活、学习及社会交往。

（一）听力普遍筛查方案

1999年，卫生部、中国残疾人联合会等10部委首次把新生儿听力筛查纳入妇幼保健的常规检查项目。新生儿听力普遍筛查（UNHS）是一项系统工程，包括筛查、确认、干预、跟踪随访和质量评估5个环节。全过程始终贯穿多学科合作、各专业相互交叉渗透的特点。2008年12月1日，卫生部发布了《新生儿疾病筛查管理办法》。管理办法第三条规定全国新生儿疾病筛查病种包括听力障碍。该管理办法从2009年6月1日开始实施。自从国家的新生儿听力筛查管理办法实施后，越来越多的听力障碍儿童实现了"早发现、早诊断、早干预"，大大提高了听力障碍儿童听觉-言语-语言康复的机会。

1. 听力普遍筛查技术　目前，国际、国内均提出应对新生儿进行普遍听力筛查。美国婴幼儿听力联合委员会（joint committee on infant hearing，JCIH）提出，普遍新生儿听力筛查的目标是100%有明显先天性听力损失的新生儿在3月龄时能够得到确诊，6月龄时能够得到干预。新生儿听力普遍筛查的开展，保障了"早发现、早诊断、早干预"的实施。

新生儿听力筛查原则：所有的新生儿应在1月龄前完成听力筛查；根据原国家卫生和计划生育委员会要求，正常出生新生儿应在出生后48小时到出院前完成初筛。没有通过初筛和漏筛者应在42天内进行双耳复筛。出生后48小时内不进行听力筛查，是为了避免由于外耳道的胎脂没有完全排出导致筛查不通过的假阳性。对新生儿重症监护室（newborn intensive care unit，NICU）的新生儿出院前应进行自动听性脑干反应（automated auditory brainstem response，AABR）筛查。初筛和复筛没有通过的新生儿应在3月龄前完成听力诊断。确诊为永久性听力障碍的新生儿应尽早进行干预，最晚不超过6个月大。JCIH在2019年发布的早期听力检测和干预原则及指南中提出新的目标：1个月内完成听力筛查，2个月内完成听力诊断，3个月内完成干预。从新的目标可以看出，应尽早地发现永久性听力障碍的新生儿，一旦确诊应尽早干预。具有听力障碍高危因素的新生儿，即使通过听力筛查，也应在3岁前每年随访1次。

新生儿听力筛查方法主要为生理学测试，包括耳声发射（otoacoustic emission，OAE）和自动听性脑干反应（AABR），两者都是无创检查，操作简单，在听力筛查中容易实施。

耳声发射是内耳毛细胞的主动发声机制，通过中耳、外耳道传出，在外耳道放置一个敏感的麦克风收集得到。临床上用于听力检测的耳声发射有畸变产物耳声发射（distortion product OAE，DPOAE）和瞬态诱发性耳声发射（transient evoked OAE，TEOAE）两种。临床上，耳声发射用于检测耳蜗外毛细胞的功能是否正常。大多数的感觉神经性听力损失都是外毛细胞功能异常导致，因此，采用耳声发射可以筛查出外毛细胞功能异常导致的感音性听力损失。

脑干听觉诱发电位是以短声或短纯音作为刺激声，通过在头部远电场记录耳蜗及听神经通路上的诱发电位，反映自耳蜗外毛细胞开始一直到达脑干的听觉通路是否正常。脑干听觉诱发电位有诊断和筛查两种。自动听性脑干反应多用于新生儿听力筛查。

耳声发射（OAE）和自动听性脑干反应（AABR）都受外耳道和中耳功能的影响。因此，耳声发射筛查通过表明外耳道、中耳、耳蜗功能基本正常；自动听性脑干反应通过表明外耳道、中耳、耳蜗、听神经、脑干听觉通路基本正常。耳声发射听力筛查通过的标准一般设置在30～35dBHL，自动听性脑干反应通过的标准设置在40～45dBHL。因此，临床中会遇到耳声发射没有通过，自动听性脑干反应通过的情况，说明听力损失可能介于30～35dBHL到40～45dBHL之间。除这种情况外，由于耳声发射对中耳的敏感性大于自动听性脑干反应，因此，当中耳功能有异常时，也会出现耳声发射不能通过，但自动听性脑干反应通过的情况。遇到这种情况，需要进一步通过诊断性听觉脑干反应明确新生儿的听力情况。

由于耳声发射是检测耳蜗功能是否正常，因此无法检测耳蜗以后的听神经或脑干听觉

ER-8-2

新生儿听力筛查测试

通路上的异常。对出生后住过新生儿重症监护室的婴儿,应采用 AABR 进行筛查,避免遗漏耳蜗以后听神经的病变。

新生儿住院期间的听力普遍筛查,有一步法或二步法。一步法指采用 OAE 或 AABR 作为筛查工具。二步法是指 OAE 联合 AABR 作为筛查工具。一般测试日龄为 3~7 天。听力筛查包括初筛和复筛。新生儿筛查首先强调普遍筛查,而不是目标性筛查。通过住院期间的听力筛查,区分可疑人群和通过人群。通过人群编入 1~3 岁随访组;可疑人群在其生后 42 天进入复筛程序,对于复筛通过人群进入随访组,仍未通过筛查者将接受诊断性听力医学检查。

2. 听力普遍筛查流程 由于接受听力筛查的新生儿及婴幼儿群体不同,筛查的模式也有所不同。其中婴幼儿门诊的听力普遍筛查模式如图 8-1 所示。

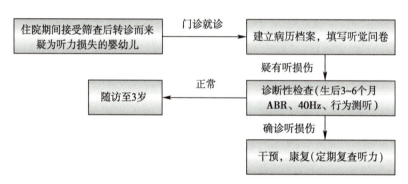

图 8-1 婴幼儿门诊的听力普遍筛查流程

已通过听力筛查的婴幼儿,宜继续跟踪,以排除迟发性听力损失,常采用调查问卷(表 8-1)、信访、电话等多种形式获取其听力及语言发育各阶段的反馈信息。

表 8-1 听觉及言语发育观察表

月龄观察项目
3 个月
( )大的声音能够惊醒
( )会寻找声源位置
( )哭闹时,一打招呼就会停止哭声
( )哄他(她)时会笑
( )跟他(她)说话时,会发出"啊""呜"的声音
6 个月
( )寻找声源
( )喜欢发声玩具
( )能发出笑声
( )能分辨父母及熟悉人的声音
( )高兴时会发出"咯咯"的笑声
( )冲着人发出声音
9 个月
( )听到叫名字时会回头
( )被批评会住手或哭出声
( )冲着玩具发出声音
( )会发出/ma/、/pa/、/ba/等声音
( )会发出/ka/、da,da,da/、/ba,ba,ba/等声音
12 个月
( )能理解"给我""睡觉觉""过来"等词的意思
( )对说"拜拜"有反应
( )会模仿大人说话
( )常常说一些无意义的话
( )能说 1 个或 2 个有意义的词
( )能模仿词的某个部分

案例分析

患儿,1岁11个月。出生后新生儿听力筛查,双耳OAE未通过,1个月后复筛,双耳OAE仍未通过。经当地医院转诊,3个月3天在上级医院诊断,声导抗双耳A型图,声反射未引出,小儿测听不能配合,言语察觉阈双耳100dB言语声有反应。ABR显示:右耳短声90dBnHL,分频0.5~4kHz分别为80、100、100、110dBnHL;左耳短声90dBnHL,分频0.5~4kHz分别为90、90、110、100dBnHL。诊断为双耳极重度感觉神经性听力损失。3个月12天双耳配戴特大功率助听器。助听器佩戴1个月后评估,婴幼儿有意义听觉整合量表(infant-toddler meaningful auditory integration scale,ITMAIS)10分,相当于1.8个月大听力正常婴幼儿。5个月27天在上级医院接受以家庭为中心的听觉、言语、语言康复训练。训练后每1个月、3个月、6个月、1年定期评估。接受训练8个月后ITMAIS 100分,同龄婴幼儿平均得分84分。1年后,患儿1岁8个月大,汉语沟通发展量表(短表):词汇及手势部分得分74%,相当于24个月大孩子。3岁进入普通幼儿园,6岁进入普通小学,学习成绩优秀。

分析:患儿新生儿听力筛查未通过,在3个月确诊为极重度感觉神经性听力损失,并及时在3个月大就进行干预验配助听器。5个月大开始接受听觉、言语、语言康复训练,8个月后患儿听觉功能超过同龄孩子,1岁8个月时语言评估超过同龄孩子。3岁后和同龄儿童一起就读幼儿园、小学,融入社会。这个患者是新生儿听力筛查工作开展的受益者,实现了早发现、早诊断、早干预、早康复,减轻了家庭、社会的负担。

(二)听力检查

婴幼儿、学龄前儿童的听力学评估,一般以客观听力学检查与听觉行为测试相结合为主,听力学评估应通过组合测试,根据婴幼儿、儿童实际年龄填写的相应听觉发育表作为参考,综合各种检查结果,从而对听损伤的类型、程度等做出全面、系统的评估诊断。

1. 听力检查的时间 要求所有未通过听力筛查的新生儿和婴幼儿都要在3个月内开始相应的听力学/医学评价,从而对听力损伤做出诊断。根据JCIH最新的推荐,建议2个月内完成听力学评估。

(1) 对于出生后住院期间接受常规护理的正常新生儿,没有通过初筛(或复筛)的,要在3月龄内完成相应的听力学诊断/医学评价。

(2) 对于门诊初诊或复诊没有通过的新生儿,同样要求出生后3月龄内作出听力学诊断/医学评价。

(3) 重症护理的高危儿,如存在严重的新生儿黄疸、巨细胞病毒感染、缺氧、早产、低体重等高危因素,出院前进行AABR筛查,筛查没有通过,都要在3月龄内作出听力学/医学评价。筛查通过的具有听力高危因素的新生儿应随访到3岁,每年随访1次。

(4) 新生儿听力损失的诊断:非迟发性和非进行性的听力损失可以在出生以后3月龄左右作出诊断;而迟发性和进行性的听力损失,可能在出生以后6月龄尚不能作出较为明确的听力学和医学诊断。需要进行随访,发现迟发性和进行性的听力损失。如大前庭水管综合征是先天性疾病,出生时听力可以正常,出生后呈现波动性的听力下降。本病与遗传有关,在新生儿出生后的基因筛查中有对大前庭水管综合征基因SLC26A的筛查。对于SLC26A基因突变的婴儿,应告知家长尽量避免头部碰撞,预防感冒,密切观察患儿听力状况,这些患儿可能出现迟发性和进行性听力下降。对于病毒感染的患儿,如巨细胞病毒感染,也应告知家长密切关注患儿听力情况,注意有无迟发性听力损失的发生。

2. 听力检查系列　从出生至 6 个月的婴幼儿,其听力检查系列应从婴幼儿及其家庭病史开始,其中包括电生理学听力阈值测量,如具有频率特异性的听性脑干反应(ABR),听力学评估和诊断包括耳声发射、中耳声导抗测试和婴幼儿对声刺激的行为测试。由于 6 个月以内的婴儿中耳功能是以质量为主,所以仅仅用 226Hz 的声导抗不能完全反映婴儿的中耳功能情况,6 月龄以内的婴儿应做 1 000Hz 声导抗。听性脑干反应是 6 月龄以内婴儿听力诊断的金标准。尽管行为观察法不是阈值测试,但该方法可直接观察婴儿对声音的反应,因此也是非常重要的测试。婴儿听到大声有两种反应,第一种是原始的条件反射,如听到声音四肢收缩;第二种是听到声音后出现对声源的寻找反应。此外,还有父母对出现交往技能和听觉行为的报告。6~36 个月的婴幼儿和小龄儿童,听力检查系列包括儿童及其家庭病史、行为测试、声导抗测试、耳声发射、ABR、言语认知评估、父母对视听觉行为的报告,以及交往中重大事件报告。对于怀疑有蜗后病变如听神经病的婴幼儿,如果耳声发射消失,应做耳蜗微音器电位检查。

3. 测听技术　常用的听力检查法包括客观测听技术和主观听力测试技术。没有一种测试能完全反映整个听觉通路的情况,听力诊断应结合多种检查综合判断,相互印证。

(1)客观测听技术:主要包括声导抗测试、耳声发射、听觉诱发电位测试。

ER-8-3

新生儿声
导抗测试

1)声导抗测试:声导抗是临床对中耳疾病诊断与鉴别诊断的基本方法之一,其测试包括鼓室图和声反射。

根据鼓室图峰压位置、导纳值、整体形态,鼓室图分为不同的类型,每种类型与中耳病变有密切的关系,可用于中耳病变的鉴别诊断。A 型鼓室图像一个倒扣的钟形,鼓室峰压值出现在−100~+100daPa 范围内,导纳值在 0.3~1.6mmho,由正常中耳产生,如图 8-2 所示。鼓室图形不变,峰压值不变,导纳值<0.3mmho,称为 As 型,中耳是否功能有异常,应结合临床病史及查体、其他听力学检测结果。导纳值降低反映声音通过中耳的能力降低。如临床常见的分泌性中耳炎早期或恢复期,鼓室有负压,或少许积液,声音通过中耳的能力降低,鼓室图表现为 As 型。如果导纳值>1.6mmho,其余不变,称为 Ad 型。同样,中耳是否功能有异常,应结合临床病史及查体、其他听力学检测结果。导纳值增加反映声音通过中耳的能力增加,临床上常见的愈合性鼓膜穿孔,由于鼓膜变薄,动度增加,声音通过的能力增加,可以表现为 Ad 型。外伤导致的听骨链中断,劲度降低,导致声音通过中耳的能力增加,亦表现为 Ad 型。B 型鼓室图表现为一条直线,如图 8-2 所示,表示所有的声音都不能通过中耳,临床上鼓室积液、耵聍栓塞或穿孔引出,当放置声导抗的探头抵到外耳道壁时,也会出现 B 型图。C 型鼓室压图峰压值出现在−100daPa 以下,导纳值正常,如图8-2 所示。鼓室负压增加表明咽鼓管功能异常,中耳与外界不能保持内外气压平衡,当中耳内的残留气体被逐渐吸收后,中耳表现为负压。因此,当鼓室图为 C 型时,提示咽鼓管功能障碍。

声反射是指在声刺激的作用下,中耳镫骨肌的反射性收缩,是一种保护性的反射。当人耳受到足够大强度的声音刺激时,双侧镫骨肌收缩,镫骨足板离开前庭窗,以保护内耳。镫骨肌同侧反射弧:刺激声通过外耳道、中耳、耳蜗、听神经、耳蜗核、上橄榄核、面神经核、面神经、镫骨肌收缩。镫骨肌对侧反射弧为同侧上橄榄核传到对侧上橄榄核,刺激对侧面神经,引起对侧镫骨肌收缩。镫骨的这种活动会使听骨链的劲度发生变化,因而导致中耳的声导抗改变。在声反射测试中,分为同侧刺激和对侧刺激,刺激耳和记录耳。刺激耳是指刺激声所在耳,记录耳是指记录声反射耳。同侧刺激是指刺激耳和记录耳在同一只耳,对侧刺激是指记录耳和刺激耳分别在两耳。是否引出声反射是指记录耳的结果。声反射有记录耳原

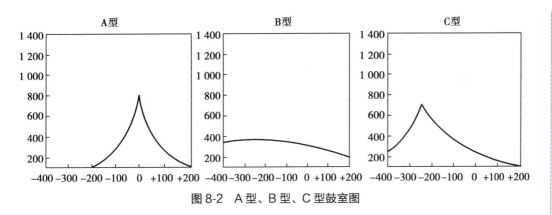

图 8-2 A 型、B 型、C 型鼓室图

则,即记录耳的中耳功能必须正常才能记录到声反射。临床上利用声反射的记录耳原则,可以帮助分析中耳功能是否正常。如当右耳中耳功能异常时,声反射表现为:右耳给刺激声,右耳记录时,没有记录到声反射;右耳给刺激声,左耳记录到了声反射;左耳给刺激声,右耳没有记录到声反射。表明当右耳作为记录耳时,不能记录到声反射,但右耳给刺激声时左耳能记录到表明右耳的传入听神经是正常的,同时表明右耳的中耳功能异常。当存在以下几种情况时,声反射可能消失:刺激耳重度感音性听力损失、刺激耳听神经病变、记录耳传导性听力损失、记录耳面神经病变和记录耳镫骨肌肌腱缺失。

2)耳声发射:耳声发射是一种产生于耳蜗,经听骨链及鼓膜传导释放入外耳道的音频能量。声发射是指材料内部迅速释放能量所产生的瞬态弹性波,源自声学。耳声发射,即指这种从外耳道记录的来自耳蜗内的弹性波能量。

耳声发射以机械振动的形式起源于耳蜗。现在普遍认为这些振动能量来自外毛细胞的主动运动。外毛细胞的这种运动可以是自发的,也可以是对外来刺激的反应,其运动通过科蒂器中与其相邻结构的机械联系使基底膜发生机械振动,这种振动在内耳淋巴中以压力变化的形式传导,并通过前庭窗推动听骨链及鼓膜振动,最终引起外耳道内空气振动。由于这一振动的频率多在数百到数千赫兹,属声频范围(20~20 000Hz),因而称其为耳声发射。

依据是否存在外界刺激声信号诱发,以及由何种声刺激诱发,将耳声发射分为两大类:一类是自发性耳声发射(spontaneous otoacoustic emission,SOAE),指耳蜗不需任何外来刺激,持续向外发射机械能量,形式极似纯音,其频谱表现为单频或多频的窄带谱峰;另一类是诱发性耳声发射(evoked otoacoustic emission,EOAE),即通过外界不同的刺激声模式引起各种不同的耳蜗反应。其中,临床常用的是畸变产物耳声发射和瞬态耳声发射。瞬态耳声发射(TEOAE)系指耳蜗受到外界短暂脉冲声(一般为短声或短音,时程在数毫秒以内)刺激后经过一定潜伏期,以一定形式释放出的音频能量。由于有一定的潜伏期,也被称为延迟性耳声发射,高频成分潜伏期较低频成分潜伏期短。并且它能重复刺激声内容,类似回声,也称"Kemp回声"。TEOAE的短声刺激声是宽频刺激声,因此,和畸变产物耳声发射(DPOAE)相比,DPOAE具有更好的频率特异性。研究表明,几乎所有的听力正常和中耳功能正常的耳朵都能检测出TEOAE,相反,几乎所有超过30~50dBHL的感音性听力损失耳都不能检测出TEOAE。DPOAE是耳蜗同时受到两个具有一定频率比值关系的初始纯音刺激时,由于基底膜的非线性调制作用而产生的一系列畸变信号,经听骨链、鼓膜,传入外耳道并被记录到的音频能量。因刺激声具有一定频率比值关系,因此,频率特异性较TEOAE好。TEOAE和DPOAE比较:TEOAE对低频500Hz和1 000Hz的听力损失检出率优于DPOAE,而DPOAE

笔记栏

ER-8-4

新生儿自
动听性脑
干反应

对高频 4 000Hz 的听力损失检出率优于 TEOAE。当使用 TEOAE 或 DPOAE 作为新生儿听力筛查工具时,复筛率应控制在 3%~10%。当复筛率过高时,应寻找原因。

3）听觉诱发电位测试:听觉感受器在接受外界刺激声后,中枢神经可以产生与外界刺激声相关的生物电变化,这种电活动可以从脑电活动中提取并记录,称为听觉诱发电位(auditory evoked potential,AEP)。临床上常用的有听性脑干反应(ABR)、听觉稳态诱发反应(ASSR)、40Hz 听觉相关电位(40Hz-AERP)等。

ABR 是短潜伏期诱发电位。由于具有客观、无创、无须受试者主动配合、不受镇静剂影响等优点,因此适用于婴幼儿或测试困难儿童的听力检测和评估,且为一种有效的筛查手段,用于早期发现小儿的听损伤或听觉传导通路的器质性病变。ABR 使用的刺激声源主要是短声,由于短声的声学特性,该反应主要用于评价高频的听功能状态。除了短声,短纯音也可以作为刺激声。两种刺激声比较,短声的同步化程度好,因此波形分化明显,常常用于估计高频听力情况;短纯音的同步化程度不及短声,但频率特异性好,因此,波形分化不及短声,但可以分别估计 500、1 000、2 000、4 000Hz 的听力情况。所以,临床上可以通过短声 ABR 分析高频听力情况和根据波形分化情况及潜伏期判断有无蜗后病变的表现,如果是蜗后病变,如听神经谱系障碍,OAE 正常,但 ABR 波形分化差或没有分化。如果蜗后有占位性病变,如听神经瘤,患侧的 ABR 波形潜伏期较健侧耳明显延长。通过短纯音 ABR 可以估计具有频率特异性的听力情况,对于无法配合行为测听的婴幼儿,可以通过短纯音 ABR 预估听力情况。骨导 ABR 也有很好的临床应用价值,虽然目前骨导 ABR 没有频率特异性,输出功率也比气导 ABR 小,但通过气导 ABR 和骨导 ABR 比较,可以分析听力损失的性质。6 个月以下婴儿行为观察法得到的婴儿反应是对大声的反应,而不是婴儿听力的阈值,因此,6 个月以内婴儿的听力测试金标准是 ABR。和 OAE 相比,ABR 是客观测试、主观判断,对于阈值的确定是由测试人员主观判断。在 ABR 阈值的分析判断上,应符合以下原则:随着刺激声强度增加,潜伏期变短,波形幅值增加,同一强度刺激声,波形应具有可重复性。ABR 实际是远电场记录听神经的同步化程度,并不是真正的测听力,但 ABR 记录的阈值(ABR 单位是 dB nHL)和纯音测听之间具有相关性,可以通过 ABR 阈值估计纯音测听的阈值。

知识拓展

ABR 的给声方式除了经典的短声、短纯音之外,目前刺激声还有 Chirp、stack。临床上完成短声和短纯音这两种刺激声的 ABR 测试大约需要 2 小时,根据行波理论,有学者提出,由于短声或短纯音的刺激声先让耳蜗底高频部分首先振动,然后再传到耳蜗顶刺激低频部位振动,这样导致听神经的同步化欠佳。有学者采用 Chirp 作为刺激声补偿不同频率在耳蜗振动的时间差,提高听神经的同步化,从而缩短测试时间。常规使用的短声 ABR 能够为诊断听神经占位性病变提供依据,但对于小于 1cm 的肿瘤容易漏诊。而 stacked ABR 会提高较小的听神经占位性肿瘤诊断能力。

听觉稳态诱发反应(auditory steady state response,ASSR)是由调制声(调频、调幅)信号引起的、反应相位与刺激信号的相位具有稳定关系的听觉诱发电位,由于其频率成分稳定而被称为稳态诱发电位。它能够同时对多个不同频率刺激声的脑干电位进行采集,能双耳同时进行测试。具有频率特性、最大声输出强度高、不受睡眠和镇静药物影响、实施快速简便等特点。其结果可以分别预估 500Hz、1 000Hz、2 000Hz、4 000Hz 的听阈。听力损失越重，ASSR 与纯音测听阈值的差值越小。

40Hz 听觉相关电位（40Hz auditory event related potential，40Hz-AERP）是一种特定条件下的中潜伏期反应，该反应可用短纯音作为刺激声，因此具有低、中、高不同频率特性，测试结果可反映相应频率的听阈，阈值接近纯音测听。由于 40Hz-AERP 是中潜伏期反应，因此受睡眠、觉醒状态、镇静剂和全麻药物影响。

ABR 和 40Hz-AERP 两类测试方法在评价听功能方面，一般同时应用，综合评估听功能。听觉稳态诱发反应和脑干诱发、声阻抗、耳声发射等测听方法的综合应用，可以使听力检测结果更为可靠。

事件相关电位除了 40Hz-AERP 以外，还有失匹配负波（mismatch negativity，MMN），即先给一系列重复的、性质相同的"标准刺激"，中间插入任何可辨别差异的"偏差刺激"，用偏差刺激诱发的波减去标准刺激诱发的波所得到的差异负波为 MMN。MMN 的潜伏期约 150ms（100~250ms），是大脑对感觉信息自动加工的电生理测量指标。偏差刺激和标准刺激相比，物理特征有所不同，如不同频率的短纯音。测试方法有两种，分为主动和被动模式。主动模式受试者需要辨认并计数偏差刺激，被动模式受试者不需要主动关注差异，可以反映测试者高级中枢对声音的分辨能力。

对大脑高级功能判断的电生理测试还有长潜伏期 P_{300}。P_{300} 是由对刺激声的注意和刺激声差异的识别所引起。先给受试者一系列预期的刺激声，然后随机插入一些非预期的信号，受试者计数非预期的信号，在潜伏期 300ms 左右会出现一个正波，称为听诱发 P_{300}。P_{300}也是一个事件相关电位。P_{300} 来源于皮质下，与大脑复杂的认知过程有关。

（2）主观听力测试技术：小儿行为测听是重要的主观听力测试技术之一。需要儿童通过某种行为表现出对声音的反应，如将头转向声源或做出某种动作，检查者通过这些反应来判断其听阈。因此，行为测听可以直接观察小儿对声音的反应。不同年龄段儿童的听觉反应方式有所不同，因此需采用不同的行为测听策略。

1）行为观察测听（behavioral observation audiometry，BOA）：是通过给一个刺激声，在一定的时间锁相下观察小儿是否出现听觉行为改变，以此评估小儿听力状况的方法。根据小儿生长发育特点，此方法通常用于测试 6 个月以内的婴儿。

ER-8-5

小儿行为观察测听

测试过程：取小儿已进食、进水，精神状态较好的时机进行测试。询问病史，同时观察小儿对声音的反应和生长发育情况。3 个月以内的小婴儿，浅睡眠状态是最佳测试时间，最易观察到小儿听到声音后的变化，置小儿于舒适的卧位或扶坐于母亲腿上。测试人员至少 2 名，一名测试者选用不同的发声物给出刺激声，用声级计监控给声的强度，如用便携式听力评估仪给刺激声，则按照仪器要求的距离、位置给声。另一名测试者观察小儿听到声音后的反应，如实做好记录。观察者最好 2 名，共同判断婴儿对声音是否有反应，减少假阴性（婴儿对声音做出反应，但判断为没有反应）和假阳性（婴儿对声音没有做出反应，但判断为对声音有反应）。

小于 5 个月大的婴幼儿对外界声音的反应包括两类，一类听到声音做出反射，如头或四肢运动、惊吓反射、眨眼、吮吸；另一类表现出关注听到的声音或听到声音寻找声源，如动作增加或减少、睁大眼睛、听到声音微笑或发出笑声、头转向寻找声源、眼球转向声源方向。对于一个听力正常的婴儿，如果对声音表现出反射，说明声音对婴儿还没有形成什么意义，对声音只是表现出一种生理性反射。如果婴儿对外界声音表现出关注或寻找声源，说明声音对婴儿已经有一定的意义，后者的反应比前者表现出更高级的大脑功能。

与后面的视觉强化法和条件游戏测听比较，行为观察法是一种非条件性的行为观察，即没有通过建立条件反射来观察婴儿对声音的反应。测试人员之间主观判断差异大，所以并不推荐通过行为观察法来得到婴儿确切的各个频率的阈值。听力正常的婴儿在6个月前对声音的反应并不是对能听到声音的阈值的反应，因此，行为观察法测试的是最小反应级（minimal response levels，MRLs），并不是真正的听阈。

视觉强化测听

2）视觉强化测听技术（visual reinforcement audiometry，VRA）：是通过让小儿建立声与光的定向化条件反射，即当给测试声音时，及时给予声光玩具作为奖励，使其配合完成听力测试的一种测听方法。临床常用于6个月至2.5岁的小儿听力测试。

视觉强化测听可用耳机或声场（扬声器）进行测试。如果小儿能接受耳机，尽量采用耳机进行测试，因为耳机测试可以分别获得双耳的听力图，而声场测试获得的是较好耳较好频率的听力图。耳机分为耳罩式和插入式。尽量采用插入式耳机，插入式耳机较耳罩式耳机佩戴更舒适，小儿更容易配合测试，插入式耳机的耳间衰减值大于耳罩式耳机，当双耳听力差别大时，插入式耳机可以更好地避免好耳的"偷听"。

视觉强化测听和行为观察测听在测试程序方面存在诸多相似之处，包括对测试人员的要求、测试室条件和设备等。视觉强化测听需要建立儿童的条件化反应。测试人员为两名，一名负责给刺激声，另一名坐在小儿正对面，帮助小儿配合测试。具体为主试者给出刺激声，刺激声一般为啭音，强度为阈上15~20dB SPL，在给出测试音的同时给出灯光奖励玩具，或会动的玩具。坐在小儿对面的测试者引导儿童转头看奖励玩具，反复训练2~3次后，让小儿明白，当听到声音时，就有玩具出现灯光或玩具会动。测试者先给测试音，主试者同时观察儿童是否有听觉反应，如果有听觉反应，及时给出灯光奖励玩具，表明条件反射建立成功。如果儿童无听觉反应，增加测试音强度（10dB）继续建立条件反射，直到条件反射完全建立。

在成功建立条件化反射的基础上开始正式测试，测试者以能够引起条件反射的测试音强度开始，依据"减十加五"的原则，依次测出1kHz、2kHz、3kHz、4kHz、0.5kHz、0.25kHz等各频率的阈值。如果小儿配合程度不好，注意力集中时间短，可以采用"减二十加十"的原则快速寻找阈值。正式测试与建立条件反射中声光的给出时机有所不同，测试者先给测试音，同时观察患儿有无转头看奖励玩具，当发现患儿有看奖励玩具的反应时迅速告知测试者给出奖励玩具，并积极对患儿给予肯定和鼓励。值得注意的是，婴幼儿能够集中精神配合测试的时间是有限的，一般为进入测听室内10~20分钟，因此尽可能在短时间内确定各主频的阈值。

坐在小儿对面的测试人员应和给声的测试者密切配合，将小儿的反应及时反馈给给声的测试者，当小儿不能安静地坐在测试位置，头左右摆动影响判断时，坐在小儿对面的测试人员应及时吸引小儿，保证小儿面对前方，头部保持正中，吸引小儿的玩具不应是发声的玩具。

条件游戏测听

3）条件游戏测听技术（conditioned play audiometry，CPA）：是通过让小儿参与一个与年龄、生理发育适宜的简单有趣的游戏，教会孩子对给出的声音作出明确的动作，从而完成听力测试的一种方法。临床常用于2.5~5岁的儿童。

条件化刺激的给声强度在阈上15dB SL或以上。如通过询问病史，孩子的听力基本接近正常，初始强度可用40dB HL；如小儿对很大的声音才有反应，初始刺激可从60~80dB HL或更高开始。一般训练的初始刺激频率为正式测试的初始频率，即多从1 000Hz开始，但对于部分极重度感觉神经性听力损失患儿，如听力损失程度过重，也可从低频开始。训练小儿听到声音后会做出可靠准确的反应，条件反射建立后，通过耳机给声，分别测出左耳和右耳1 000Hz、2 000Hz、4 000Hz、8 000Hz、1 000Hz、500Hz、250Hz、125Hz的听阈值。

当听力计给最大输出声,患儿仍然不能做出反应时,为了区别患儿是不能理解测试还是没有听到声音,可以改用骨导测试用的骨振子。让患儿将骨振子握在手里,测试人员给500Hz骨导的最大输出,低频骨导测试时,骨振子会有明显的振动感,只要患儿触觉正常,就能够感觉到振动,重新建立条件反射。如果患儿能够建立条件反射,说明给最大输出时患儿是不能听到声音。如果患儿不能够建立条件反射,说明患儿不能配合测试。

4)其他:除了行为观察测听、视觉强化测听和条件化游戏测听外,言语测听和林氏六音测试也是临床上常用的主观测听技术。

言语测听:是指用言语声音作为刺激声评估听觉功能的测试方法。小儿行为测听的刺激声是纯音或啭音,测听观察的是小儿对纯音或啭音的反应,但日常生活中的声音不是纯音或啭音,因此,观察小儿对言语声的反应更能反映出日常生活中小儿对声音的反应。纯音或啭音不包含任何意义,但言语声包含语言信息,可以观察小儿对言语声的辨识能力,发现小儿测听无法检测出的蜗后病变。

言语测听包括阈值测试和阈上测试。阈值测试的目的和小儿行为测听类似,是寻找小儿对言语声有反应的阈值;而阈上测试给的刺激声足够大,保证小儿能听到言语声,观察的是小儿对言语声的分辨能力。阈值测试包括言语检察阈(speech detection threshold,SDT)和言语接受阈(speech reception threshold,SRT)。阈上测试包括言语分辨率(word recognition score,WRS)。

言语检察阈(SDT)是观察对言语声的察觉能力,因此主要用于婴儿,以及尚不能对言语声进行复述的幼儿。言语检察阈可以直接观察婴幼儿对言语声的反应,和言语接受阈相比,要求更低,不要求被测试者重复听到的内容。因此,SDT的阈值比SRT值低。

言语接受阈(SRT)是采用双音节词汇作为测试材料,测试者50%的正确率复述出双音节词的阈值。言语接受阈和纯音测听之间具有很好的相关性,因此,SRT可以和小儿测听结果进行相互印证。也可以作为阈上测试的参考。

言语分辨率(WRS)是阈上测试,目的不是寻找阈值,而是测试的刺激声足够大时测试者对言语声的分辨能力。为了排除测试者通过冗余信息猜到测试内容,测试材料采用单音节字。测试时给患者阈上单音节的测试字,让患者重复听到的单音节字。言语分辨率测试可以发现蜗后病变的患者。当言语分辨率的得分和纯音测听不相符合,或随着刺激声增大,言语分辨率反而下降,即出现回跌现象,提示患者有蜗后病变的可能。对于长期感觉神经性听力损失的患者,如老年人长期听力下降,由于听觉功能的剥夺,言语分辨率得分也会下降。

林氏六音:林氏六音简单易行,主要用于不配合言语测听的婴幼儿,或为快速了解婴幼儿对言语声的反应情况,或家长在家自我观察婴幼儿对言语声的反应等。林氏六音包括从低频到高频的/m/、/u/、/a/、/i/、/sh/、/s/。测试在婴幼儿看不到的情况下发林氏六音,观察婴幼儿对声音的反应。由于林氏六音涵盖了低频到高频,/m/、/u/、/a/、/sh/、/s/包含的频率分别为250Hz、500Hz、1 000Hz、2 000Hz、4 000Hz,/i/的第二共振峰为2 000Hz。因此,通过观察婴幼儿对林氏六音的反应,可以快速了解婴幼儿对从低频到高频的言语声的反应。不同年龄的婴幼儿林氏六音的做法不同。对于6~18个月大的婴幼儿,可以给婴幼儿一个没有声音的玩具玩耍,然后在婴幼儿看不到的角度发林氏六音,观察婴幼儿是否有听到声音的反应,如听到林氏六音转头寻找声源;对于大于18个月大的幼儿,可以采用游戏测听的方法,鼓励幼儿听到声音的时候,把玩具扔到筐里。通过这种游戏方式了解幼儿对林氏六音的反应。

(三)听力障碍的分级诊断

根据2011年正式发布实施的国家标准《残疾人残疾分类和分级》(GB/T 26341-2010),听力残疾分为4级,具体见表8-2。

笔记栏

表8-2　听力残疾分级

级别	听觉系统的结构和功能	较好耳平均听力损失	理解和交流等活动
一级	极重度障碍	>90dB HL	不能依靠听觉进行言语交流，理解和交流等活动极重度受限
二级	重度障碍	81～90dB HL	理解和交流等活动重度受限
三级	中重度障碍	61～80dB HL	理解和交流等活动中度受限
四级	中度障碍	41～60dB HL	理解和交流等活动轻度受限

注：此标准以0.5kHz、1.0kHz、2.0kHz、4.0kHz为听力测试频率，表中数值为听力损失分贝数的平均值。此标准适用于3岁以上人群的听力残疾评定。

　　对3岁以内儿童进行听力残疾评定，采用1.0kHz、2.0kHz、4.0kHz三个频率听力损失分贝数的平均值。依据幼儿听觉行为发育特点，对6～18个月儿童只评定一级、二级听力残疾；对19～36个月儿童只评定一级、二级、三级听力残疾，具体见表8-3。

表8-3　低龄儿童听力残疾评定参考标准

年龄组/月	级别	测试音（啭音）/kHz	平均听力损失/dB HL（相对好耳听力）
6～18	一级	1、2、4	>90
	二级	1、2、4	81～90
19～36	一级	1、2、4	>90
	二级	1、2、4	81～90
	三级	1、2、4	61～80

（四）听力障碍的干预

　　听力损失除了药物、手术治疗之外，对于确诊为不可治愈的听力障碍患儿，应尽早佩戴合适的助听设备。目前最常用的助听设备有助听器和人工耳蜗两种。

　　1. 助听器选配

　　（1）助听器的基本构成和分类：助听器是帮助听力障碍患者聆听声音的助听放大设备。一般由麦克风、放大器、耳机、电源、音量控制开关等部分构成。根据助听器的使用范围，可分为集体助听器和个体助听器两大类。个体助听器依其外观和佩戴位置又分为盒式助听器、耳背式助听器、耳内式助听器等类型；依芯片中信号处理技术的不同，分为模拟助听器和数字助听器；从放大原理的角度讲，有线性助听器和非线性助听器之分；根据助听器的最大声输出不同，可将其分成小功率、中功率、大功率及特大功率四类；另外，还有多通道助听器、编程助听器、定制式助听器、双耳助听器、移频助听器、一次性助听器、植入式助听器等。随着助听器技术的发展，有的耳背式助听器将受话器做到耳模里，放置在鼓膜表面，这样受话器离鼓膜更近，同时也减小了助听器本身的体积，因此特大功率的助听器比以前体积更加小巧，增加患者佩戴的舒适度和效果。

　　近几年出现了牙骨传导助听器。牙骨传导助听器分为两部分，一部分像传统耳背机挂在耳背后，或夹在衣领上，收集处理声音信号。第二部分振动部分安装在牙齿上，通过牙齿振动颅骨传递声音。适用于双耳反复流脓、外耳道闭锁、狭窄无法佩戴传统气导助听器，及单耳极重度听力损失的成年人。

　　（2）助听器的降噪技术：早期的降噪技术包括模拟助听器通过低频滤过，排除低频噪声，具体为低频压缩技术、自适应滤过、自适应压缩等，但效果不理想，不能改善在噪声环境下的言语分辨率。随着数字助听器的使用，开始采用数字降噪技术，即采用不同的算法将言语声和噪声区别开。20 世纪 90 年代开始,助听器采用不同类型的方向性麦克风,以降低噪声。

（3）助听器验配的适应证

1）听力障碍婴幼儿:出生听力筛查没有通过,3 个月大前诊断为永久性听力损失,应在婴儿 6 个月大前验配合适的助听器。如果婴儿在 2 个月大时诊断了永久性听力损失,能在 3 个月大前验配合适的助听器进行康复训练,有利于语言的发育。

2）听力障碍儿童:一经确诊应尽早验配助听器。即使是轻度听力损伤,也要重视听力补偿,以避免影响到儿童言语的发展,适合助听器验配的听力损失程度为轻度到重度。

3）听力障碍成人,尤其是学语后耳聋患者:一经确诊应及时验配助听器,以提高生活质量,适合助听器验配的听力损失程度为中度到重度。

4）重度以上听力障碍:在验配助听器效果甚微或无效时可考虑人工耳蜗植入。如手术条件暂时不具备,也应及时选配特大功率的助听器,以保证能够接受声音刺激,提高听觉敏感性。

5）双耳听力障碍:原则上需双耳验配助听器,如受条件限制也可单耳验配,但应向患者指出单、双耳验配的优缺点。

6）单耳验配助听器原则:一般双耳听力损失均<60dB,选择听力差的一侧验配;双耳听力损失均>60dB,选择听力好的一侧验配;双耳听力损失相差不多,选择听力曲线较平坦的一侧;日常惯用耳优先也是单耳验配时应考虑的因素。

从理论上讲,任何一位听力损失患者均可能成为助听器的使用者,宣传助听器验配知识,帮助患者正确建立适当的期望值,得到患者的知情同意,以及验配助听器后能够进行正确的适应性训练,对提高助听器补偿效果是非常重要的。

（4）助听器验配的转诊指标:作为选配人员,遇到以下情况必须停止向患者推荐助听器,应立即介绍到临床医师处就医。①传导性听力损失(外耳、中耳炎症);②3 个月以内发生的突发性、进行性听力下降;③波动性听力下降;④不明原因的单侧或双侧明显不对称的听力损失;⑤伴有耳痛、耳漏、耳鸣、眩晕或头痛;⑥外耳道耵聍栓塞、异物或外耳畸形。符合这些转诊指标的患者,经耳科医师确诊无法治愈或者患者不愿意接受药物、手术等治疗方案,方可验配助听器。

（5）助听器验配程序:①综合听力学评估,主要内容为询问病史、耳科常规检查、听力测试、耳聋诊断与鉴别诊断;②助听器验配,包括助听器选择、耳模配制、助听器调试、适应性训练及助听听阈测试等;③效果评估,通过实施家长和教师满意度问卷、助听听阈测试、林氏六音测试等对助听效果进行评估;④跟踪随访,包括听觉语言康复指导及听能管理等内容。

（6）助听效果分析:为了使助听效果评估达到量化,早在 20 世纪 80 年代,日本的听力学家、数理博士恩地丰教授和中国聋儿康复研究中心高成华教授把正常人长时间平均会话声谱用于听力障碍者的助听器验配,并以此为依据作为临床助听效果评价标准。随着听力学的发展和助听器验配技术的进步,临床助听效果评价方法不断得到完善。孙喜斌于 1993 年提出了中国聋儿听觉能力评估标准,同年通过专家鉴定并在聋儿康复系统内试行。在听觉能力评估标准中提出了数量评估法和功能评估法。验配助听器后,对无语言能力的听力障碍儿童采用以啭音、窄带噪声及滤波复合音为测试音的数量评估法。对有一定语言能力的聋儿选择用儿童言语测听系列词表,通过在安静环境中及有背景声的环境中言语识别得分来判断助听效果,用这种评估方法可了解聋儿听觉外周至中枢听觉径路全过程情况,所以把这种评估方法称为听觉功能评估法。目前这两种方法均用于助听器验配临床效果量化评估。除此之外,助听效果的满意度调查问卷也是临床评价的重要参考依据。

1) 正常人长时间会话声谱法(SS 线法):如果对语声的测量是以 dB SPL 为单位(图 8-3A),如果声场是以声压级(SPL)建立的,测得的助听听阈结果与正常人长时间会话声谱相比较,一般认为助听听阈在 SS 线上 20dB 为最佳助听效果,即在正常人听觉言语区域内,如果在 3 岁以前能够得到干预,能够获得较好的康复效果。

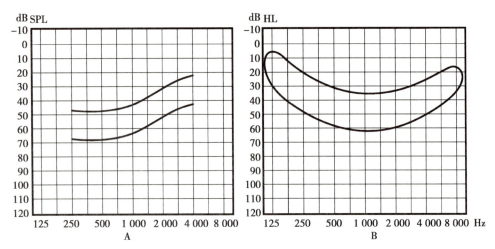

图 8-3 SS 曲线和言语香蕉图

2) 言语香蕉图法:如果声场是以听力级(HL)水平建立的,测得的助听听阈结果与正常人言语香蕉图比较(图 8-3B)。常规声场都是按听力级校准的,所以经常以此法评估助听器效果。依据助听听阈值相对言语香蕉图的不同位置,或通过言语最大识别得分,助听效果通常分为最适、适合、较适、看话四个等级。具体分析为:250Hz、500Hz、1 000Hz、2 000Hz、3 000Hz、4 000Hz 助听听阈结果都在香蕉图内,助听器效果为最适;250Hz、500Hz、1 000Hz、2 000Hz、3 000Hz 助听听阈值在香蕉图内,助听器效果为适合;250Hz、500Hz、1 000Hz、2 000Hz 助听听阈值在香蕉图内,助听器效果为较适;250Hz、500Hz、1 000Hz 助听听阈值在香蕉图内,助听器效果为看话(表 8-4)。

表 8-4 听觉康复评估标准

听力补偿/Hz	言语最大识别率/%	助听效果	康复级别
250～4 000	≥90	最适	一级
250～3 000	≥80	适合	二级
250～2 000	≥70	较适	三级
250～1 000	≥44	看话	四级

3) 助听器效果评估简表(abbreviated profile of hearing aid benefit,APHAB):该量表共有 24 个问题,从 4 个方面评价助听器的作用,分别是:在理想聆听环境下交流的难易程度、在噪声环境下的交流难易程度、在混响环境下交流的难易程度、对声音的厌恶程度。通过 APHAB 量表,可以评估听力障碍者在不同环境下使用助听器的情况。

2. 人工耳蜗(cochlear implant,CI)植入 对于佩戴助听器无效或效果甚微的重度、极重度听力障碍儿童,可考虑选择人工耳蜗植入,重建听力。

(1) 人工耳蜗的结构及工作原理:人工耳蜗是一种替代人耳内耳毛细胞感受声音的生物电子装置。人工耳蜗主要由耳蜗内植入部分及体外部分组成。植入部分由电极组和接受/刺激器组成;体外部分由言语处理器、麦克风、传输线圈及连接导线组成。

人工耳蜗的工作原理:声音由麦克风接收,转换成电信号之后,传送到言语处理器。言语处理器将信号放大、滤波、数字化,并编译成编码信号。编码信号经由传输线圈传送到接收/刺激器,接收/刺激器产生电脉冲并传送到相应的电极,直接刺激电极周围的听神经末梢,产生的生物电信号传送到大脑形成听觉。

（2）人工耳蜗植入适应证及禁忌证:2003 年,中华医学会耳鼻咽喉科学分会制订了《人工耳蜗植入工作指南（2003）》,对人工耳蜗植入的适应证和禁忌证做了明确叙述。10 年后,2013 年对指南进行了更加细化的修订,制订了《人工耳蜗植入工作指南（2013）》。

1）学语前聋患者的选择标准包括:①植入年龄通常为 12 个月至 6 岁。植入年龄越小效果越佳,但要特别预防麻醉意外、失血过多、颞骨内外面神经损伤等并发症。目前不建议为 6 个月以下的患儿植入人工耳蜗,但脑膜炎导致的耳聋因面临耳蜗骨化的风险,建议在手术条件完备的情况下尽早手术。6 岁以上的儿童或青少年需要有一定的听力言语基础,自幼有助听器佩戴史和听觉言语康复训练史。②双耳重度或极重度感觉神经性耳聋。经综合听力学评估,重度聋患儿佩戴助听器 3~6 个月无效或者效果不理想,应行人工耳蜗植入;极重度聋患儿可考虑直接行人工耳蜗植入。③无手术禁忌证。④监护人和/或植入者本人对人工耳蜗植入有正确的认识和适当的期望值。⑤具备听觉言语康复教育的条件。

在 2013 年的修订版指南中指出,植入年龄通常为 12 个月至 6 岁;建议最小植入年龄为 6 个月。植入年龄越小效果越佳。大于 6 岁的儿童或青少年需要有一定的听力语言基础。2013 年的指南指出,越来越多的文献显示 12 个月内植入人工耳蜗的患儿其听力和言语能力可以获得更大的改善,患儿有可能完全发挥潜力,而不需要"赶上",或者可以超过正常的学习速度来达标。

2013 年的指南指出,对脑白质病变是否应进行人工耳蜗植入,重要的是在于鉴别真正的脑白质病和其他疾病,如缺氧、感染、外伤、黄疸等造成的脑白质改变。真正的脑白质病影像学表现为广泛、弥散的病变,而其他疾病导致的脑白质改变影像学表现为散在的斑片状阴影。真正的脑白质病会表现出认知、言语障碍、智力减退、行为改变,预后不理想。但其他疾病导致的脑白质改变损伤可以在大脑发育过程中代偿,人工耳蜗植入效果多数较好。

听神经病谱系障碍植入人工耳蜗后的效果,取决于病变的位置,如果病变在耳蜗,电刺激直接刺激听神经可以产生较好的反应,如果病变在听神经或听觉中枢,效果不理想。因此,对于听神经病谱系障碍患者植入人工耳蜗应极为慎重,在术前应详尽告知风险。

双侧植入人工耳蜗:双侧植入可以改善声源定位功能、安静和背景噪声下的言语理解能力,有助于获得更自然的声音感受,促进听觉言语和音乐欣赏能力的发展。可以选择双侧同时植入或顺序植入,两次手术间隔越短,越有利于术后言语康复。

单侧耳聋的人工耳蜗植入:2022 年美国人工耳蜗联盟（ACIA）发布成人单侧耳聋人工耳蜗植入的临床评估和管理指南。在该指南中,人工耳蜗植入的适应证扩大,包括单侧耳聋患者。这里的单侧耳聋是指一只耳听力正常,另一只耳极重度听力损失。

2）学语后聋患者的选择标准包括:①各年龄段的学语后聋患者;②双耳重度或极重度感觉神经性耳聋,依靠助听器不能进行正常听觉言语交流;③无手术禁忌证;④植入者本人和/或监护人对人工耳蜗植入有正确的认识和适当的期望值。

3）人工耳蜗植入禁忌证:包括绝对禁忌证和相对禁忌证。绝对禁忌证包括内耳严重畸形,例如 Michel 畸形;听神经缺如或中断;中耳乳突急性化脓性炎症。相对禁忌证包括癫痫频繁发作不能控制;严重精神、智力、行为及心理障碍,无法配合听觉言语训练。

4）人工耳蜗术前评估内容有:①病史采集;②耳科学检查;③听力学检查;④影像学评估;⑤语言能力评估;⑥心理、智力及学习能力评估;⑦儿科学或内科学评估;⑧家庭条件和康复条件。

5）人工耳蜗调试评估流程:人工耳蜗调试的目的是使人工耳蜗装置适合个体需要,给

笔记栏

植入者提供理想的信息。需要特殊的软、硬件和编程的界面系统在计算机上进行,测试和控制进入耳蜗的电流量。人工耳蜗调试的原则:对个体的言语处理器进行编程;每个编程的程序称作map;每位植入者都只能使用自己的言语处理器而不能使用他人的;根据植入者对声音的感受、老师和家长的观察而对植入者定期进行编程和调整。人工耳蜗的调试流程分为以下5个步骤。

①人工耳蜗调试准备:在人工耳蜗调试之前,首先对体外装置进行检查,连接言语处理器,佩戴人工耳蜗,并打开调试软件,然后进行阻抗测试,判断电极是否正常工作,是否发生电极短路、电极断路、非听性反应等现象。如果各电极均正常工作,则可进入调试阶段。

②人工耳蜗调试:调试内容主要包括阻抗、选择言语编码策略、确定电流参数("T值"和"C值")、响度平衡测试,如图8-4所示。

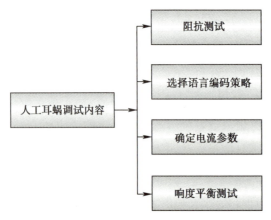

图8-4　人工耳蜗调试内容

确定电流参数,即创建听力图:"T值",即阈值或刚能听到的最小刺激级,方法采用类似纯音测听的上升法,即听到2次来确定;"C值"为舒适阈,指不致产生不舒适的响度的最大刺激级。

响度平衡测试的目的是尽量减少原始声音信号经人工耳蜗系统处理产生的失真,对于能明确表达的儿童可做平衡测试以使听到的声音更真实。测试的方法是通过比较电极间音调和响度之间的差异来进行。

③数据储存:将数据储存到言语处理器后,断开连线,然后打开言语处理器处于工作状态。

④临床效果评价:开机后,在声场环境中,通过测试小儿不同频率的听阈值,判断人工耳蜗植入后对不同频响的听觉效果。依据儿童不同的年龄,可选择语音识别、言语识别等测试,评价其听觉功能。

⑤随访:小儿一般于术后1个月开机,建议3个月内每周进行1次调试,以后可每月或根据需要进行调试。如果儿童出现对大声感到不舒服或拒绝佩戴言语处理器、言语感知能力下降(对自己的名字无反应)等现象,则需要重新进行编程调试。指导人工耳蜗植入后儿童应尽可能地采用听觉口语法进行听觉言语训练,建立听觉中枢优势。

二、听觉言语语言康复评定

为听力障碍儿童选配合适的助听器或植入人工耳蜗,是进行听觉言语语言康复的重要前提。为了使听觉言语语言康复更具有针对性,需要对听力障碍儿童的听觉言语语言发展水平进行评估;当听力障碍儿童康复一段时间后,需要再次进行听觉言语语言康复效果评定,以动态把握儿童的发展状况,为调整康复训练计划提供依据。

(一)评估目的及简介

听力障碍儿童在接受康复训练前后,康复工作者均需要对其言语听觉功能进行康复评定,其目的包括:①发现和证实婴幼儿在听觉-言语-语言方面的障碍;②为制订阶段性的言语听觉康复训练方案提供参考依据;③阶段性康复训练之后,一方面通过评定了解阶段性的康复效果,另一方面为制订下阶段的训练计划提供依据。因此,根据听力障碍儿童康复前后及康复过程中的听觉言语语言状况,分别进行听觉功能评定和言语语言功能评定,这对听力障碍儿童的听觉言语语言康复效果判定具有重要意义。

评定包括病史询问、和父母或其他主要看护人员的交流、正式和非正式评定。正式评定是指正式的、标准的、有正常参考值的评定;非正式评定是指观察,和父母、孩子的交流。正式评定有标准的操作步骤和正常参考值,这样测试儿童可以和同龄儿童进行比较,也可以通过测试结果观察儿童言语-语言的发展,同时也可以给医护人员和家长提供客观评估数据。评定应包括从婴幼儿以及儿童本人处获得信息,同时也应包括从主要看护人如父母处获得信息。评定的结果必须是有效的以及稳定可靠的。

正式评定包括3种类型:①等级评定。旨在评估听力障碍儿童的言语-语言达到什么水平,如达到初中、高中水平。②与正常值比较。这类评估旨在让听力障碍儿童和同龄儿童的正常值比较,评估听力障碍儿童是否能达到听力正常的同龄儿童水平。③标准化评定。这类评定工具的测试内容、测听条件、评定标准和结果评价都是标准化的过程。一个评定方式可以同时具备2种评定类型特点,如既可以是标准化的评定工具,也可以是等级评定工具。每种评定类型都有优缺点。

非正式评定也是非常重要的评定方法。当婴幼儿或听力障碍儿童难以进行正式评定的时候,非正式评定是重要的评定方法。同时,非正式评定也可以印证正式评定结果是否准确。非正式评定包括系统的观察、和父母或其他看护者的交流,和听力障碍儿童老师、同学交流,听力障碍儿童在学校的学业成绩、学生档案,以及周围同事、同学的评价和观察,等等。

评定的方法很多,对听觉-言语-语言的评定是多方面的。没有一种评定方法能涵盖听觉-言语-语言的所有方面。应避免仅使用一种评定工具下结论。因此,需要多种评定工具包括正式和非正式的评定工具对听觉-言语-语言进行全方位的评估。婴幼儿和儿童处于言语-语言发展快速阶段,因此也需要不同的评定工具评估不同年龄阶段的婴幼儿和儿童。

最后,医护人员通过一系列的评定工具对婴幼儿和儿童进行听觉-言语-语言评定后,应综合分析所有的评定结果,判断患儿的听觉-言语-语言发展状况,并将分析结果报告给患儿父母或主要看护人。

(二)评定内容

1. 听力损失程度分级 表 8-5 是 2006 年世界卫生组织(WHO)对听力损失程度的分级。

表 8-5 WHO 听力损失程度分级

0级(无)	≤25dB 能听到悄悄话	无/轻微问题
1级(轻度)	26~40dB	在 1 米处能听到/重复正常言语声
2级(中度)	儿童(≤15岁)31~60dB 成人 41~60dB	能听到/重复 1 米处提高音量的言语声
3级(重度)	61~80dB	能听到在好耳旁吼叫的言语声
4级(极重度)	≥81dB	连吼叫的言语声也不能听到/理解

2. 听觉功能评定 听觉功能是指通过后天学习获得的感知声音的能力,尤其是感知言语声的能力。听觉功能的发展主要经过听觉察知、听觉分辨、听觉识别和听觉理解4个连续的过程,如图 8-5 所示。

(1)听觉察知能力:听觉察知评估的目的在于考查患者有意识地判断声音有无的能力。评估材料可采用滤波复合音或林氏五音,即/m/、/u/、/a/、/sh/、/s/。

(2)听觉分辨能力:听觉分辨能力评估的目的在于考查患者分辨声音异同的能力。选用的材料包括无意义音节的分辨和有意义音节的分辨两部分。在分辨声音时,主要分辨声

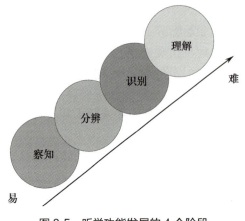

图 8-5　听觉功能发展的 4 个阶段

音的时长、强度、频率以及快慢。在这 4 个特征中,时长是最容易分辨的线索,其次是强度,最难的是对频率的分辨,尤其对高频音的分辨。在评估时遵循从易至难的原则,首先应分辨差异较大的无意义音节;然后分辨差异较小的有意义音节。

(3) 听觉识别能力:听觉识别是指个体在声音和对应的事物之间建立联系的能力。以听取语言声为例,听觉识别是指个体把握音段音位多种特性、将语音识别出来的能力。听觉识别能力评估的目的在于考查患者把握音段音位多种特性的能力,从而将声音识别出来。此项评估包括语音均衡式识别和最小音位对比识别两部分,其中,语音均衡是指语音出现的概率与日常生活中出现的概率相一致;最小音位对比识别是根据汉语音仅有一维度差异的原则编制的音位对比听觉识别材料。这两者均包括韵母识别、声母识别、声调识别。

(4) 听觉理解能力:听觉理解功能评估是考查患者将音和义结合的能力,使患者能真正懂得声音的意义。听觉理解的评估主要包括单条件、双条件、三条件词语以及短句识别。听觉理解是听觉功能发展中最难的环节,有些家长往往对理解出现误解,如询问家长患儿能否理解"妈妈的鞋子",家长告知可以理解,具体询问,家长告知每当妈妈回家,开门后给孩子说"妈妈的鞋子",孩子就会把妈妈的鞋子拿出来,但如果脱离这样一个妈妈下班开门后说的特定环境,如妈妈到厨房去了说"妈妈的鞋子",如果孩子不能拿出妈妈的鞋子,说明孩子其实并没有真正理解"妈妈的鞋子"的含义。孩子只是根据特定的环境,结合其他因素做出的反应。

在上述听理解评估训练的基础上,还应进行选择性听取的评定及训练,即在噪声中的听声能力。具体的测试采用听话识图法进行,用经过标定的双声道收录机将信噪比调至(70±10)dB SPL,让听力障碍儿童在自然环境噪声中识别双音节词或在音乐背景声中识别短句。选择性听取的内容与双条件、三条件以及短句识别词表共享。

3. 言语功能评定　言语功能正常与否,是由呼吸、发声、共鸣、构音和音韵 5 个方面的功能决定的。关于听力障碍儿童呼吸、发声、共鸣、构音、音韵的评定与治疗可参考第六章的相关内容。具体的评估与治疗顺序如图 8-6 所示。

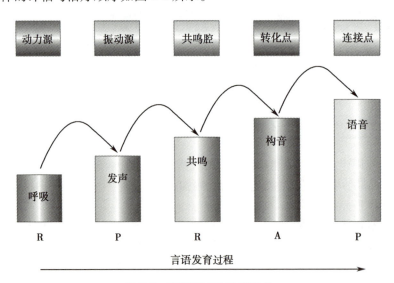

图 8-6　言语评定及治疗模式

4. 语言功能评定 语言部分可主要从词汇、模仿句长、听话识图、看图说话、主题对话5个方面进行评定,具体见表8-6。

表8-6 语言(语音)能力评估标准

康复级别	词汇量/个	模仿句长	听话识图	看图说话	主题对话	语言年龄/岁
四	20	1~2	事物名称	事物名称简单行动	理解"呢"	1
三	200	3~5	动作、外形、机体感觉	事件中的主要人物和行动	理解"什么""谁""哪个""哪儿"	2
二	1 000	6~7	个性品质、表情、情感	主要人物和主要情节	什么时候、什么地方	3
一	1 600	8~10	事件、情景	百字以内的简单故事	怎么了、怎么样、为什么	4

上述语言功能的评定是以正常儿童在各年龄段上的语言发育指标为参考。通过测试可以获知听力障碍儿童的语言发展水平及与正常幼儿的相当语言年龄,也可以衡量听力障碍儿童的语言能力发展是否平衡,以便在康复训练中采取相应的措施。

三、听觉言语功能训练

听觉言语功能康复是听力障碍儿童早期康复教育的重要基础。对0~3岁的婴幼儿来说主要是培育听觉口语表达能力。

(一)听觉训练

1. 听觉训练的内容 包括适应训练、察觉训练、分辨训练、识别训练、理解训练。

(1)助听设备适应性训练:由于没有"听"的知识和经验,小龄听力障碍儿童,特别是先天性重度听力障碍儿童,无法在短期内感受到助听设备带给他们的帮助;并且,由于生理或心理方面的原因,他们还可能对助听设备产生抵触,严重者会强烈抗拒。因此,助听设备适应性训练是听觉康复训练的第一步。

(2)察觉训练:首先,要培养听力障碍儿童的聆听习惯,让他们学会"注意听",增强他们对各种环境声、音乐声以及言语声的敏感性和察觉能力;其次,要帮助听力障碍儿童建立察觉反应,即教会他们听到声音后作出适当的反应,这对于康复人员判断儿童的听觉发展情况、听力师调试助听设备非常有帮助,同时,这也是促使听力障碍儿童学会表达与交流的方法之一。

(3)分辨训练:培养听力障碍儿童感受声音差异的能力,包括对环境声、音乐声以及言语声差异的辨别。感受言语声的差异是训练的重点和难点,它包括对音素、音节、词语、句子、语段的辨听,还包括对超音段信息(如音长、音强、音高)的辨听。这一阶段的训练仅要求听力障碍儿童判断声音是相同还是不同。

(4)识别训练:当听力障碍儿童能听出各种声音之间的差异后,就要培养他们将声音和事物联系起来的能力。进行识别训练有两种方式。①闭合式训练:即事先给听力障碍儿童一定的选择范围,呈现声音刺激后要求儿童在该范围内选择对应的事物,如听到"汽车"指向汽车的图片。②开放式训练:即不提供任何选择范围,直接呈现声音刺激,然后要求儿童再现出来,再现的方式可以是复述,也可以是其他任何表示"知道了"的方式,如听到"汽车"后模仿说出"汽车"或用手势模仿出"汽车"的样子。这一阶段的训练只要求听力障碍儿童"听出是什么",不要求理解和运用,但儿童的知识经验以及对语言的理解能力对听觉识别能力有很大影响。此外,在这一阶段的训练中,要加强对听力障碍儿童听觉记忆能力的培养,这是今后与他人交流的重要前提。

（5）理解训练:培养听力障碍儿童听觉理解能力,是听觉康复训练的最终目标,也是听觉训练难度最大的一个环节。实践经验中,很多听力障碍儿童听觉察觉、辨别甚至识别的能力都很强,但听觉理解的能力还很弱,比如他们能准确复述"妹妹有一个红色的布娃娃"这样的长句子或背诵多首儿歌,但听不懂"你喜欢布娃娃吗?"这样的简单问句。因此,在进行上述听觉训练的同时,必须加强听觉理解的训练。

2. 听觉训练的注意事项

（1）声音刺激丰富多彩:要让听力障碍儿童感受丰富多彩的声音,无论是自然声响还是言语声。要注意在音调、音强、音长、音质等方面有丰富的变化,让听力障碍儿童认识多种多样的声音,切忌单调的声音。在讲故事的时候,有时用尖细的声音模仿小鸟,有时用低沉的声音模仿大象。

（2）多听有意义的声音:听觉训练应与日常生活相结合,让他们多听有意义的声音。在听觉训练时,不要总是敲击物体发出声响,应让他们多感受有实际意义的声音,让他们把各个声音和相应的事物联系起来。如电话铃声、流水声、敲门声、交通工具的声音等。将听觉训练融入有意义的生活情景对话中。让言语声、环境声音成为有意义的声音。生活中每天重复的吃、喝、拉、撒是婴幼儿学习语言非常好的内容,这些内容每天都要反复重复,婴幼儿可以反复学习、理解言语的意义,让日常生活中有意义的对话成为学习语言的素材。

（3）注意语句的完整性:在康复训练或日常生活中,成人不要主观上认为听力障碍儿童能力水平达不到,所以总是把稍长的句子分成两半说,这样会局限听力障碍儿童听觉和语言水平的提高。在听力训练中,应根据听力障碍儿童的听力水平,有意识地延长句子长度或增加听辨的词汇数量,以逐渐提高其听觉记忆水平和对语言整体的理解水平。

（4）长期坚持:听觉训练应每天进行。听觉训练和语言训练一样,是一个长期的任务,在对听力障碍儿童刚开始康复训练时,可安排多一些听觉训练活动;当他学会聆听,能够较好地运用残余听力时,听觉训练的时间可减少一些,但不能完全取消,可以与语言教学灵活地结合起来。

（5）注意学习兴趣:在语言学习中注意学习的趣味性,让听力障碍婴幼儿、儿童在游戏中学习语言,让孩子积极参与到游戏中,这样学习语言效率更高,也能成为有意义的语言。

（6）共同关注:在语言学习中,患儿和训练者(家长或听觉言语训练老师)对描述的物品要形成共同关注的认知三角。语言是约定俗成的,只有当患儿和训练者共同关注物品时,双方才能共同认可物品的命名。仅仅有听力障碍的患儿可以和训练者形成共同关注,但如果合并有孤独症谱系障碍,患儿和训练者形成共同关注会有困难,导致语言发育滞后。

（7）"听觉三明治":随着新生儿听力筛查工作的开展,听力障碍婴儿很早就能确诊并进行干预和康复,这些婴幼儿可以通过听觉口语法获得和同龄儿童一样的言语水平,成为通过听觉系统获得口语的孩子。因此,通过倾听学习口语是非常重要的途径。"听觉三明治"可以帮助听力障碍婴儿通过倾听学习口语。该方法是指先不给孩子看到发声玩具,让孩子先倾听,当听到玩具声音以后再把玩具拿到孩子面前,同时再次给声音,让孩子把声音和实物联系起来。然后再把玩具藏起来给声音,强化患儿对声音的理解。所以"听觉三明治"的整个过程是听—看—听,因此很形象地称为"听觉三明治"。对于通过倾听学习口语的患儿,采用"听觉三明治"的原因是为了避免患儿首先以视觉线索为主。听力障碍婴幼儿早期阶段,在没有建立通过听觉系统学习言语之前,由于患儿有听力损失,视觉系统成为获取外界信息的首要通路。如果一开始就让患儿看到发声玩具,由于听力障碍婴幼儿早期是以视觉信息输入为主,在视觉和听觉系统同时刺激的时候,听力障碍婴幼儿更容易注意到视觉信息的输入而忽视听觉信息的输入。因此,为了避免上述情况,加强听力障碍患儿对听觉信息的关注,我们首先会把玩具藏起来,避免患儿从视觉系统输入信息,然后再把玩具和声音同时呈现给患儿,将声音和实物联系起来,让声音变得有意义。最后再把玩具藏起来,再次强化听觉信息的输入。

(8)训练过程是否需要掩口:在以往的训练过程中,为了避免听力障碍患儿通过唇读学习发音,听觉言语训练老师或家长会通过掩口的方式和患儿说话。但随着新生儿听力筛查工作的全面开展,很多听力障碍婴幼儿能在半岁前诊断并进行干预和康复,这些听力障碍患儿的语言发育可以和同龄婴幼儿同步,因此,在实际生活和训练中没有必要刻意地遮掩口型。遮掩口型也会导致说话者声音失真,反而不利于听力障碍患儿的语言学习。

(9)听力障碍患儿在交流中用手势是否需要阻止:在平时的日常生活或言语训练中,当听力障碍患儿用手势交流时,有些家长会很担心患儿养成用手势交流的习惯,所以会阻止患儿打手势。实际上,学习语言的目的就是为了交流、沟通。手势也是人类交流沟通的方式之一。在婴幼儿学会言语交流前,手势交流是很重要的沟通方式,只是听力正常的婴幼儿,随着言语水平的提高,手势逐渐减少。因此,婴幼儿早期使用手势沟通,表明听力障碍患儿有沟通的意愿,是正常现象,家长不用过于担心,随着患儿口语水平的提高,患儿的手势会逐渐减少。

(二)言语语言训练

1. 呼吸训练　其目的是帮助听力障碍儿童在自然呼吸的基础上,学会自主控制呼吸和言语呼吸的方法,养成正确的言语呼吸的习惯和能力。其目标为培养患儿自然、正确的言语呼吸技能。具体内容可参见第六章呼吸训练部分。

2. 发音训练　发音训练是指在听力障碍儿童对声音有了一定的认识之后,对他们进行发音诱导,使他们逐步掌握正确的发音部位和发音方法,能够基本正确地发音。大多数听力障碍儿童的发音器官并没有器质性病变,只是由于缺乏锻炼,不懂得如何发出声音,有的听力障碍儿童发音器官相对不够灵活或有一些错误的发音习惯。发音训练的目标为帮助其掌握正确的发音方法,形成良好的发音习惯。具体内容可分解为:①发音诱导准备性训练(包括肩颈放松训练、构音器官放松训练、发音器官放松训练、口腔训练);②起声训练(包括自然起声感知训练、目标音起声感知训练);③发声功能训练;④构音功能训练;⑤语音能力训练;⑥拼音训练。

3. 词汇训练　词是标记事物的符号,可以脱离语境成为一般的语义代码存在于不依赖语境的独立的表意(词汇)系统中。词汇训练以常用词的常用义、具体义为主要训练内容,其目的是帮助听力障碍儿童学会使用常用词指代事物名称,增加词汇量,扩大词汇类别,发展对词语的理解能力,进而建立脱离具体语境的表意系统。具体内容可分解为:事物名称指认训练、常见事物命名训练、词汇类别感知分辨训练和组词训练。

4. 句子训练　句子是能够表达一个相对完整的意思,并且有一个特定语调的语言单位,它由词或词组根据一定的规则组合而成。对听力障碍儿童实施的句子训练,其目的是帮助患儿学会使用常用句子的形式与结构表达相对完整的意思,在理解和掌握组句规则(句法)的基础上,扩展其句子长度,提高句子结构的完整性和复杂性。具体内容可分解为:单句参照句型训练、指定词模仿造句训练、复句参照句型训练、指定连词模仿造句训练、句子成分扩展训练、句子语气(陈述句、祈使句、疑问句、感叹句)转换训练、句子类别(把字句、被字句)转换训练、句子语义转换训练、随意造句训练。

5. 言语交际训练 本训练主要是利用听觉、说话、语言知识训练打下的基础,训练听力障碍儿童听话和说话的一些规则和技巧的使用,如交际的兴趣、怎样提问和回答、怎样控制音量、怎样配合体态、怎样使表达具有连贯性和逻辑性等。其目的为培养听力障碍儿童的交往意识,鼓励他们用一切交往方式,并逐步掌握交往的基本技能,同时在交往中巩固和发展语言。

(三)人工耳蜗与助听器训练方法的比较

虽然人工耳蜗可以为耳聋患者提供很好的听觉补偿,但这并不意味着听力障碍儿童开机后可以自然地能听会说,而是要接受系统的康复训练。年龄较大的植入者(5~6岁及以上)更要做好接受长期康复训练的思想准备。听觉训练的方法和内容不是根据助听设备来决定的,而是与听力补偿效果有很大关系。对佩戴助听器补偿效果比较理想的听力障碍儿童,可以采用与人工耳蜗基本相同的听力训练方法。

ER-8-8
人工耳蜗儿童听觉功能评估与训练案例

听力补偿效果不理想的听力障碍儿童与使用人工耳蜗或助听器补偿效果较好的听力障碍儿童在听觉训练方法上最大的差异在于:前者在训练和日常交往中必须借助唇读或手势等视觉辅助手段;后者在听觉训练中则应尽量避免其他感知觉的帮助,让听力障碍儿童专注于通过听来获取信息。有专家进行了一项研究:对同样听力补偿效果的听力障碍儿童分别采用听看结合和只听不看的训练方法,结果表明,前者的语言听辨水平显著低于后者。因为他们习惯于依赖看的途径,使其残余听力水平没有得到充分发挥。正常人在同样可以既听又看的情况下,唇读能力明显弱于耳聋患者,其原因就是正常人主要依赖于听来获取信息,虽然可以看到口唇运动,却不加注意;而耳聋患者正好相反,他们习惯于依靠视觉帮助,即使能够听到声音,也会不自觉地看唇语。所以,他们的听觉水平提高较慢。

人工耳蜗术后听力训练强调多给听力障碍儿童声音刺激,减少视觉的帮助。所以,在训练中,训练者应平行坐于听力障碍儿童佩戴耳蜗的一侧(如果听力障碍儿童是左耳植入,训练者就坐在听力障碍儿童左侧;相反则坐于右侧)。之所以采用平行位置,而不采用面对面的方式,就是为了避免听力障碍儿童借助视觉的帮助。在平行状态下,听力障碍儿童不容易看到训练者的口型。在训练过程中,老师要与耳蜗的麦克风保持半米距离,随其听力水平的提高,老师可有意识地把距离加大到1m、2m。切忌贴到听力障碍儿童的耳边大声喊话,距离过近,会使麦克风收到的声音失真。

如果是很小的听力障碍儿童,不能安静地坐下来接受训练,训练者也可以在听力障碍儿童游戏时,坐在他旁边或后面引导听力障碍儿童进行听觉训练活动。但由于人工耳蜗术后调机时,需要听力障碍儿童安静地坐好,配合康复师对声音作出反应,所以老师应尽快培养起听力障碍儿童坐好、安静听声音的习惯。程序调试是否达到最佳状态,对听力障碍儿童的听觉效果有很大影响。如果听力障碍儿童在调试过程中不配合,无法调到最适合的程序,就会加大听觉训练的难度。而且,很多学习都是在有意注意的状态下进行的,如果听力障碍儿童总是不能把注意力放在聆听上,会使进步速度减慢。

事实上,佩戴人工耳蜗的听力障碍儿童几乎可以听到正常人耳能够感受到的所有声音,如翻书的声音、人走路脚步摩擦的声音,他们都能敏感察觉。当然,这需要有意的引导和训练。因此,训练者要有意识地选择频率、振幅、音色不同的发声物体或词语让听力障碍儿童感受。例如,乐器可选择手鼓、碰钟、串铃、沙锤等不同的声响。在敲击或晃动乐器时,应注意音量的调节,有时使劲敲打,有时轻轻敲打。对人工耳蜗听力障碍儿童也可进行"抢椅子"的游戏,但应选择录音机播放音乐或其他乐器替代敲鼓。

课堂互动

　　当一个新生儿听力筛查没有通过,42 天后复筛仍然没有通过,当你告诉家长筛查结果,请家长进一步给新生儿进行听力诊断的时候,家长告诉你双方家庭都没有出现过听力有问题的情况,而且孩子太小,等再观察一下,大点再说的时候,你如何给家长进行解释和沟通?

第三节　成人听力障碍的评定及康复训练

　　对听力障碍进行全面和准确地评定,是听力康复的前提。成人听力康复是指最大限度地利用残余听力,借助仪器设备和相应的听力训练方法,达到提高患者使用听力、改善自身言语功能状况的目的,使之尽可能地满足日常生活和社会交流的需要。

　　成人听力康复的内容包括:①评定患者听力障碍的性质和程度;②评定患者交流能力;③评估患者对听力康复的需求;④帮助患者建立和理解正确的康复目标;⑤制订正确的康复计划,确定采用的设备和方法;⑥评估康复效果。

　　与儿童比较,成人听力障碍的评定和康复具有以下特点:①成人具有更大的主观性,因此成人的听力康复需求具有主动性和个体选择性,康复训练方案存在更显著的个体差异;②成人具有更多的社会性,有更突出的参与社会交流的需求;③受年龄、职业、受教育程度等多方面因素的影响;④听力障碍成人的耳鸣、耳闷、听觉过敏等伴随症状更为常见,在听力康复治疗中要充分考虑上述伴随症状的康复。

一、成人听力障碍的评定

　　听力障碍评定的目的是了解患者听力障碍的性质与程度,为制订正确的康复目标和康复计划提供依据。具体检测方法有主观测听法和客观测听法两种。由于多数成人能对刺激声信号做出正确的主观判断,因此听力检查常以主观测听法为基础,辅以客观测听结果综合判读。对于伪聋、精神性聋和智力障碍的患者,应选择客观测听法。

　　1. 主观测听法　主要包括音叉试验、纯音听阈测试、阈上功能测试和言语测听等。其中,纯音听阈测试是临床最重要的检测方法。

　　(1) 音叉试验(tuning fork test):是一种简单快速的听力初测方法。由于不受场地和设备条件限制,常用于对听力障碍进行初筛并协助判断耳聋的性质。一组音叉能发出 128Hz、256Hz、512Hz、1 024Hz 和 2 048Hz 五个频率的纯音,将其敲击振动后,分别置于外耳道口和乳突表面,评估气导和骨导听力状况。常用的音叉试验包括林纳试验(Rinne test)、韦伯试验(Weber test)、施瓦巴赫试验(Schwabach test)和盖莱试验(Gelle test)等。

　　其中,林纳试验最为常用,其方法是将音叉先后置于受试者乳突和外耳道口,比较气导和骨导听力持续时间的长短。如果气导时间大于骨导时间,结果为阳性,提示听力正常或感觉神经性耳聋;反之为阴性,提示传导性耳聋。韦伯试验又称骨导偏向试验,将振动的音叉置于前额或颅顶正中,如患者听到声音偏向健侧,提示患侧为感觉神经性耳聋;如声音偏向患侧,则提示患侧为传导性耳聋。施瓦巴赫试验又称骨导比较试验,是比较受试耳与听力正常耳的骨导时间长短的方法。如果受试耳骨导时间长于正常耳者为阳性,提示传导性耳聋;短于正常耳者为阴性,提示感觉神经性耳聋或混合性耳聋。具体如表 8-7 所示。

表 8-7　两种耳聋的音叉试验结果

方法	传导性耳聋	感觉神经性耳聋
林纳试验（RT）	阴性	阳性
韦伯试验（WT）	偏向患耳	偏向健耳
施瓦巴赫试验（ST）	阳性	阴性

（2）纯音听阈测试：听阈（hearing threshold）是指能够引起听觉的最小声强。纯音听力计通过音频振荡器发出不同频率的纯音，通过调节输出强度，测试患者是否存在听力损失，以及损失的程度和性质等。临床常同时采用骨导和气导耳机测试 125Hz、250Hz、500Hz、1kHz、2kHz、4kHz 和 8kHz 等 7 个频率纯音的骨导和气导听阈，将各频率的气导和骨导听阈分别用符号连线，得到的线图称为纯音听阈图。纯音听阈测试能定量地反映受试者在各频率的主观听力情况。临床常用纯音听阈均值（pure tone average，PTA），即 500Hz、1kHz 和 2kHz 三个频率听阈的算术平均值，来综合衡量受试者言语频率的听力，也有方法将 4kHz 听阈纳入 PTA 的计算。纯音听阈图常用于对听力损失的程度和性质进行判断。由于纯音听阈测试属主观测听方法，不适用于儿童、伪聋、精神性聋及认知或智力障碍患者的听力检查。

1）传导性耳聋：各频率骨导听阈正常或接近正常，气导听阈提高，气、骨导间距>10dB，听力损失以低频为主，也可累及全频（图 8-7）。

2）感觉神经性耳聋：气导和骨导听阈一致性提高，气骨导间距≤10dB，听力损失以高频为主，也可累及全频（图 8-8）。

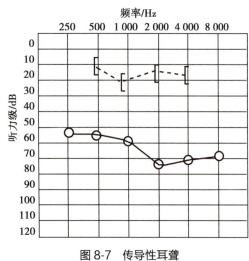

图 8-7　传导性耳聋
○:右耳气导非掩蔽;[:右耳掩蔽骨导

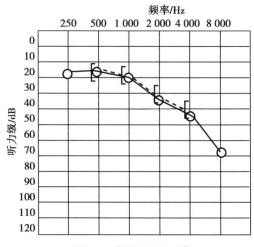

图 8-8　感觉神经性耳聋
○:右耳气导非掩蔽;[:右耳掩蔽骨导

3）混合性耳聋：气导、骨导听阈均提高，但存在一定气、骨导间距，可表现为低频听力以传导性耳聋为主，高频听力以感觉神经性耳聋为主，也可表现为全频气、骨导听阈提高（图 8-9）。

（3）阈上功能测试：是指用高于听阈的刺激声进行听力测试的方法，可用于辅助区分耳聋性质是感音性（蜗性）还是神经性（蜗后性）。阈上功能测试主要包括重振测试、听觉疲劳及病理性适应测试。重振现象是耳蜗病变的特点，表现为声强的轻度增加能引起主观响度感觉的异常增大，临床表现为听觉过敏或听觉不耐受。听觉疲劳和病理性适应常提示蜗后病变，检查可见阈音衰减试验或镫骨肌反射衰减试验阳性。阈上功能测试目前不是临床常规听力检测项目。

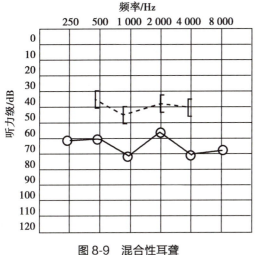

图8-9　混合性耳聋
○:右耳气导非掩蔽;[:右耳掩蔽骨导

（4）言语测听:是用言语信号作为刺激声来检测言语听阈和言语识别能力的测试方法。该方法将标准词汇输入有言语测试功能的听力计进行测试,较纯音测听能更全面反映听功能状况。主要检测项目有言语接受阈（speech reception threshold,SRT）和言语识别率（speech discrimination score,SDS）。将不同声强级测得的言语识别率绘成曲线,得到言语听力图,能直观反映言语听觉功能。言语识别率降低是蜗后病变的表现。开展言语测听需要具备言语听力计和言语测试材料。由于言语测听方法较为复杂,目前临床主要用于言语康复中助听器的验配、人工耳蜗植入术后听觉康复训练效果的评估等。

2. 客观测听法　临床常用的客观测听法包括声导抗测试、听性脑干反应（ABR）、耳声发射、听觉稳态诱发反应（ASSR）等。客观测听检测方法和临床应用同本章第二节。客观听功能检测虽然结果客观,但仍受设备的稳定性、测试者的经验水平、对结果的正确判读,以及受试者的身体状况、配合程度等诸多因素的影响。因此,对客观听阈测试结果的判读必须与主观听阈检测的结果相结合。

3. 成人听力障碍程度的评定标准　听力残疾严重程度的分级诊断标准如表8-8所示,此表是2021年世界卫生组织对听力损失程度的分级标准,与2006年的分级标准相比,对听力损失程度要求更严格,大于20dB HL即诊断为听力损失,2006年的标准是大于25dB HL。此外,分级更加详细,增加了中重度、全聋、单耳听力损失。

表8-8　听力损失程度的分级

分级	好耳听力程度/ dB HL	大多数成年人在安静环境下的听声感受	大多数成年人在噪声环境下的听声感受
正常	≤20	没有听力问题	没有或有轻微听力问题
轻度	21～35	交谈中没有听力问题	交谈中可能有聆听困难
中度	36～50	交谈中可能有听力问题	听声困难,参与交谈困难
中重度	51～65	交谈中聆听困难,提高嗓门能听到	听不到大部分言语声和交谈声
重度	66～80	听不到大部分言语声,提高嗓门仍然可能听声困难和难以理解言语声	听到言语声非常困难和难以参与交谈
极重度	81～95	听到提高嗓门的言语声非常困难	听不到交谈声
全聋	＞95	听不到言语声和大部分环境声	听不到言语声和大部分环境声
单耳听力损失	好耳＜20,差耳≥35	听声没有困难,除非声音在差耳。可能有声音定位困难	声音定位、交谈和听言语声可能有困难

二、交流能力的评估

交流能力的评估是选择合适听力康复方法的重要依据之一,也是评估患者康复效果的重要指标。由于成人具备社会交流经验和能力,听力障碍导致交流沟通障碍是成人听力障碍的突出特点。

最常用的交流能力评估方法为问卷评估,即采用交流能力评定问卷表(communication performance assessment,CPA)进行评估,其次是综合测试和分类测试。CPA 有 30 项内容,主要包括四个方面:①交流能力的自我评估;②与家人、朋友等人际交往的评估;③听力损失对社交影响的评估;④听力损失对职业影响的评估。综合测试方法根据听力障碍程度的不同而异,包括听觉、视觉、听-视觉条件下的测试,通过比较在三种测试条件下的得分情况,评估患者在言语感知过程中利用听觉信息的程度,从而有针对性地进行听力交流能力的训练。问卷和测试最好以面对面交流的方式进行。在听力康复前后评估交流能力,也是评价患者康复效果的重要内容。

三、对患者康复需求的评估

评估患者康复需求是制订康复计划的基础。相比主客观测听,自我评估更能反映患者对听力康复效果的需求。自我评估能综合体现复杂和困难环境条件下,患者听力障碍的程度及交流能力。康复需求的自我评估包括非标准化和标准化评估两种方式。非标准化自我评估采用开放式提问,由患者自由回答问题并展开交流。其优点是由听力障碍患者与医生共同确立耳聋康复需求的内容和目标,但对医生的专业素质有更高的要求且耗时费力。标准化评估则以问卷方式进行,其优点是省时且易于对康复效果进行准确评估,缺点在于问卷内容可能更多地反映评估者而非听力障碍患者的关切,从而不能全面真实地反映患者的康复需求。二者各有利弊。通过评估患者的康复需求,为制订正确、科学和个性化的听力康复训练目标和计划打下基础。

四、确立康复目标和制订康复计划

通过对患者听力障碍、交流能力及康复需求的评定,即可制订相应的康复目标和计划。听力康复计划应包括听力康复措施、听觉适应训练的次数、每次训练的时间、训练的频率以及训练的内容等。应在全面科学评估听力障碍患者状况的基础上,针对患者不同特点,制订个性化的康复计划。因此,听力康复计划在总的原则基础上,宜采用个性化的方式并根据康复进程随时调整。

五、成人听力康复的内容

临床针对成人听力障碍,应根据病因、听力损失的时间、性质、程度等,选择合适的方法,首先积极治疗原发病。当病因不明或原发病因已解除而听力仍未恢复的患者,应及时考虑为患者验配助听器,或植入人工耳蜗,并积极进行听力适应性康复训练,以避免听力障碍对患者的生活质量造成长期负面影响。

(一)助听器

助听器是能辅助听力障碍患者更好地聆听环境声响的辅助器具的总称。助听器按外形特征分为耳背式、耳道式、深耳道式和植入式等;按作用方式分为气导助听器和骨导助听器等;按用途分为个体佩戴式和集体使用式等,后者主要用于教学和训练。

助听器的一般验配方法同本章第二节内容。在成人助听器的验配中应注意以下问题。

1. 听力损失的类型和程度　助听器的选配应充分考虑听力损失的程度和类型。听力损失较轻者可选择耳道式助听器。有重振现象的患者要充分考虑患者的骨导听阈、舒适阈、不适阈和言语识别阈等,选择合适的目标增益值,指导选配助听器。

2. 选择单耳还是双耳　对于双侧听力障碍的患者,考虑到听觉剥夺的可能性,在经济条件允许时通常建议双耳佩戴助听器。听觉剥夺是指对称性听力损失的患者如果仅单耳佩戴助听器,未助听耳的言语识别率可能在随后的时间里呈进行性下降。除了听觉剥夺因素,双耳助听的优点还在于:①声源定位。双耳听觉声源定位能力显著优于单耳。②响度加合。双耳听觉产生的响度要优于单耳听觉。③噪声抑制。双耳听觉有助于提高信噪比,扩增言语信号,压制噪声信号,提升噪声环境中的言语分辨率。④消除头影效应。因此,助听器选配中考虑实现双耳听觉平衡十分重要。

3. 舒适和方便性 因人而异,老年人应选择更易于操作的助听器,体积不宜太小,方便佩戴和操作。特殊职业或对隐蔽性和美观有特殊要求的患者,可考虑深耳道式助听器。

4. 堵耳和声反馈问题 对于低频听力基本正常、高频听力损失严重的患者,可考虑选配开放式助听器。

成人助听器选配流程基本与儿童相同。有以下情况的患者可能不适合佩戴助听器:①极重度感觉神经性听力下降,最大输出不足以达到听力障碍者的听阈;②重度或极重度混合性听力下降;③动态范围异常缩小;④不舒适阈异常低;⑤言语分辨率低。

(二)人工耳蜗植入

人工耳蜗(CI)是一种能帮助极重度聋及全聋患者获得或部分恢复听觉的一种特殊的声-电能转换电子装置,是继助听器后在听力康复领域的又一重大进步。人工耳蜗是基于感觉神经性耳聋患者耳蜗螺旋神经纤维和神经节细胞大部分存活的事实,将连接到体外声电换能器上的微电极插入耳蜗鼓阶内,用以直接刺激神经末梢,而使患者重新感知声响。因此,人工耳蜗是一种取代受损的听毛细胞直接刺激螺旋神经节神经元,从而将模拟的听觉信息传向听中枢的一种植入装置。

近年来国内人工耳蜗植入技术得到快速发展,已有大量儿童和成人极重度听力障碍患者接受人工耳蜗植入,重回有声世界。新生儿出生听力筛查的广泛普及,使得极重度先天性耳聋儿童借助人工耳蜗获得有效听力康复,而人工耳蜗在成人极重度学语后聋患者中也开始逐渐推广。人工耳蜗价格高昂,术前应对患者进行全面、仔细地评估,包括听力学、影像学、言语交流能力、理解和认知功能等。人工耳蜗的适应证、禁忌证及植入前后评估等内容同本章第二节。目前人工耳蜗用于成人植入的适应证有:①双耳极重度感觉神经性耳聋;②学语后聋;③无法借助助听器或其他助听装置改善听力和言语理解能力者;④有改善听力的强烈愿望和对手术疗效的正确期待;⑤术后有条件进行规范的言语康复;⑥无智力障碍和严重全身疾病。随着技术进步,人工耳蜗植入的手术适应证也在逐渐放宽。目前对部分单侧极重度感觉神经性耳聋患者,人工耳蜗植入对于建立听力平衡,减轻耳聋耳鸣等症状,也可起到良好作用。

(三)其他植入式听力康复装置

由于助听器和人工耳蜗植入的局限性,目前一些新型植入式听觉康复设备也在临床应用和探索中取得快速发展,包括骨锚式助听器、振动声桥、听觉脑干植入等。

骨锚式助听器(bone anchored hearing aid,BAHA)是一种通过骨导传声的助听装置。不同于常规助听器,BAHA通过手术将助听装置植入颅骨,将声振动直接传至内耳产生听觉。BAHA适用于一些慢性中耳炎、先天性外耳道闭锁和单侧耳聋不能使用常规助听器的患者,其适应证为传导性耳聋及部分混合性耳聋。

振动声桥(vibrant soundbridge,VSB)是一种通过将漂浮质量传感器(floating mass transducer,FMT)植入中耳,声信号驱动FMT产生振动,通过听骨链或窗膜将振动传至内耳的听力康复装置。FMT可放置于听骨链或蜗窗(或前庭窗),由于传声途径不经过外耳道,VSB特别适用于先天性中耳、外耳畸形所致的传导性或混合性耳聋。与传统助听器相比,VBS没有回音及堵耳效应,能有效改善嘈杂环境下的言语识别率,提高听力。

笔记栏

听觉脑干植入（auditory brainstem implant，ABI）是一种将电刺激装置直接植入脑干，刺激脑干的听神经核团，从而产生听觉的一种人工替代装置。对于听神经受损导致的极重度听力损失，如听神经发育不良、听神经瘤术后、部分听神经病等，ABI 是唯一能辅助患者恢复听觉的装置。尽管 ABI 尚未普及，但初步临床观察显示其有良好的应用前景。

（四）听力康复训练

必须认识到，通过助听装置获得听力只是听力康复的一部分，无法取代康复训练的作用，尤其对于使用植入式听力康复装置的患者而言，系统的听力康复训练尤其重要。对成人而言，听觉康复训练的目的在于帮助患者更好地借助助听装置，实现听觉适应。

听觉康复适应训练一般可分为分类训练、综合训练及实用训练三部分。

1. 分类训练　分类训练是将言语分成小部分分别训练。在分类训练中主要是针对声学信息而不是语义进行适应训练。这类训练常按由易到难的顺序设计。COMMTRAM 是为重度和极重度听力障碍者设计的一种方法，包括了许多基本的分类训练，根据患者的需要可使用听觉、听觉-视觉或利用上下文的提示进行训练。COMMTRAM 包括词和句子中的音节，元音长短、强度和频谱特征，辅音清浊和发音方式，听觉-视觉等多项训练，采用封闭式的方法进行。

COMMTRAM 在进行分类适应训练的同时，还可进行评分。若视觉得分与听-视觉得分接近，表明患者在言语感知过程中没有利用听觉信息，可着重进行听觉和听-视觉的训练。若患者听-视觉得分比听觉得分差，说明患者没有很好地利用视觉信息，应对患者进行听-视觉的训练。通过有针对性的分类训练，能更快地让患者提高言语交流的综合能力。

2. 综合训练　综合训练主要集中于言语的全貌，如意义、句法、上下文的提示等。训练材料一般为有意义的句子、段落或词汇，侧重于理解。训练主要根据患者需要，模拟实际的交流情况进行。训练目的在于提高患者听觉-视觉或听觉交流的技能。

3. 实用训练　实用训练的目的是训练患者如何在交流时通过改变交流环境，以获得交流所必需的信息。实用训练的优点在于训练患者使用各种聆听和交谈技巧，通过改变聆听环境而改善聆听条件，从而使患者听到更多的言语信号，同时提高患者使用听觉、视觉和上下文提示的能力。聆听技巧几乎适用于任何听力障碍的患者，其内容包括供患者使用的技巧，供家庭成员和亲朋好友使用的技巧，以及改善聆听环境的技巧等方面，教会患者如何改变生活方式及选择低噪声的环境，聆听时选择合适的位置和距离，尽量靠近讲话者等。

六、成人听力康复效果的评估

听力康复的效果可以通过对不同频率的言语最大识别率获得补偿的结果来判断，通常分为最适、适合、较适、看话四个等级，同本章第二节内容。

对成人人工耳蜗植入术后言语感知评估，应包括对音素、单音节词的辨别能力，从句子材料中理解词汇的能力以及唇读能力等方面。言语感知测试是在声场内使用录制的测试材料进行，最常推荐的言语感知测试输出声级是 65dB SPL，通过 3 个步骤，即"只听模式""听觉加视觉模式"和"唇读模式"输出语句，分别进行评估。

我国成人言语测听材料经过多年研究和完善，已经形成包含汉语最低听觉功能测试（minimal auditory capabilities in Chinese，MACC）、汉语普通话版噪声下言语测试（mandarin hearing in noise test，MHINT）、普通话言语测听材料（mandarin speech test materials，MSTM）、嘈杂语噪声下汉语普通话语句识别表、普通话声调识别测试材料等较标准和完善的言语测听材料，以满足各种成人言语听力评估的需要。

七、特殊听力障碍患者的听力康复

部分听力障碍患者同时伴有耳鸣或听觉过敏，这些症状会影响听力康复的效果，并使部分患者继发一系列心理障碍,应予高度重视,及时干预。

1. **伴有耳鸣的听力康复**　耳鸣是指在没有外界声源或电刺激情况下,患者自觉有声音的一种主观症状。从外耳、中耳、内耳到听觉中枢的任何病变都可能导致耳鸣的发生,听力障碍与耳鸣存在着密切关系。长期慢性耳鸣患者,除听觉通路自身的病变外,与听觉通路相关的一些解剖结构,尤其是边缘系统,包括海马、扣带回、杏仁核等结构,以及自主神经系统等,可能参与到耳鸣的发病环节中,导致耳鸣长期存在,难以痊愈。

目前尚没有确切消除耳鸣的药物和方法,但大多数耳鸣患者通过接受系统、规范的综合康复手段,可以达到良好控制耳鸣伴随症状、减轻或消除耳鸣伴随的不良心理反应,从而改善耳鸣的目的。这些措施包括以下几点。

(1) 耳鸣患者的心理咨询和交流:耳鸣咨询是通过向患者解释耳鸣病因、发病机制和治疗方法,帮助患者消除对耳鸣的恐惧和错误认识,从而克服耳鸣带来的一系列不良心理反应,达到治疗耳鸣的目的。通过与患者的直接交流,使患者树立信心,纠正对治疗效果不正确的期待,并阻断由于不良心理反应带来的恶性循环,使大多数患者实现对耳鸣的适应。耳鸣咨询分共性化咨询和个性化咨询两种。对病情较轻的患者,针对普遍存在的共性问题,采用共性化咨询方式,包括健康讲座或集体交流等。对病情较严重或特征突出的病例,则采用个性化咨询方式,主要是医患之间一对一的交流方式。耳鸣咨询需要专业的心理咨询师,或者经过心理咨询培训的听力师或专科医生进行。

(2) 声治疗:通过特定的声学设备或装置,为患者提供治疗所需的声音材料,缓解耳鸣带来的不适感,转移对耳鸣的关注,切断因耳鸣带来的不良心理反应(如紧张、焦虑、心烦等)所导致的恶性循环过程。对多数耳鸣患者,声治疗并不能消除耳鸣,但通过消除或减轻耳鸣造成的负面影响,可达到减轻耳鸣临床严重程度的目的。用于声治疗的设备和材料很多,应根据患者耳鸣特点、听力状况、年龄、职业特点及个人喜好,有选择地采用。声治疗的优点在于操作方便,不受时间、设备和场地的限制,安全有效;缺点是治疗周期长,疗效的个体差异较大。声治疗应在耳鸣咨询的基础上进行,声音强度通常不超过耳鸣声。经过 3~6 个月的声治疗,多数患者能达到对耳鸣的初步适应,完全适应则需更长时间。

(3) 助听器:对中度以上听力损失伴耳鸣的患者,在排除病因后,助听器是优先选择的康复手段之一。此类患者可先进行助听器验配,如同时对耳鸣有较明显的抑制作用,则应推荐选配。对部分听力损失较轻的患者,如声治疗效果不佳,而佩戴助听器后耳鸣抑制作用明显,也可考虑佩戴。目前还有部分品牌的助听器集合了声治疗的功能,能在提高听力的同时进行声治疗,也是较佳的选择。

(4) 人工耳蜗植入:极重度听力障碍伴耳鸣患者,人工耳蜗植入是可选择的康复手段。目前越来越多的研究表明,成人学语后聋患者接受人工耳蜗植入后,耳鸣有不同程度减轻或消失的现象。对单侧突发性聋伴严重耳鸣的患者,人工耳蜗植入也显示出较好的改善听力和缓解耳鸣的作用。作为一种发展迅速、且有治愈耳鸣可能的技术,人工耳蜗植入在伴耳鸣的耳聋患者康复治疗中前景广阔。

2. **伴听觉过敏的听力康复**　听觉过敏(hyperacusis)指对正常环境声音的异常耐受,表现为对一些小的声音产生惊吓或者焦虑、应激、畏声等情绪,如日常生活中的开门声、电话铃声、正常交谈声等。听觉过敏大致分为耳蜗型和前庭型两种:耳蜗型听觉过敏表现出耳痛、烦躁,对任何声音都无法容忍;前庭型听觉过敏可表现为当听到某些声音时出现眩晕、恶心、平衡失调。听觉过敏是对日常声音的过度反应,病因不明。听觉过敏伴听力障碍患者,对听觉过敏的主诉往往多于听力障碍。

针对伴听觉过敏的听力障碍患者,可采用的方法如下:

（1）脱敏（desensitization）：是当前治疗的首选。通过使患者接触各种声音而逐渐脱敏，如白噪声、宽带噪声、粉红噪声等，其中粉红噪声更常用；或者使用去除或增加某些特定频率的声音，短期暴露于可调控的声音，或延长暴露于低频声音的时间等。总之，脱敏是通过采用患者易于接受的适宜声刺激方式，帮助患者逐渐提高对声刺激的不耐受阈，缩小不耐受的频率范围，最终达到适应的目的。

（2）声治疗：将伴听觉过敏的患者依据严重程度分为若干等级，然后进行针对性的咨询和声治疗。系统声治疗通过对听觉系统、边缘系统、自主神经系统再训练，切断听觉过敏与不良情绪的关联及恶性循环，以此减轻或消除听觉过敏。

（孟照莉　张剑宁）

复习思考题

1. 简述听力康复的概念和听力康复训练的原则。
2. 试述临床常用的听力障碍分类方法及各类型的听力学特点。
3. 婴幼儿及学龄前儿童与成人听力测试方法有何差异？
4. 试述新生儿听力筛查的原则。
5. 行为观察测听包括哪些内容？
6. 听觉功能评定包括哪些内容？
7. 试述 3 岁以上听力残疾的分级。
8. 如何对听力障碍儿童进行听觉训练？
9. 对听力障碍儿童进行语言训练包括哪些内容？
10. 简述成人听力障碍的检测方法。
11. 简述成人听力康复的内容和特点。
12. 简述世界卫生组织对成人听力损失程度的分级方法。

第九章

吞咽障碍的评定与康复治疗

PPT 课件

学习目标

通过学习吞咽障碍的相关评定与治疗方法,为学生进行吞咽康复实践奠定理论基础。重点需要掌握以下内容:

1. 床旁吞咽检查步骤;

2. 分析 X 线吞钡检查的结果,确认患者具体吞咽障碍的特征,制订针对性康复治疗策略;

3. 常用的吞咽治疗方法,间接策略、直接策略、针刺疗法等;

4. 常见疾病的吞咽障碍症状诊断和治疗方法。

吞咽障碍是神经系统、颌面部肿瘤等疾病的常见并发症,可引起脱水、营养不良、误吸、吸入性肺炎甚至窒息等。因此,早期识别患者存在的吞咽障碍,及时进行康复治疗,减少并发症,改善其摄食吞咽功能尤其重要。

第一节　概　　述

一、吞咽障碍的定义

吞咽障碍是指由于下颌、双唇、舌、软腭、咽喉、食管等器官结构和/或功能受损,不能安全有效地把食物输送到胃内的一种临床表现。广义的吞咽障碍概念应包含认知精神心理等方面的问题引起的行为和行动异常导致的吞咽和进食问题,即摄食吞咽障碍。

与吞咽障碍相关的几个重要概念:①渗入,指进食或非进食时,在吞咽过程中,部分液体、食物、分泌物等侵入喉入口,到达声门以上的位置。渗入会增加吞咽后误吸的危险。②误吸,是指进食或非进食时在吞咽过程中有数量不一的液体、食物、分泌物等进入到声门以下的气道。临床上分为显性误吸和隐性误吸。显性误吸是指误吸发生后,患者即刻出现刺激性呛咳,甚至发绀、呼吸急促、窒息等;隐性误吸是指液体、食物、分泌物等误吸入声门下,但患者并无自发反应。③吸入性肺炎,是指意外吸入酸性物质,如动物脂肪、食物、胃内容物以及其他刺激性液体和挥发性的碳氢化合物后,引起的化学性肺炎。

二、吞咽障碍的病因

吞咽障碍的主要病因包括脑卒中、阿尔茨海默病、帕金森病、头颈部肿瘤、脑外伤、儿童神经系统疾病(脑性瘫痪等)、肌萎缩侧索硬化、唇腭裂修复前、重症肌无力、免疫系统疾病、骨骼系统疾病(如颈椎病)等。

三、吞咽障碍的分类

（一）按照有无解剖结构的异常分类

1. 结构性吞咽障碍　指由口咽、喉、食管等解剖结构异常造成的吞咽问题。常见于吞咽通道及相邻部位的炎症、损伤、肿瘤、外伤手术或经放射治疗后等。

2. 神经性吞咽障碍　指神经肌肉疾病引起的参与进食的肌肉暂时失去神经的控制及肌肉骨骼运动不协调造成的吞咽问题。此类障碍解剖结构没有异常，属于口咽、食管运动异常引起的障碍，多由中枢神经系统、周围神经系统障碍，以及肌肉病变等病理因素所致。

（二）按照发生的时期分类

1. 口腔准备期与口腔期吞咽障碍　临床常见于大脑皮质受损的患者。口腔内任何部位的感觉减退或丧失都可以影响口腔对食物的控制，不能将食物放在适当的位置进行加工处理；唇运动功能异常的患者口唇闭合困难、流涎、吸吮困难；舌肌无力表现为饮水前呛咳，进餐时间延长或口内食物残留，分次吞咽等；软腭运动障碍临床表现为构音障碍、鼻反流及鼻音、软腭上抬功能减弱等。

2. 咽期吞咽障碍　临床常见于脑干受损的患者，表现为食管上括约肌（upper esophageal sphincter，UES）功能障碍。患者吞咽时常见会厌谷或梨状隐窝存在大量食物残留，多次吞咽后不能完全清除，常伴有吞咽动作不协调、重复吞咽、腭咽闭合不全、喉上抬不充分、环咽肌开放不全等症状。

3. 食管期吞咽障碍　临床常见于胃食管动力性病变的患者，临床表现多为食物滞留。如胃食管反流、食管-贲门失弛缓症、食管憩室、弥漫性食管痉挛、食管机械性梗阻等。

第二节　吞咽障碍的评定与诊断

吞咽障碍的评定与诊断是多步骤的。一般包括筛查、临床（床旁）检查和仪器检查。有些患者需经过多个步骤才能得到完整的诊断，进而制订可行的治疗方案。

一、吞咽障碍的筛查

由于某些疾病如脑卒中、脑外伤、帕金森病等更容易引发吞咽障碍，有这些疾病的患者可以由护士或者言语治疗师完成吞咽障碍的筛查工作。吞咽的筛查需要方便快速，不能用于量化吞咽障碍的严重程度或指导吞咽障碍的治疗。筛查不能代替进一步的临床吞咽障碍评定和仪器检查。最常用的筛查方法包括洼田饮水试验、反复唾液吞咽试验和病历筛查。

洼田饮水试验步骤如下：常温下患者饮温水 30ml，在无呛咳情况下，一次吞下，连续两次，记录最短一次的时间。根据患者的吞咽时间可以分级。Ⅰ级：≤5 秒，一次喝完无噎呛；Ⅱ级：6~10 秒，分两次及以上喝完，无噎呛；Ⅲ级：11~15 秒，能一次喝完，但有噎呛；Ⅳ级：≥16 秒或不能咽下，分两次以上喝完，且有噎呛；Ⅴ级：常常噎呛，难以全部喝完。诊断：患者一次喝完但时间超过 5 秒和Ⅱ级为可疑；Ⅲ级、Ⅳ级、Ⅴ级为异常。根据这个筛查结果，Ⅳ级可部分经口进食，需要静脉辅助营养，Ⅴ级不能进食，给予鼻饲。为了增加饮水试验的正确率和提高对无症状误吸的发现概率，有些医院将饮水试验与脉搏血氧饱和度监测联合应用。吞咽障碍患者发生误吸导致水或食物进入呼吸道，引起反射性支气管收缩、狭窄，进一步导致通气血流比例失衡。一般认为，吞咽时血氧饱和度较基线下降 2% 以上提示存在误吸,但应用于老年人、吸烟者及慢性肺部疾病患者需综合考虑检测结果。

反复唾液吞咽试验是由日本才藤荣一在 1996 年提出的,是一种评定吞咽反射引发功能的方法。患者取坐位,检查者将手指放于患者的喉结及舌骨处,观察患者在 30 秒内吞咽的次数和动作。高龄患者 30 秒内完成 3 次即可。对于患者因意识障碍或者认知障碍不能执行指令的,反复唾液吞咽试验执行起来有一定的困难,这时可在口腔和咽部做冷按摩,观察吞咽的情况和吞咽启动所需要的时间。

病历筛查是最简单的筛查方法。当患者病历中有下列病史,患者应该有临床吞咽障碍评定。患者有多发性吸入性肺炎;患者有以下入院诊断:部分喉切除、部分舌切除、头颈部放射治疗、缺氧、帕金森病、运动神经元病、重症肌无力、脊髓灰质炎、颈椎脊柱融合术、脑干出血或梗死、吉兰-巴雷综合征、喉部外伤;患者有插管和气管切开术病史;患者有严重的呼吸道疾病;患者说话时声音有咕噜咕噜的音质;患者吃饭时会咳嗽;患者对口腔或鼻腔的分泌物不敏感;不经常吞咽唾液;患者听诊时胸腔呼吸有杂音。同时治疗师可以向患者或家属询问患者进食情况,如有没有呼吸困难、分泌物增多、声音变化、每口食物需要多次吞咽、吞咽后有清嗓动作、吞咽前后有咳嗽、吞咽引起疲劳等。

二、床旁吞咽检查

一旦患者没有通过吞咽障碍的筛查,言语治疗师需要开始临床(床旁)评定。床旁评定的目的是通过详细的临床检查,发现结构和功能损伤,明确吞咽障碍的原因,从而挑选出能经口进食的患者,进行各种食物试验性吞咽检查,选择吞咽策略和康复方法,并筛选出需要进一步进行仪器评定的患者。

床旁检查的内容包括:①详细询问与吞咽有关的病史。如有无吞咽障碍的主诉,体重下降和肺炎等。②一般体检。包括姿势控制和运动、呼吸情况、认知功能、交流能力和服药情况等。③咽部形态结构检查。④喉功能评定。屏气检查,闭气后发声检查和有无声带麻痹等。⑤吞咽临床评定。进行不给食物和给予不同食物(不同质和量)的吞咽测试。临床的筛选包括吞咽中喉提升减慢或减弱、不能发声或构音障碍、口内唾液积聚、异常咳嗽、吞咽后咳嗽和吞咽后声音改变。具体步骤如下:

(一)询问病史

言语治疗师需要详细地询问患者的病史以及了解吞咽障碍的症状,询问的问题包括:①患者有无与吞咽相关的病史,神经性疾病如脑卒中或帕金森病,器质性疾病如头颈部肿瘤治疗后都会造成吞咽障碍;②患者有无其他健康问题如牙列不齐、口腔溃疡、口腔干燥、体重下降等;③患者口述的吞咽障碍症状也很重要,例如吞咽障碍部位、食物和/或液体的种类、进行性或间歇性吞咽障碍、症状持续时间;④询问患者有无与吞咽障碍相关的伴随症状,如鼻内容物反流、咳嗽、鼻音重、咳嗽反射减弱、噎塞、构音障碍等。如果病史提供有吞咽障碍存在,就要对患者进行更进一步的详细检查,包括对唇、颊肌、下颌、咬肌和颞肌、翼内肌和翼外肌、舌、软腭、咽感觉、喉的检查,了解吞咽障碍发生的具体部位,以便制订相应的康复治疗措施。这个过程就是床旁吞咽检查,应在入院 24 小时内完成。未通过床旁检查的患者,如果条件允许应进一步利用仪器评定,包括改良吞钡检查和纤维内镜等来评定吞咽功能。在入院 48 小时内,应对存在吞咽障碍的患者进行营养状况的评定。

(二)观察患者的状态

注意患者在床上的姿势、患者是否清醒、是否有气管插管、患者的分泌物是否很多,包括口腔分泌物、鼻腔分泌物和胸腔分泌物。言语治疗师需要了解患者的呼吸功能,正常的吞咽应该打断呼气期而不是吸气期。考察患者能够屏住呼吸多长时间。对有气管插管的患者,床旁检查有些特殊注意事项。需要了解患者的气管插管放进多长时间、插管的大小、是否带有气囊。如果气管插管放进超过 6 个月,患者可能会有瘢痕组织、声门下感觉减弱、声门闭合不全的情况。气管插管的充气气囊会阻碍喉上抬,减弱喉部的感觉,而且压迫食管,所以如果患者的呼吸功能允许,床旁吞咽检查应该放掉充气囊里的空气,如图 9-1。床旁检查的时候用手指轻轻按住气管插管的末端,直到吞咽完成后几秒再放开手指。患者可以在吞咽检查的时候,在插管的末端佩戴说话瓣膜有助于发声和吞咽。

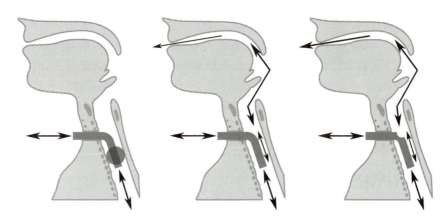

图 9-1 床旁检查时放掉气管插管充气囊中的空气

（三）检查口腔瘢痕组织和口部结构的对称性

治疗师需要详细观察下列结构:唇、硬腭、软腭和后咽壁的距离、腭弓的形态、舌、口前侧和外侧沟的大小、牙列和口腔分泌物、口底的结构等(图 9-2)。

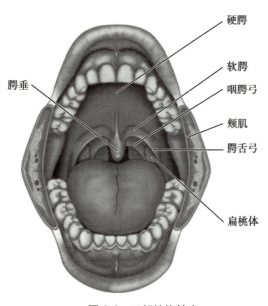

硬腭

软腭

咽腭弓

颊肌

腭舌弓

扁桃体

腭垂

图 9-2 口部结构检查

（四）检查唇的运动能力

将唇向两侧拉开,发"衣"的音;将唇圈成圆形,发"乌"的音;快速交替"衣"和"乌"10次来检查患者唇部的协调能力。检查患者能否吞咽唾液时紧闭双唇。让患者张开嘴,观察患者的张口情况,有些神经系统受损的患者会有张口困难,需要治疗师环形按摩咀嚼肌和下压下颌来帮助张口。当患者张开口后,治疗师需要用棉签在舌上找到对味觉、质地和温度最敏感的区域。如果患者有口部失用症,语言指令会造成无法正常开始吞咽动作,治疗师应直接将装有食物的小勺交给患者,不要给患者吞咽的指令。

（五）检查患者舌前部和舌后部的运动功能

要求患者舌尽量前伸,后缩,然后舔左右口角。快速交替舔左右口角,用舌清理面颊两侧的侧沟,在张口的情况下用舌尖舔硬腭上部,快速交替舌尖上下运动。在舌后部的检查中,患者要张嘴,上抬舌后部连续发"克"的音。

（六）检查咀嚼功能

用医用纱布,蘸些果汁,挤出多余的水分,让患者用舌头把纱布挪到牙齿的位置,咀嚼后用舌头把纱布挪到另一边的牙齿,继续咀嚼。

(七)检查软腭和咽壁功能

要求患者连续发几秒的"啊"声,观察软腭抬起。快速多次重复发"啊"音,软腭应该快速地抬起和回落。当长棉签接触软硬腭交接处或者软腭和腭垂的下缘,患者应引发腭反射。当长棉签接触后舌部或者咽后壁的时候会触发呕吐反射。在呕吐反射发生时应注意观察两侧的软腭和咽后壁的收缩是否对称。如果患者不能引发呕吐反射,患者的软腭和咽壁功能也可能是正常的,一部分正常人群没有呕吐反射功能。

(八)检查口腔灵敏度

让患者眼睛闭上,用一个棉签轻轻触碰口腔和舌部的各个位置,让患者告诉你他是否能感觉到触碰。根据患者的回答,治疗师能够描画出口腔敏感性地图。地图应包括下列结构:舌从前部到后部、两侧颊部、腭弓及周边组织、咽后壁。床旁检查吞咽的时候,食物应该放在患者最敏感的部位。

(九)检查喉部功能

如果患者的声音有呼吸音质,应该怀疑患者存在声门闭合不全。要求患者快速地发出"哈""哈""哈"音,有神经系统疾病的患者也许完成这个任务有困难。让患者用力咳嗽和清嗓子,如果患者的咳嗽软弱无力,当患者误吸的时候就很难能够把误吸的食物咳出来。让患者唱音阶来检查环甲肌和喉上神经的功能。患者深吸气,然后发/s/音,和深吸气后发的/z/音作比较,如果/s/音明显长于/z/音,说明声门闭合不全。

(十)观察患者的进食

言语治疗师需要观察患者对食物的反应,患者运动食团的能力和咀嚼能力,在进食时患者是否有咳嗽和清嗓子,进食的时间和进食的总量,患者协调吞咽和呼吸的能力。在患者进食的时候,治疗师应采用四指法来估计口期时长和咽期延迟。把手指分开放在患者颌下,食指放在下颌,中指放在舌骨,环指放在甲状软骨上缘,小指放在甲状软骨下缘。如果观察到从食指到其他三指的时间间隔长于1秒,可以估计患者有咽期延迟。在进食结束后,让患者发几秒的"啊"音。如果听到湿音,怀疑患者有误吸。让患者喘息几秒钟,再发"啊"音,把头转向两侧,发"啊"音,抬下巴然后发"啊"音,在整个过程中如果患者咳嗽、吐痰、发"咯咯"音,应该怀疑患者有误吸。治疗师要注意大约有50%的患者会是隐性误吸,误吸时没有任何外在的症状。

除了观察进食食物的情况,也需观察患者是否可安全吞咽口服药物(如药片、胶囊或药水),有无直接导致误吸或窒息的风险。某些缓释药物并不适合切分或嚼碎服用,应观察可否直接吞下服用。有些药物有可能引起或加重吞咽障碍,比如中枢神经系统镇静剂(镇静药、阿片类药物和巴比妥类药物)有抑制保护性咳嗽和吞咽反射的不良反应,会导致误吸。如果治疗师在床旁吞咽检查中发现患者有咽期吞咽障碍或者潜在的误吸,就需要通过更为详细的仪器检查来全面分析患者吞咽障碍的机制,制订合理的治疗方案。

(十一)染蓝测试

染蓝测试应用于气管切开患者。患者进食一定量的蓝色染料混合食物,吞咽后观察或用吸痰管在气管套中抽吸,确认是否有蓝色染料食物。如果患者的气管插管有充气囊,一定要放掉充气囊中的气再开始抽吸。若患者咳出蓝色染料食物或从气管套中吸出蓝色染料食物,患者应做吞咽仪器检查。若是稍后才从气管套管中吸出蓝色染料分泌物,就不一定是误吸所致。

三、吞咽仪器检查

各种吞咽仪器检查能使临床医生更全面、详细地了解吞咽生理和病理机制,从而更准确地区分出不能经口进食的患者,并采取适当的治疗策略,减少并发症和改善预后。根据使用仪器的不同,分为 X 线检查、电生理检查、内镜检查或压力计检查等。随着技术的进步,上述方法多与视频技术结合或相互结合使用,能更好地反映吞咽时的病理生理和机械学变化,为致力于吞咽工作的临床医生提供更为客观和详细的信息,更好地指导临床康复和治疗。

吞咽造影检查(VFSS)是一种 X 线检查,能帮助言语治疗师发现吞咽障碍异常的原因。该检查运用定量或功能性定量的液体、糊状液体和固态对比钡剂,通过正位和侧位像实际观察口、咽和食管的活动,并测量一些参数。临床医生通过这些信息,对患者吞咽不同量和不同黏度的食物进行评定,确定采用何种治疗方法。X 线检查虽然能提供很多信息,但是也有很多缺点,如需要专门实验室和人员以及一套昂贵的特殊仪器,不能反映实验室外的吞咽情况,不能对咽喉部的解剖和感觉的隐伏性异常提供详细资料,假阴性率较高,不能完全可靠地代表吞咽过程,不熟练的放射科医生的检查一致率较低,等等。

检测前向患者及家属说明要求配合的方法,并签署知情同意书。改良吞钡检查应包括液体、黏稠液体、糊状食物,以及需咀嚼的固体食物几种。患者按指令吞咽用针管测量的液体钡餐悬浮液,一般包括 3ml 和 10ml 的量,如无观察到的误吸,患者会继续吞咽 3ml 的钡餐黏稠液体。然后糊状钡餐会和酸奶混合,患者会吞咽大约半勺(3ml)的糊状食物。改良钡餐检查也需要检测患者的咀嚼能力。治疗师将面包、饼干、香蕉等加上钡餐糊状物即成为可显影的固体食物。检查时患者取坐或卧位,造影观察正/侧位,观察记录食物在吞咽的各个时期的生理变化。检查由言语治疗师和放射科医生共同完成,图 9-3、图 9-4 分别为侧位、正位 X 线检查。在口腔准备期,观察患者咀嚼固体食物的能力和舌部运动食团的能力。在口腔期,观察患者的舌是否能一次把对比剂完全送入咽喉,在一次吞咽后有无食物残留在口腔里,有无舌开始运动延迟和口期的时间长短。言语治疗师需要记录食物残留物的量、位置,运送食团是否变慢,例如5%残留量在硬腭上或者口期时间延长。口部残留物的可能位置包括:舌上、口前部、腮两侧、腭上部。如果患者有残留物在舌部或者硬腭部,则说明患者的舌运送食物能力降低。如果随着食物黏度的增加,舌部的残留物也增多则说明舌部肌力下降。在咽期,观察有无咽期滞留、咽期滞留的量和位置、咽期的时间长短、有无咽期起始延迟、喉上抬是否减弱、环咽肌是否功能不全。主要的咽期滞留位置包括:会厌谷、梨状隐窝、咽后壁。同时观察有无鼻咽回流、食物的渗入和误吸,以及患者对误吸的反应。如果患者在误吸后 1 分钟内没有咳嗽等反应,这类患者被归类为隐形误吸。如果食物残留在会厌谷,则患者的舌根部后移功能降低。如果残留物在梨状隐窝,则患者的喉上抬或者环咽肌开启有困难。如果软腭闭合不严,患者会有鼻咽回流。食物误吸可以有几种原因造成,根据原因的不同,误吸也会进一步分类。咽期起始延迟造成的误吸是吞咽前误吸,咽喉部的关闭不全造成的误吸是吞咽中误吸,咽期残留物造成的误吸是吞咽后误吸。不同类的误吸,治疗方式也会有所不同。如果改良吞钡检测中患者出现严重误吸(每个食团大于 10% 的误吸),且吞咽总时间>10 秒,窒息或严重呛咳,均应立即停止全部或部分检测。

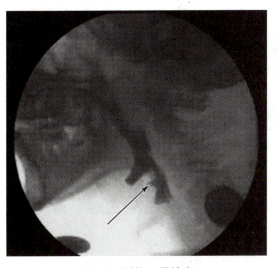

图 9-3　侧位 X 线检查

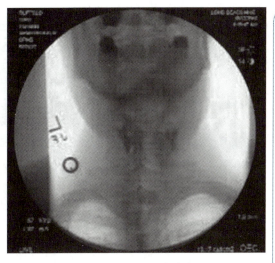

图 9-4　正位 X 线检查

正位 X 线检查可用于对比左侧和右侧食物通过口部和咽部的情况。有些疾病,例如脑卒中会造成一侧肌肉或神经受损多于另一侧。如果在 X 线检查中我们发现食物在一侧残留多于另一侧,则这一侧的口咽部肌肉运动功能低于另一侧,这个检查有助于发现最适合患者的体位。

内镜评定的方法较多,根据不同的功能分为电视内镜吞咽障碍评定、鼻内镜、伴感觉测试的纤维内镜评定等。纤维鼻咽喉镜吞咽功能检查(FEES)比较客观,缺点是只能提供吞咽和误吸的间接信息,所以一般用于吞咽造影检查的辅助检查(图 9-5)。对某些做吞钡检查困难的患者,纤维鼻咽喉镜也可作为主要的器械检查方式。纤维镜的探头从鼻腔通过鼻咽进入咽喉部观察患者的吞咽情况。患者会吞咽染色的食物以和口腔分泌物区分开。纤维内镜能观察吞咽前和吞咽后的情况,包括咽期起始延迟,吞咽后食物残留在会厌谷或梨状隐窝和吞咽前或后误吸,但是不能观察到吞咽中的情况。将纤维内镜吞咽评定法与咽喉部感觉辨别检查联合应用可以评定吞咽感觉和运动成分,成为一种可靠的检查误吸的方法。该方法能检查会厌上和咽部的感觉阈值和喉内收反射,可用于评定卒中后吞咽障碍,并预测是否会出现误吸。

压力计检查是将压力计导管经鼻放入咽部,同时记录口咽、喉入口、咽食管中段和颈部食管的压力。压力 X 线摄影术是压力计与改良吞钡检查联合应用的评定方法。压力导管在记录压力的同时,同步拍摄吞咽视频信号,就可确定食团的运动和压力改变的时间、空间关系,克服单用压力计的缺点,并能发现吞咽障碍的功能基础。压力 X 线摄影术是发现环咽肌放松困难的一项很有效的检查(图 9-6)。

ER-9-2

纤维喉镜吞咽功能检查

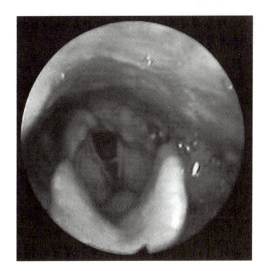

图 9-5　内镜检查的喉部图像

电生理检查包括颌下肌电图和喉部运动检测。表面肌电图可以提供吞咽过程中相关肌

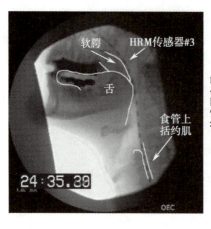
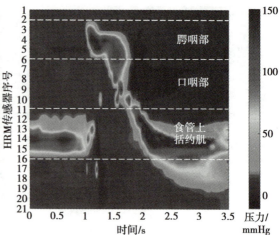

图 9-6　改良吞钡和压力计检查

肉实时收缩的肌电图波形及肌电活动振幅(图 9-7)。肌电图可用于吞咽障碍的筛查和早期诊断,例如老年患者的肌电图会显示吞咽过程中缺乏协同收缩能力,存在吞咽障碍的儿童在吞咽和饮水时肌肉活动程度明显低于成人。当肌电图和喉部运动检测同时进行,我们可以记录喉结构运动曲线和颌下肌群肌电图。两个曲线同步比较可以计算出喉部运动和口肌群收缩运动的时间关系,从而定量评定吞咽障碍。其他检查还包括咽肌电图、环咽肌肌电图和血氧饱和度评定等。颌下肌电图同样可以作为生物反馈方法去训练某些特殊吞咽方法,比如门德尔松法吞咽。

ER-9-3

改良吞钡检查和纤维喉镜检查临床病例

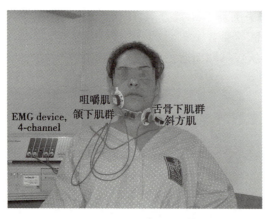

图 9-7　喉部表面肌电图

最常用的吞咽仪器检查是改良吞钡检查和纤维喉镜检查。这两种检查各有优缺点和适用情况。改良吞钡检查能够检查吞咽困难的所有阶段,包括口腔准备期、口腔期、咽期和食管期,也能观察到呼吸道在吞咽前、吞咽中和吞咽后的情况。改良吞钡检查的缺点包括有放射线辐射、检查的时间较长、不是所有的医院都有设备、需要预约、患者需要去放射科做检查、食物需要和钡餐混合、少量的误吸可能漏诊等。纤维喉镜检查的优点是可以直接观察黏膜状态、无放射线辐射、可以在患者房间完成不需要去放射科、一般不需要预约、可以观察到患者对咽喉部分泌物的管理等。其缺点包括无法观察到吞咽中情况,无法检查口期和食管期吞咽困难,纤维喉镜经鼻、患者会感觉不适,消毒过程比较长。

第三节　吞咽障碍的康复治疗

吞咽障碍的康复治疗方法很多,大体分为西医康复方法和中医康复方法;西医的康复治疗技术又可以分为间接策略和直接策略。

一、西医康复治疗策略

吞咽障碍被确诊后就可以开始制订具体的治疗计划。治疗策略可分为间接策略和直接策略两大类:间接策略是指患者不进食,即不做吞咽动作,通过其他动作的训练提高与吞咽有关的神经肌肉的控制能力;直接策略是指直接做吞咽动作,改善吞咽的病理生理状况。如果患者的吞咽障碍较严重,可以先开始间接训练,当患者的吞咽功能改善后可以开始直接训练,直接训练开始后仍可并用间接训练。

(一)间接治疗策略

间接策略的方法有多种,常用的包括口面和下颌、舌的运动,及冰刺激、呼吸训练、构音训练、咳嗽训练、声门上吞咽训练、神经肌肉电刺激和经颅磁刺激。

1. 口面和下颌、舌的运动

(1) 下颌运动训练:可促进咀嚼功能,对张口困难者,可对痉挛肌肉进行冷刺激或轻柔按摩,使咬肌放松,嘱其尽量张口,通过主动被动运动让患者体会下颌的开闭,然后松弛下颌向两侧运动。为了强化咬肌能力,可让患者做以白齿咬紧压舌板的练习。

(2) 口唇运动训练:嘱患者交替发"乌"音和"衣"音,鼓腮,脸颊的吸入,吸吮手指,体验吸吮的感觉,直到中度吸吮力量。此项训练有助于改善食物或水从口中漏出。让患者面对镜子独立进行紧闭口唇的练习。对无法主动闭口唇的患者,可予以辅助。其他练习包括口唇突出与旁拉、嘴角上翘做微笑状、抗阻鼓腮等。

舌的运动训练可以促进对食团的控制及向咽部输送的能力。被动训练:用纱布裹住患者舌头,并用手指把住舌,做不同方向如前后左右的牵拉运动。主动运动:患者可主动伸舌、后缩、舔左右口角、挤压脸颊内部使之膨胀、舔上下唇、往软腭方向卷起、通过舌尖舔吮口唇周围,练习舌的灵活性;用压舌板抵住舌根部,使患者做抵抗运动,练习舌根抬高等或用节拍器进行速度训练。

2. 冰刺激　冰刺激能有效强化吞咽反射,反复训练可使之易于诱发且吞咽有力。将冰冻棉棒蘸少许水,轻轻刺激软腭、腭弓、舌根和咽后壁,然后嘱患者做吞咽动作,用冰冻的棉棒一边快速刺激软腭,一边发"啊"音,刺激的方向为向上向外;也可利用"漱口"的方法,冰水量 3ml 以上,漱口时间持续 5 秒以上。"漱口"这种方法也可以锻炼喉部上抬。如出现呕吐反射即应终止刺激。如患者流涎过多,可对患侧颈部唾液腺进行冷刺激,每日 3 次,每次10 分钟,至皮肤稍发红。

3. 呼吸与构音训练　采用吹水泡练习,将手置于上腹部,用鼻子吸气,用口吹水泡,吸气快结束时手从上腹部往肋间的方向施加压力,患者以此状态呼气。练习的初期用手捏住鼻翼,在练习的过程中,逐渐放开手指,水泡从大到小或从小到大交替。这种方法不仅锻炼腹肌和气流的控制,也可以刺激软腭的活动。

由于吞咽障碍常伴有构音障碍,通过构音训练可以改善与吞咽有关器官的功能。声带内收训练:通过声带内收达到屏气时声门闭合,防止食物进入气管。具体方法是患者深吸气,两手按住桌子或在胸前对掌,用力推压,闭唇,憋气 5 秒钟。

4. 咳嗽与声门上吞咽　咳嗽训练用于咳嗽无力的患者,强化咳嗽有利于排出吸入或误吸的食物,促进喉部闭锁。患者深吸一口气,治疗师一手按压患者天突穴(胸骨上窝正中),一手按压腹部,让患者快速用力咳嗽。

声门上吞咽训练也称屏气吞咽,要求患者在吞咽前和吞咽过程中自主屏住呼吸,然后关闭真声带进行空吞咽,吞咽后立即咳嗽。这一方法的原理是:屏住呼吸使声门闭合,声门气压加大,吞咽时食团不易进入气管,吞咽后咳嗽可以清除滞留在咽喉部的食物残渣。

笔记栏

门德尔
松手法

5. 门德尔松手法(Mendelsohn maneuver) 即吞咽时通过自主延长并加强喉上举和前置运动来增强环咽肌打开程度的方法,这个策略增加了舌的驱动力,加之喉的上提,增加了环咽肌开放的时间和程度,用于喉上提及环咽肌开放障碍的患者。

6. Shaker 训练法 该法能增强有助于食管上环咽肌开放的肌肉力量,从而增加上括约肌的开放,同时能够减少下咽腔食团内的压力,使食团通过上括约肌入口时阻力较小。具体的训练方法是患者平卧在地板或床上,然后肩不离地(床)面,抬头看自己的脚趾尖保持 1 分钟,头放松回到原位,保持 1 分钟。患者应该抬头 30 次以上看着脚趾,在此期间,肩部离地(床)面累计不超过 3 次。

7. Masako 训练法 患者舌尖放于上下齿之间,用力吞咽唾液。这种吞咽方法可以促进舌底部和后咽壁的接触,对会厌谷有大量食物残留的患者尤其有效。

8. 肌电反馈功能电刺激 生物反馈可促进咽肌收缩,在颏下放置表面电极,记录舌骨上肌群的活动,患者可以看到吞咽时肌收缩的肌电信息,研究证明患者经过生物反馈方法治疗吞咽障碍取得了显著疗效。

9. 经皮电刺激 经皮电刺激可产生双向方波,波宽 700ms,波幅 0~25mA,强度 2~10Ω。电极的放置:在口期,通道Ⅰ电极 1、2 放置于舌骨上方,通道Ⅱ电极 3、4 放置于瘫痪侧面颊部。在咽期,通道Ⅰ电极 1、2 放置于舌骨上方,通道Ⅱ电极 3、4 沿颈部正中线垂直放于甲状软骨处,如图 9-8。打开电源,同时增加两个通道的振幅,要求患者反馈刺激的感觉,以其能忍受的最大刺激量为宜,保持该水平刺激 1 小时。治疗同时,指导患者做吞咽动作。这个方法能增强吞咽相关肌肉的肌力,促进吞咽动作的协调性,达到改善吞咽功能的目的。

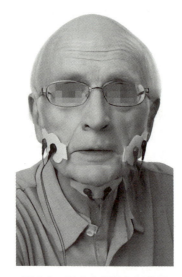

图 9-8 经皮电刺激电极位置

球囊扩张术

10. 球囊扩张术 脑干损伤患者,例如脑干外伤、脑干梗死和脑干炎症会有继发的环咽肌功能障碍。鼻咽癌放疗以后患者也会产生良性的环咽肌狭窄。环咽肌功能障碍会造成环咽肌松弛或开放不完全、开放时间不当或者完全缺乏环咽肌松弛。导尿管球囊扩张术是治疗环咽肌狭窄的常用治疗方法,如图 9-9 所示。根据患者的参与程度可分为主动扩张和被动扩张,根据导尿管进入的渠道可分为经口扩张和经鼻扩张。在扩张之前要先经过喉内镜检查确认舌、软腭、咽及喉无进行性器质性病变。一般由治疗师与护士 2 人合作完成此项治疗。导管一般从鼻腔插入,亦可从口腔插入,操作风险小,初次进行时需注意心率、血压的变化情况。需注意在插管过程及上下提拉、移动尿管时易引起鼻腔疼痛,打喷嚏等不适,影响操作进程,故插管前可用棉签蘸 1%丁卡因溶液涂擦鼻黏膜及纱布浸润利多卡因凝胶涂搽导管表面。由一名护士按照插鼻饲管操作常规,将备用的 14 号导尿管经鼻孔插入食管中,确定进入食管并完全穿过环咽肌后(长约 30cm),将导尿管交给治疗师原位保持。护士将抽满 10ml 水的注射器与导尿管相连接,管内注水 6~9ml,使球囊扩张(直径 2.22~2.71cm),顶住针栓防止水逆流回针筒。治疗师将导尿管缓慢向外拉出,直到有卡住感觉或拉不动时,用记号笔在鼻孔处作出标记(长度 18~23cm),以便再次扩张时或扩张过程中判断环咽肌长度作为参考点。治疗师嘱护士抽出适量水(根据环咽肌紧张程度,球囊拉出时能通过为适度)后,操作者再次轻轻地反复向外提拉导尿管,一旦有滑过感觉,或持续

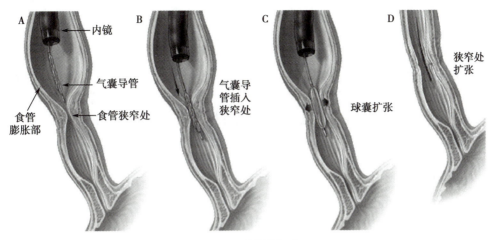

图 9-9　球囊扩张术

保持 2 分钟后拉出,阻力锐减时,嘱护士迅速抽出球囊中的水。治疗师再将导尿管从咽喉插入食管中,重复操作,自下而上地缓慢移动球囊,通过狭窄的食管入口,充分牵拉环咽肌,降低肌张力。

11. 重复经颅磁刺激(rTMS)　重复经颅磁刺激是一种非侵入性、安全无痛的神经干预手段,已被广泛用于运动皮质可塑性和卒中康复的研究中,具有较好的临床应用前景。已有研究对重复经颅磁刺激在吞咽障碍康复中的作用进行了初步临床试验。重复经颅磁刺激通过加强或削弱中枢神经系统的代偿功能,促进脑皮质重建,从而改善吞咽功能。目前,利用重复经颅磁刺激治疗卒中后吞咽障碍还处于探索阶段,治疗频率(高频还是低频)和刺激强度还有待确定和统一,疗效的持续和治疗机制等均有待进一步研究。

12. 药物和手术治疗　药物可以缓解某些吞咽障碍的症状。对于口咽分泌物过多的患者,采用抗胆碱药抑制口咽分泌,可以减少误吸、咳嗽、噎塞等。但过度的唾液减少又会使唾液变得黏稠,成丝状而难以清理。对环咽肌痉挛造成的吞咽障碍,可以注射 A 型肉毒毒素。对于管饲饮食也有误吸的患者可以采用手术方法,手术目的是减少气管与食管之间相通,从而减少和消除误吸,促进咽部食物的消除。但是这样的手术会让患者失去发音功能,所以一般是最后采用的医学手段。相对保守的保留发音功能的方法有:环咽肌切开术、球囊扩张术、会厌重塑、部分或全部环状软骨切除、喉部悬吊和喉气管分离术等。一些有严重并发症的卒中后吞咽障碍老年患者,不适宜做咽部悬吊和环咽肌切开术,可采用保守疗法,如向环咽肌注射 A 型肉毒毒素等。

(二)直接治疗策略

直接策略(又称为代偿性策略)包括饮食器具的选用、进食体位、食团入口位置、食团性质(大小、结构、温度和味道等)和进食环境等。代偿性策略一般是通过改变食物通过的渠道和特定吞咽方法使吞咽变得安全,可用于最广泛的患者人群,即使患者身体虚弱,或者有认知障碍,也可以应用。如果患者不能独立地应用代偿性策略,患者的家属可予以帮助,以达到预期的效果。

1. 饮食器具的选用　如果液体在口腔内传送困难,可以使用吸管。如果舌运动障碍而不能把食团传送到口咽部,则可采用市售的舌切除匙(一种特殊调羹)。如果无舌切除匙,可用 50~60ml 注射器接上导管,将食物放到口腔后部。

2. 进食体位　治疗师应该根据患者的吞咽生理选择最适合患者的体位。一般认为进食最佳体位为坐位或半坐卧位,躯干与地面呈 45°或以上角度最安全。对不同的吞咽障碍症状,不同的体位会帮助患者改善吞咽功能。对有口期运送食团困难的患者,建议吞咽时用头后倾的体位,该体位可以利用重力使食物从口部较快地进入咽部。对有咽期起始迟缓的患者,应采用颈部前倾的体位。这个体位可以扩大会厌谷的空间,并使会厌向后移位,处于更加保护气道的位置,在咽期迟缓期间有利于食团在会厌谷安全停留。对有大量食物在会厌谷残留的患者,适用的体位是颈部前倾,这个体位能使舌根部向后咽部靠拢,减少食物在会厌谷的残留量。对单侧咽部麻痹的患者,进食最佳体位是头前倾并转向麻痹侧。这个体位能使食物绕过喉前侧,经咽肌正常的一侧通过食管上括约肌进入食管。对单侧口部和咽部都有困难的患者,头倾向健侧有助于利用重力使食团从健侧的口部和咽部进入食管。由于环咽肌障碍造成的吞咽后梨状隐窝食团残留,患者在吞咽中应采用头侧偏的体位,这个体位能将环状软骨和咽后壁分开,有助于减少环咽肌的压力。

3. 食团性质的选择　根据吞咽障碍的程度和阶段,本着先易后难的原则来选择食物形态,容易吞咽的食物特征是密度均匀、有适当黏性、不易松散,通过咽和食管时容易变形且不在黏膜上残留。应根据不同吞咽障碍的特点来选择不同黏稠度的食物。对舌部运送困难的患者,黏稠的食物较易形成食团,易于运送通过口腔。舌部或咽部肌力下降会造成食物残留在舌部,稀的食物会有较少的残留。对声门闭合不全的患者,稠的食物较为安全,不仅有可能保留在声带上部,而且能更多地刺激触、压觉和唾液分泌。对于咽期有过多食物残留或者环咽肌开启有问题的患者,稀的食物较易吞咽。

增加食团的感觉刺激有助于减轻有些患者的吞咽延迟。感觉刺激可以是触觉、冷热觉和味觉。在给患者喂食的时候,用勺轻压患者的舌部可以提供触觉刺激,有助于患者减轻口期吞咽延迟。把食团和一些橙汁或柠檬汁混合,略酸的食物有助于减少口期的吞咽起始延迟。冰刺激治疗后进食也有助于减少咽期起始延迟。

4. 一口量　一口量是指最适于患者吞咽的每次喂食量。对患者进行摄食训练时应选择合适的一口吞咽量。一口量过多,食物易从口中漏出或引发咽部滞留,增加误吸的危险;一口量过少,则难以触发吞咽反射。应从小量(1~4ml)开始,逐步增加,掌握合适的一口量。应该指导患者调整进食速度,患者需以较常人缓慢的速度进行摄食、咀嚼和吞咽。一般每餐进食的时间控制在45分钟左右为宜。

5. 进食环境　进食环境应整洁,尽量避免在吵闹、杂乱的环境中进食。如果患者的吞咽障碍和病情较严重,则在进餐环境中需要提供吸引器和具备急救知识的医护人员。

6. 特定的吞咽方法　言语治疗师应训练患者应用这些吞咽方法去除滞留在咽部的食物残渣。这些特定的吞咽方法应在进食中运用。空吞咽:每次吞咽食物后,再反复做几次空吞咽,等食团全部咽下,然后再进食。交互吞咽:让患者交替吞咽固体食物和流食,或每次吞咽后饮少许水(1~2ml),这样既有利于激发吞咽反射,又能达到去除咽部滞留食物的目的。点头样吞咽:颈部后仰时会厌谷变窄,可挤出滞留食物,随后低头并做吞咽动作,反复数次,可清除并咽下滞留的食物。声门上吞咽训练:也称屏气吞咽,要求患者在吞咽前和吞咽过程中自主屏住呼吸,然后关闭真声带进行空吞咽,吞咽后立即咳嗽。这一方法的原理是:屏住呼吸使声门闭合,声门气压加大,吞咽时食团不易进入气管,吞咽后咳嗽可以清除滞留在咽喉部的食物残渣。超声门上吞咽:这种方法将声门上吞咽与患者用力按压桌子或双手交叉用力结合起来,有助于产生附加的喉闭合作用。这一吞咽技术有助于闭合喉前庭入口,增加舌根后缩的力量,清除会厌谷内存留的食物。Mendelsohn法:是吞咽时自主延长并加强喉上举和前置运动来增强环咽肌打开程度的方法,这个策略增加了舌的驱动力,加之喉的上提,增加了环咽肌开放的时间和程度,用于喉上提及环咽肌开放障碍的患者。这些特定的吞咽方法不仅可以用在吞咽过程中,也可以作为间接策略让患者练习吞咽的协调性。

笔记栏

（三）胃肠营养

当患者不能安全地吞咽或者吞咽效率太低，使患者不能从口进食得到足够的营养时，治疗师应建议胃肠营养。如果患者能依靠代偿性策略或改进饮食获得足够的营养和水时，则不需要胃肠营养。意识障碍、大量误吸或安静误吸致反复呼吸道感染者应给予胃肠营养。如果在仪器检查吞咽障碍的过程中发现患者误吸多于 10% 的食团或者每个食团需要超过 10 秒才能被吞咽，言语治疗师应建议患者采用胃肠营养。常用的方法有鼻饲（图 9-10）和经皮内镜下胃造口术（percutaneous endoscopic gastrostomy，PEG）（图 9-11）。鼻饲是通过鼻部插管经过食管上括约肌进入胃部。鼻饲一般是最先采用的胃肠营养，它的插入比较简单，不需要任何手术措施，但是长期应用鼻饲会造成鼻黏膜坏死，故双侧鼻腔应该交替使用，一般鼻饲的时间不应长于 6 个星期，以防止鼻黏膜萎缩和坏死。如果患者在 6 个星期以后还不能经口正常进食，建议患者采用经皮内镜下胃造口术。这个手术只需要局部麻醉，患者术后通过胃造口术摄取营养。患者的家属可以从胃造口术的末端放入糊状食物，每日 3 次，和正常进食时间相同。胃造口术可以是一个长期的胃肠营养手段。为了减少食管反流，用鼻饲和经皮内镜下胃造口术的患者需要在进食后 1 小时维持坐位或半坐位。由于鼻饲和经皮内镜下胃造口术都需要经过食管上括约肌，采取胃肠营养的患者都有较高的食管反流和吸入性肺炎的危险。

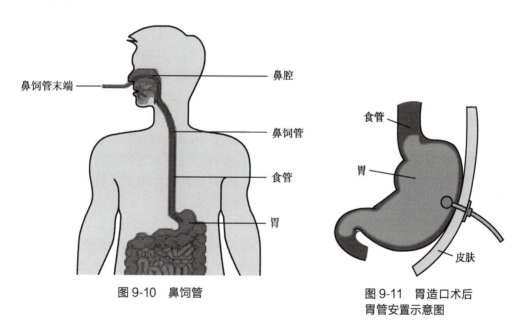

图 9-10　鼻饲管　　　　　　　图 9-11　胃造口术后胃管安置示意图

康复治疗重在早期开始，并持之以恒，在早期康复疗效尚不明显时，应当鼓励患者继续坚持，同时通过和患者家属沟通，由家属督促，帮助患者进行康复治疗。在病房也可以举行病友交流会，由坚持康复治疗并有明显效果的患者进行经验介绍，患者间形成良好的互动，类似的交流对部分患者有明显促进和鼓励的作用。

二、中医传统治疗策略

吞咽障碍在我国古代中医学所载文献中没有直接对应的病名或证候名，根据医家对症状的描述，属于"瘖痱""喉痹""舌蹇""口噤""舌强""中风舌本病"和"噎膈"等范畴。中医对吞咽器官功能的描述可见于《灵枢·忧恚无言》："咽喉者，水谷之道也。喉咙者，气之所以上下者也。会厌者，音声之户也。口唇者，音声之扇也。舌者，音声之机也。悬雍垂者，音声之关者。颃颡者,分气之所泄也。横骨者,神气所使,主发舌者也。故人之鼻洞涕出不收者,颃颡不开,分气失也。"《类经》:"喉为肺系,所以受气,故上通于天;咽为胃系,所以受水谷,故下通于地。"《素问·太阴阳明论》:"喉主天气,咽主地气。"认为喉为气之道,气属阳,故主天气;咽为食物之道,饮食为阴,故主地气。清代喉科专著《重楼玉钥》指出:"咽者咽也,主通利水谷,为胃之系,乃胃气之通道也……喉者空虚,主气息出入呼吸,为肺之系,乃肺气之通道也。"以上文献均阐述了中医对咽与喉功能的理解。《医贯》卷五:"噎膈者,饥欲得食,但噎塞迎逆于咽喉胸膈之间,在胃口之上,未曾入胃即带痰涎而出。"其中"噎"是指吞咽之时哽咽不顺,"膈"为饮食格拒不入或食入即吐,多指因食管、胃贲门的器质性病变所引起的吞咽困难。

(一)病因病机

1. 吞咽障碍与脏腑的关系 吞咽障碍的病机为本虚标实,关窍不利,因风、火、痰、瘀阻滞经络,经气不通,气血不畅,上扰神明,闭塞咽关舌窍所致。《素问·阴阳别论》云:"一阴一阳结,谓之喉痹"。《诸病源候论》:"喉痹者,喉里肿塞痹痛,水浆不得入也……风毒客于喉间,气结蕴积而生热,故喉肿塞而痹痛。"《类证治裁·中风》:"舌为心脾肝肾四经所系,邪中其经,则痰涎闭其脉道,舌机不掉。"卫气失常,神机受损,使气道闭塞,肌肉与呼吸受累,以致吞咽障碍。《中风论·论证候》:"少阴为卫气出入门户,其脉上贯膈,络会厌穴,萦于舌本,卫为风所伤。"因卫气出自下焦之肾,肾脉夹舌本,所以肾精不足会出现舌功能障碍。故认为舌的功能活动根于肾命,主持在心,发于口舌,出于呼吸,为脑髓神机之用,以卫气为使。叶天士在《临证指南医案》中记载:"气滞痰聚日拥,清阳莫展,脘管窄隘,不能食物,噎膈渐至矣。"由此可见,中医认为吞咽障碍的病症在咽喉,病位在心,涉及肝、脾、肾等脏腑。

心开窍于舌:心为"君主之官",主血脉、藏神,在体合脉,其华在面,在窍为舌,在志为喜,在液为汗。舌为心之苗,脑为元神之府,舌窍机关为神所主。因此,心之功能失常,或痰浊、瘀血等病邪阻滞脑脉、经络均可导致舌窍失灵,引起吞咽障碍。《灵枢·脉度》:"心气通于舌,心和则舌能知五味矣。"故心之气血通过经脉上荣于舌,还使其发挥鉴别五味的作用。所以中医认为心是维持正常吞咽功能进行的重要器官,同时舌的功能正常与否直接影响了吞咽的正常进行。

肝为风木之脏:因肝风性动摇,故认为中风的发生与"肝风内动"相关。且风为百病之长,善行而数变,当正气不足,风邪中人。《黄帝内经》认为"诸风掉眩,皆属于肝。"中风后肝肾亏虚,经络痹阻,筋脉肌肉失用,也会导致咽喉吞咽不利。《秘传证治要诀及类方》:"五脏虽皆有风,而犯肝经为多。盖肝主筋属木,风易入之,各从其类。肝受风则筋缓不荣,或缓或急,所以有㖞斜、瘫缓不遂、舌强语涩等证。"描述了因中风后舌功能障碍导致的吞咽障碍与肝的关系。

脾开窍为口:脾主运化、统血,在体合肌肉而主四肢,在窍为口,其华在唇,在志为思,在液为涎。《灵枢·五阅五使》曰:"口唇者,脾之官也。"《素问·五脏生成》曰:"脾之合肉也,其荣唇也。"脾开窍为口,因此人的食欲、口味与脾气的运化功能密切相关;口腔在上消化道的最上端,主接纳和咀嚼食物。

肾在液为唾:肾为封藏之本,藏精,在液为唾。唾有润泽口腔、滋润食物及滋养肾精的作用。在吞咽过程中,唾液能够起到滋润作用,促进食团的形成与运输。《素问·脉解》曰:"内夺而厥,则为喑俳,此肾虚也,少阴不至者,厥也。"邪气盛为实,精气夺为虚。这是由于内伤夺精,而阳气厥逆,以成喑俳,故为肾虚,而少阴经脉之气,不能上至于舌本,则表现为舌肌无力,故有饮水呛咳、进食困难、吞咽不能的情况。《奇效良方·风门》对喑俳证的临床表现进行了概括:"喑俳之状,舌喑不能语,足废不为用。"《素问识》卷六:"内夺者,夺其精也。精夺则气夺而厥,故声喑于上,体废于下。元阳大亏,病本在肾。"《诸病源候论》:"此由脏气冷而不理,津液涩少而不能传行饮食,故饮食入则噎塞不通,故谓之食噎,胸内痛,不得喘息,食不下,是故噎也。"故肾精充足,唾液分泌充分,则吞咽过程更为顺畅。

2. 吞咽障碍与经络的关系　咽喉与经络有非常密切的关系,是经络循行的要冲。《素问·骨空论》:"任脉者,起于中极之下,以上毛际,循腹里上关元,至咽喉。"指出任脉起自中极穴之下,过毛际抵小腹,经关元后上达咽喉。督脉的循行共有三支,其中一支从小腹直上,过肚脐中央,贯心脏,汇于咽喉,上至下颌而环绕唇口。十二经脉的循行亦与吞咽器官有着密切联系。手太阴肺经,入肺脏,循经喉中;手阳明大肠经,从缺盆上走颈部,夹口入下齿中;足阳明胃经,从上齿中出,夹口环唇,循下颌角前,沿咽喉入缺盆;足太阴脾经,上行夹食管两旁,循经咽喉连于舌根;手少阴心经,夹食管上循咽喉,连于眼;手太阳小肠经,其支从缺盆循颈,经咽喉上颊;足少阴肾经,从肺上循喉咙,夹舌根;手少阳三焦经,从肩走颈经咽喉至颊;足少阳胆经,从颊车,下走颈,经咽喉至缺盆;足厥阴肝经,循经喉咙,上入颃颡,环行于唇内。上述经脉直接或间接循行于咽喉部,故因各种原因造成经气逆乱,咽喉开合失常,均可导致吞咽障碍。

综上所述,任督二脉、心经、脾经、肝经、肾经等均与吞咽功能密切相关。治疗吞咽障碍时,可以在辨证论治的前提下,选取适当的经脉穴位进行治疗。根据"经络所过,主治所及"的原则,主要有循经取穴和局部取穴的方法。针灸治疗在患者紧急救治后神志转清、病情稳定即可开始。临床常用的方法有体针、头针、项针、耳针、穴位注射和推拿按摩等。

(二)中医治疗方法

1. 体针　主要选取经络走行直接或间接与咽、喉相联系的穴位,或依据穴位的近治、特殊治疗作用而选穴。古代医家多选用任脉、督脉以及阳经穴位为主治疗吞咽障碍。在任督脉的取穴上又以廉泉和风府穴居多。

(1)主穴:廉泉、风府、哑门、天突。风痰阻络型加商丘、足三里、丰隆;痰火上扰型加通里、神门;脾虚痰盛型加脾俞、丰隆;气虚血瘀型加人迎、足三里;肾阴亏虚型加太溪、肾俞。

(2)操作:风痰阻络型、痰火上扰型,针用泻法;脾虚痰盛型、气虚血瘀型,针用补泻兼施;肾阴亏虚型,针用补法。每日1次,急性期每日2次,10日为一个疗程。疗程间休息3~5日。

2. 头针　头针是在头部特定的刺激区运用针刺治疗疾病的一种方法,通过针灸刺激人体面、舌、口腔、咽等部位在大脑皮质的功能定位区,促使瘫痪的舌肌、咽喉肌功能恢复。

(1)穴位选择:取额中线,位于前发际上下半寸。

(2)操作:常规消毒后取1.5寸毫针自神庭穴始,针尖向印堂穴方向沿皮快速进针,刺入1寸左右,并在发际处以同样的方向、方法再刺一针,并嘱患者吞咽口水,做咽部运动,留针30分钟,运针2~3次。每日1次,5次为1个疗程,疗程间隔3~5日,针刺2~5个疗程。

3. 耳针　耳针是通过对耳郭特定区域(即耳穴)的观察和刺激来诊治疾病的一种方法。耳郭的神门、皮质下、交感穴有调节大脑皮质及自主神经功能;食道、贲门位于耳轮脚周围,可调节舌咽,迷走神经,有助于吞咽功能恢复。

(1)穴位选择:神门、交感、皮质下、食道、贲门。

(2)操作:用探棒在穴区内寻找压痛点,用5分毫针针刺,留针30分钟。每日1次,5次为1个疗程,疗程间隔3~5日,针刺2~5个疗程。

4. 项针　所选腧穴均在舌咽、迷走神经感觉纤维支配区内,针刺这些穴位不仅可以直接产生兴奋作用于效应器,改善颈项部的血液循环,使与吞咽相关的神经功能得到恢复,还可以反射性刺激上运动神经功能的恢复。

(1)穴位选择:风池、翳明、上廉泉、外金津玉液、吞咽(舌骨与喉结之间,正中线旁开

0.5 寸)、舌中(舌体上面正中处)、发音(喉结下 0.5 寸,正中线旁开 0.3 寸)。

(2)操作:选用 28~32 号、1.5~2.5 寸长毫针,采取夹持进针法,行捻转进针,得气后即留针 30 分钟,中间行针 2 次,每次 2 分钟;上廉泉、外金津玉液、吞咽、舌中、发音等穴行针得气后即刻出针。每日 1 次,7 次为 1 个疗程,疗程间隔 3~5 日,针刺 2~5 个疗程。

5. 舌针 舌针是针刺舌体上的一些特定穴位,以治疗疾病的一种方法。可通过对舌体的局部刺激改善患者的局部血液循环,增加脑血流量,改善损伤脑组织的血氧供应,刺激感受器,形成对中枢神经的刺激作用,促进吞咽反射弧的重建与恢复。

(1)穴位选择:患者取仰卧位,用拇指第一、二骨间横纹平贴颌前缘,拇指尖处及左右各旁开 1 寸取穴,简称舌三针。

(2)操作:常规消毒后取 2 寸毫针,三穴进针均向舌根方向,进针 1~1.5 寸,捻转行针,令针感弥散咽喉部,不留针。每日 1 次,5 次为 1 个疗程,疗程间隔 3~5 日,针刺 2~5 个疗程。

6. 电针 电针指将毫针刺入腧穴得气后,在针具上通以接近人体生物电的微量电流,利用针和电两种刺激相结合,以治疗疾病的一种方法。

(1)穴位选择:主穴为哑穴(位于风池上 0.4 分);配穴为天容。

(2)操作:针刺哑穴时深度不超过 1 寸,45°斜刺进针;天容(双)直刺向舌根部,接电针治疗仪,频率为每秒 3 次,留针 20 分钟。每日 1 次,10 次为 1 个疗程,疗程间隔 2~3 日。

7. 穴位注射 又称"水针",是用注射器的针头代为针具刺入穴位,选用中西药物注入有关穴位以治疗疾病的一种方法。本法是在针刺治疗疾病的基础上,将针刺激与药物性能及对穴位的渗透作用有机结合在一起发挥综合效能,以提高疗效。

(1)穴位选择:主穴为廉泉、天柱(双)、哑门;配穴:痰多、舌苔厚腻,配丰隆、足三里;胸满闷,配内关;腹胀满,配足三里,均双侧。

(2)操作:廉泉(针尖向舌根方向刺入,针感放射至舌体后),天柱(双)、哑门(针感放射至颈部及头顶后)。每次治疗取主穴,酌情取配穴,注射药液(维生素 B_1 和磷酸川芎嗪等量混合液),每穴 1ml。每日 1 次,7 次为 1 个疗程,疗程间隔 3~5 日。

8. 火针 用烧灼后的火针刺激腧穴治疗疾病的方法。

(1)穴位选择:水沟、风池、廉泉、完骨、足三里和内关。

(2)操作:首先将针体烧红进行消毒,然后在穴位上点刺并快速出针,隔日 1 次,治疗 14 天为 1 个疗程,疗程间隔 3~5 日。

9. 推拿治疗 本法是在中医理论指导下,以舒筋活络、柔痉宣痹为原则,调整吞咽功能为目的,在舌骨周围直接行推拿手法操作,调节舌咽神经、迷走神经和舌下神经的功能,从而改善吞咽过程中下颌、软腭及舌的控制能力。

(1)穴位选择:面部取颊车、下关、承浆;颈部取廉泉、人迎、天突;后颈部取哑门、大椎、风池。

(2)操作:采用手指点、按、揉、推法,以酸胀为度。疗程:每天 1 次,每次 30 分钟,6 次为 1 个疗程,疗程间隔 3~5 日。

10. 穴位贴敷 本法基于经络腧穴理论,将一种或几种药物研成粉末,用水、酒、姜汁等不同介质调成糊状贴敷在穴位上,通过腧穴和药物共同作用治疗疾病。

(1)穴位选择:天突、廉泉、人迎穴。

(2)操作:选用胆南星、半夏;寒证加细辛、制附子,热证加川贝母、冰片,研磨成细粉混以蜂蜜加热,待凉至室温后进行穴位贴敷,并使用胶布固定。贴敷 4~6 小时,每日 1 次,5 次为 1 个疗程,疗程间隔 3~5 日。

第四节 常见疾病致吞咽障碍的康复治疗

临床上导致吞咽障碍的常见疾病包括脑卒中、脑外伤、帕金森病、头颈部肿瘤、脑性瘫痪、唇腭裂等。

一、脑卒中吞咽障碍

脑卒中后吞咽障碍是指吞咽相关的中枢部位或神经受损,使吞咽的一个或多个阶段损伤而导致一系列进食困难症状出现的一组临床综合征。脑卒中后吞咽障碍是由于皮质及皮质下结构损伤导致。功能影像学研究发现,吞咽障碍的发生不仅限于脑干及双侧半球受累,一侧大脑半球卒中也可导致吞咽障碍,下列部位可能与吞咽功能相关:初级感觉运动皮质、岛叶、扣带回前部、内囊、基底节及丘脑。

吞咽障碍是脑卒中后常见并发症,尽管发生率达到 50% ~ 78%,但临床上常常被漏诊。吞咽障碍导致患者住院时间延长,并发症增加。脑卒中导致吞咽障碍常常发生在急性期,约半数患者在 1 周内可自然恢复。

(一)脑卒中致吞咽障碍的特征

据统计右侧大脑半球卒中患者出现误吸约占 9.9%,左侧大脑半球约为 12.1%,双侧大脑半球为 24%,脑干为 39.5%。脑卒中吞咽障碍主要影响吞咽的口腔期和咽期,表现为舌开始运动延迟,与吞咽有关的肌肉动作协调性功能减低。单侧大脑半球的损害多出现口期吞咽障碍,可能与面肌和舌肌无力导致口准备阶段异常有关;脑干病变出现的吞咽障碍多为咽期异常,环咽肌功能障碍发生率高;多发性卒中出现的吞咽障碍表现为口期和咽期均受影响。

1. 口腔期 面肌及舌肌瘫痪、舌感觉丧失,唇闭合异常,流涎,影响咀嚼和食团的形成,食团在口腔内滞留,吞咽延迟或者无吞咽;舌不能与软腭形成封闭腔,食物从口角溢出或者提前落入咽部而发生误吸;舌前 2/3 运动异常,可导致食团形成和推进困难,食物滞留于口腔一侧或溢出,不能推送到口腔后部,表现为反复吞咽动作或分次吞咽,咽期启动延迟或困难。

2. 咽期 咽肌无力可造成同侧食物残留,咽缩肌不能将食物充分挤压通过咽部而导致食物滞留于会厌谷;舌后部力量减弱导致食团向咽部推送力量下降,致使咽期延长;咽部感觉减退,或咽肌运动不协调及收缩力减弱,可导致吞咽反射延迟或缺乏;喉向前运动减退、环咽肌功能障碍可造成食物在梨状隐窝滞留。喉上抬不充分或延迟是导致误吸的常见原因。

(二)评价与治疗策略

吞咽障碍是脑卒中后常见并发症,尤其在脑卒中急性期很常见。通过评定发现 50% 以上的脑卒中患者存在不同程度的吞咽问题,其中大部分患者在卒中后 6 个月内基本恢复,约 16% 的患者经过急性期后吞咽障碍仍然存在,因此,应重视急性期患者的确诊和处理。

1. 筛查 急性脑卒中患者都应进行吞咽功能的筛查,对筛查异常的患者应由专业人员进行临床系统评定,以确定诊断及制订治疗方案。2011 版《中国脑卒中康复治疗指南》提出以下几点建议:①建议所有急性脑卒中患者经口进食、进水前均应完成吞咽功能筛查。应由经专业训练的医务人员(言语治疗师、医师或护士)在入院 24 小时内进行筛查。②2 周内应每天进行吞咽功能的监测,明确是否能快速恢复。饮水试验可以作为脑卒中患者判断误吸危险的筛选方法之一。但约有 1/3 ~ 1/2 的误吸患者为隐匿性误吸,需要进一步的仪器检查明确诊断。③建议筛查发现有误吸风险的患者,不应经口进食、进水,应进行进一步临床系

ER-9-6

脑卒中后吞咽障碍的评定与治疗

笔记栏

统评价。

2. 系统评价　对吞咽功能进行系统评价的目的是明确吞咽障碍及障碍产生的机制，并制订治疗计划。吞咽功能的评价分为临床评价及仪器评价。2011 版《中国脑卒中康复治疗指南》提出：①吞咽功能障碍的临床床旁评价应该由掌握吞咽障碍治疗技能的专业人员进行。②VFSS 和 FEES 都是评定吞咽障碍的有效方法。在不同的医疗中心、针对不同的患者群体时，临床医生应该权衡利弊，谨慎选择。③所有吞咽障碍患者均应进行营养及水分补给的评价，定期监测患者体重变化。

3. 治疗

（1）目的：保证脑卒中患者的营养及水分的摄入；预防吸入性肺炎，同时避免因饮食摄入不足导致的液体缺失和营养不良，以及重建吞咽功能，提高患者独立进食能力。所有卒中患者在给予饮食前均应确定有无吞咽障碍或误吸的危险。

（2）介入时机：缺血性卒中发病当日，出血性卒中生命体征平稳 48 小时后，即可根据病情轻重选择合适的吞咽康复措施。

（3）治疗策略：①调整食物质地，增加经口进食的安全性；②采用低风险进食方式及代偿策略来预防并发症如误吸、呛咳的发生；③监控每日经口进食量，预防脱水的发生；④补充食物来保证足够的营养；⑤对不能吞咽的患者应采用管饲；⑥针对不同吞咽障碍的发生机制进行不同的康复训练。

（4）临床常规处理流程：①重症或昏迷患者，首先给予鼻饲保证营养供给；②强化口腔护理，保持口腔清洁；③患者意识清醒后可由言语治疗师/经过训练的护士筛查吞咽功能、营养不良等危险因素；④经吞咽筛查有异常的患者都应进行详细的临床和/或仪器吞咽功能的评定；⑤在低风险进食策略时应由经过训练的专业人员进行进食的适当辅助或进食时监控；⑥出院后对患者及其家属进行随访教育；⑦对于经口和非经口营养供给方式的选择应结合患者具体情况并参考患者及家属意愿。

（5）具体方法：吞咽障碍的治疗涉及代偿性和治疗性方法。代偿性方法包括保持口腔卫生、进食姿势的改变、食物性状的调整等。治疗性方法主要是通过直接及间接训练来改变吞咽的过程，改善患者的运动及感觉，包括温度触觉刺激、吞咽手法等方法，两者也可结合使用。

对于存在吞咽障碍的脑卒中患者，必须明确能否维持经口进食，是否需要替代进食途径。这需要综合营养状况、发生误吸和吸入性肺炎的危险程度以及插鼻胃管带来的不适等多种因素进行判断。由于脑卒中患者的吞咽功能会在脑卒中后的一段时间逐渐改善，对于尚能维持经口进食的患者，主要采取行为治疗，包括对饮食的调节、采用特定的体位等。

有咽期延迟的患者，头和颈部应注意保持一定体位，颈前倾使会厌向后，从而咽部入口变窄，增强对气道的保护；单侧咽麻痹的患者，使头向外侧转动，张开食管上括约肌使食团避开麻痹侧；喉上抬能力差者，可采用门德尔松法吞咽。

脑卒中造成鼻咽闭合不全的患者，应取头前伸位，同时发“g、k、ch”音；吞咽反射差者，进行喉上抬训练；声门关闭不全，练习发“ɑ”音，尽量发长音，重复数次；对有口唇闭合不全、流涎、颊肌肌张力低下、咽反射差、吞咽延迟、咽反射触发障碍者，可给予冰块刺激治疗；针对肌力下降患者，可给予相应的肌力训练；口唇闭合不全者，练习噘嘴、抗阻力下紧闭嘴唇训练、用吸管吹泡泡等；舌肌功能差者，可做舌的水平、后缩、侧方运动，达一定肌力后给予各个方向阻力，行抗阻运动。

4. 注意事项

（1）吞咽障碍患者最大的困难是吞咽稀薄的液体、多成分或碎片状食物，因此宜选择密度均一、有适当黏性、不宜松散、容易变形且不易黏附的食物,如芝麻糊、豆腐脑、蛋羹等,不主张给予饼干、桃酥等食物。另外,冷的食物有助于刺激吞咽。进食环境应整洁、安静、平和,避免不良刺激,避免进食过程分散注意力。进餐地点应配备具有急救能力的医护人员和急救工具(如吸引器)等。

(2) 疲劳有可能增加误吸的危险,进食前应注意休息。为便于吞咽,食物通常切得比较小,并置于舌后部。吞咽障碍的患者不应使用吸管饮水,因为用吸管饮水需要较复杂的口腔肌肉功能,易导致误吸。为避免患者低头饮水增加误吸的危险,用杯子饮水时,杯中的水应至少保留半杯。患者进食时应坐起,为预防食管反流,进食后应保持坐立位 0.5 ~ 1 小时或以上。

(3) 脑卒中后发生的吞咽障碍一般在 1~3 周较快恢复。对于需要采取替代进食途径的患者常用鼻饲法过渡。不能经口维持足够的营养和水分的患者应考虑胃肠营养。需长期胃肠营养者(大于 4 周)建议给予经皮内镜胃造瘘。需要长期管饲者应该定期评定患者营养状态和吞咽功能。

(三) 脑卒中吞咽障碍患者的家庭康复

吞咽障碍患者病情稳定后,仍需在家继续康复治疗,故科学系统的家庭康复指导非常重要,确保患者在家中能够得到安全有效的吞咽治疗。

1. 照护者培训　出院前应确定患者回家后谁是主要的照护者,在出院前有计划地对其照护者进行照护技术的培训与指导。对患者及家属说明吞咽障碍的性质,进行预防吸入性肺炎的方法、营养需要、饮食调整等方面的教育。

2. 环境改造　房间内餐桌应放在比较明亮的地方,就餐环境安静,定时通风,保证空气流通。

3. 喂食指导

(1) 进食体位:根据患者情况指导患者选择坐位、半坐卧位或健侧卧位。

(2) 食物调配:要求患者家属在患者住院期间学习符合标准的食物形态的调配方法,并指导其使用医用增稠剂调制饮品。

(3) 一口量及进食速度的控制:按照住院期间的要求进食一口量并适当控制速度。随着患者吞咽功能的改善,进食时液体量应控制在 20ml 以内,牛奶布丁 5~7ml,浓稠泥状或糊状食物 3~5ml,肉团 1~3ml。进食速度不宜过快,确认前一口已经吞完,才可进食下一口。

(4) 进食辅助具的使用指导:指导患者使用附有保护胶套的长柄匙、加大手柄的茶匙、改良的筷子、带吸盘的高边碗碟或使用防滑垫、有盖及细吸嘴的杯子或切口杯,餐具颜色最好鲜艳、亮丽。

(5) 喂食日记:指导照顾者对患者进食状态及时记录,内容包括日期、开始时间、食物性质、进食时间、耐受能力,进食期间是否出现呛咳、反流等情况,24 小时总入量等。

4. 留置鼻饲管/胃造瘘管的居家护理　指导患者鼻饲体位、注食相关知识及注意事项、喂食安全及管道安全相关知识。

5. 居家时窒息的急救　在住院期间指导患者照顾者识别窒息的表现,教会海姆利希急救法。当在家中遇到类似情况时,首先急救,病情稳定后拨打 120 急救电话送医院。

二、脑外伤造成的吞咽障碍

脑外伤(cerebral trauma)是指头颅部,特别是脑受到外来暴力打击所造成的脑部损伤,又称颅脑损伤或头损伤,可导致意识障碍、记忆缺失及神经功能障碍。颅脑损伤包括脑挫裂伤、颅底肿瘤术后、急性硬膜下血肿、颅内血肿、脑干出血和其他脑组织损伤。重症脑外伤病情凶险、变化快、并发症多、死亡率高,是 44 岁以下人群的第一位死因。随着现代医学的发展,全球脑外伤的救治更加规范化,救治效果不断提高。

吞咽障碍是脑外伤的常见并发症,据相关研究报道,脑外伤后吞咽障碍的发生率大约在 25%~78%,这与各研究机构研究对象的损伤程度、检测手段、主观因素及评价时患者病程长短有关。许多脑外伤患者误吸后没有咳嗽等明显的临床表现,而经常发生隐性误吸,长期积累后很容易发生肺炎等并发症。

重症脑外伤患者可能需要留置鼻胃管、长期插管维持通气、气管切开,而这些治疗措施可能会在不同程度上影响患者的吞咽功能,尤其气管切开是脑外伤患者常用的治疗手段,可改善患者的通气,加强气道管理,但气管切开使口腔分泌物过多堆积,同时影响了舌、喉、食管的运动功能,从而导致吞咽过程不能顺利完成,这些相关结构的损伤就会导致言语、吞咽、呼吸道保护的功能障碍。

脑外伤后吞咽障碍的转归还是很乐观的,大部分脑外伤患者在伤后 6 个月可恢复部分吞咽功能,这往往与脑外伤的部位、损伤程度有关。残损越重、意识水平越低,则吞咽功能越难恢复。患者越早可以进行吞咽评定、介入治疗,预后越好,所以医生要对患者的吞咽问题早期关注、积极治疗。

（一）脑外伤吞咽障碍的特征

脑外伤后吞咽障碍相关的危险因素主要与格拉斯哥昏迷量表(Glasgow coma scale,GCS)评分低、意识水平低、气管切开、机械通气时间 2 周以上及认知障碍方面高度相关,前两项说明患者神经损伤程度较重,而神经损伤越严重吞咽障碍就越明显。意识水平低下的患者,咽部肌肉放松,气道闭锁不严,容易误吸,早期患者一般会依靠鼻饲管进食,随着意识状态的好转,吞咽功能也会得到相应改善,比如可经口进食。脑外伤后吞咽障碍表现与卒中类似,口咽期吞咽障碍突出,尤其是口腔推送延迟、咽期吞咽启动延迟。一半患者出现舌控制及前后运动能力下降,1/3 患者出现咽收缩力下降。部分患者喉上抬幅度降低,会厌折返程度降低,存在误吸及渗漏。脑外伤患者因为认知功能下降影响了患者的吞咽功能,如注意力缺陷、冲动式进食,有易发怒、焦虑、抑郁、缺少控制能力等特点,这需要治疗师细心的康复指导。

（二）评估与治疗策略

目前没有专门用于脑外伤后吞咽障碍的评估与治疗手段,主要参考脑卒中后吞咽障碍评估与治疗方案。治疗的主要目的是改善个体的进食状况,也能改善营养,预防并发症如肺炎等。主要采用代偿性治疗、吞咽障碍康复技术、电刺激等方法。

1. 代偿性治疗 标准的行为干预方法包括食物调配、姿势调整、进食方式的改变和行为代偿。重症脑外伤患者,会伴随较多的并发症,有时需要改变进食途径,特别是伤后早期,经适当临床干预后,随着脑外伤患者功能恢复,患者经口进食能力也随之改善。

食物调配是指改变食物或液体的结构或者黏度,是吞咽障碍的基础治疗。食物改进最常见的是将固体食物改成泥状或糊状,固体食物经过机械处理使其柔软,质地更趋于一致,不容易松散,从而降低吞咽难度。脑外伤后大部分吞咽障碍患者最容易误吸的是稀液体,将稀液体内加入增稠剂以增加黏度,可减少误吸,增加营养内容的摄入量。在调配食物过程中,注意在结构改变的食物中强化可能丢失了的营养成分,尽量使食物能引起患者食欲。

姿势调整包括转头、低头、交互吞咽等方法,虽然不能改善吞咽功能,但可减少误吸和增加食物摄入量。根据评定结果确定最适合的姿势和帮助进食需要的特殊工具。正常的吞咽体位是身体坐直、稍向前倾 20°、颈部稍向前弯曲、低头。如果患者咽期正常,口期有食团运动异常,患者可使头向后倾吞咽。如果单侧咽部有吞咽障碍,吞咽时头转向健侧。如果单侧口部和咽部都有困难,吞咽时头侧向健侧。

2. 吞咽障碍康复技术　患者的间接训练包括感觉刺激和口舌部运动训练。感觉刺激包括触觉刺激,用手指、棉签、压舌板、纱布等在面颊部内外、唇周、整个舌部实施按摩、摩擦、振动、拍打等刺激;冰刺激是用棉签蘸少许冰水,轻轻刺激软腭、舌根及咽后壁,然后嘱患者做空吞咽动作;味觉刺激是用棉棒蘸不同味道的果汁和菜汁,刺激舌部味觉。口舌部运动训练包括运动口唇、面颊、牙齿、舌等,做咂唇、缩拢嘴唇、鼓腮并快速左右移动、张口、左右移动下颌、伸舌、缩舌、及舌伸向内上、外上、左右等,每个动作维持5秒,然后放松。可用压舌板抗阻练习,或速度训练。每天进行1~2次,每次10回为佳,根据患者耐力而定。

吞咽的直接训练策略:指导患者应缓慢进食。每次只放少量食物在口内,一半或一茶匙量较安全。用水冲去咽喉部残留的食物,可在每口吞咽后喝一口水,把积聚在会厌谷和梨状隐窝的食物冲至食管。指导患者在吞咽后做干吞或用力吞咽,可清除少量残留在咽喉的食物。如果患者有喉上抬障碍,可用 Mendelsohn 吞咽法,其步骤如下:进少量食物、咀嚼、吞咽、以食指拇指托住咽喉部、当吞咽时将喉部抬至最高点,维持数秒、放松咽喉。可由治疗师教会患者自己上抬喉部。如果患者气道保护障碍,可采用声门上吞咽法(supraglottic swallow),其步骤如下:吸一口气屏住、进一口食物、吞咽、呼气及清喉、再吞一次。这些吞咽方法都需要患者有良好的认知功能。随着患者吞咽功能的改善,规则地增加摄食量,并记录每次的摄食量、进食时间、呛咳和其他症状,逐步增加进食的种类,直至进食可保证患者的基本营养,再拔鼻饲管。

3. 认知功能障碍患者治疗策略　注意力缺陷患者应该评估患者口腔运动功能及对运动刺激的反应能力。治疗要侧重刺激技术,包括增加对于触觉、嗅觉、视觉及听觉的反应能力。冲动式进食患者,每次要提供少量食物,进食要提示患者减慢进食速度。激惹患者要结合药物治疗,减轻激惹状态,严重程度不适合经口进食。记忆力下降患者需书写提示,包括每次进食质地、进食速度等,还要教会患者气道保护策略如用力吞咽、声门上吞咽法、超声门上吞咽等,以减少误吸的发生。

4. 电刺激

(1) 低频电刺激:频率小于 1 000Hz 的电刺激,称为低频电刺激,主要用于辅助强化肌力,帮助喉提升,增加咽肌收缩力量与速度,增加感觉反馈和时序性。治疗时间一般每次 30 分钟,每天 1~2 次,每周 5 次。

(2) 中频电刺激:目前认为刺激舌肌最合适的电流已不是单纯的低频脉冲电流,而是低频调制的中频电流,即正弦调制中频电疗,主要针对口期吞咽障碍的患者。治疗时间一般每次 30 分钟,每天 1 次,每周 5 次。

(三) 家庭康复

1. 预防误吸　照顾者要了解误吸方面的知识,了解可能致使患者发生误吸的行为,包括食物的选择、进食体位、进食速度等。对于咳嗽、痰多的患者,进食前要鼓励其充分咳嗽、咳痰,避免进食中咳嗽,进食时应将义齿戴上等。

2. 误吸紧急处理　如发生误吸,第一时间紧急救治尤为重要,迅速清除异物,可采用海姆利希急救术,即将患者倒转,呈俯卧位,头部在下,用手拍击背部,促使异物滑出,也可握拳放于患者的剑突下向膈肌方向猛力冲击上腹部,造成气管内强气流,使阻塞呼吸道的异物排出。

3. 口腔卫生　进食后为患者清洁口腔内残留食物,漱口,防止口腔内残留食物过多,滋生口腔内微生物,发生肺炎。但不可进食后立即刺激咽喉处,如刷牙。

4. 食物调配与喂食　照顾者要清楚吞咽障碍患者不同时期应选择的食物种类和形状,

清楚流质食物、糊状食物或不同黏稠度食物的制作方法,以及所选食材的种类。

三、帕金森病的吞咽障碍

帕金森病是一种常见于中老年人的进行性神经系统变性疾病,临床上以静止性震颤、运动迟缓、肌强直和姿势平衡障碍为主要特征。帕金森病相关吞咽障碍的病理生理学机制尚不清楚,导致其运动改变的直接原因是黑质多巴胺能神经元大量减少,从而使基底核的运动调节功能受损。帕金森病致吞咽障碍患者常会出现食欲减退、进食种类减少、进食时间延长、流涎等症状,可能导致营养不良,甚至出现误吸导致吸入性肺炎等情况。此外,吞咽障碍严重影响帕金森病患者的生活质量,妨碍其社会交往和参与,导致心理社会负担增加。

(一)帕金森病患者吞咽障碍的症状

帕金森病伴发吞咽障碍起病隐匿,早期绝大多数患者存在吞咽障碍,却不易自主发现,一旦发现普遍已进入中晚期并进行性加重。吞咽障碍在帕金森病患者中很常见,吞咽的口腔期、咽期、食管期均可受损,以口腔期最常见。肌强直和运动迟缓常出现在吞咽的随意阶段。言语运动受损、下颌关节活动度下降、头颈姿势异常等可导致口腔期和咽期吞咽障碍。

1. 口腔期　帕金森病患者存在唇闭合不全,口腔运动幅度减小,下颌移动缓慢,整体协调性降低等。尤其是舌肌运动异常,表现为舌头抬高时间延长、舌震颤以及运动模式改变等,导致食团的抬举、形成和推进困难。患者因舌肌震颤,舌后部抬高受限致食物口腔残留,出现典型的舌重复性的前后运动,推动食团时多次重复后舌才有足够的力量推动食团向后运动,食物得以通过,这种舌肌肉组织的"急步现象"与肌肉强直、运动不协调有关。还可有流涎、口腔运送延迟、口腔残留、舌运动启动延迟、食物过早溢漏进咽腔、零碎吞咽等临床表现。

2. 咽期　常随着疾病进展在口腔期吞咽障碍以后出现,表现为咽吞咽延迟、咽清除力较差、喉上抬和闭合不够、喉渗漏和误吸。其中吞咽延迟较为突出,部分患者启动延迟达 2~3 秒,由于咽壁收缩力和舌根后推力较弱,造成食物残留在会厌谷和梨状隐窝,且会厌谷的残留量远多于梨状隐窝。帕金森病患者因舌骨向前运动下降,在吞咽时食管上括约肌失弛缓,与渗漏和误吸相关。在疾病晚期,帕金森病伴有吞咽障碍患者误吸率大于 50%,且呼吸道保护能力下降。

3. 食管期　帕金森病患者也可出现各种食管运动的异常,包括环咽肌异常、食管蠕动减弱,甚至出现自发的孤立的异常收缩,多部位收缩,这种收缩不能产生有效的蠕动,食管运送延迟,食管下括约肌异常和胃食管反流。这些异常除因病变本身导致外,还应考虑与治疗药物的副作用相关。

误吸与吸入性肺炎的发生呈正相关,而肺部疾病是帕金森病患者的重要死因。帕金森病伴认知功能障碍患者对自身吞咽障碍缺乏自知力,即使出现体重减轻、脱水和肺部感染时,多数患者也不会认为自己存在吞咽障碍,当确认为吞咽障碍时,患者常承认口腔运动异常、咽异物感、进食时呛咳或哽噎。另外,食管期的异常表现常得不到患者重视。

(二)帕金森病患者吞咽障碍的评定

1. 量表评估与筛查　目前常用的两种筛查问卷包括慕尼黑帕金森病吞咽障碍测试(MDT-PD)和吞咽障碍问卷(SDQ)。MDT-PD 在预测及鉴别能力上表现突出,能够通过简单的进食、饮水等发现隐匿的吞咽困难,从而评估患者吞咽功能,预测误吸风险。SDQ 能够判断吞咽障碍的严重程度,但不能发现食管期吞咽障碍,适用于早期帕金森病伴吞咽障碍的筛查。同时,也可以采用洼田饮水试验、反复唾液吞咽试验等对患者的吞咽情况进行筛查。

2. 临床吞咽评估

（1）与吞咽相关的临床情况评估：包括患者的主诉、病史、认知功能、姿势控制、营养状态、气道状况等方面。

（2）吞咽相关功能评估：为进一步明确帕金森病患者吞咽障碍的原因及程度，需做与吞咽有关的器官检查，如口腔、咽、喉等结构、运动、感觉及反射功能。

（3）进食状态评估：即在患者进食时，通过测量和观察直接评估患者的吞咽功能。包括：进食的姿势、对食物的认知、放入口的位置、一口量、进食吞咽时间、呼吸情况、食物的选择、分泌物情况、口服药物的评估、吞咽代偿方式等。

3. 仪器评估　吞咽造影检查（VFSS）可通过 X 线透视影像观察是否有食物或液体的误吸和反流、会厌谷或梨状隐窝处的残留物以及吞咽障碍，动态观察口、咽和食管的运动情况；对隐匿性误吸具有高敏感度，可以指导患者调整食物形态以减少误吸的发生。喉内镜吞咽功能检查（FEES）可通过观察咽部情况，详细分析在吞咽不同稠度的食物和液体时，口腔期和咽期的吞咽情况。FEES 能够在床边多次实施，并且损伤较小，直观性强，可以作为晚期卧床以及处于关期的帕金森病患者的吞咽评估手段。

其他仪器检查方法，如表面肌电图（sEMG）、测压检查、超声检查等可根据医院条件酌情开展，作为临床决策的补充。表面肌电图具有安全、无创、无痛、可靠、客观、量化，能够实现床旁检查以及可实时进行动态多靶点评测等优势，已逐渐应用于帕金森病的研究。作为康复评估的辅助手段，表面肌电图能够同时利用肌电反馈技术进行吞咽训练，尤其适用于处于不合作状态下（如昏迷或合并痴呆等疾病）的帕金森病患者的检查和治疗。高分辨率测压（HRM）能够更加准确地分析帕金森病早期发生的细微吞咽变化，评估咽期吞咽肌收缩和松弛的幅度和时间，反映吞咽过程中肌肉的协调性，还能够评估食管功能紊乱，特别适用于帕金森病伴口咽及食管功能障碍者。帕金森病患者口腔期功能障碍与舌头运动控制障碍有关，应用超声检查测量静息和吞咽状态下舌骨—甲状腺的最短距离和时间，证实吞咽时间延长与口腔食物残留、舌根移送延迟和咽移送延迟均相关。相较于 VFSS，超声检查为无创检查，更加安全且简便易行，可用于对舌骨移位进行定量和动态评估。

（三）帕金森病患者吞咽障碍的治疗

与其他吞咽障碍一样，言语治疗师需根据吞咽障碍的机制，确定帕金森病患者的治疗计划。但由于帕金森病是进展性疾病，其治疗策略也要随病程进行调整。常用的治疗方法包括药物治疗、吞咽功能训练、认知训练、手术治疗等。

1. 药物治疗　对于多巴胺能药物治疗帕金森病伴吞咽障碍存在较大争议。目前研究认为，早期采用多巴胺递质替代治疗对于轻度吞咽障碍或无自觉吞咽障碍症状的帕金森病患者，可以有效改善吞咽功能。因为药物是在药效时间内起作用，对帕金森病患者来说，可尝试药物治疗配合进餐时间来共同改善吞咽功能，在药效发挥达最大时进餐。

2. 吞咽功能训练　包括舌灵活性训练，舌肌力量训练，头、躯干及肩关节活动范围训练，这些训练可以帮助患者加快吞咽启动。呼气肌肉力量训练（EMST）及视频辅助下吞咽训练（VAST）可帮助改善帕金森病患者吞咽功能，患者需主动参与训练，并坚持进行口咽腔器官运动训练。此外，用力吞咽、Mendelsohn 手法、用力憋气练习和假声练习都可以采用，增强声带内收训练能力。如患者存在肌强直严重，姿势改变困难，对这类患者治疗可能需要调整饮食或采用非经口进食的方法。

（1）间接训练：该项训练一般用于帕金森病早期的治疗。例如唇和舌主动运动、喉上抬运动，以及喉闭合运动。每天至少做 2 次此项训练，每次各 10 分钟。口唇运动训练可以抑制食物或水从口中漏出。让患者面对镜子独立进行紧闭口唇的练习。对无法主动闭合口唇的患者,可予以辅助。其他练习包括口唇突出与旁拉、嘴角上翘做微笑状、抗阻鼓腮等。主动运动:患者将舌前伸、后缩、舔左右口角、挤压脸颊内部使之隆起、舔上下唇、往软腭方向卷起、通过舌尖舔吮口唇周围、练习舌的灵活性;用压舌板抵抗舌根部,使患者做抵抗运动,练习舌根抬高等,或用节拍器进行速度训练。

(2)直接训练:在患者经过间接训练后,通过调整进食姿势和改变食物形态,能咽下食物者开始进行摄食训练。患者摄食的体位、食物的形态、食物在口中的位置、摄入食物一口量应根据患者的吞咽情况来选择。由于帕金森病患者常伴有大量食物残留和咽期起始迟缓,一般建议患者采用颈部前倾的体位(图9-12)。该体位可以扩大会厌谷的空间,并使会厌向后移位,处于更加保护气道的位置,在咽期起始迟缓期间,有利于食团在会厌谷安全停留。该体位也能使舌根部向咽后部靠拢,减少食物在会厌谷的残留。由于帕金森病患者多伴有舌部运动障碍和喉闭合不全,患者应避免固体食物和稀的液体食物。

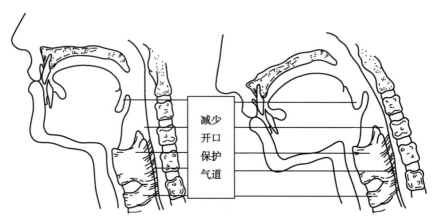

图 9-12　颈部前倾体位

(3)特定吞咽方法训练:帕金森病患者经常有喉闭合障碍,在吞咽时患者需要应用屏气吞咽来帮助喉闭合。患者在吞咽前和吞咽过程中自主屏住呼吸,然后关闭真声带进行空吞咽,吞咽后立即咳嗽。这一方法使吞咽时食团不易进入气管,吞咽后咳嗽可以清除滞留在咽喉部的食物残渣。针对帕金森病的喉上抬困难,患者在吞咽时需要用 Mendelsohn 手法,在吞咽时自主延长并加强喉上抬和前置运动,以此促进环咽肌开放,此策略增加了舌的驱动力,加之喉的上抬,增加了环咽肌开放的时间和程度,适用于喉上抬及环咽肌开放障碍的帕金森病患者。

(4)其他治疗:随着帕金森病患者病情的加重,间接训练会逐渐减少,治疗侧重于调整进食姿势和改变食物形态。晚期帕金森病患者需要通过胃造口术摄取营养。另有研究显示,Lee-Silverman 语音治疗(LSVT)最初用于帕金森病患者的构音障碍,其对轻中度吞咽障碍亦有一定效果。

3. 认知训练　帕金森病晚期患者可能伴有认知障碍,使得进食和吞咽更加困难。认知训练应成为治疗的一部分,用于改善患者认知能力、言语和吞咽障碍的自知力,促进患者主动参与治疗。晚期患者可能因无法理解,而不能遵从治疗手法的指令,采用非经口进食的代偿性策略更有效。

4. 手术治疗　少部分帕金森病患者症状通过药物治疗及行为治疗较难控制,需考虑手术治疗。脑深部电刺激精准定位治疗对运动功能改善明显,但对于吞咽功能疗效的研究尚未取得实质性突破,包括刺激丘脑底核和苍白球,疗效尚不确定。

四、头颈部肿瘤造成的吞咽障碍

头颈部恶性肿瘤包括口腔癌、口咽癌、下咽癌、喉癌、鼻咽癌和唾液腺瘤。每年全世界约有 90 万人被诊断患有头颈部肿瘤,在美国头颈部肿瘤占全部肿瘤的 3%～4%。造成头颈部肿瘤,尤其是口腔癌、下咽癌和声带癌最常见的原因是吸烟和饮酒,包括香烟和嚼烟,咀嚼槟榔也被发现是造成口腔癌的一大原因。病毒感染(包括人乳头状瘤病毒)和食管反流也是造成头颈部肿瘤的重要原因。在我国,尤其是华南地区,鼻咽癌是高发肿瘤,发病率为(30～50)/10 万。喜食腌制食物、家族病史和 EB 病毒感染是已知的造成鼻咽癌的高发因素。

(一)头颈部恶性肿瘤患者吞咽障碍的症状

头颈部恶性肿瘤的常见症状包括头颈部肿块,口腔内、舌或者牙龈有红色或白色病变,口腔或咽喉部有疼痛的不愈合溃疡,长期咽喉痛,吞咽困难或者吞咽时感到疼痛,嗓音变化或嘶哑。头颈部肿瘤的诊断依靠体检、内镜,头颈部的 X 线、CT、MRI、PET,以及病毒检测和活检。根据恶性肿瘤的大小,淋巴结是否发现肿瘤细胞,身体其他器官是否发现肿瘤细胞来给疾病分级。如果肿瘤比较小,淋巴结和其他器官没有受到影响,该肿瘤就为 I 期(早期);如果肿瘤比较大,周围淋巴结和其他器官也发现肿瘤细胞,这个肿瘤就是Ⅳ期(晚期)。恶性肿瘤的分级、患者的年龄和健康情况决定了肿瘤的治疗方式。头颈部恶性肿瘤常见的治疗方式包括五类:①手术治疗,切除肿瘤和周边组织,有时周围淋巴结组织也会被切除;②放射治疗,可以是唯一的治疗方式,也可以和手术或者化疗一起;③化疗,最常用于晚期癌症;④靶向治疗,使用药物治疗来针对肿瘤蛋白或者基因突变,一般结合其他治疗,用于晚期癌症;⑤免疫治疗,使用药物增强患者的免疫力。早期头颈部肿瘤的存活率为 70%～90%。

吞咽困难是头颈部肿瘤最常见的并发症,50% 的头颈部肿瘤患者会有吞咽困难。头颈部肿瘤患者中以喉切除患者和放疗患者的吞咽困难发病率最高。头颈部肿瘤造成的吞咽困难有下列症状:①患者需要多次吞咽才能咽下口腔和咽腔里的食物;②吞咽后有咕噜咕噜的声音;③吃饭或喝水时有呛咳;④吃饭或喝水时有清嗓动作;⑤吞咽时有疼痛感;⑥口腔或咽部干燥;⑦张口困难。头颈部肿瘤患者应该在治疗前做吞咽检查来确定是否已有吞咽困难。治疗后,患者应该由治疗师系统地检查吞咽功能,包括床前检查和器械检查。

不同的肿瘤治疗方式会造成不同的吞咽困难。较小的口咽部肿瘤的治疗需要手术局部切除肿瘤组织和周边 2cm 的正常组织。相应的吞咽困难是由于结构的缺失,在舌部切除术后,患者会有口准备期延长,口运输减慢,口期和咽期残留物增多。随着食物黏度的增加,吞咽困难的症状会更严重。如果舌部组织切除得多,口期延长增多,口期和咽期的残留物也增多,患者误吸的危险也将增大。在舌根部切除术后,患者会有口准备期延长,口期延长,口期和咽期残留物增多,咽期延长和口咽期吞咽效率减低。如果超过舌根部 25% 的组织被切除,患者会有咽期起始困难,咽期残留物增多和严重的吞咽后误吸。随着食物的黏度增加,吞咽困难也更严重。口底部肿瘤切除一般对吞咽的影响比较小,但是如果肿瘤切除影响到口底肌肉,患者会有咽上抬困难,造成梨状隐窝食物残留和吞咽后误吸。

患者术后吞咽困难也有可能与术后重建有关。术后重建一般有四种方式。①原发性闭合:手术切除后的边缘组织缝在一起;②植皮:从身体其他部位,比如大腿移植一片表皮;③带蒂移植皮瓣:从供体部位取一片组织,和供体之间还有组织联系来提供移植组织的供血;④微血管游离皮瓣:从供体部位取出组织连带血管和神经缝合在手术部位,血管和神经会和周边的血管和神经吻合。一般来说,患者术后重建用原发性闭合或者植皮者,其吞咽功能预后比带蒂移植皮瓣要好,原因是带蒂移植的皮瓣体积比较大,影响舌的灵活性。

喉部肿瘤的切除方式有三种。①喉上部切除:包括切除会厌、杓状会厌襞、假声带和甲状软骨上部,但是保留了声带和杓状软骨。由于失去吞咽中喉部闭合的保护,约74%的患者会有吞咽中误吸。②半喉切除:包括切除半侧的假声带、喉前庭、声带、部分甲状软骨,但是保留了杓状软骨。因为健侧组织的保留,如果在手术侧重建组织,患者的吞咽障碍较少发生。③全喉切除:适用于喉癌晚期患者,一般吞咽困难不是主要诉求,患者会失去发声能力。

较大的头颈部肿瘤除了局部切除以外,患者还要经过放疗和化疗以防止淋巴结和其他组织的转移。放疗后,患者会有黏膜炎、口干燥症、纤维化、软组织坏死和下颌骨的放射性骨坏死。放射治疗造成的吞咽困难更有可能是在术后一段时间才发生。

放射治疗作为头颈部肿瘤尤其是鼻咽癌的主要治疗手段,对肿瘤周围脑组织、面部组织、颞颌关节及邻近神经也会造成不同程度的损伤,引起张口困难、吞咽障碍,严重影响患者的生活质量。虽然患者会保留肿瘤周围组织,但是其吞咽困难并未减少,超过一半患者有吞咽动力障碍,包括舌前后运动减弱,舌肌力减弱,口腔残留物增加,腭咽闭合时间加长,会厌反转减少,舌骨上抬及前移不足,喉部闭锁不完全,环咽肌张开功能失常,舌根后缩无力造成和后咽壁接触不足。多数患者还有咽期起始延迟,患者会有吞咽前或者吞咽后误吸。

(二)头颈部肿瘤患者吞咽障碍的康复治疗

在肿瘤切除术后14天缝线愈合后就可以开始康复治疗。常规的吞咽治疗直接策略和间接策略也适用于这些患者。如患者有口前部组织切除,但患者咽部功能正常,食物应放在舌后方以利于吞咽。如一侧咽组织切除,应指导患者将头转向健侧吞咽。对口咽部放疗的患者,唾液分泌减少,口腔干燥,进而加重味觉障碍和吞咽障碍的症状。患者为了减轻症状有时需要用唾液代用品。放疗还会造成口咽部组织的纤维化,舌部运动和喉上抬运动需要早期开始,在放疗期间要坚持这些运动以减少组织的纤维化。舌运动需要患者主动地将舌伸出、侧移、上抬,运用压舌板,患者可以做抗阻力运动以增强舌肌的力量。患者应用唱音阶的方式来练习喉上抬,该练习能拉长喉部的带状肌肉,防止肌肉纤维化。

放射治疗后张口受限的康复训练是康复治疗的重要组成部分。颞颌关节运动包括:①张口运动,慢慢张嘴,再慢慢闭嘴;②下颌侧移运动,将嘴微张,下颌向左缓慢移动到极限位置,回到中线,再向右做同样的动作;③斗斗运动,将下巴向前伸到极限位置,做斗斗状,再回到原来位置。患者也需要练习口颌部拉伸动作:①使用手指做张口运动,将食指及中指分别卷上纱布,放在上下牙齿中间,再将食指及中指尽量分开,使口腔拉开,每次动作维持3秒钟;②双手张口运动,将左手及右手分别缠上纱布,一手固定于上颌,另一手固定于下颌,再将双手尽量分开,使口腔拉开;③使用张口器进行张口运动,将适当大小的张口器放入口内,拉伸时口腔肌肉要放松。上述运动各做3~5次。康复治疗可有效延缓甚至防止颞颌关节邻近组织纤维化而引起的张口困难。坚持系统的康复训练,通过主动、被动活动,如反复地张口,下颌前伸、侧移及口颌部的关节运动,可改善颞颌关节软组织的柔韧度和弹性,改善关节活动度,并有助于促进血液循环,促进炎性物质吸收,预防组织纤维化或纤维组织粘连挛缩,从而有效防止放射治疗后张口困难。

球囊扩张技术对咽部纤维化,尤其是食管上括约肌的纤维化有较好的疗效。用棉球向鼻黏膜施加局部麻药如利多卡因来降低鼻黏膜的敏感性。将水注入球囊中来检查球囊是否完好无损,同时观察注水量与球囊扩张的关系。确定导管进入食管后,在距门齿大约30cm处确认完全穿过括约肌,向球囊注水约6ml,缓慢向外拔管,感受到卡住的感觉时向外抽出3~4ml水,再次上提,感受到球囊可滑动时再注入1~2ml水,在狭窄处缓慢地反复抽提球囊导管30次,大约20分钟时间,将球囊中的水完全抽干,拔出导管。球囊扩张可隔日一次,共做5~15次。术后可给予雾化吸入治疗,减少扩张部位的黏膜水肿与黏液分泌。

头颈部肿瘤患者一般比较年轻,没有认知方面的障碍,很多患者在肿瘤治疗后希望回到工作岗位,所以这些患者会积极地参与治疗师推荐的吞咽治疗的练习,他们的康复效果也比神经系统疾病造成的吞咽障碍(例如脑卒中)效果好。

五、脑性瘫痪儿童的吞咽障碍

摄食是维持生命的基本功能,成熟的吞咽过程随着脑发育日臻完善,妊娠第18~24周脑干开始髓鞘化,妊娠第7~8月,动眼神经、滑车神经、展神经、面神经、舌咽神经、舌下神经的颅内部分髓鞘化。伴随着这些改变,妊娠第18周后的胎儿开始出现下颌的开合、舌的前部运动以及吸吮动作。妊娠第34~36周以上结构的髓鞘化达到高峰,出现安全的营养性吸吮。第40周时疑核和孤束核周围的网状结构开始髓鞘化,一直持续到婴儿早期,伴随着这一髓鞘化过程,婴儿逐渐出现吸吮、吞咽和呼吸的良好协调。新生儿一出生就需要有强有力的摄食反射的保护,而摄食过程的神经机制很复杂,需要中枢神经系统支配,涉及唇、齿、舌、下颌等口腔器官及头、颈、躯干和手的运动。新生儿及小婴儿所具备的是反射性摄食,4个月左右原始反射消失,随着上肢和口运动的发育及口腔刺激的增加,在学习中逐渐获取主动性摄食技能。0~2岁为学习摄食技能的关键时期,2岁左右的儿童已基本具备成人水平的摄食能力。

脑性瘫痪(cerebral palsy,CP)简称脑瘫,是一组由复杂病因引起的发育中胎儿或婴幼儿脑部非进行性损伤,导致患儿持续存在的中枢性运动和姿势发育障碍综合征,患病率为0.20%~0.35%。吞咽障碍是脑瘫常见的症状之一,主要表现为口腔运动不协调、流涎、咀嚼困难、吞咽反射减弱、呛咳和误吸等,发生率高达50.4%。脑瘫患儿由于早期大脑损伤,使口咽运动的神经支配以及进食技能的学习受到影响,从而导致不同性质和程度的进食技能异常。几乎所有的徐动型、失调型及痉挛型四肢瘫患者均存在口咽运动和进食障碍。一方面与进食有关的原始反射残存,例如吸吮反射、觅食反射不消失,非对称性紧张性颈反射不消失使头颈部控制不良,手眼协调性差,手不能将食物送到嘴里。另一方面,口腔内器官的协调运动功能障碍,使患儿不能主动张口、闭唇、自主咀嚼和吞咽、进食能力滞留在原始水平,正常技能发展受抑制。表现为吸吮无力、吸吮吞咽不协调、进食时呛咳、舌外推食物,或者食物一碰软腭即出现吧嗒嘴的动作,匙子一碰口唇或舌尖,表现为匙子立即被咬住、患者口张大或头后仰。上下牙床错位、双唇合不拢、舌的伸出缩后无正常运动及呼吸不规律,均致使脑瘫患儿不能以正常方式完成吸吮、吞咽、咀嚼等基本的进食动作。手足徐动型脑瘫患儿由于手、口、眼协调障碍,上述表现更为突出。

(一)脑瘫患儿不同阶段吞咽障碍的症状

脑瘫吞咽障碍的首要原因是脑损伤直接引起吞咽器官的神经肌肉运动功能障碍,其次是伴发的感觉认知障碍,少数患儿存在吞咽器官结构异常方面的原因。

患儿常在一个或多个吞咽阶段(包括口腔准备期、口腔期、咽期和食管期)出现吞咽障碍。每个阶段的常见吞咽障碍症状描述如下。

1. 口腔准备期的症状　此阶段的吞咽障碍与脑瘫患儿粗大运动功能发育异常、口咽感觉运动控制发育异常和缺失有关。患儿常出现头部、躯干控制能力差和上肢肌张力异常,导致经口喂养的体位不理想,食物不能准确送入口腔,进食时张口过大或下颌运动不灵活。口腔原始反射残存和刺激减少常致口腔高敏感性、口腔内实体辨别觉下降、舌外推食物;另外,10%~58%的脑瘫患儿有流涎表现,流涎会使患儿很难在口腔中充分接收食物,并影响随后的口咽期吞咽。流涎频繁还会增加口腔感染的风险,发生潜在的误吸风险。

2. 口腔期的症状　研究显示,93.8%的学龄前脑瘫患儿有口腔期的吞咽障碍,受联合反应的影响,唇闭合的控制差,以及闭合时双唇间压力不足等问题,使食物不能保留在口中;口轮匝肌肌力不足可以导致口内唾液和/或食物溢出等。每口进食量减少,难以从杯子或吸管中喝水,口腔感觉过敏和超敏反应(如呕吐反射和强直性咬合反射)、下颌开合、侧方运动幅度和力度受限,导致食物的咬断和咀嚼困难,不能进食固体食物。舌的各个方向运动差,食团不能正确运送到牙齿间进行咀嚼,也不能顺利地传输到腭咽部。

3. 咽期的症状　由于脑瘫患儿口面部肌张力不稳定或增高,主动肌和拮抗肌的肌力不平衡,使得食物向后方传输的同时不能有效地关闭下颌和双唇,直接影响食物在口腔内的移动过程和咽期的吞咽动作。最常见的与咽期有关的症状是咽部启动延迟,口咽部肌力差,常导致吞咽不充分,部分食物残留在咽部,从而增加了误吸和呼吸道损害的风险。也常出现弥漫性咽部无力或运动障碍,这与咽部残留物的增加以及吞咽后误吸风险的增加有关。声音湿润、多次吞咽、呕吐、进食过程中咳嗽也是咽期吞咽障碍的常见症状。

4. 食管期的症状　胃食管反流病是脑瘫患儿最常见的食管紊乱,据报道,其发生率为50%。食管运动功能障碍也有报道,会导致食管反流及进食时和进食后的严重不适。

5. 其他　下消化道的症状也会对脑瘫患儿经口进食摄取足够营养的动机和能力产生负面作用。在许多与脑瘫有关的下消化道疾病中,便秘和倾倒综合征最常见。便秘与肌肉骨骼异常、下消化道系统神经控制异常和长期制动有关,常见于重症脑瘫患儿。

各阶段主要症状如表9-1所示。

表9-1　脑瘫患儿不同阶段吞咽障碍的症状

吞咽阶段	主要症状	吞咽阶段	主要症状
口腔准备期	体位不良/头部控制不良(经常过度伸展)	咽期	吞咽启动延迟
	难以或不能自行进食		咽部运动障碍/不协调
	流涎		咽部残留/多次吞咽
口腔期	每口进食量减少和食物流出		隐性误吸/显性误吸
	口唇无法闭合,流涎		环咽肌开放不协调或不完全开放
	口腔感觉过敏	食管期	胃食管反流病
	呕吐反射亢进/强直性咬合反射残存		食管运动功能障碍
	吐舌,舌肌运动范围及力量差	其他	倾倒综合征
	下颌运动范围和力度受损,咬断和咀嚼食物困难		便秘
			其他

(二) 脑瘫吞咽障碍的评定

脑瘫患儿吞咽障碍的评定方法包括父母问卷调查、营养状况评定、结构性进食观察、临床吞咽功能评估、吞咽仪器检查等。吞咽障碍调查量表(dysphagia disorders survey,DDS)和临床吞咽功能评估应用较为普及。

1. 吞咽障碍调查量表　用来评定发育障碍患儿的吞咽障碍,全量表分为两部分,共15个问题。第一部分为吞咽障碍的相关因素,包括:身高/体重、食物的性状/受限情况、进食独立性、改良餐具的使用、进食姿势、姿势稳定性、进食/吞咽模式;第二部分为进食分析,包括拿取食物时的方向准确性、接受食物的能力、控制能力、口内转运能力、咀嚼、咽下、咽后体征、食管期体征。并根据第二部分内容进行了吞咽的严重性评分。该方法适合于就餐环境,没有创伤,易于接受,但不如影像诊断方法评定详细,也不能评价误吸的存在,因此,需要其他辅助工具检查作为补充。DDS 和 DSS 结合进行吞咽评定,将吞咽障碍的严重程度分为以下几类:无吞咽障碍、轻度吞咽障碍、中度吞咽障碍、重度吞咽障碍和极重度吞咽障碍。

2. 临床吞咽功能评估

（1）病史采集应注意患儿有无挑食、流涎、咀嚼困难、呕吐、呛咳等吞咽障碍相关症状，是否存在反复肺部感染、癫痫、胃食管反流等疾病，并全面了解患儿出生史、喂养史、用药史、营养状况、认知水平、呼吸功能以及一般运动功能。

（2）因为脑瘫患儿的吞咽障碍和口腔器官的神经运动发育有很强的相关性，口腔器官的神经运动学检查成为吞咽障碍检查的重要部分。吞咽器官检查包括评估患儿的唇、齿、下颌、腭、舌等解剖结构的完整性、对称性、感觉敏感度、运动功能、流涎严重程度、张口幅度、咀嚼肌的力量以及吞咽相关反射的情况。

（3）直接摄食评价：一般分为摄食能力问卷调查与现场测试两部分，前者包括 1 岁内的喂养情况、进食的性质和方式、进食过程中存在的问题等，后者则包括现场观察进食情况，包括用杯喝水、吸管使用、餐具使用，进食流质、半流质、半固体以及固体食物的情况。大部分脑瘫患儿于 1 岁内即表现出明显的摄食行为和/或摄食姿势异常。

绝大部分脑瘫患儿存在口腔器官运动异常，口运动异常使大部分患儿摄食的基本环节受到影响，餐具使用困难影响食物的送入。唇、颌、舌、齿等器官运动异常使咀嚼以及吞咽的自主运动完成困难，使绝大部分患儿摄食动作笨拙或十分困难，不能向正常饮食过渡。很多患儿不能进食固体食物，很大部分患儿进食过程中需家长协助（家长代为送入和/或咀嚼食物）。部分患儿存在一种或多种口面部原始反射，包括吸吮、咬合、舌伸出、呕吐及巴宾斯基反射。

3. 吞咽仪器检查　当临床吞咽检查不能排除咽期或食管期吞咽障碍时，就需要加入吞咽仪器检查。仪器检查对吞咽障碍尤其是咽期、食管期的评价客观、准确，但需要患儿有一定的智力水平和主动配合能力。常用方法包括：吞咽造影检查、纤维内镜检查、超声波检查、肌肉电生理检查等。吞咽造影检查发现许多脑瘫患儿在吞咽过程的口腔期、咽期都有异常，主要表现在食团的收集、准备、向后方的运行异常，整个口腔期的时限明显延长，吞咽过程中有食物的误吸，口后方渗漏和咽期的启动延迟，躯干、头颈的位置不佳和姿势不稳定也影响口咽期活动。吞咽造影检查如果发现咽期启动迟缓，患儿可能会有吞咽前误吸。大量的会厌谷或梨状隐窝食物残留会造成吞咽后误吸。超声波检查发现在进食过程中，脑瘫患儿舌和软腭的活动模式、食团的转移等得分明显低于正常儿童，异常运动模式贯穿于整个进食过程。颏下和舌下肌电图可以检测到吞咽的开始和持续时间。这两种方法虽然不能提供吞咽的全面信息，但是由于没有放射线，可以作为比较好的辅助方法。

4. 其他辅助检查　体格发育测量可以间接评定吞咽障碍的存在。Gisel 等根据生长指标测量以及进食技巧测评两方面设计了脑瘫儿童进食障碍的评定系统，前者包括体重、身高、中臂围、三角肌和肩胛下皮褶厚度测量；后者采用的是改良功能性进食评定量表（modified functional feeding assessment scale），进行进食效率和口运动技巧检查，内容包括使用勺子进食、咬合咀嚼、使用杯子喝水、使用吸管喝水和吞咽。

（三）脑瘫吞咽障碍的康复治疗

吞咽障碍会对脑瘫患儿产生严重影响，其治疗目的是减少流涎、误吸、呛咳和呼吸道感染，改善营养不良，通过改善吞咽功能和利用神经发育可塑性来提高自主进食能力和生活质量。

1. 代偿性治疗　包括进食时坐姿和体位的建议、食物性状的调整、喂养方式、进食器具的调整等方面。

（1）进食时的坐姿和体位：患儿躯干稍后倾而颈部前倾，通过这一姿势可使食物易于移送而咽下。姿势控制：加强头部、躯干的控制，保持头部中线位，可把小婴儿放在有靠背或扶

ER-9-7

脑瘫患儿
吞咽治疗

手的椅子上维持坐位姿势。存在异常姿势的患儿,同时由物理治疗师指导进行异常姿势纠正。

（2）食物性状的调整:糊状食物,如米糊、蛋羹、果泥等,其质地能刺激触压觉和唾液分泌,且易变形,有利于吞咽。当患儿能够安全地吞咽糊状食物,可以过渡到流质食物和需要咀嚼的固体食物。当患儿开始吃需要咀嚼的食物时,食物应放在口腔的侧面,腮和牙之间。然后治疗师用手指在面颊做环形运动帮助患儿咀嚼。如果患儿需要帮助咬下食物,把食物放在他的上下牙之间,把嘴闭合,微向上推患儿的下颌,注意不要造成患儿头后仰。

（3）进食器具:采用合适的餐具以减少食物在获取和传输过程中的洒落,选择软食为主以降低进食难度,适当的咀嚼能力训练等。喂食糊状食物最好用勺子,家长应坐在患儿的对面或侧面。如果患儿不用他的唇包住勺子,建议家长用手指使嘴唇接触勺子,慢慢地把勺子拿出来,不要让勺子刮牙齿。如果患儿握住勺子有困难,家长可以改装勺子的柄,作业治疗师可以帮助家长改装喂食的器具如勺、盘子和杯子(图9-13)。

图9-13　脑瘫患儿用的特制勺子

2. 口腔器官感觉、运动训练　该训练可增加患儿的口腔感觉输入,提高口腔器官运动控制能力,有利于促进大脑功能重塑以改善咀嚼吞咽功能。

（1）口腔器官感觉刺激训练

1）脱敏治疗:可以采用下列训练,如按摩牙槽、牙齿侧面、舌面,每次按摩后都应跟随进行上下颌骨的合并,诱导其吞咽动作的出现。

2）温度觉刺激:用冰棉棒刺激患儿的前腭弓、后腭弓、软腭、咽后壁及舌后部,促进吞咽反射,棉签停留时间不超过5秒。用冰块有节律地叩击唇周皮肤及按摩齿龈,按摩齿龈由切牙部开始向磨牙方向进行,每日餐前进行,有利于患者形成条件反射。冷刺激可兴奋高阈值的C感觉神经纤维,易化γ运动神经,有效提高相应区域的敏感度,有助于感觉恢复,改善吞咽过程中必需的神经肌肉活动,从而使吞咽反射更为强烈,对防止误吸有一定作用。

3）振动觉刺激:用口腔振动棒或电动牙刷刺激患儿唇、舌、颊部、软腭等,从不敏感区到敏感区,给予这些部位深浅感觉刺激,提高口面部的运动协调能力和自发吞咽频率。

4）味觉刺激:用棉签蘸取不同味道的液体刺激舌部(酸的刺激舌两侧,甜的刺激舌尖,苦的刺激舌根,咸的刺激舌体),以提高患儿的口腔感觉输入。

5）气脉冲刺激:通过气流冲击刺激口及咽喉黏膜诱发吞咽反射,同时可以提高口咽腔黏膜的敏感性。

（2）口腔器官运动训练

1）被动训练:包括用手法机械刺激唇部和舌部肌肉。具体方法如下:戴一次性手套,反复揉捏、按压和轻推舌头,按摩口周肌肉,并按压上唇引起下唇上抬,使唇闭合,轻轻叩击下颌及拍打颊部,放松肌肉。

2）舌肌训练:可让患儿主动做外伸舌、回缩舌、左右摆舌、舌舔上唇、舌舔下唇等运动,也可以用棒棒糖或海苔让患儿来舔,将糖分别放于唇中央、左右口角、上下腭处诱发舌主动运动,用此方法增加舌的运动度和力量,也可使用舌肌训练仪,提高舌肌的力量和控制能力。

3)唇颊运动:让患儿做圆唇、展唇、鼓腮等运动,也可以在嘟嘴时在面部施加阻力。还可以做闭唇训练,食物咬断训练,把食物放置于磨牙间的舌侧摆训练,以及咀嚼训练。对于口腔感觉迟钝的患者可采用冰棉棒刺激或冰水漱口,给予脑皮质和脑干一个警戒性的感知刺激,提高对吞咽的注意力。

4)软腭运动:指导患儿发"a"时,治疗师用冰棉棒或震动棒刺激软腭以促进软腭提升,或者治疗师和患儿双手对掌用力时发"a"。

5)下颌运动:张口、闭口运动,张口时下颌向前、后、左、右不同方向运动,以提高下颌的运动控制能力。对于认知能力较好的患儿,可咀嚼不同软硬度的食物增强下颌力量。如果患儿的吞咽检查显示有咽期吞咽障碍,患儿咽部肌肉的肌力需要增强。被动训练包括轻揉舌骨下气管周围的小肌肉。主动训练包括咽部内收运动训练,鼓腮 10 次,吮吸 10 次,深呼吸 5 次。被动和主动咽部训练,一天需要进行 4 次。舌肌和吞咽肌群运动能力的训练可以提高吞咽反射的灵活性,并能防止失用性萎缩。辅助肌群的训练虽不能逆转神经损伤的病理状态,但可以通过提高吞咽肌力,改善吞咽动作的协调性,对麻痹的肌神经有促通作用,可提高对有关肌肉的控制能力。

3. 神经肌肉电刺激疗法(neuromuscular electrical stimulation,NMES) 本疗法是对脑瘫患儿的颏下和舌骨上肌群用足够强度的电刺激产生可见的肌肉收缩,以促进肌力的增强。

4. 神经调控技术 可根据患儿年龄及吞咽障碍程度,联合使用经颅磁刺激或经颅直流电刺激等神经调控技术。通过调控脑的兴奋性以诱导脑结构重塑及功能重组,从而改善脑瘫患儿的吞咽功能。

严重吞咽障碍的患儿食物摄入量仅占规定量的 20%,食物摄入不足常常导致能量缺乏性营养不良,运动能力越差,问题越严重,因此建议严重吞咽障碍的脑瘫患儿应及早进行鼻饲,防止营养不良的发生。如果双侧鼻腔交替插管,使用鼻饲管喂养的时间可以超过 6 周。如果考虑长期胃肠营养,建议患儿采用经皮胃饲管。随着时间的延长,胃肠营养会造成咳嗽、窒息和呕吐发生率的提高。为了机体能量和营养成分的平衡,建议重度吞咽障碍的患儿应该采用低脂肪、高纤维和高营养的食物。

六、唇腭裂患儿的吞咽障碍

唇腭裂是口腔颌面部最常见的先天性畸形。根据美国出生缺陷检测中心的数据,本病患病率为 1.6/1 000。男性发病率高于女性,男女比例约为 1.5:1。根据缺损程度的不同,唇裂可分为三度,即Ⅰ度为唇红裂,Ⅲ度为唇红到鼻底完全裂开,介于两者之间为Ⅱ度。腭裂也可分为三度,即Ⅰ度为软腭或腭垂裂,Ⅱ度为软腭及部分硬腭裂开,Ⅲ度为腭垂至一侧牙槽突完全裂开。唇腭裂患儿经常伴有吸吮、吞咽、发音等方面的功能障碍。手术修复是唇腭裂治疗的重要环节。唇腭裂儿童在腭裂成形术之前的喂养是早期喂养。唇腭裂患儿可能需要多次手术来修复唇腭裂。第一次唇成形术的最佳时间是出生后 3~6 个月,腭成形术的最佳时间是出生后 12 个月。如果患儿的成长发育迟缓,唇腭裂的手术时间也会相应拖后。唇腭裂解剖上的缺陷给患儿的喂养带来困难,而患儿的发育和营养状况直接影响到手术时机的选择,也是决定手术成功和患儿健康成长的关键因素。

(一)病因

先天性唇腭裂患儿唇腭部裂开,口鼻腔相通,口腔内不能形成一个完整的密闭系统,无法产生吸吮所需的负压。由于唇腭部肌肉的分布附着改变,使肌肉的发育及张力不足,引起舌后缩。舌过度发育,舌头上抬,不能在吸食时有效包裹奶嘴。由于软腭缩短不能抬升,致软腭功能不完善而影响吮吸吞咽。

　　唇腭裂患儿的吞咽障碍是由于结构缺失造成的,吞咽障碍的治疗在手术前主要以直接吞咽训练策略为主。这些策略包括进食器具、喂食技巧、喂食姿势、喂食时间和食物的选择。

(二) 选择合适的进食器具

　　为唇腭裂患儿设计的奶嘴、奶瓶,有 M 型和 P 型两种,适合唇腭裂患儿的口腔特点,并具备防呛咳功能。M 型奶嘴为橡胶制品,口含部分呈扁圆形状,长度为 3.6cm,内径为 0.8～1.0cm,可深入到口腔后部,使奶汁容易流到咽部,减少外流。在奶嘴内侧上、下两面各有一条高 0.2cm、宽 0.3cm 的脊线,从奶嘴头部延伸到底部,防止奶嘴受吸压时完全闭合而影响吸奶。P 型奶嘴亦为橡胶制品,奶嘴头部呈圆形,长度为 4.0cm,内径为 1.5cm。此型的特点为在奶嘴基座部位有一瓣孔与奶瓶相通。奶瓶内负压时由此进空气,正压时瓣孔闭合,奶液不能外流。奶嘴口含部分橡胶厚度不同,上部厚(有瓣孔部位),下部薄,薄的部位便于婴儿用舌头轻轻挤压即可吸到奶汁。在奶嘴基底部嵌入一个可以拆装的塑料活塞,此活塞直径为 2cm,厚度 0.7cm,中间活瓣 1cm,主要功能是防止奶液回流或吸奶过多引起呛咳。Ⅰ 度腭裂可选用 M 型奶嘴,Ⅱ～Ⅲ 度唇腭裂则需选用 P 型奶嘴,与奶嘴配套的奶瓶能帮助吸吮力弱的患儿轻松吸奶,且方便观察奶量。Ⅰ～Ⅱ 度唇裂可用一般奶瓶,在奶嘴尖上做一个小十字切口,使奶容易流动,吮吸时不会引起呛咳。选用软奶瓶,在喂奶时稍用力挤压,有利于调整牛奶的流量与流速,使其能达到平均的流速。对Ⅲ度唇腭裂新生儿可使用辅助性进食工具。用一次性注射器滴入喂养,抬高患儿头颈部 30°～45°,将注射器乳头贴放入患儿嘴角,根据患儿吞咽能力缓慢均匀滴入奶液。

(三) 喂食技巧

　　单纯性唇裂患儿,吸奶时要用手指堵住唇裂部位,帮助唇部闭合。用奶瓶喂养时,腭裂患儿奶嘴要朝向正常的腭部,不要朝向腭裂的部位,以避免乳汁反流,空气吞食及鼻腔黏膜受伤。同时应协助患儿吸吮,喂养者将拇指与 4 指分开,用拇指和食指轻压患儿两侧面颊,中指托住下颌,这样 3 指形成的环形力通过支持口腔的封闭作用而增加吸吮效果,使患儿短时间内得到较多的奶,缩短喂奶时间。使用汤匙喂养时,采取少量多次和缓慢进食的方式,用汤匙盛适量流质,轻按患儿下唇,使嘴张开后喂入。

(四) 喂食姿势

　　母乳卧位喂奶时,患儿头、肩、背需垫小软枕垫,高度应为 15～21cm,切忌平躺,可避免因横抱进食时牛奶易从短而直的咽鼓管流入中耳而引起中耳炎。对于严重单侧唇裂患儿,母亲在喂哺不同的乳房时应采取不同的抱婴姿势,如果唇裂为右侧,当喂哺左边的乳房时,母亲用左手托抱患儿,让患儿头朝左边躺在怀中,而在喂哺右边的乳房时,患儿头部仍然朝向同一方向。腭裂严重者采用挤喂方式,使奶液缓慢进入患儿口腔。用奶瓶喂养时要尽量使患儿的下颏贴向胸部,以改善吸吮效果,减少进入胃内的空气。每次喂奶后要竖抱患儿 20～30 分钟,再让患儿躺下,以减少喂奶后奶汁的反流溢出。4 个月后添加辅食时,可将患儿抱在腿上或坐在婴儿椅中,用汤匙盛取食物喂养。

(五) 进食时间

　　出生 4 个月前,喂奶要分几次喂完,中间要有暂停。用汤匙喂养时根据患儿的吞咽速度调整进食,每次喂食的时间控制在 30～45 分钟,以免时间过长,患儿疲劳。

(六) 食物的选择

　　尽量母乳喂养,母乳较牛奶容易吸收,且含有抗体,可增加机体抵抗力。能添加辅食后,选择果汁、菜泥、米汤、蒸蛋等,使患儿品尝不同质地和味道的食物,增进食欲,有助于营养物质的摄取。

（七）异常情况的处理

患儿吸吮时会有较多的空气进入胃内,可时常拍患儿背部,让其打嗝,以排出过多的空气。食物从鼻部反流时,应暂停喂食,待患儿咳嗽或打喷嚏后再继续喂食。腭裂未修复前食物会停留在裂隙处,可用手指或棉签及时将卡在腭裂部位的奶瓣或食物清除。

（八）其他康复治疗

腭裂患儿软腭缩短,从而使其在抬升时不能与咽后壁接触,或即使在合适条件下可与咽后壁接触,但因为肌张力的影响不能抬升。另外,由于神经发育不足,软腭部分或完全麻痹也可致软腭功能不完善而影响吸吮、吞咽。患儿可通过吹气球、吮吸奶嘴训练其颊部及舌的功能,使幼儿的一次通气量提高。可教会家长以手按摩腭肌或用指套牙刷刺激肌肉,促进软腭功能恢复。咽后壁成形及腭护板可望恢复软腭功能。

唇腭裂患儿应尽早不用奶瓶,而改用匙子喂养。至少术前4天能用匙子喂养,以便患儿术后适应长时间用匙子喂养。喂养时将婴儿抱在腿上或坐在婴儿车中,选用平底匙,而不采用深底匙,最初盛取少量食物,以后逐渐增加,使患儿能控制咀嚼时的感觉。并逐渐学会在腭裂的口腔中移动这些食物。可试着将匙子放在患儿的嘴上停留一定时间,以鼓励患儿用唇部移动匙中的食物,这对唇裂修复术后提高唇运动功能是一种很好的锻炼。唇腭裂修复术后应避免吸吮动作,用匙子喂养流质食物,如牛奶、果汁,直至术口愈合。

（丁瑞莹　谭　洁　万　萍　边　静　古琨如　李　璞）

ER-9-8

扫一扫
测一测

复习思考题

1. 什么是吞咽障碍?如何分类?
2. 试述中国传统医学中吞咽障碍的病机及与各脏腑之间的关系。
3. 简述脑卒中患者临床常规吞咽处理流程。
4. 吞咽障碍患者照顾者喂食指导包括哪些内容?
5. 吞咽障碍患者的床旁检查包括哪些步骤?
6. 什么是吞咽治疗的直接策略和间接策略?
7. 简述脑瘫患儿吞咽障碍口腔前期和口腔期的临床症状。

◇◇◇ 主要参考书目 ◇◇◇

1. 万萍. 言语治疗学[M]. 2 版. 北京：人民卫生出版社,2018.

2. 林焘,王理嘉. 语音学教程[M]. 北京：北京大学出版社,2013.

3. 国际语音学会. 国际语音学会手册：国际音标使用指南[M]. 江荻,译. 上海：上海教育出版社,2008.

4. 丁文龙,刘学政. 系统解剖学[M]. 9 版. 北京：人民卫生出版社,2018.

5. 王坚. 听觉科学概论[M]. 北京：中国科学技术出版社,2005.

6. 万勤. 言语科学基础[M]. 上海：华东师范大学出版社,2016.

7. 窦祖林. 吞咽障碍评估与治疗[M]. 2 版. 北京：人民卫生出版社,2017.

8. DUFFY J R. Motor Speech Disorders：Substrates, Differential Diagnosis and Management[M]. St Louis：Elsevier,2013.

9. 贾建平,陈生弟. 神经病学[M]. 8 版. 北京：人民卫生出版社,2018.

10. 黄昭鸣,朱群怡,卢红云. 言语治疗学[M]. 上海：华东师范大学出版社,2017.

11. 单春雷. 语言康复学[M]. 北京：人民卫生出版社,2021.

12. KATZ J. Handbook of Clinical Audiology[M]. 7th ed. Philadelphia：Lippincott Williams & Wilkins,2015.

13. STACH B A. Children with Hearing Loss：Developing Listening and Talking[M]. 4th ed. San Diego：Plural Publishing, 2020.

复习思考题
答案要点

模拟试卷